謝伯陽 編纂

全明散曲

任半塘敬題

（增補版）

（五）

齊魯書社

周履靖

周履靖，字逸之，號梅墟山人，又號抱真螺冠子，别稱梅塢居士、梅顛道人，浙江秀水（今嘉興）人。好金石，工各體書法，專力爲詩古文詞曲。隱居鴛湖之濱，種梅植竹，讀書其中。夫婦能詩，門内唱和。著有閒雲稿、泛泖吟、咏物詩、螺冠子詩、詞餘、茹艸編，及散曲鶴月瑶笙，傳奇錦箋記等。編有叢書夷門廣牘一百六十二卷，梅塢貽瓊四卷。生於嘉靖二十一年（一五四二），卒於崇禎五年（一六三二），年九十一。

小令

【南中吕駐馬聽】

咏風

展草鳴條。愁聽穿林萬木號。喜的是涼生翠簟。香透紅樓。怒撼江濤。隔簾時見柳絲摇。臨軒乍遞歌聲到。拂拂飄飄。莫教相妒把落花吹了。（南宫詞紀）

套數

洞壑長春

【南中吕石榴花】巉巖深夐。幽壑絶塵蹤。清世界出堯封。碧雲千頃水溶溶。有奇葩瑶草争榮。見華陰老翁。茹芝英絶粒驂鸞鳳。〔合〕謾優游石室幽宫。任逍遥吸露餐風。

【前腔】層巒高聳。秀色漫浮空。懸瀑布掛虬龍。見丹谿烟客杖吟筇。過蓬萊弱水之東。仙源路通。羡淩空雲影巃嵸滃。〔合前〕

【前腔】天香風送。青嶂列丹峰。明月照廣寒宫。半空朝露泫簾籠。愛山花澗柏叢叢。聽玄鶴唳空。渾忘却塵世多紛冗。〔合前〕

【前腔】煙霞封洞。懸磴跨穹窿。艶陽景四時同。閒消歲月度春風。慢徜徉物外無窮。瓊枝古松。喜二山靄靄祥雲擁。〔合前〕

詩曰：仙洞瑶臺十二重。瓊葩奇卉雜蒼松。黄鍾玉律非凡調。興醉蓬萊第幾峰。

（霞外清聲）

神遊蓬島

【北雙調二犯江兒水】靈臺紫府。名列在靈臺紫府。玄關雲半鎖。見仙班赤斧。得道山圖。整雲裝披霞縠。青蛇膽氣麄。黑虎護丹爐。身居浄土。手握乾符。鎮日間步天衢遊洛浦。乘龍鼎湖。一會間乘龍鼎湖。茹芝辟穀。只落得茹芝辟穀。謾回頭覷丹丘倒坐騎驢。

【幺篇】星羅雲布。俺只見星羅雲布。空中奏天鼓。見巫山神女。洞府麻姑。戴霞冠身佩玉。屈膝結跏趺。手拿如意珠。飢啗松腴。夢涉華胥。有時節憑霄駕來帝所。遊遍蓬壺。一會間遊遍蓬壺。浮江羽渡。猛可的浮江羽渡。樂逍遥向靈山參謁大巫。

【幺篇】雲霄獨步。每日價雲霄獨步。神遊到天姥。看三山瑶屋。七級浮屠。望玉宸雲三素。丹洞列神爐。函開五岳圖。玄鶴相呼。鸞棲碧梧。遥見那丹竈中擒白兔。寄跡方壺。一會家寄跡方壺。參禪覺悟。每日價參禪覺悟。向華陰訪希夷指破迷途。

【幺篇】滄溟東注。俺只見滄溟東注。靈臺知幾許。向瀛洲勝嶼。笑傲凌虚。頃刻間歸玉宇。馭風珮霞裾。談玄誦玉樞。堪笑凡夫。騎驢覓驢。怎解得洗凡心從佛祖。學坐僧趺。雖則是學坐僧趺。桃源迷路。咫尺間桃源迷路。争似俺謾優游向煙霞日醉屠蘇。

詩曰：　静養元神跨彩鸞。遨遊五岳日盤桓。雲霄忽遇浮丘伯。授我壺中九轉丹。

（霞外清聲）

瑶海攖寧

【北般涉調耍孩兒】丹谿瑶館時登眺。碧海長寧蔭赤霄。上清仙境人難到。近看白鹿眠瑶草。遠聽鶴鳴在九皋。隨處皆圓嶠。眼見的蓬壺深窅。遠接青霄。

【四煞】盼神州靈景高。聽麟洲吹鳳簫。遥看靈洞多玄妙。蟾宫兔擣千年藥。蜃闕虹飛百尺橋。隱隱藏丹竈。喜的是祥雲裊裊。香霧飄飄。

【三煞】結金胎烏兔交。斬三尸掃六妖。寧神光透玄關竅。木金既析東西剖。水火相成離坎交。玄牝藏真奥。這便是先天微妙。造化根苗。

【二煞】曜清暉三峽濤。絶塵氛萬慮消。含精固髓爲樞要。肺稱白虎藏金奥。肝乃青龍産藥苗。神鼎靈光照。這些是參玄妙道。修煉圭刀。

【一煞】内丹成外怎逃。外丹成内怎抛。兩邊功案一般造。金膏還是金爐煉。玉液須將玉鼎調。守定玄關竅。有時節雲開霧掃。道與神超。

神遊蓬島

【北雙調二犯江兒水】靈臺紫府。名列在靈臺紫府。玄關雲半鎖。見仙班赤斧。得道山圖。整雲裝披霞縠。青蛇膽氣麄。黑虎護丹爐。身居浄土。手握乾符。鎮日間步天衢遊洛浦。乘龍鼎湖。一會間乘龍鼎湖。茹芝辟穀。只落得茹芝辟穀。謾回頭覷丹丘倒坐騎驢。

【幺篇】星羅雲布。俺只見星羅雲布。空中奏天鼓。見巫山神女。洞府麻姑。戴霞冠身佩玉。屈膝結跏趺。手拿如意珠。飢啗松腴。夢涉華胥。有時節憑霄駕來帝所。遊遍蓬壺。一會間遊遍蓬壺。浮江羽渡。猛可的浮江羽渡。樂逍遥向靈山參謁大巫。

【幺篇】雲霄獨步。每日價雲霄獨步。神遊到天姥。看三山瑶屋。七級浮屠。望玉宸雲三素。丹洞列神爐。函開五岳圖。玄鶴相呼。鸞棲碧梧。遥見那丹竈中擒白兔。寄跡方壺。一會家寄跡方壺。參禪覺悟。每日價參禪覺悟。向華陰訪希夷指破迷途。

【幺篇】滄溟東注。俺只見滄溟東注。靈臺知幾許。向瀛洲勝嶼。笑傲凌虚。頃刻間歸玉宇。馭風珮霞裾。談玄誦玉樞。堪笑凡夫。騎驢覓驢。怎解得洗凡心從佛祖。學坐僧趺。雖則是學坐僧趺。桃源迷路。咫尺間桃源迷路。争似俺謾優游向煙霞日醉屠蘇。

詩曰：静養元神跨彩鸞。遨遊五岳日盤桓。雲霄忽遇浮丘伯。授我壺中九轉丹。

（霞外清聲）

瑶海攖寧

【北般涉調耍孩兒】丹谿瑶館時登眺。碧海長寧蔭赤霄。上清仙境人難到。近看白鹿眠瑶草。遠聽鶴鳴在九皋。隨處皆圓嶠。眼見的蓬壺深窅。遠接青霄。

【四煞】盼神州靈景高。聽麟洲吹鳳簫。遥看靈洞多玄妙。蟾宫兔搗千年藥。蜃闕虹飛百尺橋。隱隱藏丹竈。喜的是祥雲裊裊。香霧飄飄。

【三煞】結金胎烏兔交。斬三尸掃六妖。寧神光透玄關竅。木金既析東西剖。水火相成離坎交。玄牝藏真奥。這便是先天微妙。造化根苗。

【二煞】曜清暉三峽濤。絶塵氛萬慮消。含精固髓爲樞要。肺稱白虎藏金奥。肝乃青龍産藥苗。神鼎靈光照。這些是參玄妙道。修煉圭刀。

【一煞】内丹成外怎逃。外丹成内怎抛。兩邊功案一般造。金膏還是金爐煉。玉液須將玉鼎調。守定玄關竅。有時節雲開霧掃。道與神超。

詩曰：曾共王喬静講玄。月中調鼎煉真鉛。丹成跨鶴騰三島。瑶海攖寧不記年。

（霞外清聲）

南北雙調合套

石室談玄

【新水令北】欲超塵劫究玄玄。日研窮陰符一卷。神丹須九轉。運火煉丹田。虎踞龍眠。虎踞龍眠。偃月爐自然光現。

【步步嬌南】黄庭内景談一遍。妙理分明見。先天與後天。石室瑶臺。常把琅函撿。碧落起蒼烟。遥看青鳥悠然見。

【折桂令北】遇安期曾究真詮。默授玄機。立志精堅。把那九籥丹經。元精大道。仔細鑽研。放龜蛇滄溟出現。降龍虎左右蟠旋。欲待求仙。何用參禪。只須個牢封地户。滚丹砂透入泥丸。

【江兒水南】識破希夷典。分開混沌天。談經論道心無倦。煎烹水火把陰陽辨。自然得覩真人面。一顆明珠百煉。妙理難傳。誰把全真義闡。

【鴈兒落帶得勝令北】也須知震和坤艮與乾。也須知兑與巽離和坎。也須知日月盈虚分爲上下弦。也須知春夏纔交又早秋冬换。也須知木人把住鐵牛牽。也須知水中摸月火生蓮。脱離塵世隨機變。呼吸風雲有後先。清也麽閑。俺這裏寸心中自有天。

【僥僥令南】時把參同辯。閒想穀神篇。養氣調真功用顯。須有日見寒蟾。須有日見寒蟾。

【收江南北】呀。俺只見光燦燦銀臺貝闕呵遥列着衆神仙。啣芝白鹿繞堦前。看黄鶴舞蹁躚。看黄鶴舞蹁躚。頃刻裏駕雲螭入九天。

【園林好南】餌金膏調攝真元。煉玉液服食延年。笑看閻浮偃蹇。任滄海變桑田。任蒼海變桑田。

【沽美酒帶太平令北】〔二〕採靈芝紫府前。採靈芝紫府前。棲石室講冥筌。上下丹田静裏傳。參透破這根源。得意處便忘言。生解悟取汞收鉛。任波瀾浮沉自然。養胎基滅火消煙。這道呵誰敢胡言亂傳。俺只見玄之。又玄。呀。解不破的怎下工夫煅煉。

詩曰：巉巘石室太華巔。仙子霞栖拂紫烟。趺坐静論無始闋。玄中之妙妙中玄。

（霞外清聲）

雲林宴景

【南南吕紅衲襖】俺本是列真行絳闕儔。每日價餐煙霞披星斗。朝北海暮蒼梧飛靈鷲。煮交梨烹火棗勝珍羞。向蓬壺日酣三昧酒。駕雲螭咫尺八柱遊。一任那滄海桑田更變也。有什麽常懷千歲憂。

【前腔】瞬息間歷三山遍十洲。談笑裏馴虎龍一吟吼。驂鸞控鶴早已離塵垢。吸露飧風何心公與侯。那真閑真樂唯吾有。無慮無愁得自由。閑看一局棋殘也。人世還逢幾度秋。

【前腔】有日裏整雲裝騎鶴上揚州。有日裏跨鼎湖乘槎渡碧流。寄遨遊向丹崖偕幾個蒼髯叟。澄性慮向丹田牽一個白體牛。看囊中白石能飛走。那袖裏青蛇舞蒯緱。若還赴會瑶池也。宴罷西江月一鈎。

【前腔】俺醒來呵雲時把壺中日月收。醉來呵常自把浮雲變蒼狗。隱窮岩堪把石室參同究。棲幽壑還將廣成神鼎修。飢飧太華千年藕。卧聽丹丘白鹿呦。笑看碌碌紅塵也。一事無成兩鬢秋。

詩曰：雲繞瓊林鶴舞臺。安期子晉跨鸞來。盈筵玉饌兼珍果。醽醁光浮琥珀杯。

（霞外清聲）

金液還丹

【北般涉調魔合羅】飧松食柏煙霞客。煉氣凝神把内景諧。河車旋轉無妨礙。定然有路通仙界。誰道無緣結聖胎。妙理分明載。若還是爐輝光彩。現出嬰孩。【四煞】慎抽添均往來。辨盈虚齊盛衰。有無隱顯交相代。須將金液調鼎鼐。好把黄芽趁蘗栽。五内須灌溉。那時節身心俱泰。神氣和諧。【三煞】運三關遊九陔。審四象辨三才。九還七返都無害。鷄能脱卵神尤在。蟬到成形殼自開。妙用原無外。頓然間光生四大。直透三台。【二煞】羡神樞鸞鳳偕。喜丹房雲雨該。陰陽配合相依待。扶桑海底千流湃。華岳山頭百仞臺。龍虎時時在。到其間養成沆瀣。玉蕋花開。【一煞】運丹田貫頂來。鎖玄關玉鑰開。中央戊己心爲宅。擒將日月壺中載。捉得乾坤鼎内埋。一氣歸元海。今日裏名留仙册。身上瑶臺。

詩曰：　紫府陰符授廣成。金烏玉兔鼎中烹。九還七返泥丸轉。金液丹成上玉京。

（霞外清聲）

煉形入妙

【南中吕駐馬聽】閬苑神仙。養煉神工不易傳。要識乘龍姹女。馭虎金公。把露地牛牽。點砂取汞術通玄。還元返本功須鍊。〔合〕静養三田。使内中徑路直透泥丸宫殿。

【前腔】乾轉坤旋。呼吸陰陽無過愆。須向一陽初動。九轉功成。是得道之年。安爐先立地中天。超凡直上蒼穹遠。〔合前〕

【前腔】一炁先天。木汞金鉛用火燃。要把龜蛇烏兔。藏用存神。次第熬煎。煉成赤水耨情田。鼎中白血時流轉。〔合前〕

【前腔】悟徹玄元。蚌腹藏珠機顯然。也會無中生有。摸月寒潭。火裏生蓮。從教解得悟三玄。須知參透玄機典。〔合前〕

詩曰：牢拴意馬鎖心猿。静究乾天與地坤。煉就坎離成大藥。形超無始即軒轅。

（霞外清聲）

觀化玄元

【南商調黄鶯兒】學道説長生。看氤氲紫氣騰。含真葆素祛凡性。元精自凝。元神自靈。遍觀妙理盡是通玄徑。〔合〕六根清。一塵不染。谷海似波澄。

【前腔】對鶴問金經。闡幽微纖悉明。當年曾慕旌陽令。玄功既行。玄暉自生。靈光一點安心境。〔合〕看丹成。九還七返。彼岸自先登。

【前腔】常靜亦常明。衆人迷我獨醒。心同止水明如鏡。神遊玉京。身飛廣城。真詮朗著歸三乘。〔合〕瑩然清。明心見性。似秋月映穹冥。

【前腔】藥杵搗雲英。煉丹砂玉液精。銀臺石室函名姓。解脱幻形。飛騰紫冥。凌空身在烟霞境。〔合〕謾傳燈。寂然坐照。心鏡自通靈。

詩曰：內觀存想悟玄機。姹女嬰兒守玉扉。湛湛靈臺龍虎伏。黄庭仙子服朱衣。

（霞外清聲）

幽栖牝谷

【南商調集賢賓】丹丘石牀閒自撫。潛聽鶴鹿相呼。盡日悠悠同太古。樂逍遥寄迹冰壺。清虚洞府。滿眼是蒼松古木。〔合〕山香舞。聽一曲花落春塢。

【前腔】飢來漸把白石煮。何須焚却枯魚。遥看瀛洲知幾許。任飄飄紫氣凌虚。岩居穴處。偏解得其中真趣。〔合〕無憂慮。唤仙童漫戲蟾蜍。

【前腔】形骸煅盡非自苦。無非是悟徹迷途。幽壑淒淒甘獨處。笑隨那木石同居。餐霞飲茹。日優游仙陬別墅。〔合〕騰空化羽。栖牝谷敢效匡廬。

【前腔】枕流漱石堪樂與。乘龍控鶴憑虛。解脱塵凡誰縛汝。踐紅塵似夢斷華胥。凝神滌慮。看羽化雲驂風馭。〔合〕霞宮月户。任蹁躚醉舞麻姑。

（霞外清聲）

詩曰：身藏一竅爲玄牝。精氣溶和保谷神。寂寂幽棲涵妙理。黄庭絳闕現真人。

覺悟凡迷

【南雙調錦堂罩畫眉】學道飧霞。神遊着内景。堪憐塵事如麻。散誕逍遥。何妨四海爲家。且隨時消度年華。任悠悠自甘粗糲。可誇。木汞金鉛化。早成就玉粒丹砂。

【畫眉籠錦堂】早種邵平瓜。醉後三杯陽羨茶。煉元炁依韓羽化。煮香粳炊熟胡麻。住山谿清幽閑雅。無牽掛。任漂流塵世。一似浮槎。

【錦堂罩畫眉】堪嘉。詩酒生涯。夕陽西下。坐看幾陣昏鴉。那雪水烹茶。争似羊羔泛斝。笑區區井底蚳鼃。空攘攘争雄競霸。可誇。木汞金鉛化。早成就玉粒丹砂。

【畫眉罩錦堂】雲卧樂棲霞。謝却人間榮與華。向水中覓火。石裏尋砂。看爐中鉛汞生花。勝宦途高車駟馬。無牽掛。任漂流塵世。一似浮槎。

【醉翁子】瀟洒。羡僻谷窮岩幽雅。喜無是無非。優游閒暇。堪話。嘆世事紛紛。擺脱風塵錦上花。〔合〕真無價。這雲心月性。妙合南華。

【僥僥令】玉爐藏造化。玄室列丹葩。虚利浮名都撇下。一任俺枕青山卧水涯。

【十二時】今朝點破全真話。看眼底榮華都是假。堪笑那忙不了的蟻陣蜂衙。

詩曰：人生總爲利名憂。不惜韶光是水漚。行樂百年應有限。免教靈府蓄千愁。

（霞外清聲）

南北雙調合套

閒雲流玩

【新水令北】苧村茅舍傍溪橋。碧流環柳堤旋繞。琴書渾落落。松竹更蕭蕭。水遠山遥。水遠山遥。適意時一聲長嘯。

【步步嬌南】春眠不覺天光曉。樹底鶯聲巧。飛花點布袍。載酒攜觴。尋芳覓草。景色最堪描。羡良辰一刻千金少。

【折桂令北】日融融桃李争嬌。萬紫千紅。罨畫春朝。俺只見燕掠香堤。鶯啼柳底。蝶舞花稍。愛的是海棠妍貌。喜的是楊柳柔條。緩步東郊。攜手林臯。看兒童争奇鬬草。薦春芹滿泛村醪。

【江兒水南】喬枝叢上苑。青翠吐芳苞。追歡買笑時登眺。吟風弄月舒懷抱。披襟散髮臨飛嶠。可惜春歸起早。緑惨紅愁。又早榴花争笑。

【鴈兒落帶過陣陣贏北】影毿毿舞新篁翠竹摇。碧亭亭偃蒼松虬枝老。興來時啟南窗把緑蟻浮。睡來時對南薰將冰絃操。囀黄鸝遷陰陰夏木喬。飛白鷺向漠漠水田繞。

【綵旗兒南】風飄梧葉落。露浥桂香飄。雲浄江空形蕭索。聽孤鴻聲寂寥。清高。揮羽扇消炎燠。風騷。待秋來暑氣消。

【收江南北】呀。見南山秋色呵那氣勢兩相高。蛩聲四壁夜蕭騷。聽隣家寒砧頻搗。涼氣滿亭臯。丹楓帶露飄。猛可的到冬來冰雪澆。

【園林好南】舊寒衣呼童熨了。擁紅爐更長睡少。聽百籟悲吟廣莫。呵凍筆定推敲。呵凍筆定推敲。

【沽美酒帶太平令北】滿乾坤雲縹緲。滿乾坤雲縹緲。看六出梅梢落。飂戾漎漎萬木號。舞冰花吹萬竅。遍峰巒一夜老。亂敲窗睡驚玄鶴。消殘火遲眠小閣。我呵燙下了香醪一瓢。煮下了園蔬一硃。呀。又見那隴頭春把韶光傳報。笑傍人把好風光錯過了。

【清江引南】閒雲撫景多歡樂。再不上長安道。壺中天地包。静裏乾坤小。

（閒雲逸調）

詩曰：巖穴幽棲似避秦。閒雲流玩不知春。興投野老開山酌。戲逐漁翁釣水濱。

花谿春嘯

【南仙吕入雙調步步嬌】鶯啼柳陌天初曉。報道春光好。枝枝綴錦綃。嫩緑新紅。呈芳鬬巧。攜酒步芳郊。休添霜鬢催人老。

【沈醉東風】峭寒生輕入敝袍。淡雲流淺依芳草。桃與杏滿林臯。桃與杏滿林臯。揮杯長嘯。切莫使花殘鶯老。

【玉交枝】花溪蘭棹。碧烟籠金垂柳條。雨添新漲堪漁釣。歸來滿泛香醪。卧聽鶴唳絶塵囂。坐看桃李舒懷抱。〔合〕羡關情繁英滿梢。最撩人和風滿郊。

【玉山供】㈢崇巒窈窕。望林端新蟾可邀。欹枕處澗水滔滔。更間關鳥語聲嬌。虚亭静悄。謾倦倚南窗寄傲。〔合〕蘭麝香縹緲。瑞烟消。遠樹煙迷嫩緑饒。

【川撥棹】春起早。惜花殘帶絮飄。趁芳菲綠野逍遥。趁芳菲綠野逍遥。步香塵飲玉膏。〔合〕醉芳叢舞細腰。怕春歸嘆寂寥。

【尾聲】須知阮籍耽長嘯。逸思陵空飛嶠。只落得意懶身閒愁更少。

詩曰：芬菲桃李媚春溪。岸柳舒金芳草萋。寂寂茅堂臨碧水。憑欄静裏聽黄鸝。

（閒雲逸調）

泉石陶真

【南正宫醉太平】一人聖哲。羣工俊傑。明時喜得全高節。羨當年魏野。隱林泉僻谷營茅舍。竹爐煮茗燃松葉。桑樞蓬户薜蘿遮。任夷猶歲月。

【前腔】山清水潔。塵消俗滅。栖遲應與性靈洽。謾優游秀野。嘆浮生秋樹飛黄葉。榮華虚牖移殘月。閒消歲月酒須賒。且怡情短褐。

【皂羅袍】笑傲竹林蓬舍。日臨流觴咏。雲卧若耶。長歌醉裏揮釣車。閒情袁渚千江月。山光濃淡。寒泉凛冽。紅芳滿徑。綠蕪盈野。愛山深地僻無車轍。

【前腔】一徑松蘿陰結。羨瓊花霞樹。當路相遮。甘同木石厭紛奢。渾無一點緇塵涅。芒鞋竹杖。歌隨步陟。殘編蠹簡。時將檢閲。最憐萬徑人踪滅。

【香柳娘】羡溪流可啜。羡溪流可啜。層嵐巀嵲。冥栖迥與塵寰别。謾尋幽餉饁。謾尋幽餉饁。醉倚夕陽斜。殘夢驚蝴蝶。聽樵歌聲咽。聽樵歌聲咽。倦鳥投林。烟光遍野。

【前腔】看蟻封户穴。看蟻封户穴。雲迷曠野。閒觀枝上鳩巢拙。聽啼鶯調舌。聽啼鶯調舌。囀樹柳藏遮。悠悠弄林樾。任狂歌輕脱。任狂歌輕脱。問柳尋花。吟風弄月。

詩曰：小結茅庵枕碧流。清泉白石日淹留。秫田幾畝堪供釀。真樂陶陶狎海鷗。

枕石漱流

（閒雲逸調）

【南商調二郎神】松筠茂。潘岳閒居未白頭。笑十二紅衢空迤逗。閑遊選勝。最欣怪石寒流。這物外逍遥誰更有。真個是山明水秀。〔合〕謾優游。羡無拘傲爾王侯。

【前腔換頭】清修。塵寰謝絶。何妨株守。愛水石粼峋堪枕漱。且逍遥歲月。自甘猿鶴爲儔。嘯倚青天魍魎愁。同唱和山翁溪叟。〔合前〕

【集賢賓】桑樞蓬户臨麓藪。醉眠高枕何憂。耳畔泠泠雲液瀏。任散誕誰言可否。談空説有。向靈溪濯纓盥漱。〔合〕心無謬。嘆紛華一似浮漚。

【前腔】勞形案牘徒皓首。何如步壑臨流。布襪芒鞋甘飯糗。欹枕簟烟巒月岫。閒消清晝。隨處有詩朋社友。〔合前〕

【琥珀貓兒墜】白雲深處。緑水護田疇。枕底鳴泉咽石流。何心鼎食苦縈愁。〔合〕揮手。任虚度浮生。此外何求。

【前腔】漫攜笻杖。遠徑且優游。笑折花枝當酒籌。願隨東野逞風流。〔合前〕

【尾聲】清泉白石長相守。草爲衣鹿麋爲友。只落得鎮日忘機狎海鷗。

詩曰：溪外青山堪作枕。交加緑樹翳丹丘。身隨鹿豕遊巖穴。礪齒臨磯漱碧流。

（閒雲逸調）

丘壑高閒

【南商調黄鶯兒】三徑白雲封。引流觴曲水通。幽禽唤醒華胥夢。日移花影重。春光入眼濃。看遊絲百尺隨風送。絶塵蹤。門無俗客。人有上皇風。

【前腔】新燕語泥融。羨韶華芳景濃。閒消時把絲桐弄。憑高御風。臨流意冲。坐聽郊外樵蘇諷。畫欄中。微風輕遞。香氣入簾櫳。

【簇御林】烹新茗。煮采葑。羡觀魚濠上翁。山樵逸客閒相共。把黄庭内景時披誦。謾攜笻。尋芳追勝。幽興日無窮。

【前腔】吟芳草。弄晚風。任浮雲擾太空。寂無車馬勞迎送。喜山深地僻袪塵冗。任疎慵。巴歌一曲。欹枕醉南翁。

（閒雲逸調）

詩曰：一丘一壑隔塵寰。高卧青山白日閒。静究太玄玄妙理。時聞幾度鳥閒關。

山林慨古

【北仙吕點絳唇】兔走烏飛。流光過隙。深山裏。把往事傷悲。謾提起興和廢。

【混江龍】想巢由遁迹。遜國夷齊共採首陽薇。幾曾去争高競下。别是論非。那裏肯向轅門横槊戟。趨殿陛立丹墀。也不願熊帳内把韜略展。也不願麟閣上將姓名題。俺這裏採山花供餐飯。污牛口過前溪。抵多少趨權附勢使盡了千般計。怎似俺等閒看破一盤棋。每日間徜徉雲水。笑傲漁磯。

【油葫蘆】想着那利鎖名韁佐太微。攀驥尾附熊飛。整日間向紅塵紫陌溷東西。龍拏虎擲參天勢。雕牆峻宇連雲際。華名播四夷。世胄躡高位。這些兒愁添白髮成拘繫。

畫餅功名似纍卵危。

【天下樂】眼見那阿房宮狐兔棲。昭陽殿。麋鹿匿。一霎時蘇臺改作釣鰲磯。俺待要誦周詩又傷着黍離。翫六朝悲舊事已非。幾曾見謝家寶樹做千年計。

【那叱令】俺不去向齊門。抱瑟逞奇。俺不去效蘇張。誑楚説齊。俺不去曳長裾。十謁九違。只爲那魏山河今已乖。漢簫鼓空流水。因此上薄虚名甘效雲棲。

【鵲踏枝】頭戴着青笠兒。身披着緑簑衣。誰羡那重裀鼎食。只愛那煮藿炊梨。樂陶陶一枕羲皇睡。醉醺醺誰辨路東西。

【賺尾】虚名如泡影。世事若朝曦。打破機關能有幾。俺不向榮途馳驟無時息。説甚麽鵬舉鴻飛。圖甚麽勒名鼎彝。只落得青泉白石娱朝夕。這的是田游岩的風味。陶弘景的知幾。誰似俺清閒瀟灑。鼓腹謾遊嬉。

（閒雲逸調）

詩曰：試觀帝業幾興亡。自是山林日月長。閒看白雲歸遠岫。興追野叟共徜徉。

雲村寄傲

【南南吕梁州新郎】雲村烟閣。清虚瀟洒。卜築石林山下。方牀松偃。新篁翠繞簷牙。幾曲溪流映帶。檻接漣漪。蘿薜當庭掛。一塵渾不到。寂無譁。應是壺中別有家。〔合〕身閒雅。堪親稼。共詩朋酒客同歡耍。兼四美。樂無涯。

【前腔】斷崖斜倚。危橋獨跨。滿徑白雲幽雅。虛亭晝永。芭蕉綠上窗紗。自有萬竿湘玉。幾樹奇葩。何事乘肥馬。幽然堪寄傲。度年華。日暮臨風看落霞。〔合前〕

【前腔換頭】竹爐中旋煮清茶。蘭麝香頻添寶鴨。喜雲屏圍繞。疎簾高掛。但見朝霏霧彩。夕散星光。好景應無價。華亭堪鶴唳。茂陵誇。青草池塘獨聽蛙。〔合前〕

【前腔】任秋冬誰計韶華。懶無拘那知春夏。總王公貴客。于我何加。更喜遙峰疊翠。蒼樹含烟。似一幅王維畫。日移花影動。柳藏鴉。醉倚南窗興自佳。〔合前〕

【節節高】沿溪滿徑花。遶桑麻。相逢野叟調清話。柴門下。覽物華。一壺掛。從來真率無虛詐。聲名豈羨圖王霸。〔合〕高陽栗里有遺風。儘拋世事觀遺化。

【前腔】幽林挺翠芽。景堪誇。開軒笑傲耽清暇。揮瓊斝。泛紫霞。多瀟灑。牙籤玉軸盈書架。林泉結社談風雅。〔合前〕

【尾聲】優游順適巫山峽。好風光有言難話。笑看忙忙蜂蝶衙。

詩曰：結屋江村絕世氛。前臨流水後憑雲。幽然寄傲羲皇上。不用淮南招隱

文。（閒雲逸調）

南北中呂合套

解纕嘲弄

【粉蝶兒北】浮世紛華。說不盡浮世紛華。甘碌碌争王圖霸。氣峥嶸頭角相誇。立鵷班。馳汗馬。競趨聲價。怎似俺笑傲烟霞。視墳典猶同漁獵。

【泣顔回南】湖上寄生涯。愛肫肫悃愊無華。簪纓閥閲。總不如坐占鷗沙。無窮幽雅。任優游瀟灑無牽掛。既不慕山斗聲名。又誰知甲第豪家。

【普天樂北】想當日三侯七貴掩黄沙。那五郎四括在誰家。曾見他冰山未倒。未倒踶着奢華。文犀腰内壓。頭踏馬前誇。怎及那山翁。怎及那山翁等浮雲富貴如毫髮。讀殘書應無社假。含英復咀華。學圃還親稼。一似那隨流順變阿瞞查。

【思亞聖換頭】角巾。歸里撇烏紗。笑紛紛蟻陣蜂衙。焚章税駕。羡碧山學士堪嘉。風神清洒。解衣纕都付漁樵話。愛的是雪月風花。怎學得屈曲聱牙。

【上小樓北】那氣昂昂玩世矜誇。勢嵬嵬明堂大厦。錦叢叢玉樹庭花。意揚揚安車秣馬。這的是畫戟朱門將相家。雖然是垂三組。高門閥。争似俺桐帽棕鞋。怎比俺釣磯懸榻。

【撲燈蛾犯南】俺這裏碧粼粼横塘一鑑開。輕汎汎一葉扁舟駕。翠陰陰遠樹迷芳草。緑依依蘿薜當庭掛。勢洋洋魚穿荇藻。忒楞楞鷗鳥戲晴沙。謾悠悠天真順適。喜孜孜濯纓濯足度浮槎。

【上小樓犯北】樂陶陶嘲風月。虚飄飄披疊霞。每日間飲着醍醐。採着蕨芽。煮着胡麻。有時節度嶺穿雲。有時節度嶺穿雲。邀賓結社。漁樵攀話。聽山童把吴歌唱罷。

【疊字犯南】炯炯月如偃瓦。曖曖雲開圖畫。聽呦呦山鹿鳴。覷騰騰飛野馬。磕磕嵱嵱。看飛瀑兒懸掛。遠遠望兒童戲耍。一程程踏落花。聲聲喳喳。樹杪歸鴉。笑哈哈效典衣杜甫醉長沙。

【尾聲】身閒心静真無價。把一片利名心撇下。向一個安樂窩中度歲華。

詩曰：石鼎方牀楚竹爐。水邊林下即蓬壺。清風明月堪嘲弄。不羡知章賜鑑湖。

（閒雲逸調）

按：此套第三曲【普天樂】原誤作【上小樓】，第五曲【上小樓】誤作【黄龍衮犯】，兹據曲譜及【粉蝶兒】南北合套套式修正。

醒觀醉夢

【南正宫玉芙蓉】浮生類轉蓬。世事如春夢。笑名拘幻體。利鎖心胸。閑居妄想爲梁棟。坐食還期列萬鍾。〔合〕貪榮寵。求爲上公。怎如俺日酕醄沉醉坐春風。

【前腔】僧敲何寺鐘。犬吠誰家塚。羡吾儕豈願。曳裾大用。儻來軒冕一似莊周夢。得失須憑塞上翁。〔合前〕

【刷子序】趨權附勢。圖朱戀紫。攘袂干用。抱瑟投竽。争如弄月嘲風。從容。曳履行歌商頌。無榮辱甘守孤蓬。〔合〕願優游賭墅東山。肯馳驅遠謁文翁。

【前腔换頭】英雄。跨驥乘驄。寧甘銅臭。貫朽爲榮。覓餌尋筌。敢慕書名景鍾。元龍。名節堅持山重。笑曹瞞亂世奸雄。〔合前〕

【尾聲】一鉤名餌徒虚擁。何異華胥蝶夢。争似忘機學海翁。

詩曰：興廢存亡幾度新。年來常作獨醒人。黄粱蕉鹿君知否。誰似林泉寄此身。

（閒雲逸調）

烟霞真適

【南正宫素帶兒】閒庭院。謾獨處安然樂歲年。幽欄外聽幾陣黄鸝聲囀。石瀨。瀉鳴泉。活水時將活火煎。悠然見。看花間粉蝶。舞翅翩翩。談玄。醉中往往愛逃禪。

【昇平樂】留連。槐陰庭院。任看心説法。滌慮澂源。飡霞飲茹。逍遥一似神仙。風最喜得無縈無戀。杖藜游衍。臨風對月。笑詠樽前。

【素帶兒換頭】扶筇。過水邊。閒遊忘倦。烟波上見飛花逐水洄漩。烹茶。鶴避烟。静雲開山更鮮。籠春苑。紅霞碧樹。晚映晴川。

【昇平樂】山前。花枝欲燃。羨紅芳如綺。鬭巧争妍。藜牀兀坐。恍疑身在瑶天。悠然。醉來窗下枕書眠。夢初回夕陽西轉。香消烟篆。聽山僧逸客。解悟三玄。

【琥珀貓兒墜】烟蘿繞徑。跬步白雲巔。疎懶從來性格偏。晴窗檢點白雲篇。〔合〕無倦。俺待學採蕨尋芝。訪道偓佺。

【前腔】月移花影。斜掛曲江邊。碧樹含烟露未乾。尋芳挑却杖頭錢。〔合前〕

春江烟雨

（閒雲逸調）

詩曰：高巖幽壑隱山家。澗外陰陰古木遮。遁世逍遥栖木石。悠然真適傲雲霞。

【南仙吕甘州歌】烟波萬里。見溪流圍繞。屈曲東西。臨溪倚岸。閒同鷗鳥忘機。一鈎香餌絲綸細。半艇孤篷烟雨霏。〔合〕歌月浦。釣雪磯。浮名虚利若朝曦。峰如黛。野欲迷。不知誰是武陵溪。

【前腔】綸網日相持。看平川曲岸。沙鳥爭飛。空濛散漫。一天霄雨霏霏。滄江烟浪篷帆遠。澤國秋風鱸鱠肥。〔合前〕

【前腔】雲溪獨釣歸。看敲針稚子。嘯傲隋堤。眠風和月。共山妻畫紙爲棊。爭名塵土渾無意。放志江湖已不疑。〔合前〕

【前腔】終朝坐石磯。謾扣舷鼓楫。來往江湄。持竿撒網。見漁燈數點流煇。小笠乍低臨遠岸。短簑時縱涉瀾漪。〔合前〕

【尾聲】片帆風一簑雨。吴歌欸乃過前谿。身遠紅塵没是非。

詩曰：扁舟渺渺泛煙波。春雨霏霏滿緑簑。新水連天芳草没。江南江北亂雲多。

（鴛湖漁唱）

桃浪鰲磯

【南中吕石榴花】風清日麗花柳鬬鮮妍。明媚景豔陽天。桃花錦綴武陵源。看飛紅亂墮平川。春波浪暖。羨鯤鯢欲向龍門變。〔合〕俺待把玉餌金鉤。寄生涯錦浪珠淵。

【前腔】機閒溪畔白鳥泛蒼烟。弛魚罟伴鷗眠。張公志豈在魚鮮。總不過適意忘年。波摇錦練。漾芳英點點隨流捲。〔合前〕

【思亞聖】春波緑荇牽。浥和風桃浪魚穿。磻谿垂釣。枕流漱石盤旋。長歌扣舷。笑浮名過眼如流電。〔合〕謾垂綸遠浦晴川。任逍遥醉倚雲眠。

【前腔】滄江一釣仙。泛艅艎風月無邊。沉流倚岸。聽巴歈欸乃聲喧。鰲磯游衍。看鳴榔漁火歸舟遠。〔合前〕

【尾聲】虚華榮辱從來免。笑指桑田更變。釣罷歸來不繫船。

詩曰：磯邊千樹柳和桃。雨歇湖頭春水高。恍是武陵三月景。亂紅無數逐波濤。

（鴛湖漁唱）

杏村沽酒

【南仙吕入雙調夜行船序】艇泊江頭。謾弛竿濯足。村徑遨遊。尋溪友伴侣開樽扣缶。觥籌。酒泛香浮。沉醉殘陽。持魚貫柳。〔合〕凝眸。遥見那杏花村一似淇園靈囿。

【前腔換頭】消憂。村釀新篘。羡醇醪玉薤。開埕香透。餘酣漱一醉安辭卮酒。優遊。

無慮無愁。花塢行歌。不禁回首。〔合前〕

【黑𪍿序】溪頭。柳漾輕柔。向杏村桃塢。旋攀花柳爲籌。便留連一醉。持釣歸舟。營求。願作醉鄉侯。何用爛羊頭。〔合〕謾夷猶。悄一似釣鰲李白。明月。爲鈎。

【前腔】祛愁。緑醑盈甌。羨機閑鷗鳥。典衣貰酒乘流。把扁舟不繫。流下灘頭。清幽。年華任去留。貧窮得自由。〔合前〕

【錦衣香】利和名。俱參透。興和廢。休窮究。覷富貴榮華。堪同稗莠。寒燈幾點泊滄洲。投竿洛浦。撒網靈湫。任來來去去。棹孤舟飯藜〔三〕含糗。漁釣怡清晝。笑傲長流。徘徊曲水。陶情雲岫。

【漿水令】見江蜃樓臺結就。聽靈溪粼粼石漱。纖纖明月曲如鈎。江風送冷。江水浮鷗。壑争流。岩競秀。飛泉鳴玉多懸溜。桐江上。桐江上。羊裘漫叟。渭水畔。渭水畔。漁釣千周。

【尾聲】争名奪利吾何有。只落得閒消清晝。笑碌碌徒懷千歲憂。

詩曰：住檝村前艤碧波。人家繞徑杏花多。枝頭百囀鶯聲巧。换酒漁郎貫鯉過。

（鴛湖漁唱）

按：本套首曲曲牌各本均作［惜奴嬌］，然其句式卻與［夜行船序］合。又［黑𪍿序］原誤作［鬪寶蟾］，今據吴梅譜正。

烟蘿休蔭

【南仙吕入雙調園林好】雲深處閒眠狎鷗。蘿蔭下泉飛細流。遥望松陰遮岫。駒過隙景難留。閑歲月度春秋。

【江兒水】碧草迷芳囿。垂楊拂石洲。朶祝融火騎頻馳驟。洪爐大冶難消受。緑陰掩映藏靈鷲。正是清和時候。罷釣歸林。沉醉甜酣清晝。

【五供養】綸竿在手。羡瀼濱菰蒲正稠。波澄魚躍水。樹密鳥聲幽。扁舟斜繫。隋堤緑柳。雲峰迷遠岫。古木障清流。看蘿薜高撑。松篁聲奏。

【玉交枝】風生渡口。緑簑衣斜披樹頭。何須枕簟消長晝。自堪枕石漱流。持竿撒網忘世憂。魚鰕鮮食隨時有。坐芳亭滿沼風颼。聽林中新蟬噪柳。

【川撥棹】荷香透。見池亭雨未收。羡擎波翠蓋新抽。羡擎波翠蓋新抽。樂陶陶佳興遒。醉眠時蝶夢周。愛忘機狎海鷗。

【尾聲】烟溪月壑長相守。笑蠻觸何須争鬬。怎似俺倦甜蘿陰得自由。

詩曰：火雲片片欲燒空。維艇烟蘿趁野風。休蔭碧溪簑枕卧。翻身已覺月升東。

（鴛湖漁唱）

曲岸維舟

【南仙吕入雙調朝元歌】吴天楚天。勝境曾游衍。晴川輞川。樂地情繾綣。水國江鄉。身如蓬轉。來往船飛如箭。玄沚清源。浮艫駕空真浪仙。孤嶼媚中川。探巖排碕邊。〔合〕維舟曲堰。整日共狎鷗留戀。狎鷗留戀。

【前腔換頭】萬頃江濤如練。蒹葭兩岸連。翠帶趁流旋。溪畔蘆花。沿堤開遍。倚岸絲綸時展。釣水衝煙。從來榮辱無掛牽。鼓腹樂堯天。空催犬馬年。〔合前〕

【前腔】遥看落霞飛電。風吹緑荇牽。持釣繫魚筌。緑野波平。水横清淺。沙渚瀠洄堪羡。江岸風漣。披簑荷笠水底眠。莎草刺漁舡。投竿魚躍淵。〔合前〕

【前腔】隱隱孤村遥見。斜陽藹斷烟。長嘯扣鳴舷。唤子敲針。向妻紡線。醉卧夕陽西轉。釣徹肥鮮。囊中儘餘沽酒錢。沙際白雲連。江鄉去鳥還。〔合前〕

詩曰：頃渡溪灣日已斜。石橋西畔野人家。山風送艇前灘去。半艤垂楊在淺沙。

（鴛湖漁唱）

斜陽晒網

【南商調黄鶯兒】移網掛江邊。斷斜曛鎖紫煙。共敲鍼稚子同游衍。持竿繫舡。鼓楫扣舷。浮雲富貴非吾願。〔合〕向平川。高張網罟。時晒夕陽前。

【前腔】沙嶼水潺湲。釣魚磯柳貫鮮。機閒謾把絲綸展。對江風獨眠。愛山花欲然。向前村换酒揢沉湎。〔合前〕

【憶多嬌】倚雲眠。酒爲年。醉後狂歌喜欲顛。遥看水鏡寫明繭。〔合〕日落西川。日落西川。笑將羅網風牽。

【前腔】雲影連。波沁涓。遲日行看錦纜懸。卧聽鳴榔驚晝眠。〔合前〕

詩曰：返棹江干日欲曛。沙頭驚起白鷗羣。鮮鱗足可供宵饌。晒網維舟酒半醺。

（鴛湖漁唱）

蓼渚移燈

【南南吕懶畫眉】疏林幾樹晚烏啼。烟鎖江濱照落暉。扣舷鼓楫宴遊歸。蘆渚扁舟繫。一盞漁燈映水湄。

【前腔】吴歌唱罷笑聲嘻。漁火籬邊止復移。幾間茅屋傍漁磯。不逐東流去。釣徹人間是與非。

【前腔】江空雲�蓼風凄。緑水澄清過櫂稀。燈光明滅影高低。聽隔岸歌聲沸。换酒乘流載月歸。

【前腔】一簑烟雨過前溪。誤入桃源路不迷。謾吹漁火煮羹藜。撇却蝇頭利。一洗塵心萬斛泥。

（鴛湖漁唱）

詩曰：風寂秋江宿雨收。漁舟燈火映中流。夜深應是魚龍伏。蓼渚停橈下釣鉤。

明月投竿

【南南吕梁州新郎】澄江清迥。波流千頃。杲〔四〕杲明蠲如鏡。光摇萬里。良宵幾點疏星。只見閣浮垂照。兔魄生明。虚籟都寂静。蕋珠宫裏坐。下絲綸。炯炯流光漉坳泓。〔合〕釣鰲磯。盤飛磴。移竿投餌吴江冷。玉彩漾。流輝映。

【前腔】庚樓光瑩。關山含影。多少離愁歡慶。澄輝可攬。江湖伴我浮生。莫笑篷窗低窄。海闊天空。無限清虚境。廣寒何處是。釣舟横。卧月酣歌酒兩罌。〔合前〕

【前腔換頭】遶南枝烏鵲飛驚。見數點螢光掩映。羨娟娟素魄。朣朧光滿。聽長天孤鴈。遠浦寒蛩。淒楚聲悲哽。泛波乘蜀艇。掛漁燈。更覺銀河徹底清。〔五〕〔合前〕

【前腔】待移舟轉過沙汀。怕棹破江心玉鏡。任南樓宴賞。迭奏新聲。愁聽敲砧幽巷。弄笛寒林。總是淒清景。卧風乘月下。學逃名。笑雲外青山不世情。〔合前〕

【節節高】扁舟一葉輕。任飄零。夜深露濕青蓑冷。魚川泳。宿鳥驚。星河耿。東山酒伴酣重醒。楓江蘋渚寒相並。〔合〕罷釣長歌歸去來。笑看夢幻如駒影。

【前腔】庭寒魏鵲驚。瑞光呈。烟波此夕流漁艇。堪觴詠。不假名。抑奔競。江湖風月麋鹿性。瓦盆篷底堪烹茗。〔合前〕

【尾聲】陰晴明日尤難定。想此際更殘漏盡。回首江干鷄又鳴。

詩曰：一輪玉鑑映波瀾。漫艤扁舟急水灘。浪靜江魚潛緑藻。夜深對月下綸竿。

聽潮夜話

（鴛湖漁唱）

【南大石調念奴嬌序】停橈渡口。見碧江如練。茫茫烟水澄瀏。鼉浪鯨波。盡滾滾光瑩月印潭湫。糊口。綸網生涯。飄蓬蹤跡。幽然甘作雲溪友。〔合〕惟願把。薄利浮名。付與東流。

【前腔換頭】皓首。霜髭蒲柳。羡平生晦迹。嚴陵脱離塵垢。霧鷺雲鴻。盡是我適意忘情儕友。株守。紅蓼灘頭。黄蘆堤畔。絲綸活計儘消愁。〔合前〕

【前腔換頭】三彀。明月光幽。只見罷釣江干。船横牛渚。幾間茅屋傍蘆洲。風露冷聽烏鵲驚飛枝頭。那更。卧月眠風。酕醄酣醉。怎堪塵世爲功狗。〔合前〕

【前腔】清瘦。楓落江寒。潮平浪息。漁燈明滅幾扁舟。風淡蕩一泓碧水如油。紅友。滿泛金甌。從教沉醉。何妨一飲盡消憂。〔合前〕

【古輪臺】任去留。人生一似贅懸疣。貧窮富貴隨天授。何分妍醜。況不羡公侯。鎮日機閑去就。澤國江洲。甘爲釣叟。聽洪濤巨浪勢悠悠。談空説有。拚夜深流下溪頭。隨波逐浪。牽綸投餌。坐觀泉溜。急水漾沙洲。跨靈鷲。飛泉懸瀑鳴玉漱。

【前腔換頭】閑遊。徘徊瀟洒臨流。江風静見洪瀾迴繞。浪飛波秀。杯歌棹謳。隨處聽鳴榔扣缶。也有飯糗羹藜。芻豢悦口。也有身着羊裘袪紫綬。聘徵不就。有夜深沉醉紅樓。争王競霸。如何撇得。氛埃塵垢。居世若浮鷗。解得其中趣。只有漁翁得自由。

【前腔】蒼松洞口橫。任優游風景。笑傲怡情。見楸枰争勝。爛柯忘却歸程。束薪時向長安境。濯足苔磯卧草汀。蒼山静。緑水平。挑雲擔月杖頭輕。縈紆逕。路窈冥。遠觀近眺數峰青。

【前腔】山深烟樹暝。見斷崖雲際。古木斜撑。霜林風静。聽數聲啼鳥嚶嚶。斫薪懶踏紅塵逕。伐木慵將塵事聽。天將暝。日已傾。笑酣濁酒醉還醒。山妻候。稚子迎。荷歸日暮掩柴扃。

詩曰：岫雲迷路失行蹤。遥望前山疑楚峰。步陟高岡雲滿袖。嶺猨攜子掛長松。

（梅里樵歌）

青林束翠

【南商調金索掛梧桐】忘情與世違。寄跡深山裏。荷月挑雲。塵事何縈繫。雲埋草色帶烟霏。日映嵐光輕瑣碎。擔横煙樹新枝脆。旋斫柔條做一堆。肩挑矣。穿林度嶺。迤邐過前溪。任優遊濯足苔磯。謾笑指山飛翠。

【前腔】林深草木肥。日暖禽聲碎。澗水潺潺。萬壑峰巒碧。斷崖飛瀑噴珠璣。雲外樵歌聲漸細。猿隨鹿伴無拘繫。浥露披風路不迷。身如寄。遊山翫水。適意自忘機。

休提着閑是閑非。只落得齁齁睡。

【前腔】層巒聳翠微。石竇泉爲醴。托跡山林。柯斧爲生計。採薪度嶺白雲低。荷笠登岩紅日麗。近看細草茸堦砌。遥望垂楊掃石磯。行迤邐。臨危負重。空翠濕人衣。真堪笑區區走馬長堤。畢竟成何濟。

【前腔】山銜落日暉。人在烟霞地。老樹蕭疎。自覺超塵世。因看棋局竟忘歸。不覺斧柯皆爛矣。挤同妻子酕醄醉。睡眼模糊猜手枚。日晡矣。山含逝景。烏背落霞飛。看朣朧月照窗西。聽小犬村前吠。

（梅里樵歌）

詩曰：雨過春林萬木滋。絳桃翠柏雜松枝。樵人不管蒼和嫩。砍束歸來欲暮時。

紫壑樵雲

【南仙呂入雙調玉交枝】青山如畫。碧粼粼泉流水涯。千峰雨過蒼苔滑。嵯峨一片流霞。山含霽色柳藏鴉。碧樹烟籠羅網掛。〔合〕看縈紆幽壑谽谺。任遨遊林間石下。

【前腔】巉岩石跨。見蒹葭倚樹蒹葭。採雲謾把枯楂伐。遥聽鳴鵲喳喳。飛飈颯颯散晴葩。雲破遥岑出圖畫。〔合前〕

【憶多嬌】數點鴉。幾樹花。遠水烟籠月印沙。負擔持柯歷歲華。度嶺攀槎。度嶺攀槎。遥看玉樹瓊葩。

【前腔】風景佳。歲月遐。一任星星兩鬢華。荷擔酣歌踏落花。飯煮胡麻。飯煮胡麻。偏宜吸露餐霞。

詩曰：丹崖紫壑媚青山。冉冉閒雲出岫間。王質持柯登絶巘。帶雲樵取老松還。

（梅里樵歌）

弛擔觀棋

【南商調黄鶯兒】仙客坐苔磯。對楸枰敲落暉。縱横謾使千般計。争先決機。鬬智逞奇。應知對面心千里。看相持。手談神算。一局竟忘歸。

【前腔】用盡百千機。任交攻不可移。兩般黑白争排勢。藏謀蓄疑。玄通路歧。弛肩閑看堯君戲。謾斜飛。單敲雙鎖。一着見安危。

【簇御林】消日月。閒共弈。息肩薪坐閲棊。相逢敵手難迴避。設謀決勝隨心起。羡思維。似蜩蟬羽蜕。無語暗藏機。

【琥珀貓兒墜】東山料敵。争羡謝安奇。祖納忘憂事可追。山樵柯爛尚無知。王質。

你須知一局棋殘。人世已非。

【尾聲】束薪負重行迤邐。聽雲外樵歌聲細。争奈鳥道崎嶇路欲迷。

詩曰：持斧穿林陟澗阿。高岡峻嶺得經過。偶逢石室仙人奕。弛擔觀棋已爛柯。

（梅里樵歌）

憩石飲泉

【南黄鍾啄木兒】尋幽去。芳徑迢。花落無人風自掃。遍疏峰蘿蔭垂凉。且投柯坐漱瓊瑶。登棧捫葛堪舒嘯。臨流洗耳清懷抱。笑挹飛泉渴吻消。

【前腔】蒼松繞。翠竹交。萬木森羅風景饒。羨流㶮拂衽披襟。向巉巖憩息逍遥。碧岑如黛烟籠罩。空岩闃寂無人到。夢入羅浮懶負樵。

【三段子】疎林寂寥。倦來時斧斤暫抛。靈溪路遥。噴珠璣泉飛樹梢。峮嶙屈曲横棧道。臨淵坐聽流淙遶。見岩畔山花。倚風迎笑。

【滴溜子】青山裏。青山裏。遠絶塵囂。崎嶇路。崎嶇路。景物蕭條。遠聽樵歌聲杳。傍水汲清泉。憩眠芳草。度嶺穿林。負薪鳥道。

【尾聲】晚聽鴉鵲簷前噪。應是買臣來到。看擔月挑雲歸尚早。

詩曰：肩松陟嶺路迢迢。夏日炎炎似火燒。澗畔謾趺苔石上。喜看泉碧飲山瓢。

（梅里樵歌）

帶雨鳴柯〔六〕

【南仙吕入雙調步步嬌】岩花摇落東風冷。頃刻山光暝。蒙鳩藏樹鳴。遠岫嵋嶙。黮雲遮映。濛濛甘霤傾。爲採薪荷笠登山嶺。

【醉扶歸】碧蒙茸蔓草迷荒徑。濕淋漓靈液澄江浄。謾褰裳倚杖撥雲根。急鳴柯誰計枝和梗。黛烟濃抹色如凝。愁陰暗結松蘿影。

【皂羅袍】嵐氣絪緼無定。看森森雨足。宿鳥飛驚。掘雲採月漉坳泓。碧嶂丹崖風露冷。緑酣紅暎。溪橋水平。山空岩静。松林氣清。樵巾濕透還重整。

【好姐姐】清冷。雲横秦嶺。看溟濛雨飛芳徑。樵雲谷口。岩開石鏡明。山崖迥。行途積潦多泥濘。洗盡塵埃萬壑清。

【香柳娘】聽丁丁斧聲。聽丁丁斧聲。山鳴谷應。雲瀰六合千山暝。密廉纖柳營。密廉纖柳營。白鳥去還鳴。雲深悄然静。向前山謾行。向前山謾行。四顧無人。不禁清冷。

【尾聲】高岡轉過芒鞋騁。遥望前村路窈冥。明日重來豈憚登。

（梅里樵歌）

詩曰：萬疊浮雲嶺外横。淋漓嶂雨帶雲生。飛泉落澗鳴危石。已雜丁丁伐木聲。

賣薪沽酒

【南南吕紅錦袍】俺本是採山人樵子徒。每日裏度煙霞挎利斧。朝游山麓潛伐木。晚荷荆榛返草廬。愛的是鹿爲羣鶴爲伍。喜的是雲作幙石作餔。終朝醉酒酣歌也。落得心中一事無。

【前腔】滿山中足餱糧卒歲儲。因此上覓蒭蕘忘寒暑。到秋來弄金風黄葉舞。到冬來撒瓊瑶瑞雪鋪。春尋碧草來幽谷。夏斫青松緑陰敷。行歌負擔歸家也。賣得青錢換桂醑。

【前腔】整日間任優游不知榮與枯。終日裏向山林忘却朝與暮。手持着鋭光芒斤共斧。肩横着碧茸茸薪與蕪。影蕭蕭戀生涯不辭辛共苦。樂陶陶儘徜徉從教白鬢疎。只落得老去無羈也。閑掃白雲滿地鋪。

【前腔】也不去走風塵甘自污。也不去戴儒冠空稽古。也不去經營貿易爲商賈。也不去角力持强振臂呼。也不效貪財章武甘折股。也不羨紀蹟雲臺書版圖。任教自在逍遥也。日月山中酒一壺。

詩曰：手持利斧出柴扉。冒霧迎風入翠微。砍得蒼松和老檜。前村换酒醉斜暉。

（梅里樵歌）

秋風伐木

【南南吕宜春令】金風動。玉宇涼。草萋萋白雲滿牀。看紅英落盡。籬邊菊綻添幽况。月露冷梧葉飄黄。曉霜清莎蟲織紡。〔合〕且揮柯。伐木林端。浩歌蒼莽。

【前腔】生涯廣。事業長。滿山中是吾口糧。向秋來更喜。蟾光皎潔添蕭爽，鴈影寒水涸烟蒼。螢燄滅天清氣朗。〔合前〕

【前腔】白蘋嫩。紅蓼芳。暑全消蟬鳴夕陽。聽吟風敗葉。蕭蕭幾片成飄蕩。大火流斗指西方。清商應砧敲幽巷。〔合前〕

【前腔】心無繫。鬢欲霜。嘆山樵如閒似忙。向雲林霧谷。崎嶇涉險時來往。玄鳥去叢桂生香。潦水盡寒蛩雜響。〔合前〕

詩曰：秋到山林萬木凋。嶺頭楓葉帶霜飄。悲風淅淅侵人面。伐取峰前老榦挑。

（梅里樵歌）

披榛踏月

【南南吕六犯清音】〔七〕長空烟散。暮雲收斂。遥見銀河清淺。披榛負棘。穿林望斷瑶天。金刹青峰外。朱樓白水邊。星光燦。兔影圓。遥看映水寫明蠲。誰似我執柯伐木心無累。誰似我度嶺行歌口浪傳。負薪曉日。荷歸晚烟。恍疑身在清虚殿。夜如年。暮雲收盡。仙籟寂無喧。

【前腔】斷崖雲畔。碧天如洗。遥看冰輪初轉。泌溪襯步。流光踏碎階前。擔月穿松徑。褰裳浥露涓。山迤邐。路顛倒。緑陰淡蕩柳拖煙。只見那南飛烏鵲驚還宿。只見那喘月吴牛起復眠。光含玉宇。色侵上玄。肩横雲擔如流電。望蒼天。玉繩低轉。萬里一輪圓。

【前腔】青山如畫。涼飈如箭。月色朣朧光滿。扶疎桂影。亭亭映水澄鮮。荷笠歸家急。穿林帶月還。山風勁。山路平。笑看人醉庾樓前。怎能似登樓退賊劉琨嘯。怎能似牛渚乘舟會謝袁。運斤持斧。漱石枕泉。採薪换酒供宵宴。過前川。斜横疎影。看不足水回漩。

【前腔】更闌人倦。月明如練。皛皛清輝照遠。愁看樵子。偏嫌伐木顛連。斧擔爲生計。崎嶇行路艱。霜林靜。玉露涓。前村燈火已無煙。怎學得爛柯王質〔八〕留塵世。怎學得佐漢買臣歸故園。帶星負重。荷月夜還。醉酣濁酒眠芳草。溢冰盤。流輝散彩。清影鬭嬋娟。

詩曰：山後山前不定蹤。玄猿白鹿日相從。披榛歸去天將暝。踏破蒼苔月上松。

（梅里樵歌）

寒山荷雪

【南中呂好事近】六出舞長空。霎時間填滿提封。俄驚百尺。斷崖荒草迷蹤。聽山中。伐木丁丁聲送。頻縛取臨危負重。匆匆向前村路迥。頓教人難辨西東。

【錦纏道】白茫茫。遮斷了雲山幾重。模糊了梵王宮。俺則見遍乾坤嘯雨嘷風。一霎時把藍關道擁。那灞橋上浩然驢凍。度嶺下危峰。遥向那深林荒隴。迤邐步匆匆。猛可的彤雲鬱蓊。嘆淒淒地僻少人蹤。

【普天樂】戰玉龍翔銀鳳。賦梁園歌周詠。穿曲徑穿曲徑荷笠迎風。杖頭挑古木蒼松。西山雲凍。聽一聲孤雁。飛過崆峒。

【古輪臺】嘆嚴冬。衡門蓬户火無功。千山疑是銀光瑩。聽蕭蕭瑟瑟。隨風帶雨。粧成瓊樹瑶峰。負棘披榛。撥雲尋徑。關山千里望何窮。那更敲窗驚夢。把孫康皎綃透冷。映寒窗獨誦。程門立遍。玉樓起粟。霜壓古城空。長歌去。負薪歸處暮雲重。

【尾聲】千山寂萬壑空。見翠澗瑶溪冰凍。争奈寒樹雲埋路不通。

詩曰：朔風昨夜撼區寰。萬壑鋪銀玉作山。松柏砍完剛滿擔。帶瓊歸去路岐艱。

（梅里樵歌）

鶴月瑶笙敍

曲者，闋也。古者有闋而無曲。闋者，樂之正也。曲者其聲抑揚婉頓，非若詩之可以直致也。然而漢魏之間有紫芝曲、白水曲、緑水曲、江南曲；隋齊之間有大堤曲、烏棲曲；唐有渭城曲，皆隸樂府。其言簡古易盡，非若今之轉喉按節，襲譜而循聲也。今之曲實北狄戎馬之音，而金元之遺致也。按昔有董生者，實首其事，而雜劇、傳奇，往往流藉人間。要以柔綽之風，寫綺靡之語，加深切之思，發豔麗之詞，使人動魄驚心，摧情飛色。顧關、陝、伊、洛，其聲壯以厲，有劍拔弩張之勢；吴、楚、閩、粤，其聲嘽以緩，有偎香倚玉之懷，夫亦風氣使然也。故自玄丘飛燕實始北音，塗山候人厥肇南調，南北之分其來舊矣。

邇自謳啞之家既出無賴，摛藻之士又罕名儔，遂致媟褻狼戾，無一可人語。夫飛觴度曲，本人生妙境，而供耳待聽者，又糊濁肝腸，不勝紬繹，良用嘆悼。梅顛道人放形物外，棲志泉石，方扣至玄於無聲，契仙蹤於絶響，有時搦管吹花，銜杯坐月，醉極情間，令一二髽童張頤緩頰，弄音調響於松風竹雪之間，會意點頭，往往擊如意以節之；又若新水初緑，一舠泛如，琴鶴同載，雲山滿前，按拍之聲隱隱從煙波起矣。余頗留意音樂，苦不能歌，喉中纍纍如貫珠走核，輒頓嗄不能出一聲，蓋二生業也。每遇吳兒越媛當筵侑觴，雖噥唧中未嘗不爲傾聽，然其凄楚煩冤，離思淫泆，不覺撲簌淚下，甚有爲擲罍而起者搜神哉，其爲聲矣。及聆道人所爲曲，則又心愉神怡，浩浩焉，倘倘焉，飢爲之飫，寒爲之燠，愁爲之舒嘯，真有令人癖烟霞，痼泉石，棄遺此天地，不知江山外更有黄屋者，蓋其爲曲也。以溪雲林靄爲變態，以野水山橋爲景色，以樵斧漁筌爲事業，以藥物爐鼎採取交媾爲要妙，無長安路上嗟名嘆利之習，雖其詞之工拙，意之重復，無暇計焉。先生自喜對景即席，輒剖片紙如掌板大，揮洒自若，以授歌者，故其爲物多補綴零礫，日滿篋中，余因暇日發其所藏，詳加校整，分類析屬，而總以鶴月瑶笙名之。噫，鶴背如船，緱山似畫，子晉可興，必調笙和之矣。若其帳底羔兒，橋邊驢子，臭味焉可强齊也。同郡青蓮居士姚弘誼。

〔一〕原僅作「沽美酒」，茲補。
〔二〕「玉山供」，原作「玉山頽」。南詞新譜云：「供或作頽，非也。」
〔三〕「藜」，原作「棃」。
〔四〕「呆」，原作「音」。
〔五〕「清」，原作「溝」。
〔六〕此曲南宮詞紀亦録，注周梅墟撰。
〔七〕「清音」，原作「宮詞」。
〔八〕「王質」，原作「王子」。

屠　隆

屠隆，字長卿，一字緯真，號赤水，又稱鴻苞居士，別署一衲道人、弢光道人、由拳山人、娑羅館主、蓬萊仙客、冥涬子，浙江鄞縣（今寧波）人。萬曆五年（一五七七）進士，除潁上令，調青浦知縣。縱遊九峰、三泖，以仙令自許。遷禮部主事。好客益甚，常解帶酒家取供。隆文思敏捷，落筆千言立就。善曲，能爨演。著有白榆集、栖真舘集、鴻苞集、由拳集、冥寥子紀游、採真集、婆羅舘集、考槃餘事和傳奇修文記、彩毫記、曇花記三種，合稱鳳儀閣樂府。生於嘉靖二十一年（一五四二），卒於萬曆三十三年（一六〇五），年六十四。

小令

【北正宮叨叨令】

緯真公至金陵，游秦淮舊院寇四家。寇四故負才藝，有盛名者也。因請其作詞，儀部即舉筆作【叨叨令】，中含地支十二字以贈。其詞云：

了相思一夜游（子）。敲開金鎖紐（丑）。正逢夤夜夕陽收（寅）。柳腰兒抱着半邊

（卯）。紅脣兒未曾到口（辰）。口吐舌兒軟若鈎（巳）。更有玉杵在身旁。不是木耳削就（午）。二八中間直入。挑起腳尖頭（未）。呻吟口罷休（申）。壺中酒點點不留（酉）。倦來人是干戈後（戌）。只恐生下孩兒非我有（亥）。（甬上屠氏宗譜）

按：曲牌疑誤，句式與〔叨叨令〕不符，且無「也麼哥」句格。

套數

旅思[二]

【南仙呂桂枝香】青燈殘夜。蕭條旅舍。夢雖多燕約鶯期。事已共水流花謝。聽敲窗敗葉。敲窗敗葉。助人凄切。杳難休歇。鼓鐘絶。無限衾裯冷。難消心上熱。

【不是路】情種些些。打起愁城千萬疊。無明夜。懨懨心病費周折。去程賒。一鞭風雨和殘雪。信斷衡陽鴻雁帖。真拋撇。佳期自分成吴越。我淚痕似血。你寸心似鐵。

【長拍】合浦珠分。合浦珠分。延平劍别。問雙環是何時節。向君平問卜。怕人知不敢明説。枉自把錢跌。想五行八字。合受顛蹶。有限眉峰無限恨。青衫上淚成血。急整片帆歸也。又恐怕江寒夜静。空載明月。

【短拍】歸思迷離。歸思迷離。愁心哽咽。怪家山霧黯雲遮。驚夢怕啼鴂。逢驛使隴梅徒折。冷落繡幃香熖。恨陽關當日唱三疊。

【尾聲】好姻緣多磨滅。料應是前生欠者。把玳瑁簪燒羅帕裂。（吴騷合編）

南北雙調合套

尼姑下山〔三〕

【新水令北】佛前燈火半昏明。助人愁數聲金磬。活人身徒自苦。死木偶有何靈。多少青春。都逐了香煙盡。

【步步嬌南】自古紅顏誰似奴薄命。冤債前因証。形端性亦靈。要解愁煩。何事常孤另。低首自沉吟。蓮臺縹緲無憑信。

【折桂令北】鬢邊鴉削落紛紛。鳳頭釵羞殺黄金鏡。笑花容少年没主。老大誰親。繡幡兒隔斷了鴛鴦雙枕。木魚兒敲散了鸞鳳齊鳴。如花在銀瓶。月在空亭。有誰人識熱知疼。並肩交頸。空自受淒涼。寡影孤形。

【江兒水南】事佛傳千古。梯仙有幾人。悔當初錯把空門進。坐禪堂意亂渾無定。孤眠紙帳何曾穩。恁般消磨則甚。待效來生。知來生是何方生命。

【鴈兒落帶得勝令北】我待要向法堂上閑消悶。怕見那衆羅漢悶轉增。那長眉的似愁我情無恁。大肚的似笑我不住聲。舉手的似招我同歡慶。怒目的似嗔我妬風情。貌老的似憐我年虚度。年少的似貪我色傾城。靈靈。似這般樣煩惱縈方寸。便是鐵石人。怎教不動情。

【僥僥令南】困倚芸窻淚雨傾。濕透了案頭經。剛剛卷帙都磨損。字糊塗讀不成。字糊塗讀不成。

【收江南北】呀。早知道這般樣難挨呵誰待要學無生。送黄昏鐘聲在耳邊聽。一聲聲惱人恨人。呀。赤緊的咬定了牙根。

【園林好南】從今把青絲養成。從今把緇衣改更。尋一個風流聰俊。生和死結良姻。生和死結良姻。

【沽美酒帶太平令北】[三] 春花開夏風薰。秋月皎冬雪晴。我與他暮暮朝朝樂事濃。不燒香不點燈。不念佛不看經。不奉三寳諸天衆聖。縱陰司嚴禁。一任薰煎磨春。我呵説甚麽前生。後生。且圖着今生。此生。呀。急回頭已錯過半生光景。

【清江引南】心猿意馬今朝定。急離了沙門穽。休教月下僧。敲破山門進。半路裡出

家的着甚麼要緊。（樂府先春）

【逍遥令】掛冠歸去謝君王。脱朝衣把布袍穿上。荷犁鋤擲手板腰章。今日九重丹鳳闕。明朝千頃白鷗鄉。滿西湖荷花正香。望東海月輪初上。曲岸横塘。畫橋蘭槳。只此處盡可容得疏狂。

【烏欒】手提着閑中風月。一任他烏兔奔忙。肩擔着物外乾坤。都不管春秋來往。出火坑。總領的一味清涼。離苦海。安穩地喜無風浪。解憂悶服了平胃散。除煩渴飲了太和湯。俺想那華清宫馬頭殘月。到不如白沙村牛背斜陽。俺自有胸中丘壑。煞強如名利場。則看你臉上煙霞。原不是公侯相。要買卻長生訣。又何須金玉千箱。待踏遍神仙府。剛只用芒鞋一緉。有甚商量。

【挾飛仙】卻才個謝恩辭輦離仙杖。早想雲水瀟湘。猛回頭。渾不記舊日的蘭省郎。夜來時夢早入在蘆花蕩。那漁翁推篷身臥滿天霜。幾曾聽骨碌碌馬蹄忙。撲剌剌鳴鞘響。閃得人膽戰心慌。

【重繰柳】俺也曾勤萬民月色星光。俺也曾提三尺天青日朗。俺也曾禱神明驅龍禁鬼。俺也曾走畎畝沐雨經霜。俺也曾草朝儀沖寒筆飽三冬雪。俺也曾直紫禁不寢衣熏五夜香。這也是俺爲官的理當。到如今早尋個燒殘紅燭。夢破黃粱。大英雄苦没個好結局。盛筵席那裡有不散場。恨鏡中絲不饒豪傑。墓前土漸送侯王。你則看五街喧。車馬嚷。九門開。鼓樂張。百官朝下趨丞相。滿園飛蓋花千樹。夾道紗籠燭兩行。轉盼也相堪惆悵。早花移別院。客散高堂。

【洞簫曲】人生得意番魔障。也都有鳥盡弓藏。兔死狐傷。牽犬恓惶。唳鶴悲涼。摩挲眼界紅塵外。抖擻毛衣白日傍。也非狂蕩。不是荒唐。喜孜孜策蹇出咸陽。

【雷龍部曲】我也做不得載西施范蠡的行藏。我也做不得醉東山謝安的伎倆。也没有鑒湖曲君王恩賞。也没有征虜亭下官祖帳。也没有漢成都八百桑。也没有晉陶潛五柳莊。忒莽撞。抉目浮屍伍相亡。没來由。采石沉埋李白狂。又何苦江潭憔悴靈均放。頂黃冠瀟灑道人裝。裹青鞋邋遢窮酸樣。無營無想。真個是隨緣分過時光。

【大江東】駭世路羊腸太行。論人心羅剎瞿塘。委實難防。狠戈矛從容笑裏藏。毒羽箭一霎間中放。黑漆漆裝下了陷人坑。響瑺瑺直說出瞞天謊。那裡討一幅奸人面孔。高力士肚腸。直弄得人褁鴟夷飲劍芒。哭累臣葬大江。逐山鬼投煙瘴。毀璧成傷。剜肉成瘡。只你兩片唇撼了九地。一隻手掩了三光。又誰知功曹直日無偏黨。盡生前模糊上帝。拼死後抹殺閻王。

【漁陽鼓】俺少時也有偌的志量。秉精忠立廟廊。奮雄威出戰場。去擎天捧日。做玉柱金梁。然後回頭辟穀休糧。今日裏是天涯風波飽嘗。心兒灰冷鬢兒蒼。因此上撒漫文章。卷起鋒芒。結束田莊。急收回一斗英雄淚。打疊起千秋烈士腸。猛中酒迷花也没下場。便吟詩作賦也没情況。靈臺一點渾無恙。閑思想。且丢卻別人軀殼。早照管自己皮囊。

【水紅蓮】你待要設機關烹麟醢鳳皇。番做了走蛟龍掣鎖開羅網。我猛抬身青天碧海。何物不昂藏。才踏步勝水名山。是處皆閑曠。這没是非的眉頭日日揚。斷煩惱的情懷時時暢。來也何妨。去也何妨。呸。轉堪憐烏鳶死鼠。空自惹閑忙。

【天門歌】淮陰辱何須較。范丹窮不用忙。老天吩付休廝撞。雖然是歸來風景忒荒涼。也只落得無災障。荔薜縫裳。沆瀣爲糧。短短垣墻。小小茅堂。鬧嚷嚷鶯翔燕翔。亂紛紛蜂忙蜨忙。細茸茸花香草香。藤梢斜掛蟲絲網。晴雲房。柳遮桃映。新竹已成行。

【梨花月】斷霞紅。海氣蒼。跳雨白。晚天涼。漲春流野塘。亂鳴蛙水鄉。鳥來山上弄紅光。船回浦口聞漁唱。道人睡起羲皇上。拜暘谷。誦神王。

【緯緺絮】綺羅叢粉黛香。擁千鍾食萬羊。天生福。這不是容易教人享。但青蔬白飯觀無極。濁酒清歌夜未央。醉來時辛夷花發滿藤床。醒來時梧桐月色低羅幌。縱無縈也自然清曠。唤山妻稚子。問種幾株桑。

【江流九曲】一從撇下紫游韁。番然提起烏藤杖。几席外十洲三島。眉眼裏玉户金堂。仙姬毛女珠衣薄。□父從童羽蓋揚。竊來的花間寶瑟。叨陪的石上壺觴。那時節管甚麽越弱吴強。秦短周長。楚漢興亡。田竇參商。草没齊梁。土掩隋唐。跳出陰陽。鸞鶴驂翔。呀。此乃是大丈夫生的勾當。又何須論那糞土中蜉蝣半晌。一笑回頭萬慮降。

【尾聲】赤松黄石千年業。到青史總成虚誑。木落天高一夜霜。（娑羅館逸稿）

題昌朝先生坐隱園初夏景

【北中吕粉蝶兒】別墅新成。倚松蘿天開形勝。正清和朝雨初晴。畫堂深。嘉樹暗。晝長人静。恍疑是身到蓬瀛。展楸枰任舒佳興。

【醉春風】風暖鳥諧聲。日高花弄影。西山爽氣落虚檐。端的是好景。景。青杏園林。黄梅時節。緑楊門徑。

【脱布衫】驚午夢幾處流鶯。沁詩脾一派滄溟。笑塵岩煙霞自領。懸榻齋金蘭曾訂。

【小梁州】我見他雲護山扉晝不扃。疏離外犬吠人行。常則是憐翁野老結鷗盟。開三徑。蘿閣恣閑憑。

【幺篇換頭】你看那長林石几纖塵淨。似當年竹下逃名。客來箕踞兩忘形。趁曲水流花徑。一觴一詠。何處覓蘭亭。

【上小樓】才轉過九仙丹磴。又早見澄湖千頃。知多少山外青山。橋外飛橋。亭外芳亭。則聽得扣舷聲。弄笛聲。中流相應。問着那採蓮歌美人裝艶。

【幺篇換頭】上磯頭欲釣鯨。對滄浪且濯纓。你看那燕蹴飛花。鷺立晴莎。魚戲新萍。試將一葉乘。過蓼汀。緑波風定。望三島蒹葭掩映。

【滿庭芳】層樓倒影。波摇蘭楯。光透簾旌。動人無限滄州興。消盡炎蒸。恰才在曲霞藏徘徊暮景。又早向眺蟾臺徙倚瑶京。見明月如懸鏡。煙開綺屏。一片玉壺冰。

【耍孩兒】你抱經綸不改山林性。是大隱金門歲星。一龕燈火悟無生。笑等閒人世虧成。也不須沉淵洗耳甘寂寞。也不須列鼎鳴鐘慕顯榮。隨時舒卷心無競。把千秋代謝。都看做一局輸贏。

【五煞】愛清修讀五車。恥豪游問五陵。圖書東壁寒光瑩。庚生燃盡青藜火。武子囊殘白練螢。思道脈承千聖。更落得詩追大歷。賦逼西京。

【四煞】青蓮窟花雨香。紫竹林鐘磬聲。六根從此皆清淨。溪邊流水天邊月。閑裏孤雲静裏僧。持半偈時參證。勘得破空空世界。爲甚麽擾擾浮生。

【三煞】洪崖好弈棋。王喬善弄笙。純陽笛奏天風勁。他們都身隨野鶴。離群遠心。比秋江徹底清。你與他相輝映。落得這天光雲影。水秀山明。

【二煞】竹葉杯滿滿浮。松蘿茶細細烹。沖天泉直向岩頭迸。魚蝦麋鹿山中侣。洞壑林巒世外情。紛紛玉屑霏談柄。客去呵。耕雲鄭谷。釣月嚴陵。

【一煞】落松濤棐几寒。度荷風湘簟清。枯棋三百閑中訂。摻來勝算無勍敵。識得先機。自不争陶孤興。笑他們未能守黑。容易教鴻鵠牽情。

【煞尾】雖然□南陽愛結廬。北山羞勒銘。卻不道世緣未了還須應。誰似你吏隱先生蝶夢醒。（坐隱先生集）

〔一〕南宫詞紀題作「旅怨」，注史叔考作。吴騷合編題作「旅思」，署名屠長卿。未知孰是，兹姑以之屬屠氏。

〔二〕群音類選題作「尼姑下山」，樂府争奇無題，俱不注撰人。樂府先春無題，注屠赤水作，兹據以輯之。題從類選。

〔三〕原僅書〔沽美酒〕，兹正。

王驥德

王驥德，字伯良、伯驥，號方諸生、玉陽生，别號方諸仙史、秦樓外史、鹿陽外史、玉陽仙史，浙江會稽（今紹興）人。少師事同里徐渭，精研詞曲。與沈璟、屠隆、史槃、葉憲祖、王澹、顧大典、湯顯祖、孫如法等交好；與呂天成尤爲畢生莫逆，所著曲律四卷與呂氏曲品，向被譽爲論曲雙璧。著述多散佚，現傳世有題紅記傳奇，男王后雜劇，西廂記校注及元人劇作選古雜劇等。已佚有詩文方諸館集，散曲方諸館樂府及雜劇金屋招魂、棄官救友、兩旦雙鬟、倩女離魂和韻書南詞正韻、聲韻分合圖等。約生於嘉靖二十一年（一五四二），卒於天啓三年（一六二三），年八十二歲左右。

小令

【南正宫玉芙蓉】

青樓八詠有引

山東馮海浮有北仙子步蟾宫八詞，僅牙筋、肩几、臂枕、足架〔一〕；他如鞵杯、手板、肉屏、耳簪、帕箋，皆猥俗不稱。余戲易五目，寫之南音。

口　杯

些些櫻顆嬌。的的脂痕小。背銀燈一笑。款送春醪。濃香乍破芙蓉腦。甘露從傾芍藥梢。金杯俏。且輸他這遭。拚爲你醉魂拋向舌尖消。（太霞新奏）

齒　筋舊牙今易齒

冰絲削藕新。玉葉傳虀嫩。摘金盤一縷。咬露三分。同心豆蔻含胎近。並蒂桃花吐瓣親。偏風韻。印紅香一痕。做得個笑才郎無賴閃朱脣。（太霞新奏）

肩几

看花翠磴迷。待月朱闌閉。問閒憑粉几。可似名姬。連枝寶樹原相倚。比翼珍禽只共飛。成尤殢。下香階這回。恰正是海棠無力任風欹。（太霞新奏）

乳爐

銅爐火未紅。貂袖風偏重。謾輕籠十指。煖借酥胸。軟温恰信鷄頭瑩。滑潤真成塞酪融。偷摩弄。恨寒風正隆。做不得解紅襟一吸露華濃。（太霞新奏）

臂枕

玲瓏雲母牀。窈窕鮫綃帳。恁珊瑚高枕。總道尋常。彎環玉藕猥相向。襯貼蓮花并作芳。紅茵上。正東方未央。準備着夢靈犀一點漏高唐。（太霞新奏）

腹褥

香薰緑玉篝。被展紅鴛繡。又何勞錦褥。自有温柔。朦朧春殢三眠柳。宛轉花擎一

瓣秋。更闌後。惱東風未休。怕則怕俏身軀壓損爲伊愁。（太霞新奏）

膝凳

琱床綺轂連。繡榻氍毹淺。總何如嬌膝。小坐堪憐。擎將寳座蓮花軟。倚得紅粧玉樹妍。春衫片。皺緋霞半邊。又何須砑羅裙上羡箏絃。（太霞新奏）

足架

樓頭禁鼓殘。枕畔行雲散。鎮沈沈魂夢。此際闌珊。從他幫襯雙蓮慣。恁我交加片玉安。輕須按。怕難禁動彈。這其間赽良宵肯放一鈎閒。（太霞新奏）

【南正宫錦芙蓉】

四紅詠

紅衫

〔錦纏道〕試宫衫。厭冰紈新來不堪。茜色出江南。袖梢寬一幅絳河初蘸。緊護着綻春

風朱櫻兩點。牢拴着鎖朝霞金釦雙函。〔玉芙蓉〕紅香淡。愁心未諳。爲何的濕胭脂。陡見淚痕淹。（太霞新奏）

紅　裙

剪紅綃。恰量他纖纖細腰。六葉石榴嬌。窄邊闌窗前繡來剛了。是誰教掃氍毹幾回虹遶。又驚看上秋千一片霞飄。○東風俏。遮攔不牢。偏做箇向花前揭起不相饒。（太霞新奏）

紅　裩

潞州紅。染來鮮比猩猩較濃。金剪逗芙蓉。稱身材柔香一搶纔籠。又何須搗丹砂蜥蜴重封。儘由他透鮫綃桃花新湧。○春無縫。鴛鴦帶鬆。到黄昏背人羞褪燭朦朧。（太霞新奏）

紅　鞋

小弓鞋。窄尖尖紅羅乍裁。裙底醉鶯腮。俏人兒一瓣藕花輕載。昨朝來濕苔痕朱闌

低𩆏。一回閒步香塵紫陌慵挨。〇湘簾外。溶溶月來。記得他赴佳期私下海棠階。（太霞新奏）

【南南吕梁州序】

春　懷譜李玉賀新郎詩餘[二]

春慵玉枕。香消金鼎。日午華堂人静。王孫芳草。知他何處閒行。謾有楊花飛素。桃萼飄紅。已遍青苔徑。無聊長殢酒。病難勝。鎮日懨懨倚翠屏。雲鬢亂未忺整。（太霞新奏）

【前腔換頭】悵江南舊事無憑。盼天涯斷鴻難倩。漸西樓月滿。畫闌愁憑。長恨歸期空訂。嘶騎不來。一似缾沈井。緑窗銀燭暗。又深更。立盡梧桐影半明。誰伴我對鸞鏡。（太霞新奏）

香月居主人云：此梁州序本調，與荆釵金印相同。

墨憨齋評云：據家私迭等，及風敲竹徑，首句原該用韻，其不用韻，自新篁池閣始。琵琶記多有省韻處，如畫眉序首句。解三酲第五句失韻，皆其作俑，不可學也。伯良用枕字，疑于借矣，此等尤誤後學，特爲疏出。○又云：無聊長殢酒病難勝，亦彷琵琶句法。查古曲此句止該七字，然先輩亦多有作八字二句者，疑原有二體也。詞隱先生於琵琶記，必欲去也字一板，近固矣。

【南仙呂入雙調惜奴嬌】

惜　別譜秦少遊滿庭芳詞(三)

山抹微雲。聽連天畫角聲斷譙門。聊停征蓋。花前共飲離尊。難分。舊事蓬萊回頭迅。見炊烟紛紛盡。日漸曛。遥指寒鴉數點。水遶孤村。（太霞新奏）

【前腔換頭】

銷魂。此際征人。想香囊暗解。羅帶輕分。青樓休道。贏得薄倖名存。傷神。此去何時重親近。惹啼痕羅襟潤。惆悵頻。又是高城望斷。燈火黄昏。（太霞新奏）

香月居主人云：此惜奴嬌本體，與荆釵記家道貧窮同。琵琶記杏臉桃腮，亦是此調，而中間缺兩字句，不可訓也。時曲皆以夜行船序誤作此調，不可不辨。

【南雜調梧桐秋夜打瑣窗】

秋　懷〔四〕

〔梧桐樹〕秋風昨夜來。秋雨今宵再。并作淒涼。打攪紗牕外。我本是思鄉張翰。填不了蓴鱸債。〔秋夜月〕可堪他無情幾樹梧桐怪。向黄昏亂擺。〔瑣窗寒〕小齋。分明勾引得夢兒纔。又驚回難着疑猜。（太霞新奏）

【南雜調白樂天九歌】

麗　情〔五〕

〔白練序〕從別後。嘆繡閣金屏又隔年。多管是消減了那人嬌倩。無便。一紙箋。寄不上梅花路幾千。〔昇平樂〕青鬢粉面。只索向夢裏縈牽。曾憐。月明深院未成眠。正浴起海棠紅倦。款攜金釧。畫闌花暗。紗榻香薦。〔朝天子〕這風流眼前。這風流可憐。

〔解三醒〕他狠遮欄幾年纔見。你好姻緣兩度方圓。蓬萊海水也有清和淺。齊罰願。兩心堅。你道是銜環黄雀恩當報。我道是破鏡青鸞合定然。〔三學士〕奈蹤跡如蓬容易轉。似劉郎陡別桃源。你做個春蠶作繭絲偷綰。我做個秋藕生花眼暗穿。〔急三鎗〕恨只恨。無人去。説與道。人歸日。在雁兒先。（太霞新奏）。

香月居主人云：此調用正宫、南吕、仙吕錯雜而成，亦未必協，只取曲名五字爲巧耳。偶一爲之，不可學也。

【南雜調五月紅樓別玉人】

賦得五月紅樓別玉人有序〔六〕

余以乙巳端陽日出都，先是所狎田姬，偕其姊氏長姬過逆旅爲送，留連累日。長姬故以歌名北里，酒間謂余：「子今代詞手，幸賦新聲，爲我妹別，抑吾不能日日唱渭城也。」坐客引滿，並爲慫慂。遂括諸調，漫取作目，譜本雙調，中稍兼出入。綴成，請試曼聲，二姬潸然稱謝，輒歌輒泣曰：「幸留以竢異日子來。作西窗語資耳。」並識，俾存之奩中。

〔五供養〕匆匆節序。恰捱過冬殘。又早春徂。因循歸未得。不是戀鱸魚。〔月上海棠〕嘆青驄此日。難更躊躇。我愁賦巫峽行雲。你怕唱渭城朝雨。王孫路。倥偬離觴。節逢重午。〔紅娘子〕我爲你留連繡襦。你爲我繾綣香車。待寫做姊妹天台送別圖。只少個碧桃千樹。〔雁過南樓〕憶年時説歸心五湖。便殢人無限嗟吁。如今城烏夜雨。風帆烟渡。真個是挽留不住。〔江頭送別〕金釵嫁。金釵嫁。是伊口許。明珠聘。明珠聘。倩你大喬作主。此生怎敢輕孤負。〔玉嬌枝〕奈暫時分手征途。看枕邊絮語銀燭孤。尊前兩淚紅衫污。我自索頻頻寄書。你不索時時向隅。〔人月圓〕臨岐掃作新詞句。不盡離亭愁萬縷。還留取。待重來並付檀板金壺。（太霞新奏）

凡諸調合成，全要鬬筍無痕，如出一調方妙。此曲過接處，尚未和叶。

墨憨子云：月上海棠嘆青驄句可删，紅娘子宜用全曲。

【南商調十二紅】

麗情[七]

〔山坡羊〕冷瀟瀟風狂雨驟。恨悠悠經年拖逗。遠迢迢青禽信來。急匆匆特地相搊就。〔五更轉〕你在意憐。抵死捱。堅心守。桃花人面人面相逢又。嬌倩依前。只添些消瘦。〔園林好〕你爲我怨吴宫逗遛。我爲你罷長安浪遊。則道終成虚謬。〔江兒水〕今日方知不負神前盟呪。〔玉交枝〕低聲輕剖。落牢籠怎得自由。爲多才受盡閒僝僽。閃些兒覆水難收。〔五供養〕春殘夏後。盼一紙書來。望斷雙眸。燈前腸易結。枕上淚長流。啼花泣柳。做得個千般掣肘。〔好姐姐〕休疑。情抛愛丢。待九死寸心同朽。倘機緣中斷。甘心一命休。〔玉山供〕偷自淹衫袖。似女和牛。難將心事隔年酬。〔鮑老催〕你是個玉籠彩鳩。做不得紅綃半夜踰畫樓。做不得章臺片晌馳紫騮。〔川撥棹〕空消受。似浪花中權聚首。惡風波又起前洲。惡風波又起前洲。急分開文鴛並頭。眼睁睁挽不留。路茫茫兩處愁。〔僥僥令〕你行雲歸楚峽。我飛夢隔揚州。恰正是地窄人稠難分手。則説個莫相思滿頰羞。〔尾聲〕佳人恩愛從來有。不似你鍾情偏厚。只教腸斷湘江一葉舟。（太霞新奏）

墨憨齋評云：既曰十二紅，宜用十二曲合成，不應止十一曲，而以尾聲足數也。且首二曲舊名山羊轉五更，次二曲亦可名園林好江兒水，至玉交枝、五供養、好姐姐三曲俱用上半隻，接續處便少段落。鮑老催忽插入黄鍾調半曲，而後以川撥棹全曲接之，亦俱可議。南西廂小姐小姐多丰采一曲，亦名十二紅，與此曲絶不同，總之未必叶律也。

按：本曲末調〔尾聲〕乃湊足十二牌調而爲，故以小令視之。

【南仙吕一封書】

譜詩餘長相思詞

紗窗外鳥啼。惜芳菲紅作堆。雕闌畔蝶飛。恨葱籠緑漸肥。宿雨懨懨初睡起。不覺庭前花影移。憶歸期。數歸期。夢見雖多相見稀。（太霞新奏）

【南仙吕桂枝香】

譜蜀伎踏莎行詞

説盟説誓。説情説意。人來寄得封書。動便春愁盈紙。你脱空怎的。你脱空怎的。我不茶不水。供他憔悴。再休提。相思已自無閒處。那得功夫來呪伊。（太霞新奏）

【南仙吕解酲歌】

閨情

〔解三酲〕愛簪花新來慵甚。好薰香近日無心。清晨粧鏡黄昏枕。提不起繡時針。難將愁字挑作錦。易得啼痕沾滿襟。〔排歌〕裙鬆翠。釧減金。海棠開後到如今。紅牋杳。鯉素沈。夢中迷路苦難尋。（太霞新奏）

【南仙呂解袍歌】

即　事

〔解三醒〕膾餠中木樨新插。曲闌外盆菊初花。纖纖握手些些話。喚丫鬟悄掩窗紗。〔皂袍羅〕芙蓉帳小。紅生臉霞。鴛鴦枕軟。香鬆鬢鴉。起來日墮湘簾罅。〔排歌〕宜城酒。顧渚茶。一枝膝上彈蘭芽。譙鐘動。禁鼓撾。問郎何事欲歸家。（太霞新奏）

【南仙呂皂羅袍】

見書二首

又是一番流淚。這封書寄到。來意蹺蹊。兩三行讀盡不言歸。紙梢兒到帶了些胭脂氣。你章臺留戀。也不怪伊。我紅樓寂寞。也不怨誰。只怕重婚別娶不想個歸家日。（太霞新奏）

盼殺佳期一晚。卻書來訂約。又蚤空還。我劣思量羞得殢人難。你狠心腸怕不喬人

慣。羅帷夜永。燈殘燭殘。繡衾香冷。魂單夢單。指尖掐痛還沒個真憑限。（太霞新奏）

【南仙吕醉花雲】

寄　信

〔醉扶歸〕赫蹏書一日三傳信。小奚奴走破腳兒根。不是我頻頻寄殷勤。一時間寫不盡心頭恨。〔四時花〕親親。〔渡江雲〕這叫做相思日日新。但說道傷心字字真。（太霞新奏）

【南仙吕月雲高】

寄　情

〔月兒高〕想你侵晨起。窗前罷梳洗。晌午停針處。打幾個連珠嚏。待到黃昏。偷身來月明裏。悄記得當初約。驀忽地垂雙淚。〔渡江雲〕行動般般猜着伊。心事重重我盡知。（太霞新奏）

【南羽調勝如花】

贈湯姬

湯家女總自佳。你恰多些文雅。喜經年紅粉樓中。更連宵金泥燭下。不枉了千金聲價。休説俊雙腮桃花藕花。只這窄雙尖蘭芽笋芽。一朶仙葩。著胭脂難畫。免不得春絲牽掛。盡你俏東鄰有美休誇。俏東鄰有美休誇。（太霞新奏）

【南羽調四季盆花燈】

酬史叔考賜閨製盆花燈（八）

〔四季花〕纖指巧安排。看枝兒嫩花兒媚。作火樹齊栽。疑猜。緋桃粉杏嬌女腮。山茶水仙折下纔。〔瓦盆兒〕恰便是插珊瑚。顛倒了珠胎。眼見得顫巍巍。向紅窗一夜開。比隋宮剪刀誰快。〔石榴花〕又何須尋春費繡鞋。錦屏前有春如海。〔剔銀燈〕蕭齋。明月滿階。打簾箔黄蜂蚤來。（太霞新奏）

【南正宫玉芙蓉】

田姬贈鞋

花尖勾五分。綵頰剛三寸。俏含啼雙褪。持贈行人。連朝陌上青苔印。昨夜燈前緑酒痕。幫和襯。喜香塵尚存。是綰相思歸路一鈎春。（太霞新奏）

【南南吕梁州新郎】

即席詠妓三曲

俠　伎

〔梁州序〕楊家奔拂。章臺還柳。女俠從來自有。風塵埋没。空教三綹梳頭。説甚飛鑣陌上。挾彈花間。俊殺雙彎繡。當場曾結客。看吴鈎。紫氣紗窗燁未收。〔賀新郎〕銀管字。金罍酒。料文鴛不似池中偶。心一片。向誰投。（太霞新奏）

齋　伎

花腮辭粉。脂脣綃絳。幾日清齋閣上。半緣修道。半緣保佑檀郎。掛幅西池王母。南海觀音。沈水縈鸞幌。楊枝嬌插處。膽餅雙。小串真珠綵索長。青瑣靜。朱龕敞。把玉簪權當繙經杖。紅日昊。筍蔬香。（太霞新奏）

負心伎

潯陽江冷。高唐雲散。謾費蕭郎縈絆。燒香剪髮。都來夢裏邯鄲。誰道西園春盡。南陌花殘。又把新枝揀。鮫綃紅一縷。恨難看。猶是當年淚點斑。薄倖女。癡心漢。望朱門已閉平康晚。惆悵去。別投竿。（太霞新奏）

詠　雪

禁用「雪、月、風、冰、寒、凍、鹽、玉，銀、瓊、梨、梅、練、絮、縞、素、鶴、鷺、鷗、蝶、花、葉、片、瓣、色、光、照、映、飛、舞、堆、壓、繁、密、輕、盈、撩、亂」等字，「梁園、灞橋、謝女、陶姬」等事，並用窄韻。

銅罏灰燼。金屏燈暗。入夜房櫳較慘。紅窗紙薄。蕭蕭乍響吴蠶。多管飢烏啁哳。瘦竹離披。已失湖山坎。美人驚夢破。正嬌憨。繡帳深温興轉酣。侵曉起。開簾探。笑園林似我粧華淡。呼侍女。撲宮衫。（太霞新奏）

【南南吕一江風】

寄汗巾

汗巾兒。刺就纖纖指。濕處是啼痕漬。寄相思。啞謎包藏。寫幾個胭脂字。何須賦首詩。何須綴首詞。你聰明人定參透我心中事。（太霞新奏）

見月

月華明。偏管人孤另。後會茫無定。信難憑。兩處思量。今夜私相訂。天邊見月生。低低叫小名。我低低叫也你索頻頻應。（太霞新奏）

【南商調山羊轉五更】

夜　思

〔山坡羊〕到秋來添些情味。動金風冷清清地。噪殘蟬偏當晚涼。一聲聲聒得人心碎。休更提。提他宋玉悲。便石人到此到此須垂淚。〔五更轉〕枕冷衾寒。更長無寐。眼巴巴。月又明。風偏細。那人此際此際應不睡。只在繡枕頭根。等待人來夢裏。（太霞新奏）

【南商調黃鶯兒】

詠出浴美人

小閣試清幽。卸宮衫掬素秋。冰肌一捻花前瘦。似江妃乍遊。恍池蓮半浮。海棠露浥嬌紅透。膩粧收。桃花點點。猶帶粉香流。（太霞新奏）

【南商調金絡索】

憶家園

年年想看花。又是來春話。孤負東風。五次荼蘼架。他鄉景自佳。總堪誇。處處胭脂處處霞。争似家園紅紫原無價。只是臨到開時不在家。還驚訝。算人生幾度好韶華。若長教今歲天涯。明歲天涯。乾白了頭兒罷。（太霞新奏）

【南雙調鎖南枝】

待歸

燈花綻。蟢子飛。心心盼他郎馬歸。蚤起畫蛾眉。紅樓鎮空倚。紗窗冥。日又西。多管是今宵。尚欠幾行淚。（太霞新奏）

人至

才郎至。喜倒顛。匆匆出迎羞不前。含笑拜嫣然。秋波謾偷轉。你把歸期誤。辦取

摑打先。誰道見郎時。都做一團軟。（太霞新奏）

【南仙呂入雙調風入松】

風情四曲擬陳大聲作

想才郎一去似遊絲。任春風飄墮何之。東沾西惹難由自。鎮日裏桃花燕子。倩不得人兒傳示。你歡笑處是我流淚時。（太霞新奏）

想才郎一去恣顛狂。出門就難着隄防。他腳踪兒離不得平康巷。又一個淺斟低唱。也不用推三阻兩。你襟袖上那裏得粉花香。（太霞新奏）

想才郎一去不回來。這些時難想難猜。你風流性格誰不愛。若打聽得胡行亂踹。着甚的因他耽害。索性子蹬教開。（太霞新奏）

想才郎一去定拋奴。卻緣何許久無書。狠心腸下得輕孤負。把往事從郎歸數。我不合生來嬌妬。些個事悔當初。（太霞新奏）

代　述

昨朝對面是參商。你須索端詳。匆匆孤負來相訪。非是我喬粧模樣。不做美梅香在

傍。他高築起雨雲墻。（太霞新奏）

【南仙吕入雙調玉抱肚】

閨情二曲

蕭蕭郎馬。怎教人不提他念他。俏龐兒怕吹破春風。瘦身軀愁觸損桃花。不知今夜宿誰家。燈火章臺處處紗。（太霞新奏）

匆匆心事。別他來千絲萬絲。濕津津兩袖啼痕。到黄昏未有乾時。相逢不用問相思。折証燈前有侍兒。（太霞新奏）

【南黄鍾太平花】

譜韓夫人詩餘

〔太平歌頭〕闌干曲。紅颭繡簾旌。〔賞宮花〕花嫩不禁纖手捻。被風吹去意還驚。〔太平歌尾〕眉黛蹙山青。（南詞新譜）

【南商調山羊轉五更】

譜辛幼安詩餘

〔山坡羊〕擬長門佳期還誤。歎蛾眉曾遭人妒。縱千金買得賦來。情默默教向誰行訴。〔五更轉〕慷慨尊前。勸君休舞。玉環麯。飛燕嬌。皆塵土。人生最是最是閒愁苦。休覩烟柳斜陽。正是斷人腸處。（南詞新譜）

【南商調梧葉襯紅花】

譜秦少游贈妓

〔梧葉兒〕玉漏迢迢盡。銀河淡淡橫。宿酒未全醒。〔水紅花〕睡懵騰。紅窗燈影。恰好流蘇春煖。茅店有雞聲。便教催起怕天明也囉。（南詞新譜）

【南商調梧葉墮羅袍】

譜蘇子瞻端午詩餘

〔梧葉兒〕山與歌眉斂。波同翠眼流。人在十三樓。〔皂羅袍〕竹西歌吹。揚州舊遊。汨羅菰黍。湘江舊愁。誰歌水調解使飛雲逗。（南詞新譜）

【南商調黄鶯逐山羊】

譜韓夫人春情

〔黄鶯兒〕曉日壓重簷。怯春寒起未忺。困人天氣粧臺掩。紅絲懶撏。金針倒拈。遊人陌上空提念。〔山坡羊〕眉尖。淡畫春山不喜添。懨懨。滿院楊花不捲簾。（南詞新譜）

【南商調貓兒入御林】

譜　詩　餘

〔貓兒墜〕塵香花盡。日晚倦梳頭。物是人非事事休。〔簇御林〕淚先流。雙溪舴艋。載不動許多愁。（南詞新譜）

【南商調貓兒逐黃鶯】

譜　詩　餘

〔貓兒墜〕并刀似水。纖手破新橙。錦帳初溫畫燭明。獸烟不斷坐吹笙。〔黃鶯兒〕已三更。霜濃馬滑。休去少人行。（南詞新譜）

【南仙吕入雙調姐姐寄封書】

〔好姐姐〕可憐。空房静悄。難消受孤燈獨炤。親題幾字。教奚奴相奉邀。〔一封書〕到

朝。月兒高。千萬來陪奴宿一宵。（南詞新譜）

【南仙吕入雙調步步入江水】

譜葉道卿別詞

〔步步嬌〕綠醑頻斟留君住。莫遣匆匆去。花開花落餘。春色三分。一分風雨。〔江水兒〕且自高歌休訴。來歲知他。又是相逢何處。（南詞新譜）

套　數

都門贈田姬〔九〕

【南南吕宜春令】章臺路。舊不迷。信東風翩翩馬蹄。尋紅訪翠。晚來誤入花叢裏。是誰家深鎖娉婷。問何處新來佳麗。分明。似芙蓉一朵。乍開秋水。

【太師引】出繡帷。眼見得嬌欲墜。悄雙鈎款款謾移。料豔色應嫌粉汙。怕纖腰不任風吹。低聲剛道個年十七。自一種天生姿媚。蛾眉榜。從頭品題。少不得蘸霜毫取作花魁。

【瑣窗寒】捧金螺眼色迷離。的的鶯聲囀不飛。恁當場調笑。只斂羞眉。酒闌人静。漏深香細。請才郎移燈先睡。解衣。口脂一縷俏相偎。翻鶯荳蔻新摧。

【東甌令】紅窗淺。畫簾低。錦帳春濃曉色遲。嫩花枝可忍輕狼藉。消受殺娘深意。些些絮語墮金鎞。只許枕函知。

【劉潑帽】多情自合成尤殢。病懨懨强起追陪。軟心腸一片空憐惜。若替得伊。怎教你獨自擔憔悴。

【三學士】自古佳人能有幾。從來粧點堪疑。如卿姿貌方撩我。自我評量還負伊。況是憐才多意氣。我原是有情癡。

【浣溪沙】燕子棲。鴛鴦對。從來緣福難齊。你楊家隊裏稱嬌妹。我喬氏班中占小姨。成縈繫。但得個在他鄉受恩深。頓忘卻海角天涯。

【解三酲】便做道周南留滯。儘教他渭北棲遲。我從來自苦多情累。又觸起舊根荄。謾説是傾國人堪嬖。敢誇個爲雨爲雲賦是媒。言非戲。甘爲伊情死。做蝴蝶雙飛。

【尾聲】新詞寫向紅牋麗。寄去垂楊小院西。説不盡相思日九迴。（太霞新奏）

太霞新奏有劉潑帽、三學士二曲，而舊存録本無之，故不載。是作章法，易長爲短，有破板爲活之趣，且寫情繪景，每多俊語，伯良信詞壇赤幟。此詞如貂裘染、青陽候等套，向頗傳頌人口，即余前刻中亦所並録。是選既嚴于韻，自不得狥情，以開濫觴之漸。倘有怪其遺珠者，當于舊本索之可也。嶺樵漫筆

擬劉采春寄元微之有引[一〇]

唐劉采春，故越州名妓，微之刺郡時，眷愛甚至，故白樂天譴微之詩有「因循歸未得，不是戀鱸魚」之句，注言戀鏡湖春色耳，蓋指采春也。采春雅善樂府，所作羅嗊諸曲，迄今猶豔人口吻。余意微之去郡後，采春當有詞寄，戲爲擬此。

【南仙呂桂枝香】江南春早。天涯人渺。倩他驛使無憑。寄去梅花不到。斷腸來幾朝。斷腸來幾朝。朱絃新調。紅牋殘稿。恨難抛。燕寢香仍在。旗亭柳正嬌。

【賺】翠寫丹描。萬壑千巖畫一條。山陰道。風流太守自才豪。喜相挑。你玉皇案畔司花巧。神女峰頭待雨喬。多顛倒。尊前誤采春紅小。淺顰輕笑。淺顰輕笑。

【長拍】鏡水鱸魚。鏡水鱸魚。吴堤芳草。白傅謾勞狂誚。西陵沾送。憶消魂幾度江潮。淚點在冰綃。怨使君薄倖。負人年少。吟就聲聲羅嗊曲。酬不得可憐宵。無奈蝶煩蜂惱。把金釵買卜。零亂雲翹。

【短拍】司馬情多。司馬情多。青衫恨悄。問何人此夜江皋。更錦水寄風騷。一字字校書詩好。我怎比崔娘妖麗。題尺素千里托迴飈。

【尾聲】算前期真難料。菖蒲花謝五雲高。春色青青總易消。（太霞新奏）

酬魏郡穆仲裕内史[二]

【南正宫刷子序犯】白眼看青天。悠悠更誰。同調相憐。嘆流水高山。空斷幾疊危弦。金鞭。趁紫馬黄河一線。覓燕市紅雲半面。狗屠不見。〔玉芙蓉〕算翩翩酒人。只有穆生賢。

【雁過聲換頭】西園。好風似剪。初調笑紅牙錦箋。當場肝膽投一片。度新聲夜忘眠。儘輸他燈下花前。杯傳。不放淺。春朝秋夕成留戀。何處他鄉路幾千。

【傾杯序換頭】難言。别青門倍黯然。看日近長安遠。誰在江東。誰居渭北。一縷春蠶。兩處絲牽。苦書沈雲雁。信疎驛使。五年似撚。幾番家夢魂中斷月明邊。

【玉芙蓉】你回車又入燕。我鼓棹重逢阮。喜今宵浮萍兩葉仍圓。綈袍不負青霜院。彩筆還驕淥水篇。多懽忭。狂來似顛。那問他酒巵狼藉濕紅氈。

【小桃紅】想光陰如飛電。悵聚散真蓬轉。尊前莫怪頻酬勸。黄塵海水須臾變。茫茫後會鶯和燕。恁高歌一笑當筵。

【一撮棹】紅兒唱。粉頰正娟娟。青童舞。衫袖正僊僊。簷雪色。宛轉照金鈿。盆梅馥。旖旎散朱軒。提如意。憑將兩眉展。重剪燭。握手話姻緣。

【尾聲】玉爐香。銅壺箭。此際謾消繾綣。聽取新聲字字妍。（太霞新奏）

香月居主人評云：正宫惆悵雄壯，不宜作纖細語，此篇恰稱。

墨憨齋評云：時曲雲雨阻巫峽一套，共四曲，每曲尾帶玉芙蓉一句。其首曲黛眉懶畫四字，仍屬刷子序本調，止宜仄仄平三字，而作者襯一眉字遂誤後人不已。唱者既漫然作兩頭板，而詞隱駁之，又誤以爲此句宜屬玉芙蓉，不知玉芙蓉乃五字非四字也。且三曲皆止帶一句，而獨首曲多一句，亦無此格。大抵舊時散曲，多率意妄作，必不可輕信。伯良首曲，亦爲泥古所誤。○譜載二曲，一用嘆古今三字，一用但有箇三字，實一體，而詞隱誤以爲二，余新譜有辨。○雁過聲第七句，本該五字一句，第二字不必韻，譜有二古曲可證。因時曲空教人易老，偶教老二字同韻，後人學之，遂主于押韻，幾成二句矣，此亦模倣時曲之誤也。宜以琵琶記聞知饑與荒爲法。○五字下二韻，唯白練序有此句法，他曲皆無。

閨情〔三〕

【南南吕香遍滿】從他别後。相思那日不淚流。想在心頭提在口。想他没斷頭。提他不自由。人前怕着羞。瞞不得羅衫袖。

【懶畫眉】婦人家情性忒嬌柔。他當日匆匆説遠遊。枕函邊悔不苦相留。錯放卻臨岐手。贏得恩愛無多倒覓個愁。

【梧桐樹犯】他離情挽不留。我病眼看成疚。送阻紅閨。折不上長亭柳。他蕭蕭馬去空回首。我黯黯燈殘獨倚樓。〔五更轉〕黄昏掩上紗窗繡。從此經年。做個空房自守。

【浣溪沙】他囑付頻。留連久。繫人心賣個温柔。謾道受些憐惜償些瘦。經得凄涼耐得愁。情緒陡。我爲他近新來對粧臺。幾時得好好梳頭。

【劉潑帽】他説道天河見鵲歸非謬。誰知似籠鳩一放難收。到如今荷花謝了芙蓉又。煞逗遛。只是我下不得將他咒。

【秋夜月】書信修。寫罷纖纖手。心事重重題難就。啼痕點點封來皺。有新詩一首。并青絲一綹。

【東甌令】親將寄。幾時收。他兩字平安報未酬。多情恰喜多消受。冷落殺清秋候。

爲郎憔悴替郎憂。又寒色到衣篝。

【金蓮子】歲月遒。把金鞍盼斷君知否。更莫問門前紫騮。怪連宵眼睁睁。和夢兒也不肯就牀頭。

【尾聲】説與他便相逢今非舊。風流人去減風流。只剩得長鎖眉梢翠一鉤。（太霞新奏）

麗　情〔三〕

【南南吕宜春樂】〔宜春令〕牛郎遠隔絳河。那愁他朝風暮波。鵲橋親駕。霓旌羽旆從教過。又何妨韓女題紅。便認個潘郎擲果。〔大勝樂〕省些閒嗑。權爲妹妹拜做哥哥。

【太師帶】〔太師引〕你是膩粉科。嬌滴滴花一朵。若不俫人敢湯他近他。可正是前緣注定。喜孜孜肯自結絲羅。看蘭房暗將春色鎖。説甚麽蝶眠蜂臥。〔繡帶兒〕謾交付柔枝嫩柯。儘消受一時。憑郎摧挫。

【學士解醒】〔三學士〕的的朱脣櫻半顆。俏身材一捻輕羅。兜鞋帳底蓮三寸。梳髮窗前絲一窩。〔解三醒〕閒丢抹。更聰明伶俐。殢得人多。

【潑帽令】〔劉潑帽〕篋中錦字堆成垛。百千行無奈情何。新詩幾首沾香唾。〔東甌令〕堪誇彩筆屬青蛾。士女隊有他麽。

【尾聲】譜麗詞從酬和。燈前宛轉費吟哦。誰識新翻子夜歌。（太霞新奏）

香月居主人註云：此係方諸生新製曲名。

贈燕市胡姬有叙

燕市有胡姬，故爲桐柏生所昵。別三年矣，頃再上公車，復成繾綣。昨挾余飲姬閣中，且綴四絶見示。余走筆和之。生復取餘詩中語，譜懶畫眉四章。若大不能忘情于姬者，向酒間謂余，能度一麗詞爲此姬生色乎。余輒矢口賡其原調，而益之四以成篇。中用齊微半韻，卽余新定機奇韻，悉簡去歸葵等字不用，且禁不重押。商君之酷，乃自隗始。桐柏生故今當代名手，能作周郎一顧否。

【南南吕懶畫眉】問可人何處只在畫橋西。恰正是黄四娘家花滿溪。看垂楊幾尺裊朱扉。悄未許東風閉。催出香堦蓮瓣遲。

【五更轉】似水眸。如雲髻。更難消玉是肌。宫衫乍剪乍剪冰綃麗。你團扇休遮。放我眼梢容易。向金屏下。緑酒邊。紗窗裏。逡巡骰子骰子春纖細。罰酒難辭。有個人兒甘替。

【大迓鼓】須知。苦爲伊。三年腸斷。此日魂飛。喜漁郎還認得桃花氣。你牡丹雖好也要葉扶持。莫怪當筵半笑半啼。

【東甌令】新詩句。幾行題。一字風流一字癡。何須隻雁和雙鯉。但日日勞傳遞。我有緣也識號家姨。醉墨染淋漓。

【節節高】飛花點硯池。撒珠璣。他詞場原自推絶技。成尤殢。逞滑稽。聊遊戲。一時譜作清商寄。縈塵墮雪爭流利。按取紅牙麗人前。正一鈎眉月中天霽。

【尾聲】囑付你個俏韋娘聲牢記。司空今夕不須疑。刺史狂來已似泥。（太霞新奏）

贈陳姬

【南南吕繡帶兒】長惆悵青樓無賴。眼底舊人誰在。只除你蘇小風流。桃花謾殺天台。章臺。記年時走馬春似海。正十九婷婷風采。甚聲價。仙源乍開。儘着你費千金那施恩愛。

【太師引】緑楊栽。湘簾外。可能窺三分繡鞋。鎖嬋娟從來金屋。甚姻緣有分瑶釵。盈盈一種嬌色態。容易得些兒打乖。迷香洞。誰曾到來。更殷勤人前偏自憐才。

【瑣窗寒】生憎地蝶惱蜂猜。長爲你深閉朱扉伴粉腮。厭臨窗打馬。對几鋪牌。案頭圖史。舌端幽怪。不多時描蘭作楷。小齋。分明淑女此中埋。笑天公錯做安排。

【三換頭】紅鸞數該。留連十載。爲伊擔帶。斷花街柳街。此事明知無奈。這其間我自揣。幾值他雨翻雲改。彩筆勞傳遞。冰紈費剪裁。點檢香囊。幾縷青絲摘下纔。

【劉潑帽】憑他意氣多慷慨。更聰明巧倩詼諧。千秋女俠只合低頭拜。是仙聖差。管領鶯花寨。

【三學士】何事懨懨長淚灑。爲多情墮苦海無涯。到來青瑣魂如霧。束得紅綃骨似柴。縱有琴心空自解。寫不出指下哀。

【東甌令】花侵牖。月當階。繡得鴛鴦枕獨捱。年年秋色今來再。開個窗兒待。憐伊一捻小身材。愁到便投胎。

【尾聲】人間償不了相思債。但紅顏有金難買。勸你寧耐柔腸且做個呆打孩。（太霞新奏）

張道士女為人竊去戲作

【南南吕針綫箱】喜新春一番新事。説道是張家女子。俏娉婷十八花枝似。向臘夜四更將次。借文君夜走鞋三寸。趓紅拂宵奔路一絲。驚怪死。便燒符作訣。有法難施。

【前腔】告官司可憐滿紙。少不得捱三頂四。纔知道風流子弟黄郎是。他恩愛半年將至。只説深林躲雀無尋處。誰想淺水拏魚有露時。剛宴爾。恨無情明鏡。拆散雄雌。

【解三酲】好姐姐痛連十指。賀新郎疼到腰肢。賞心做了傷心事。流淚眼斷腸詩。一個在望夫石上尋活路。一個在枉死城中覓訴詞。誰知是。做不得鴛鴦合塚。恰依舊蝴蝶分枝。〔二四〕

【前腔】便宜了祝家莊孤孀嫂子。連累了側水牌寄頓舟師。惡姻緣鬧動蒲東寺。甘折挫不推辭。不能勾牽紅公上婚姻簿。卻也會掛號私登露水司。休輕視。儘今生名姓。香帶胭脂。〔二五〕

【尾聲】從今莫鬭鶯花市。且剪斷相思兩字。只好雲雨南柯想個做夢時。（太霞新奏）

香月居主人注云：極不雅之事，卻敘得極雅，繇筆性不俗故也。

既有傳張女以剪死。伯良復賦長詞，今附于此。

【南商調金梧桐】張姬自可憐。纖手拈金剪。生刺嬌喉。斷送如花面。當初一念差。到底心不變。世上情人。多少如蓬轉。似娘行倒上得英雄傳。

【東甌令】這傷心事。本前緣。當日相逢金谷園。歌臺邂逅通一線。紅葉是泥金扇。

香囊繡得忒周旋。含笑寄郎邊。

【劉潑帽】裴航托賴藍橋便。做冰人是霜裏嬋娟。等閒拆破花心茜。兩意堅。就罰下神前願。

【大勝樂】婚姻事須你我相憐。狠爹行真見淺。東風不與周郎便。雖跨鳳侶也徒然。我一鞍一馬從來話。肯又抱琵琶過別舡。尋思展轉。那馬家聘定。怎生發遣。

【三換頭】桃符換年。黄昏庭院。落花流水。是天台那邊。謾説一團嬌顫。這其間唤不轉。急匆匆魂驚魄燕。借得紅羅夜。偷將錦帳天。這段姻緣。真是願作鴛鴦不羨仙。

【浣溪沙】事倒顛。風流變。霎時間火燎桃源。卓王孫搜出當壚倩。猛割斷同心擲兩邊。難自展。我痛煞煞甘人前受摧殘。癡心還想個團圓。

【大迓鼓】無緣。泣向天。山頭種藕。終不成蓮。爲郎隱忍留殘喘。不如奴死在郎前。免被傍人徒作話傳。

【三學士】服鴆懸樑都面愧。何如一剪心堅。翻思烈女投厓日。更憶貞姬化石年。一樣錚錚鋼不捲。只祆神火照處偏。

【節節高】羅衫淚尚鮮。恨綿綿。一痕紅帶相思嚥。書中見。紫玉篇。青陵怨。千秋總負詞人硯。大家做個江籬奠。此去應知化啼鵑。年年血染春林遍。

【尾聲】薄情郎寄語休胡纏。莫道趕不上香魂路遠。只在桃花淺水邊。（太霞新奏）

寄書

【南正宮白練序】秋風起。嘆人在深閨正可憐。登樓望無奈雁稀天遠。親傳。一紙箋。兩字相思斷復連。開時見。從頭認取。淚痕深淺。

【醉太平換頭】經年。從郎去後。看紗窗明月。幾換團圓。一春消息。又闌珊梧葉西園。何緣。遊韁不定向誰邊。更没個寄書人便。愁心一片。别來安否。難問金錢。

【白練序換頭】凄然。擲翠鈿。菱花自妍。梳粧懶眼底有誰留戀。情牽。發願堅。兩月長齋綉佛前。拋針線。燒香早晚。保伊康健。

【醉太平換頭】難言。幾多心事。不堪將寄。仗筆尖偷展。香羅三尺。題詩句當見奴一面。懸懸。歸期曾訂小春先。掐數得指頭嬌倦。早梅庭院。不應誤我。擷損雙鴛。

【尾聲】一回離别千般怨。臨紙匆匆寫不全。帶血和啼托杜鵑。（太霞新奏）

寄顧姬〔一六〕

【南正宮錦纏道】憶年時。掛青帆向維揚浪遊。正值錦塘秋。夜沈沈花明一葉蘭舟。恰正是載西施迴遶浦口。又做個醉胡姬移席壚頭。窈窕更風流。喜窗前月明如晝。何妨作逗遛。笑吟吟暗鬆金釦。怪起來紅日在簾鈎。

【普天樂】軟腰肢纖纖柳。巧梳粧亭亭藕。相偎傍相偎傍日日朱樓。縱烏絲百幅難酬。鸞班鳳儔。似美人圖簇擁觥籌。

【古輪臺】恨悠悠。一江烟水動離愁。斷腸人別黄昏後。不堪回首。嘆紫馬青裘。又作長安生受。花落銀牀。西風依舊。天涯月色共燈篝。照人消瘦。休再提酒盞茶甌。軟綃淚點。香囊詩句。依然在手。信阻白蘋洲。卿知否。悔將書劍覓封侯。

【尾聲】病兒沈心兒陡。莫教朱字問箜篌。爲你百鍊鋼成繞指柔。（太霞新奏）

麗　情擬李日華西廂記詞〔一七〕

【南小石調漁燈兒】我愛你仕女輩性格聰明。我愛你裙釵隊打扮輕盈。我愛你雙鈎小剛剛三寸孥。我愛你蠅頭字整。掃花牋彩筆縱横。

【前腔】你爲我害相思展轉牽情。你爲我長對紗窗淚雨零。你爲我聞説别離愁成病。你爲我冷清清獨守孤燈。這些時數更籌醒到天明。

【錦漁燈】你曾説捱白晝情懷自省。你曾説到黄昏魂夢難憑。你曾説一紙音書風浪生。你曾説待頻問卜也無靈。

【錦上花】知道你梳不曾。知道你粧不成。眼前誰個惜惺惺。那知我坐不寧。那知我睡不能。無奈蕭條旅館對寒檠。一樣苦傷情。

【錦中拍】你贈我羅巾不輕。更題字分明。金簪俏青絲作證。香囊巧紅鴛交頸。寄來書打頭親題小名。一説道佳人薄命。一説我男兒没情。海角天涯。斷鴻難倩。算浮沈真無定。

【錦後拍】我自來别時言記叮嚀。你莫縈牽損娉婷。定不成斷梗。定不成斷梗。忍教你懨懨久擔孤零。若無情背你負神明。討僥倖。看青天如鏡。笑殺傍州人。把你成話柄。

【尾聲】拜覆你歸期只待小春時令。那日子纔知我志誠。你只整頓龐兒倚門等。（太霞新奏）

麗　情[一八]

【南大石調賽觀音】怕些羞添些恨。看點點羅衫淚痕。只落得燈前偷揾。這段相思不知假和真。

【前腔】我口兒推心兒肯。悔那日停針閉門。不合個蝶驚蜂褪。嬌軟肝腸做了硬心人。

【人月圓】他去後風雨無憑準。縱有青鸞難傳信。隔花陰真是天涯近。贏得個懨懨成病損。纔知道。眼前人更有。誰爲温存。

【前腔】連日來打疊胭和粉。便取次摧殘一葉身。天公折罰甘心認。這對面惺惺背面親。衷腸事。待告訴青天。君不知聞。

【尾聲】謾説有情魂夢堪尋趁。且捱他幾個惡黄昏。辦取和葉和根總付君。（太霞新奏）

大石名詞絶少，即一二傳世之作，按其句調，强半未稱，入彀寥寥，碩果足當一斑，而謂其盡風流藴藉之旨，則吾豈欲。所録麗譙落月一套，坊刻多訛，今得停雲館袖珍樂府舊刻參之，似屬本來面目，遂爲釐正。其同雲萬里等詞，因其命題皆屬詠物，與是選意不相合，容俟別刻，以快大觀。嶺樵隨筆

哭吕勤之有序

吾友鬱藍生吕勤之氏，翩翩佳公子也。賦資穎妙，兼解曲理，所賦豔詞，流布海内，可數十種，率斤斤功令，稱松陵衣鉢高足。與予交近二十年，以此道桴應，抵掌無兩。曩予入都，時時治牘寒暄。昨予以數行，南訊未至，一日而勤之卒矣。傷玉樓之中萎，悵朱絃之絶和，泫然雪涕，不能已已。勤之好詞，遂以詞哭，俾焚之几筵，庶幾長歌當泣之指。

【南中吕榴花泣】鍾期已逝有指不須彈。嗟流水共高山。破青琴只合付潺湲。料知音再覓應難。風流吕安。這些時哭殺嵇中散。慘悽悽鶴怨猿驚。恨悠悠天上人間。

【錦纏道】你占詞壇。羨天生雕心繡肝。小小筆堪餐。記髫年賦他神女便富情瀾。幾回家度新聲春生象板。近年來譜閒情花滿金鐶。露竹殺千竿。題愁寫怨。淋漓溼未乾。誰不唱元郎曲。俏才名早已遍長干。

【玉芙蓉】離歌掠繡鞍。别色淒金盞。陡西城分手。正值春殘。詩題粉扇桃花綻。詞染紅牋柳葉繁。風蒲岸。蕭蕭掛帆。做得個斷腸聲裏唱陽關。

【古輪臺】到長安。三年雲樹隔稽山。相思幾負看花限。烏絲片簡。北雪南飆。不斷黄河飛雁。忽咤離腸。催成淚眼。不知書去慰加餐。錢唐一晚。瞬息間已夢邯鄲。翎催彩鳳。枝雕瓊樹。塵埋玉案。回首鎮潸潸。情千萬。賦成幾字血痕丹。

【尾聲】聊憑寄。驛使還。待焚香向金爐一瓣。怕魂在烟鬟片影寒。（太霞新奏）

勤之工於詞曲，予唯見其神劍記，譜陽明先生事。其散曲絶未見也，當爲購而傳之。伯良曲律中盛推勤之，至并其所著繡榻野史、閒情野史，皆推爲絶技。余謂勤之未四十而夭，正坐此等口業，不足述也。

得　書〔一九〕

【南中吕榴花泣】〔石榴花〕經年驛使望斷隴頭書。驀忽地寄雙魚。不知書中消息是何如。急開鈐印雙朱。〔泣顔回〕匆匆看取。打頭來便寫着相思句。那些兒幾字蠅頭。恰分明滿紙明珠。

【喜漁燈】幾番讀到傷心處。淚零似雨。你爲我病損柔軀。説覓人寄書。寄書書去魂亦去。怪紙梢上淚點沾濡。何須。千言萬語。殢人情一行起居。

【撲燈蛾】別時新月生。約定登樓處。兩下遞思量。問記否臨歧私語也。清秋時序。

數歸期已近茱萸。儘盼殺暮雲春樹。只教我對西風黯慘自嗟吁。

【尾聲】萍踪浪跡難憑據。因循孤負你個女相如。真是腸斷蕭娘一紙書。（太霞新奏）

香月居主人評云：時本皆以榴花泣誤作石榴花，而不知石榴花自有本調，如譜中朔風凛凛，及前所選碧桃花外一體是也。今改正。其榴花泣第三句，應以譜中忍將身命掩黄沙句爲法，今俱用三字作二句；第四句應以撥雲見日枯樹再開花句爲法，今用泣顔回第四句體，不知果何所本。至于首句點板，照譜似非起調，今從俗。本宫名作輩出，未能悉收。所恝然者，如折梅逢使諸曲，向來膾炙人口，奈用韻既雜，而所接漁家傲等闋，實則體裁，削方爲圓，既有礙於古詞，而扯曲作直，猶不便於按拍，故不能違心以逢世云。嶺樵漫筆

弔方姬〔三〇〕

【南中吕漁家傲】我則道再到天台訪玉真。溪邊路尚有桃花。還存舊人。昨夜忽傳青鸞信。開緘不忍。空孤負前度劉郎。這些時心慘片雲。又誰知粉謝香消已七八春。

【剔銀燈】好姻緣幾年廝諢。惡相思半生作狠。恨孤辰伴着紅鸞運。説嫁字是伊先肯。啼痕。紅衫半湮。盼不到荆釵布裙。

【攤破地錦花】秀才們。終則是拏不穩。欲吐又吞。匆匆的誤了侯門。從此青樓。鏡

別釵分。見無因。竟化做了杜鵑魂。

【麻婆子】血書血書題不了。猩猩一紙存。繡履繡履香不散。纖纖三寸新。分明記得夢中身。真娘墓草痛難認。有淚有淚臨風隕。泉下不知聞。（太霞新奏）

散曲中向無石榴花暨漁家傲長套，今得前曲，固足補昔人之闕。且情文韻調，無不到家，允稱作手。騷隱

憶燕姬 予入燕聘得一姬，業攜還越，以有他阻，勉遣之。既心悔其事，悵然賦以紀恨。〔三〕

【南中呂榴花泣】〔石榴花〕伯勞飛燕一別兩悠悠。嗟覆水定難收。他生未卜此生休。這籌兒怎按下心頭。〔泣顏回〕何須逗遛。也空勞憶殺紅酥手。嘆經年揀盡寒枝。又誰知誤了傍州。

【錦纏道】記春遊。信青驄向花叢浪投。把酒醉紅樓。忽無端胡麻流出溪頭。倩漁郎乍通媒媾。謝仙姝便諧配偶。花色映燈篝。這其間正海棠時候。說甚麽新豐困馬周。贏得個小蠻如柳。捹此生長自老温柔。

【玉芙蓉】青眉月半鈎。粉頰花雙扣。愛靈心一點。偏稱清幽。醉歸金勒殷勤候。讀

罷牙籤次第收。真消受。喜情投意投。準備着嫁鷄歸路及清秋。

【普天樂】我茂陵人原自有。你説讓他先甘居後。舒心的舒心的打疊衾裯。況撩人無限風流。輕彈細謳。更纖纖縫裳。素手宜秋。

【喜漁燈】鎖春風銅雀雙栖舊。好難自剖。嘆匆匆歲月如流。誰知蒯緱。蒯緱消不得偎紅袖。霎時間雨打春柔。戈矛。翻生道周。做得個香燒斷頭。

【節節高】難將破鏡收。恨無由。高樓百尺投身陡。黄昏後。銀燭愁。淒風逗。把玉簪敲折鴛鴦脰。羅襟扯斷芙蓉鈕。哭盡紅衾淚應枯。真個是天還知道和天瘦。

【大迓鼓】并州。久滯留。一回蝶夢。片晌鷹鞲。誰教蓮子栽成藕。又誰教波浪打眠鷗。似露水姻緣終難到頭。

【撲燈蛾】傷心燕子樓。腸斷章臺柳。剩粉與殘脂。只留取淹人衫袖也。鎮懨懨病酒。爲伊長日鎖眉頭。悔當初錯將放手。成差謬。枉教織女怨牽牛。

【尾聲】你多情難學臨邛走。我薄倖空耽桃葉愁。縱骨化形銷恨未休。（太霞新奏）

寄中都趙姬〔三〕

【南正宫傾杯賞芙蓉】〔傾杯序〕一逕春風轉狹斜。滿地荼蘼雪。愛殺他門掩青桐。人在紅樓。到處焚香。直恁清絶。〔玉芙蓉〕盈盈悄臉花雙靨。嫋嫋柔軀柳一捻。紗窗夜。記銀燈未滅。掛一幅美人圖畫半簾月。

【雁過聲換頭】裙摺。猩紅乍涅。邀人褪榴花幾葉。枕邊絮語脂香烈。儘憑他漏聲接。軟迷離玉襯花貼。嬌怯。偎粉頰。兜郎肯惜靈犀洩。好處迴身劣處囓。

【普天樂】乍相逢芳心熱。便相憐柔腸結。長消受長消受雨擁雲遮。一時間將鶯燕攔截。經年短鋏。自看花來爲你。費盡周折。

【朱奴兒】急分手青衫哽咽。頻作念錦字重疊。寄得香囊餘淚血。甚風力倩長官筐篋。殷勤說。休辭跋涉。你少不得要個專房妾。

【小桃紅】轉頭來春光瞥。屈指處秋風歇。從教捱到芙蓉節。多應呪破丁香舌。情知難過梅花劫。悔當初輕散輕別。

【尾聲】到如今成吴越。做不得抱花蝴蝶。先寄烏絲一紙斷腸帖。（太霞新奏）

别　友

出都門，王澹翁賦詞爲送，即韻次答，并留别二三同好。

【南正宫普天樂】黑貂塵。青驄道。轉眼又秋風早。分明似十載萍漂。南和北只問鞭梢。掇賺殺人年少。指點難酬西山笑。頻打點出都門行李蕭蕭。長煩惱送河橋尊罍草草。總來教黯然兩地魂消。

【雁過聲换頭】飄飄。半生誤了。長年佩江淹綵毫。和那蒯緱三尺馮驩鞘。上皇都不辭勞。原不爲謁侯門賣弄風騷。逍遥。成越鳥。只待賦三都覓個修詞料。并燕市西來結酒豪。

【傾杯序换頭】相邀。過狗屠幾暮朝。但抵掌供清嘯。向走馬街頭。鬬鴨欄邊。打兔場中。取次酕醄。也有騷人同調。名姬解意。不辭傾倒。長則是漏深三市未迴鑣。

【玉芙蓉】南枝舊社饒。北里新盟好。喜一時星聚。氣合蘭苕。談天麈玉霏香俏。作賦牋霞灑茜嬌。傷懷抱。對金藕這遭。恰正是斷腸花底别鶬鶊。

【小桃紅】闠闠上紅雲渺。楊柳外青烟峭。畫圖一抹春明稿。詩篇百首驪句調。歌聲幾疊陽關操。涇津津淚染征袍。

【尾聲】新詞譜處梁塵嫋。留將一幅寫冰綃。後夜相思海月高。（太霞新奏）

席上爲田姬賦得鞋杯

【南正宫白練序】蓮花瓣。喜一片盈盈卸曉風。華堂上偏愛美人情重。雙鳳。三寸紅。當做個翠袖殷勤捧玉鍾。争歡閧。香塵一縷。指尖傳送。

【醉太平換頭】溶溶。春醪狼籍。俏斟來涓滴。淺沁殘羢。輕柔纖瘦。最憐他新樣如弓。匆匆。石榴裙底憶行蹤。容易作掌中拈弄。錦圍珠擁。恍單飛燕子。低掠花叢。

【白練序換頭】朦朧。眼色濃。芳心暗通。些兒意分明許隨步西東。從容。笑碧筒。敢道書生量不洪。清宵永。可能消得。幾傾金甕。

【醉太平換頭】相逢。端詳燈下。看底尖苔露。猶漬重重。羅幫雙綫。爲誰趺綻芙蓉。嬌慵。昨宵拜月出簾櫳。曾記得悄移窺宋。玉奴如夢。望雲階何處。一飲教空。

【尾聲】從今不作淩波詠。醉後還堪持捧。珍重紅綃十襲封。（太霞新奏）

寄金姬[三]

【南黄鍾啄木兒】相思債。不耐償。又爲娘行成技癢。記年時挈伴尋春。猛然間馬到鸞香。綠楊轉西深深巷。紅樓數間青天上。此是行雲小洞房。一時間綰住柔腸。瑣窗夜長芙蓉帳。金塘水深鴛鴦舫。春去秋來幾作狂。又誰知片語相投。

【前腔】天生俏。新樣粧。絲作情緣花作想。春去秋來幾作狂。

【三段子】笑他擾攘。是誰教蜂喧蝶忙。替他忖量。這些時風邊雨傍。有情自來多磨障。好花可保春無恙。埋没風流。真個是枉。

【歸朝歡】紅衫上。紅衫上。淚痕幾行。磣可可心香入想。羅巾内。羅巾内。繡鞋一雙。曲彎彎當蓮花在掌。問雪衣娘何日作金籠放。武陵溪偏是多風浪。一字燈前一斷腸。（太霞新奏）

寄方姬

【南商調二郎神】章臺柳。笑韓郎欠些兒卽溜。風雨離亭輕撒手。長條知是。依然舊日風流。怕兩字青青憔悴久。可正是不堪回首。恨難酬。悔攀折從前誤你春柔。

【集賢賓】記桃花庭院初對酒。便兩意相投。倩月姊爲媒成配偶。你年來揀盡雙眸。蛾眉肯售。甘做個專房箕帚。情緒陡。這孽債一時生受。

【鶯啼序】三千歌舞居上頭。羨伊聲價從幼。没來由爲我迷留。空教擔盡顰皺。喜孜孜燈前笑談。磣可可枕邊盟呪。成掣肘。瞞不得被兒拖逗。
【黄鶯兒】花陣有戈矛。好姻緣不自由。卒風波分散連枝藕。更殘翠裯。霜淒紫騮。眼睁睁溼幾隻紅衫袖。隔銅溝。似張家燕子。深鎖在重樓。
【簇御林】人非昨。歲易遒。盼天台水不流。雙魚又值清秋候。猶自作沙吒守。尺幾柔。傷心幾字。指血未全收。
【琥珀貓兒墜】金釵鈿合。兩股久沈浮。你説眼底明珠倘錯投。紅顔甘自付吴鉤。休休。待九地相逢。重結綢繆。
【水紅花】我機關用盡似藏鬮。你且寬憂。事諧八九。縱千金須解鷫鷞裘。强圖謀。離他虎口。若得功成背水。一笑泛五湖舟。把從前愁怨盡都勾也囉。
【尾聲】人來並寄詞一首。怕你又添些消瘦。我指點銀河敢逗遛。（太霞新奏）

麗　情

【南商調二郎神】鴛鴦夢。憶年時真成懵懂。澁雨慳雲愁種種。娉婷十五。芳心初逗春風。兩頰津紅羞半湧。翻做個隔牆窺宋。繡窗東。喜孜孜一時傳意眉峰。
【集賢賓】紅樓百尺春幾重。青鸞有路潛通。待月迎風廝和哄。你自待將人調弄。移他帶孔。纔博得佳期偷送。良夜永。這情緣猶恨匆匆。

【黄鶯兒】何處着情濃。付嬌枝一笑中。年來消受憐和痛。銀燈乍籠。香篝乍烘。連宵不放些兒空。淚熒熒。殷勤記取。溼透枕花紅。

【簇御林】脣朱淺。一點融。黛稍長兩葉濃。青鬟七尺拋雲重。更素頸嬌堪捧。繡襦工。雙環玉巧。留結表心同。

【琥珀貓兒墜】韶華易變。拆燕與分鴻。咫尺風波粉閣中。幾回春隔蕊珠宫。相逢。乍綰住遊絲。又飄做飛蓬。

【尾聲】從他間阻成何用。料夙世姻緣曾種。依舊桃花嫁曉風。（太霞新奏）

寄都門同好有序〔二四〕

戊申春，予從都門南邁，入夏涉秋，卧痾齋中。緬懷舊遊諸同好，戲爲新聲，因風卻寄，用舒遠悰。

【南商黄調二郎試畫眉】〔二郎神〕長安遠。望迢迢蔽浮雲不見。過眼流光風一剪。記年時選勝。六街長驟金韉。酒侣詩朋多繾綣。問甚麽花深柳淺。〔畫眉序〕狹斜到處成留戀。從拋彩筆如椽。

【集賢看黃龍】〔集賢賓〕春明芳草路幾千。又催送歸鞭。細雨輕塵吹宛轉。悵紅亭離別年年。金荷半捲。〔降黃龍〕把酒殷勤酬勸。似天涯南來北去。伯勞飛燕。

【啼鶯梢啄木】〔啼鶯序〕黑貂五尺嗟偃蹇。謾回首風烟。趂黃河帶水潺湲。青帆正逐鶯囀。〔啄木兒〕到來草堂春星變。朱榴紫薇開初遍。恍夢覺槐安午榻前。

【貓兒戲獅子】〔貓兒墜〕誰令消渴。抱病臥文園。獨上高樓思悄然。故人應在五雲邊。懸懸。〔獅子序〕空憶大堤馬並。燒燭牀聯。

【御林轉隊子】〔簇御林〕丹楓淚。白雁牋。隴頭吟明月篇。詩壇舞榭如郵傳。但落日照深深院。〔出隊子〕此際相思。凄絶片絃。

【尾聲】驛長難折梅花便。聊賦新詞寄遠天。握手何時再入燕。（太霞新奏）

香月居主人云：曲名係方諸生新製，所謂商黃調也。

答寄

【南商調半面二郎神】腰圍減。這些時把流光點勘。恨走馬尋春翻入賺。連宵有夢。爲誰長殢江南。看青衫。醒來幾番。襟袖都淹。

【攤破集賢賓】紅樓憶別真自漸。笑乖處成憨。百字差訛難悔懺。嘆經年嘗盡酸鹹。傷共感。只有老天知鑒。

【鶯斷鶯啼序】從來客邸滋味諳。最長夜難堪。可憐人一縷相思。牽他千里春蠶。新月慘。只兩處照人肝膽。

【歇拍黃鶯兒】雁帖共魚緘。促歸期已再三。誰知道愁城百壘將身陷。答空函。難開苦口。黃柏舌端銜。

【減字簇御林】你多情罵。我消受甘。這衷腸須面談。難憑紙上傳心坎。帕和簪。裏紅牋將寄。啞謎你自能參。

【偷聲貓兒墜】你説一春愁病。無奈鬢毿毿。我藥裏長懸彌勒龕。空耽。一樣西窗。共個雨昏燈暗。

【小尾】你受淒涼只些兒暫。歸日霜紅限取幾葉酣。（太霞新奏）

香月居顧曲散人云：曲名亦方諸生自創，每曲減一二句，何所取義，此亦好奇之過。既可減，何不可增？遂有兩條江兒水，雙聲貓兒墜，并尾聲，亦添句。如近日蕉帕所刻者，文人作俑，不可不慎。

友人有奇遇頗為所制賦以代謔

【南商調金梧桐】何須苦逗遛。肯字難出口。你一點春心。我早已先參透。長時過繡窗。着眼將人溜。這段情緣。到底須成就。早些倒得個真消受。擬問

【東甌令】我三分肯。七分羞。怕容易相親不到頭。你人前說過不輕洩漏。罰下個惺惺呪。天長地久不相丟。肯惜付嬌柔。擬答

【大勝樂】謝卿卿片語相投。許千金言下陡。一星星分付都承受。些個事在心頭。若蜂前蝶後閒開口。將我二十歲青春拔短籌。神明自有。見人間薄倖。肯便干休。問

【解三酲】再不許尋花覓柳。更休提燕侶鶯儔。清宵白日好歹長厮守。還一節苦相求。你違條撾打休回手。我有話差池要點頭。些兒彀。何妨今日。便結綢繆。答

【尾聲】這相逢真不偶。從教煩惱換風流。只怕不是冤家不聚頭。總謔（太霞新奏）

越王臺弔古

【南仙吕入雙調夜行船序】百尺荒臺。問當年勾踐。霸圖何在。憑闌處教人謾嗟成敗。疑猜。故壘難尋。高陵如夢。物移星改。堪哀。屈指會稽巔。棲甲幾年無賴。

【前腔換頭】沈埋。巧倩金釵。藉苧蘿西子。兩彎眉黛。更宮中嘗膽不辭寧耐。方纔捲土長驅。揮戈遥向。闔閭城外。奇哉。指顧沼吴宮。一霎霸成東海。

【黑蠊序】興衰。造物安排。看桑田今日。幾更人代。算贏輸一局。可如博塞。傷懷。空山但紫苔。平湖又片埃。到頭來。八百里丹青。一任鶴鷩。猿駭。

【前腔】吾儕。笑口慵開。恨古人不見。筆尖霏彩。乍臨風釃酒。一時稱快。難買婷婷挾粉腮。纖纖挐繡鞵。打些乖。怎學畫舸陶朱。一葉五湖。嬌載。

【錦衣香】採蕺亭。朱扉壞。種蘭蹊。清流隘。只見野水寒雲。蝶營蜂塞。楸梧遠近隔花栽。離離禾黍。半翳蒿萊。想年時奏凱。等閒間漁歌欸乃。何用誇雄邁。豪華不再。桓文壇坫。韓彭葅醢。

【漿水令】鷓鴣飛紅霞一帶。杜宇怨明月千厓。蘇臺猶自泣夫差。遺宮廢苑。兩處烟霾。從來事。何須恠。新浦細柳難躭待。休回首。休回首。空勞感慨。閒饒舌。閒饒舌。儘費俳諧。

【尾聲】秦山禹廟春無奈。且澆取胸中壘塊。剪金燈一曲新裁。（太霞新奏）

伯良自注云：李太白詩「越王勾踐破吴歸，義士還鄉盡錦衣。宫女如花滿春殿，只今唯有鷓鴣飛。」劉禹錫詩「紅霞映樹鷓鴣鳴」。

墨憨齋評云：入聲派平上去三韻，在北曲用三聲者則然，若南曲仍有四聲，自不得借北韻而廢入聲一韻也。如皆來韻，時曲每以容色等字押上，額墨等字押去，使周郎聽之，有不笑爲兩頭蠻者乎？伯良此曲，絶不借北韻一字，可以爲法。

憶虞氏小姬

【南仙吕入雙調步步嬌】小小鴛鴦思珍偶。未許春風逗。花枝一捻柔。嬝嬝婷婷。十三嬌幼。羞澁怕回頭。可憐正是愁時候。

【醉扶歸】你自來千伶百俐多卽溜。可知道纔生乍長便風流。只説你怯雨羞雲尚遲留。卻原來鋪眉苫眼能擱就。幾番向花前月底倒相勾。怎生教一時閒卻偷花手。

【皂羅袍】曾記桃花窗牖。正金屏人悄。偷結綢繆。朱唇一點㛹人羞。紅羅三寸拈鞋瘦。燈明燈暗。匆匆畫樓。春深春淺。纖纖蕊頭。許千金不惜神前呪。

【好姐姐】但教。心長在口。又何必眼前消受。長條無恙。青青折定酬。輕分手。阿母如花牢廝守。難禁啼痕背面流。

【香柳娘】嘆金鞍逗遛。嘆金鞍逗遛。風波生疚。參差已過清明候。剪青絲一綹。剪青絲一綹。千里寄鱗遊。囑歸來不停口。盼秦淮水流。嘆秦淮水流。春蠶暗抽。爲你雙眉長皺。

【尾聲】尋春肯落他人後。想豆蔻猩紅依舊。定不學杜牧湖州負紫騮。（太霞新奏）

宿沈姬閣中賦[三五]

【南仙呂入雙調步步嬌】朱户深深重陽後。盆菊開如繡。迷香小洞幽。有約黄昏。一笑忙迎候。回殺眼波秋。怪新來花頰添些瘦。

【江兒水】宛轉嬌來逼。可自由。津津香揾朱櫻口。款款春籠紅酥手。溶溶醉逗黄金釦。真是偎花㱿柳。魂斷無多。又禁得千般挑鬬。

【沈醉海棠】〔沈醉東風〕夜迢迢銀燈翠樓。撲紅衾沉檀一斗。何須問兩綢繆。雨新雲舊。〔月上海棠〕喜孜孜浪蝶纔翻。嬌滴滴靈犀先漏。卿知否。這滋味經年。此宵嘗又。

【園林好】又何妨連朝逗遛。做蜂兒在丁香蕊頭。卻抱定花心長嗅。甘便死也風流。甘便死也風流。

【川撥棹】偏消受。細婷婷腰一摟。儘昏昏長日衾裯。儘昏昏長日衾裯。繡窗月從來耐羞。卸青鬟花並頭。褪紅尖蓮一鈎。

【前腔換頭】愧我文園憔悴久。惜花心空自有。這回來負你嬌柔。這回來負你嬌柔。謝娘行温存話兜。惱花枝風未休。漲春江帆暫收。

【尾聲】清商恰恰傳鶯脰。憑寫出偷花巧手。怕明珠百斛難酬。（太霞新奏）

麗　情

【南仙吕入雙調步步入江水】懊恨當初欠相逢早。閃磋過郎年少。機緣到一朝。我自憐才。你説偏憐貌。這冤債苦難消。〇不比尋常。勾惹閒花閒草。

【江水遶園林】〔江兒水〕記那日梅花畔。偷將錦字抛。你回頭拾得低頭笑。一紙紅箋題相報。無情恰被多情惱。〔園林好〕向臨邛路不遥。到天台春正饒。

【園林見姐姐】〔園林好〕鎖朱樓留連幾朝。掩銀燈綢繆幾宵。只有個東風知道。〔好姐姐〕

房櫳悄。深閉重門無人到。握雨攜雲不待邀。

【姐姐插嬌枝】〔好姐姐〕幾回。怨嗟未了。對青鏡淚流多少。偏他才子佳人命不招。〔玉嬌枝〕恨前生。輸些下梢。到今生償些這遭。

【嬌枝催撥棹】〔玉嬌枝〕低聲輕告。折青青愁他柳條。此身恰偷許依蘿蔦。心香一炷頻燒。我當壚聲價甘自拋。你題橋志氣從來好。〔川撥棹〕遠山眉縱畫不喬。白頭吟須記得牢。

【尾聲】恩多不合生煩惱。從他風雨自飄摇。骨化心存誓不消。（太霞新奏）

香月居主人云：曲名係伯良新製。

代金陵周姬寄朱生

【南南吕巫山十二峰】〔三仙橋〕謾想年時邂逅。這姻緣事非偶。青樓日暮。暗將朱户扣。〔白練序〕攜手。厮逗遛。問何處金鞍作浪遊。頻挑鬬。郵亭一夜。不妨相就。〔醉太平〕消受。青燈緑酒。恨鴇鵓無賴。已占枝頭。偷雲竊雨。向別館暗結綢繆。難酬。〔普天樂〕相逢便解投機彀。宛轉衾裯更殘後。殢人情一段風流。斷人腸幾回拖逗。繫人心些些。兩字温柔。〔征胡兵〕春風走馬章臺舊。青青未售。自來盟約難憑。提心常在口。〔香遍滿〕似天河牛女。會合不自由。誰知道這恩情。博得個難擔救。〔瑣窗寒〕鎮終朝淚眼空揉。望斷張家燕子樓。總墻花路柳。肯便干休。〔劉潑帽〕釵荆裙布甘相守。兩意投。説下個神前呪。〔三換頭〕機緣到來。終須輻輳。堅心等待。問何難好逑。未卜你渾家許否。這其間打聽得。性子兒十堪八九。〔賀新郎〕倩王郎特地相遮覆。若成得。這婚媾。〔節節高〕把金釵作酒籌。當昊鉤。殷勤拜謝冰人厚。清秋候。易得愁。西風又。可憐人比黄花瘦。〔東甌令〕淒涼別色起前洲。魂斷木蘭舟。

【尾聲】暫分離重陽後。恰訂歸期過暮秋。莫負朝朝盼紫騮。（太霞新奏）

【南南呂宜春引】〔宜春令〕平康里。色似雲。總無如孫娘好文。冰姿雪態。一時濃豔都休論。更娟娟剪水精神。兼楚楚撩人風韻。〔太師引〕謾説甚歌臺酒尊。但得他來。

便嫣然一笑生春。

【針線窗】〔針線箱〕俊龐兒桃花嬌印。俏身子楊枝輕引。況聰明才技多幫襯。一曲繞梁聲振。彈絲指下流泉迅。品竹脣邊鶯語新。〔瑣窗寒〕繡裙低露一鈎春。打毬場蹴起飛塵。

【柰子樂】〔柰子花〕喜清談珠玉繽紛。愛名香蘭麝氤氳。風流不在調脂弄粉。烟花氣掃來都盡。〔大勝樂〕閒評細品。喜得翩翩女俠。在錦營花陣。

【秋夜令】〔秋夜月〕酒半醺。一朵芙蓉困。肯惜長宵銀燈燼。綠窗窈窕紅牙潤。〔東甌令〕蓮花漏促月鈎辰。不腸斷也消魂。

【浣溪蓮】〔浣溪沙〕錦水人。蘇州恨。喜青青柳色猶存。情知高髻和雲鬢。到底荆釵與布裙。心自忖。〔金蓮子〕誰解把筆尖兒。對嬋娟宛轉賦長門。

【尾聲】憐才偏是雙眸俊。小名兒不枉字蘭蓀。索取新詞此贈君。（南詞新譜）

〔一〕馮曲中無「足架」，此二字疑爲誤記。

〔二〕吴騷合編亦收，題同。

〔三〕合編亦録，題同。

〔四〕南詞新譜無題。

〔五〕新譜亦收，題同。

〔六〕新譜題作「贈别」。

〔七〕南宫詞紀、吴騷合編、古今奏雅題作「紀情」，彩筆情辭題作「訪舊」，太霞新奏題作「麗情」，俱屬王伯良撰。昔昔鹽題爲「紀情」，不署著者。

〔八〕新譜題作「謝閨中手製盆花燈」。

〔九〕合編題作「贈田姬」。

〔一〇〕合編亦收，題同。

〔一一〕合編亦收，題同。

〔一二〕合編亦收，題同。

〔一三〕合編題作「歡會」。新譜收太師帶一隻，題同新奏。

〔一四〕原注：「伯良自注，張女已許賞姓者故云。」賞，疑爲賀字之訛。

〔一五〕原注：「伯良自注，有孀婦居間故云。」

〔一六〕吴騷合編題目同。

〔一七〕南詞新譜無題。

〔一八〕合編題目同。
〔一九〕合編題目同。
〔二〇〕合編題作「感舊」。
〔二一〕合編題作「紀恨」。
〔二二〕合編題目同。
〔二三〕合編題目同。
〔二四〕南詞新譜題同。
〔二五〕新譜收沈醉海棠一隻，題作「夜宿妓館」。

鄭琰

鄭琰，字翰卿，福建閩縣（今福州）人。布衣，任俠，放曠不羈。與鄉人徐熥、徐𤊹兄弟交誼甚深，與晚明曲家周履靖、屠隆、臧懋循等亦有交往。工詩，著有翰卿詩選、二陬詩稿等。

套數

【南南吕懶畫眉】開簾一片落花飛。好鳥吟春別院啼。雙雙來上合歡枝。青鸞何事飛難至。却教我玉鏡臺前懶畫眉。

【前腔】春風人面畫欄西。紅艷凝香未可持。粧成欲罷思依依。憑闌問道人歸未。眇眇愁余淡掃眉。

【前腔】□□歸路草萋萋。綺陌香塵咫尺迷。况是緑肥紅瘦斷□□。含颦獨坐無情思。等待郎描初月眉。

【前腔】淡粧濃抹兩相宜。閣筆平章有所思。可憐颦處似西施。試看兩山排闥青於

洗。争似卿卿翠羽眉。（樂府先春）

【南黄鍾畫眉序】芳樹亞簾衣。景物依稀解人意。見黄鶯並坐。紫燕雙棲。百年中燕婉良時。重閣上融和淑氣。〔合〕玉樓別是人間世。何須用鳳鳥于飛。

【前腔】潘鬢未成絲。莫向青皇問花事。止啼殘杜宇。開到荼蘼。浮雲外地勝三歸。香霧裏粧成百媚。〔合前〕

【前腔】覓草過樓西。拂袖時聞百花氣。見蜂銜初放。蝶夢猶迷。任從他樹下成蹊。争似恁枝頭並蔕。〔合前〕

【前腔】少小在深閨。雲鬢分行鬭明媚。喜叨陪供奉。常侍光儀。錦模糊石竹羅衣。金婀娜山花寶髻。〔合前〕

【滴溜子】歌聲細。歌聲細。悠悠落梅。腰肢細。腰肢細。盈盈柘枝。莫□□□人醉。簾鈎落照移。追歡未已。正歌梁繚繞。舞袖雙垂。

【雙聲子】芳林裏。芳林裏。雙玉壺千金騎。朱門裏。朱門裏。士女競鞦韆戲。春日暝。春日暝。暮鵲知。暮鵲知。看高枝揀盡。深樹先棲。

【尾聲】平章花月真吾事。談笑風雲自有時。莫笑閨中兒女慈。（樂府先春）

張解元

張解元，名字不詳，生平無考。

套數

歡會

【南仙吕入雙調步步嬌】歡喜冤家重相見。一笑春生面。牽衣玉帳前。兩下相思。和淚都言遍。底事到埋冤。惡狠狠教我難分辨。

【江兒水】眉自今宵展。心非昨日懸。花前未語先惡戀。半似含羞半含冤。柳腰低向風中軟。把酒殷勤酬勸。頓忘了别隔三秋。解盡了愁腸千轉。

【園林好】我爲你一身病纏。我爲你雙眸望穿。關山遠有信難傳。把歡娱地做了離恨天。比翼鳥做了斷腸猿。

【好姐姐】誰知。良緣未慳。錦屏前又成歡宴。瑶琴寶瑟。一似續斷絃。情何限。春亭鬭草簾重捲。夜閣看花月再圓。

【香柳娘】望雙星在天。望雙星在天。佳期不遠。夜深笑把重門掩。解羅衣向前。解羅衣向前。珊枕鬢雲偏。錦衾肌玉軟。把同心帶綰。把同心帶綰。鸞衾永圓。芳心不變。

【尾聲】山盟長與天同遠。歡娱惟願夜如年。他日相思處怎忘得鮫綃上春一點。（群音類選）

按：群音類選題作「歡會」，彩筆情辭題作「復歡」，俱注張解元撰。南宫詞紀題作「重逢」，署陳海樵著。未知孰是，惟兩套曲文差異頗大，兹並收之。

顧正誼

顧正誼，字仲方，號亭林，别號瀼西居士，南直隸華亭（今上海松江）人。萬曆時以父蔭官至中書舍人。善畫山水，深得元人精意，稱華亭派。與宋旭、孫克宏相友善。董其昌曾得其指授。著有咏史詩、顧氏詩史、筆花樓新聲、亭林集、蘭雪齋稿等。

小令

【南商調金索掛梧桐】

春景閨情

花邊豔綺羅。花下調鸚鵡。細雨黄昏。深院重門鎖。青鸞鏡裏孤。悔當初。一别經年離恨多。玉容憔悴梨花褪。翠黛摧殘楊柳疏。將奴誤。把從前恩愛一似夢南柯。想那人話在心窩。閃得我病在心窩。草迷了王孫路。

夏景閨情

樓臺浸碧波。槐影移青瑣。池館清幽。燕子穿簾過。愁添淚轉多。濕香羅。扇底空傳白苧歌。風來水面涼如許。雨過空庭暑漸無。休辜負。更闌人静珠濺夜舒荷。我這裏消息全無。他那裏信息全無。柳遮了章臺路。

秋景閨情

秋山淡翠蛾。暗網縈朱户。四壁蛩吟。敗葉階前墮。深閨寂寞人。夜如何。滿院天香桂影疏。幾迴望月圓如鏡。不覺流年疾似梭。和衣卧。驀然驚起何處雁聲孤。空限着天外長河。天上銀河。雲障了關山路。

冬景閨情

霜風葉滿途。歲月嗟遲暮。有箇人兒。斜倚薰籠坐。沈吟伴短檠。數銅壺。淚比譙樓漏更多。繡牀寂寞香仍在。翠被凄涼枕又孤。今宵過。明朝相憶卻問又如何。害得人病染沈疴。閃殺人命掩沈疴。雪擁了藍關路。

【南仙吕桂枝香】

春景閨情

雲盤螺髻。煙籠翡翠。絲羅初綰同心。瓜葛乍牽連理。奈仙郎遠別。仙郎遠別。釵分鳳侶。紅消鏡裏。費相思。羞對青鸞影。空吟丹鳳辭。

看花早起。惜花無主。誰憐人面如花。人面似花能語。想牆外碧桃。牆外碧桃。和那人兒相倚。臉勻花媚。謾嗟吁。去年人在花相笑。今日花開人去矣。

柳絲堪繫。草裀堪憩。愁攢翠黛煙輕。舞約嬌枝風細。想當年飛燕。當年飛燕。昭陽殿裏。翩躚舞袂。欲淩虛。只恐憔悴顰蛾翠。蕭疏楊柳枝。

攜裾挈袂。尋芳拾翠。金蓮怕蹴雙頭。玉笋懶攀同蒂。奈春色漸闌。春色漸闌。花飛香雨。草堆煙砌。暮春時。輕風吹瓣鋪如錦。細雨摧殘踏作泥。

夏景閨情

繡幃曉起。沈吟不語。翠蛾淡鎖慵描。青鏡雲鬟羞理。漸新竹透林。新竹透林。覆雲翻雨。教我孤房獨處。淚如珠。暗牖縈蛛網。空梁落燕泥。

歌殘金縷。塵揮玉麈。晝長寂寂如年。人去迢迢千里。無由見他。無由見他。獨坐

小窗無語。繡牀徙倚。夢魂飛。正向遼西去。鶯聲又喚歸。

曲欄人倚。雕梁燕語。困來簟展湘波。夢覺釵欹雲髻。長日又斜。長日又斜。忽聽

輕雷送雨。頓消煩暑。謾躊躇。試掩青團扇。偏宜絺綌衣。

碧天如洗。晴霞結綺。石牀冰簟清風。修竹高梧涼雨。幽花夜芳。幽花夜芳。雅稱

玉人襟蕙。夜闌無寐。暫徘徊。坐待三更月。霏微露濕衣。

秋景閨情

風撩鈿翠。霧團環珮。情深紈扇班姬。愁絶藁砧姜女。似幽鶴唳空。幽鶴唳空。思

歸別侶。誰調緑綺。那相如。嘹亮求凰調。文君志肯移。

廣寒天際。蕊珠宮裏。秋槐葉落誰憐。夜雨梧飄無主。正天孫渡河。天孫渡河。夜

迢私語。願爲連理。少人知。鈿合金釵在。休忘嗚咽辭。

涼生羅綺。聲長砧杵。愁撩桂子西風。淚滴芭蕉夜雨。追憶那人。追憶那人。音沈

雙鯉。影分鴛侶。月光舒。懶向蟾宮去。孤眠學羿妻。

風前白苧。雨中黄樹。魂銷無定河邊。猶入深閨夢裏。恨三秋遠別。三秋遠別。那更玉蘭千里。十年征戍。憶遼西。寂寞盧家婦。流黄月照時。

冬景閨情

飄花舞絮。穿簾堆砌。卻憐遍地瓊瑶。寂寞玉容相對。愛梅花晚芳。梅花晚芳。影摇香細。花殊有意。待郎歸。歲歲憑君寄。枝枝傍妾幃。

蕙蘭襟袂。沉檀衾被。簷敲鐵馬風迎。霜穗竹爐湯沸。伴燈殘漏永。燈殘漏永。妾身獨處。君途千里。兩無依。剩有穿窗月。多從愁裏窺。

霜飛月墜。花飄玉碎。清宵孤枕無眠。日上三竿還睡。喜陽和乍回。陽和乍回。陰消寸晷。愁添綫縷。歎離居。回首音塵遠。流光過隙駒。

君身迢遞。妾容憔悴。霜威冷入流蘇。淚點冰凝玉筯。嗟歲月易凋。歲月易凋。萬重離緒。魚來雁去。杳無書。昨日逢新臈。明朝又歲除。

套數

江南春

【南仙吕入雙調步步嬌】江南佳麗春無限。物候經時换。千門藹瑞煙。燈彩流輝。月光鋪練。簫鼓正喧闐。春風次第今方見。

【山坡羊】玉攢攢早梅開遍。翠絲絲柳垂金綫。鬧冗冗蝶使蜂媒。聽聲聲花底新鶯囀。春乍回。風光有萬千。羅衣初試初試新紈扇。院院調笙家家排宴。追歡。在花間與酒間。留連。在山間與水間。

【五更轉】淑氣催。東風轉。正繁華二月天。青青草色草色汀洲遍。又見陌上遊人。江頭飛燕。踏青時。芳徑幽。香泥軟。東林有約有約尋春伴。正好挈榼提壺。金尊頻勸。

【園林好】趁潮平行行畫船。醉花陰紛紛管絃。且去尋芳覓豔。花密處隱嬋娟。花笑處見嬋娟。

【江兒水】語似鶯簧脆。嬌如細柳懸。雅娉婷自小青樓占。意殷勤曾識春風面。剖櫻脣低把新腔按。一似羣玉山頭重見。素手相攜。笑指梵王宮殿。

【玉交枝】晝長人倦。解春衫僧房借眠。遠山晴色青如靛。雨初收碧水連天。好花斜插雲髻邊。柳絲輕拂行人面。這韶華還如去年。這韶光依稀去年。

【玉抱肚】晴絲亂綰。把遊人春心暗牽。緑陰中羅綺紛紜。萬花叢桃李争妍。芳郊行遍。水村山郭酒旗懸。細馬香衫總少年。

【玉山供】憑高眺遠。賦新詩還題錦箋。墨淋漓揮灑珠璣。走龍蛇飄拂雲煙。清詞麗藻。聊紀片時遊衍。詩筒頻遞處。翠微間。賡和還酬白雪篇。

【三學士】及時行樂昇平有緣。休辜負日暖風恬。煙開柳陌人如蟻。岸夾桃花酒似泉。美景遨遊須盡興。好風光不用錢。

【解三酲】暮春時繁陰庭院。見紫燕啣泥入繡簾。今夜裏重門深閉梨花雪。芳沼内疊荷錢。怪東君收拾無邊景。恐零落花枝人共憐。歌聲遠。問蘭橈何處。已渡前川。

【川撥棹】回首春將盡。正清和柳欲眠。看撩風飛絮縈牽。任撩風飛絮縈牽。聽池塘蛙聲鬧喧。倦抛書午夢間。倦抛書午夢間。

【嘉慶子】且點檢琴書過小園。又是嫩竹抽梢透短垣。晝欄杆曲曲盤旋。小亭臺處處幽閒。新茗初收煮惠泉。命重鋪歌舞筵。命重鋪歌舞筵。

【僥僥令】小童歌嫋嫋。嬌妓舞翩翩。美酒新篘珍珠濺。飲到漏沈沈人未眠。

【尾】莫將春事成虛幻。怕迅速春光飛電。休把春心托杜鵑。

詠桃花㈠

【南正宮素帶兒】東風軟。正露井花開二月天。含歡笑好似去年相見。緋緋。爛欲燃。問紅淺紅深誰後先。情還戀。玄都觀裏。武陵溪畔。

【昇平樂頭換】穠豔。酣容醉目。領韻華多少麗景無邊。迷津引渡。賺漁郎誤入仙源。情牽。游絲縈瓣綺窗前。惹幾處閨情宮怨。河陽滿縣。更西池有種。花實三千。

【素帶兒頭換】夭夭。色更鮮。嬌癡可憐。崔郎見還應了花下良緣。霞觴。洞口傳。問若箇栽培雲漢邊。經時換。春容漸入。舞裙歌扇。

【昇平樂頭換】無言。顛風弄雨。恠紛紛逐水鉛華虛幻。臙脂狼籍。竟冷落柳條金錢。愁添。遊人蹂踐落花邊。都付與壘巢新燕。紅飄粉墮。還驚扶上。玉人嬌面。

【尾】滄江浪暖魚龍變。謾憔悴五更人怨。只剩秦淮渡口船。

詠芙蓉[三]

【南正宮白練序】涼飆送。見一種奇葩落鏡中。嬌似面還怯夜來霜重。盈盈。隔水紅。悵欲採無由望轉濃。輕風動。赤城霞起。錦江波弄。

【昇平樂頭換】悤悤。池蓮易歇。羨嬌姿吐豔。瓣染新紅。白蘋江上伴丹楓。紅蓼含態無窮。忡忡。緘愁脈脈怨東風。景淒其風光誰共。繁華如夢。但朱顏無改。粧點秋容。

【白練序頭換】花開。寂寞紅。酣酣睡容。臨流處似酡顏西子醉倚紗籠。紛華。鬬綺叢。訝帳底芳菲奪化工。新承寵。繡床褥隱。畫屏清供。

【昇平樂頭換】臨風。翩躚弄影。似江皐神女。閬苑飛瓊。研脂競粉。都錯認武陵仙洞。玲瓏。溶溶秋水醮芳叢。態輕盈襪凌波動。黃花相映。秋來不負。主人題詠。

【尾】池頭一夜西風送。月白江天霜氣濃。誰駐枝頭此日紅。

詠竹

【南正宮白練序】湘雲捲。見萬頃琅玕接遠天。斑未滅淚染二妃離怨。亭亭。鳳尾懸。幾傲雪凌霜宿霧煙。誰爲伴。壽陽額上。秦封頂畔。

【昇平樂頭換】娟娟。空階掃影。引清風一榻。入户穿簾。蒼梧迢遞翠模糊。一望撩雨撩煙。幽閒。翛翛日暮倚嬋娟。青鎖黛半侵花靨。緑窗低掩。聽聲敲碎玉。清夢泠然。

【白練序頭換】蕭蕭。萬玉寒。猗猗渭川。題刻處還惆悵陳迹依然。風來。幽韻傳。似環珮魂歸明月間。塵氛遠。緱山鳳去。葛陂龍幻。

【昇平樂頭換】淇園。香泥迸處。漸籜龍初褪。粉痕纔見。停鸞棲鳳。都占卻幽亭别院。當年。七賢沈醉漫留連。任風流酒杯詩卷。清陰不改。歲寒肯似。世情翻變。

【尾】主人不問看須遍。爲此君虚心貞幹。高節清風幾歲年。

詠歌

【南商調二郎神】傷春否。訝何處鶯聲入畫樓。魂欲斷綺窗人已瘦。清音宛轉。早把春心泄漏。字字相思句句愁。嬌送處香生素口。〔合〕難消受。果然是領人間萬種風流。

【前腔換頭】清謳。豔飛霞捲。浪翻花溜。覷檀板輕將纖玉手。聽嚶嚶林外。匹鳥相求。滾滾春江不斷流。圓活處璣旋珠走。〔合前〕

【集賢賓】新腔縷縷翻舊愁。惹春恨悠悠。一似風絮晴絲縈弱柳。斷仍連欲駐還游。雲窗月牖。知勾引幾人情竇。〔合〕重命酒。須伴盡漢宮清漏。

【前腔】桃花扇低温且柔。唤多少閒愁。冉冉輕雲行楚岫。聲乍遏去也還留。梁塵漫浮。數不盡一春花柳。〔合前〕

【黄鶯兒】低按小梁州。韻悠揚調轉幽。泠泠水面波文皺。鶯啼燕愁。花落水流。霏霏玉屑飄衫袖。〔合〕囀纖喉。周郎一顧。含笑卻回頭。

【前腔】哽咽似悲秋。吐蠶絲竟未休。宛〔三〕如花底笙簧奏。櫻脣謾剖。蘭氣暗浮。尊前白苧消清晝。〔合前〕

【琥珀貓兒墜】移宫换徵。瀟灑更清幽。消盡春來萬斛愁。吴綾欲贈未能酬。〔合〕綢繆。還須向鳳幄鴛幃。翠館紅樓。

【前腔】餘音嫋嫋。天際暮雲收。月落空梁只未休。何戡還在唱伊州。〔合前〕

【尾】四時子夜君知否。白雪陽春且和酬。莫唱驪駒愴别愁。

詠舞

【南商調二郎神】粧成否。盼何處多情燕子樓。纖束素小蠻腰已就。笙歌催上。似嬝娜欲眠宮柳。脈脈春心黯自羞。呈皓腕乍分雙袖。〔合〕雲裳縐。羨輕盈瀟灑温柔。

【前腔換頭】凝眸。錦裀花撲。驪珠盤走。正蕩漾春容蜂蝶逗。訝鸞翔鳳舉。霞捲雲收。波送清江一片秋。撩亂處玉纖紅瘦。〔合前〕

【集賢賓】翩躚花底鶯燕儔。更鶱翅横秋。一似瓣落氍毹蓮影瘦。徉欲去輕挽雙鉤。香塵謾蹂。須品第玉人先後。〔合〕殘紅溜。休寂寞晝堂清晝。

【前腔】裙拖六幅湘水流。恰豔逐香浮。見滿座輕風生腋肘。驚鴻驟宛若龍游。雲行雨收。何處是陽臺楚岫。〔合前〕

【黄鶯兒】步步協清謳。亂飛花雲錦浮。珮環聲雜宮商奏。流風前後。迴雪去留。等閒鬆卻芙蓉扣。〔合〕倒金甌。畫樓楊柳。顧影月如鉤。

【前腔】斜墮玉搔頭。按霓裳態轉幽。微微粉汗蘭襟透。飛飛鴛偶。窄窄鳳頭。遠山低拂雙蛾皺。〔合前〕

【琥珀貓兒墜】迴旋掌上。婉孌更綢繆。雙袖郎當怯未休。羽衣常伴廣寒遊。〔合〕堪酬。還須擲玳瑁筵前。宮錦纏頭。

【前腔】趙家飛燕。千古語風流。只剩昭陽一段愁。翠盤已矣復何求。〔合前〕

【尾】成行肯惜千金否。且追歡還娛白首。休留與他人作翫遊。

題筆花樓新聲

顧仲方先生以雕龍繡虎之才，入爲鳳閣侍從。長安諸薦紳咸束錦交，先生片言尺楮往往爲寶。時因杯酒間忽動鄉國之想，迺請作江南春樂府，使一片燕塵頓豁，而身游於小桃弱柳隊中。至於詠物閨情各杼才韻，繪擬所至生氣湊合，可以奪化工之權，結思人之涕，蓋出其餘膏剩馥，便能鼓吹詞場，遞傳千古，譜風流者舍仲方吾誰與歸。吾謂此曲當以司空圖松枝筆，李廷珪豹囊墨，及薛濤五色雲錦箋，各書數通以佐花月；而又令緑珠雪兒從步絲障後，醉拍紫玉板唱之，則一字一絹可也。陳繼儒撰。

筆花樓新聲題詞

詞家獨元人升堂，沿及國朝則楊用修、祝允明庶幾攝齊廊廡。若近代諸家非不有白雪聲，然核古實則乏才情，工藻繢則鮮本色，非字懸千金、胸富五車，未易語此。今仲方先生此詞，皆從長安風沙煙塵中以綺語破愁思羈悁，故片言落人間，賈者紙爲貴，歌兒舌爲燥也。

昔人有云：不恨我不見古人，但恨古人不見我。仲方之生也晚，藉令馬東籬、關漢卿諸名家與公角逐而赴詞壇，未知鹿死誰手。楊繼禮撰。

跋

南詞以綢繆爲最，北調以嘹亮稱工，各有當行，非云浪作。然北調須煩鐵板，南詞雅稱紅牙。僕本吴儂不諳燕曲，讀仲方此詞足令塵落梁間，雲停酒畔，曉風殘月之句，諒可適於清喉；霓裳仙吕之音，庶克諧乎妙律。故知大江東去蘇公未免麄豪，百歲光陰馬叟居然傖父矣。庚寅五月王穉登題。

〔一〕此曲詞林逸響亦收，題作「詠桃」，注顧仲芳撰。
〔二〕此曲南宫詞紀亦録，署顧仲方作。
〔三〕「宛」，原作「婉」，兹改。

陳與郊

陳與郊，字廣野，號隅陽、玉陽、禺陽、虞陽，別署玉陽仙史，託名齊慤、高漫卿、任誕軒，或作任誕先，浙江海寧人。萬曆二年（一五七四）進士，官至太常寺少卿。著有隅園集十八卷、蘋川集八卷、樂府古題考、方言類聚，及雜劇文姬入塞、昭君出塞、袁氏義犬、中山狼、淮陰侯五種，又有傳奇櫻桃夢、靈寶刀、麒麟罽、鸚鵡洲四種，總題詅癡符。並輯刻古名家雜劇、續古名家雜劇等。生於嘉靖二十三年（一五四四），卒於萬曆三十九年（一六一一），年六十八。

小令

【南商調黃鶯兒】

問病戲答用稼老意四首

吾病掩吾廬。羽衣過問起居。新來三事縈心緒。松栽手扶。松濤耳須。纔高數尺如人許。礙梅舒。兼妨花徑。叵耐欲教鋤。曲水護堂隅。鏡瑩瑩可照鬚。東陵驟雨淤泥注。南榮素書。西樓綺疏。一時倒影汗潴處。更羣魚。孰魴孰鯉。察見也應虛。念載賦閒居。喜青山日面予。數竿修竹貪幽趣。輕陰未舒。晴嵐頓迂。故人遮斷逢迎路。費躊躇。留山去竹。乍可食無魚。因此病旬餘。有良方爲破除。羽衣笑道非能與。倉公檢書〔二〕。盧醫照軀。也應藥石難區處。欲瘳歟。乘風馭鶴。往問北山愚。

無題四十二首

踈雨濕春愁。淡煙中翡翠樓。粉魂香夢那消受。前春倦遊。今春倂酬。海棠開後還依舊。剩風流。東家胡蝶。飛過小齋頭。芳草亂春愁。念王孫耐薄遊。故園桃李空迤逗。長安御溝。襄陽市樓。知君到處饒花酒。繡牀頭。鶯喧蝶鬧。而我獨如秋。何處避春愁。啓山窗見沃洲。青霞只在朱欄右。仙遊宦遊。清流濁流。五湖一壑須回首。謬悠悠。悔將書劍。十載客皇州。

鳳管咽春愁。睡朦朧洛浦遊。無端黃鳥驚清晝。花香滿樓。煙香滿篝。韶華不減蛾眉皺。羨扁舟。東風吹去。一夜楚江頭。

香靄閣春愁。錦模糊十四樓。池邊射鴨鴛鴦否。煙收未收。簾鈎未鈎。閒時花影空文甃。近牆頭。遮紅掩翠。生怕蝶蜂偷。

飛燕掠春愁。壘巢泥撲畫樓。東風上下穿花柳。紅英顫羞。青條弄柔。香來百和濃於酒。怕遨遊。芳塵滾滾。沾污紫絨鞦。

一院鎖春愁。蝶紛紛過院遊。破除煩惱還憑酒。君封醉侯。余矇醒眸。糟丘甘老還甘朽。信沉浮。幾多心事。都向琖前休。

歌送竹枝愁。楚雲臺榭月樓。閒情逸興吾何有。裁書謝鷗。營巢笑鳩。茅齋小坐枯禪久。乍難收。舊懽平樂。飛夢到瀛洲。

煙際古今愁。暮潮空漁網收。吴山越水仍依舊。蘋洲蓼洲。瓊樓蜃樓。一聲長嘯無何有。得休休。爲莊爲蝶。花下且淹留〔三〕。

朝市不關愁。喜歸來足浪遊。廣陵絲竹蘭陵酒。閒身野鷗。閒心水流。鶯花不避逃名叟。擅丹丘。玉杯銀燭。誰數晉風流。

眉黛惹香愁。半迎欄半入樓。十分春色飄零九。無人淚流。逢人害羞。教人錯恨司花手。怕擡頭。隔牆誰唱。合調是甘州。
贏得一場愁。曉鶯啼宿雨收。有情無力花枝後。誰家紫騮。誰家碧油。暗憑纖手拋
紅豆。答綢繆。紫絲蠅拂。故意落街頭。
往事不勝愁。記朱顏倚翠樓。博山微煖煙初透。鶯兒語投。燕兒語柔。于今門掩梨
花瘦。月光流。不知時變。依舊上簾鈎。
流水似儂愁。正愁時咽不流。浮萍密處隨波皺。無情自由。多情怎留。狂瀾到海無
回首。恨悠悠。桃源洞口。不管落花羞。
遲暮不禁愁。喜青山慰白頭。平生磨滅餘詩偶。東家哂丘。西園障遊。何妨野外開
尊酒。得優游。漫勞湖上。絲竹載梁州。
繡户揭芳愁。怪游絲撲鬢浮。閒將羅綺驕新柳。林光下樓。湖光擁舟。韶顔轉盼應
偷瘦。乍回頭。竹西歌吹。或恐是揚州。
花鳥杜鵑愁。紺珠簾白玉鈎。深深不捲閒芳晝。香風餞遊。香泥襯輈。怕輈前芳草
風前柳。上心頭。迴身小閣。鬔盡紫絲緱。
夜雨滴鄉愁。訝江南塞北秋。孤燈客夢相燃久。飄紅點疇。殘香雨溝。石家金谷能
存否。問平頭。濁醪誰送。一借汝銷憂。

不見阮郎愁。罷粧臨江上樓。春帆過盡非吾偶。殘霞旋收。斜暉轉幽。鷗波漁火仍依舊。甚封侯。須憐脉脉。腸斷白蘋洲。

芳杜爲誰愁。炷名香暗誦劉。春歸爛熳人歸否。風波渡頭。繁華帝州。憑欄指點含顰久。漲春流。儻迷處所。花下問漁舟。

誰使管絃愁。費金猊繞玉樓。春風舞袖成啼袖。搥殘帶鈎。釃開錦裯。書來慰我權消受。總虛浮。郎如萱草。得見始忘憂。

兜起百花愁。意寥寥覆酒甌。海棠翻落山礬後。朝榮暮休。晴開雨收。陰陽消長元非偶。且悠悠。憑君莫話。黄紙到滄洲。

檢校落花愁。季倫家玉墜樓。香魂縹緲王孫後。非干雨泅。非關蝶偷。非貪結子輕含秀。也是戀枝頭。紅顔薄命。容易逐風流。

南國翠蛾愁。怕周郎揭扶頭。滿堂俠客皆回首。諸賓謝休。惟髡笑留。開襟錯履渾無咎。恣風流。烟塵何處。腰下指吴鈎。

無處着閒愁。漫三山浪十洲。神仙富貴皆虛謬。滄波白鷗。紅纓紫騮。滿前佳興隨人有。挾風流。三杯琥珀。春釀驌驦裘。

風雨小窗中。剩山茶幾朶紅。催將春去教人送。春醪枉濃。春詞枉工。留春無計尋鶯花世界人春夢。太匆匆。穠桃繁李。同日避牆東。寒家散瓊。豪家擊鐘。簾前驚破遼西夢。心事酒杯中。恨如簧弄晚風。三旌六印都天共。總牢籠。東方千騎。若個領羣雄。明朝老翁。今朝小童。愁紅怨緑無些空。醉夢綺羅中。信流光逐轉蓬。酒闌金谷朱虛哄。問天公。朝朝暮暮。許我樂融融。山陰數公。滁陽醉翁。招尋多與閒鷗共。花月杜門中。任波翻陸海風。尊前勘破邯弦動。忒從容。千秋快事。併在峽山東。春宵易終。春情正濃。誰悲誰喜誰攛弄。流浪劇場中。儘繁華過眼空。涼飈旋向樓鄲夢。唤羣蒙。六如身世。分付梵王鐘。蟬聲旋洪。槐陰旋濃。風欺雨妬兼蜂擁。開落數旬中。鬬芳菲逞化工。天教良西動。肯相容。牡丹芍藥。一樣土泥封。鶯啼這峰。花開那峰。又似相如車騎門庭擁。磊落小山中。似文章太史公。郎今何事閒友來供奉。日相從。百年吾汝。無棄白頭翁。朝朝向風。枝枝竝紅。人情不似花情重。半笑半嗔中。細捼花待打儂。和哄。略從容。醉眠花塢。何必洛城東。

妮子緑窗中。罷瑶琴卧碧筒。戲臨小草題牋縫。瓶花手叢。鑪煙手籠。太湖峰畔眉頻送。乍朦朧。低徊團扇。無語怨東風。

風月醉眠中。隼輿藩獸錦絨。江南行到纔知夢。溪前釣翁。山前牧童。門前料想無題鳳。話匆匆。煩君記取。寒食後朝逢。

紫翠夕陽中。畫樓臺色相濃。桃花歌罷漁歌動。雲横幾峰。愁深幾重。眼餘眉剩憐宵永。繡帷空。卻嫌鄰笛。和月到簾櫳。

綵袖畫船中。遇滄浪指釣翁。依稀楚客調衰鳳。深紅淺紅。清風暖風。桃花無主隨波送。謝鶯鴻。怕稱丞相。難近館娃宫。

山色有無中。枕江煙草閣空。春流日夜愁心共。花殘曉風。鶯闌午鐘。霞生遠樹漁舟櫳。月朦朧。穿窗片月。移過枕函東。

誰唱月明中。竹枝詞楊柳風。珠簾翠幄空遮擁。鑪煙自濃。花陰自重。想嫦娥冷落還心動。恨重重。胭脂萬斛。推瀉絳河東。

人生百花中。似花神别致工。一春煙雨專調弄。生涯此叢。心情此空。纔當爛熳它家供。緑陰濃。春歸何處。須問賣花翁。

深巷晝眠中。誤溪雲繞卧龍。人間波浪兼天湧。朱輪素封。紅氍碧筒。大都不入希夷夢。撫孤松。五陵裘馬。羞殺舊吴儂。彩筆畫樓中。覺詩情讓曲濃。裁雲剪水閒嘲弄。前人未工。今人稍慵。百壺春酒誰傳送。口磨礱。吴趨得意。不減晚唐風。

【北雙調折桂令】

鳳林曉粧

倚雕欄倦理春雲。慢撚花枝。閒撥爐熏。小玉頻催。輕霞乍舉。高髻雙捫。響鈿珥摧殘蝶夢。索胭脂喚醒梅魂。不待寒温。看殺東君。傳語西鄰。

硤山晚别

兩船兒分載離愁。雲懶西飛。水恨東流。昨夜蘭房。今宵桂檝。甚日瓊樓。撒不下虹霓舞袖。帶將回煙雨眉頭。柳岸沙洲。有限留連。無限綢繆。

梅谿午夢

甚風兒吹到梅谿。香霧空濛。淡月依稀。筵上傳鬮。曲中傳恨。燈下分題。憐舊雨花心困水。弄新晴燕嘴沾泥。兩意癡迷。錯算鷄鳴。驚散鶯啼。

聖水秋期

載西湖何處西施。密約金秋。並倒瑶巵。天鏡迎粧。霓裳待曲。月嶼㈢催詩。附繡領

親邀玉趾。勝檀箋遠寄烏絲。座客其時。詞賦坡仙。花柳丘遲。

【南黄鍾畫眉序】

花落杜陵家。點砌飄階晚簾下。歎餘年過順。受此嗟呀。凌雲氣總被風吹。隱霧性

偏遭雨打。自今甘戴黄冠去。投身社鼓神鴉。

漠漠冷儒家。正晝驚雷自天下。掣馨兒狴犴。沼室蚔蛙。僑栖斷故苑聞鶯。稚子賣

豪家洗馬。自來强制凄惶淚。今朝雨後黎花。

歌管沸隣家。獨倚南樓望山下。歎飄零官巷。斷送年華。青衫漬寧爲冰弦。白帢倒

非關玉斝。問天還甚無情事。牆西不住啼鴂。

風雨困山家。苦霧愁雲伴窗下。歎生如甘蔗。近尾多渣。醉醒悟莊蝶真詮。蠻觸付

漁樵閒話。但教些箇無牽絆。何妨流落天涯。

【南中吕尾犯序】[四]

霜降領秋容。馬僕牛醫。都上親塚。豈料[五]丞卿。奠寒蛩旅中。私慟。空暗想前年拜掃。還豫恐明年斷送。收淚向。山頭一望滿眼白雲封。

墮落鐵山叢。淚閣清波。眉聚雙峰。甚口峰開。斷波流眼中。得隴。誰還望南樓燕語。誰還望西園蝶夢。望則望。柴門土窟未命寄牆東。

聽到五更鐘。萬種思量。總是朦朧。亮槅巴明。便皇皇府中。惶恐。臨老也逢坑落塹。捱命也如癡似懵[六]。纔擎飯。城頭冷角吹淚墮匙中。

怨氣欲干虹。譖殺兒郎。蠹殺而翁。苦捱三時。望淒涼卷終。誰懂。人又殺蘋蘩孝婦。天又殺芝蘭秀種。攢悲痛。枯腸涸眼無淚灑西風。

【南南吕七犯玲瓏】

五十誕辰自壽次楊升庵韻

〔香羅帶〕曾鄰五鳳樓。親陪八駿遊。緋袍錦帶黃扉右。〔梧葉兒〕清禁出彤騶。每送夔龍集。多稱董賈流。〔水紅花〕玉墀頭。朝封夕奏。頗自道遭奉非偶。請劍賜蚩尤。〔皂羅袍〕逆龍鱗險處脱戈矛。毒魚腸暗裏來僝僽。白蓮芳社。東林可投。白雲閒屐。東山可留。〔桂枝香〕射影由他射。浮名本自浮。〔八聲甘州〕羣麋鹿。應馬牛。田間推戴醉鄉侯。〔黄鶯兒〕斗酒祝甌窶。沉沉十二樓。朝朝紫氣浮。江城如畫春如繡。五十謾悠悠。世故蕉中鹿。人生水上漚。信予否。花天酒地。且自把精神抖擻。紈綺結綢繆。儘黄金能買少年留。從丹砂可養長生就。王孫芳草。盤桓且休。莊生蝴蝶。逍遥且遊。簪笏元塵土。綸綸只釣鈎。蛟龍雨。鷹隼秋。何如范蠡在扁舟。來去不驚鷗。

【南小石調如夢令】

鸚鵡洲傀儡戲引

叵耐天公搬弄。曉夜没些閑空。臨到欲昵時。又遣夢兒歡哄。小宋。小宋。唤醒荆王懵懂。（鸚鵡洲）

套數

【北雙調新水令】脚跟登破利名關。遂初衣不辭單骭。閒居從謝客。高卧且加飡。三徑之間。倩仲蔚蓬蒿斷。

【駐馬聽】枕上幽閒。金谷樓前鶯語唤。夢中逍散。揚州鶴背露華寒。單身跳下摘星灣。幾年不上連雲棧。輕安托上天。争知平地風波險。

【雁兒落】想當初多行白玉甎。多蹦黄金殿。多陞總諫垣。多進崇文館。

【得勝令】多奉策賢軒。多侍講經筵。多扈〔七〕玄宫駕。多承御座宣。周旋。何福分偏偏健。迍邅。甚災星可可顛。

【沉醉東風】青谿路芒鞋欵欵。翠微巖蠟屐仙仙。從離紫陌鞍。不拂紅塵面。似黄粱炊覺邯鄲。贏得人間緑鬢僊。那裏也烏紗象簡。

【折桂令】草堂前好景天然。不費鋪陳。不假金錢。鼓吹新蛙。氍毹細草。畫障遥山。抱着膝〔八〕吟幾句蘆汀柳岸。信着口説一迴繡地香天。樂事無邊。詩酒耆卿。風雅坡仙。

【尾聲】覷不得東奔西走張無線。權寧耐龍盤驥踠。養得就麻衣竹杖道彌尊。受用殺北海東山分非淺。

【北仙吕點絳唇】柳下清嘉。竹林瀟灑。真無價。吾豈匏瓜。歎世道堪聾啞。

【混江龍】博得到凌煙圖畫。止不過水中漚身後影眼前花。先受用耳邊業債。和那夢裡寃家。如今禦兒橋撑翻了范蠡船。故侯門斫淨了邵平瓜。採薇的道假惺惺盜去北山田。閉户的道黑婁婁跳過東牆架。眼見的猴孫出隊。蜂子排衙。

【油葫蘆】偌大乾坤則一家。没着落先生閒悶殺。明放着阮公門外嘴吒吒。則俺這彈琴占住了拿雲把。吹簫堵定了談天話。他兀自將洗耳來嘲飲牛。滌器來談司馬。争道是街頭有虎山來大。只見簇擁處落天花。

【天下樂】現現靈芝護彩霞。仙家。賸物華。嵩山道士不教差。餌黄精除白髮。覓丹書開碧匣。謾道大羅天都是些假。

【那吒令】離離星電發。便是倚柱的荆卿肯與拿。凄凄風雨匣。除是蹈水的荆非纔可誇。豺狼還懶殺。狐狸誰待剳。鬧垓垓樊噲呵只將匕首抓。冷森森朱亥呵只着碩椎打。消不得薛燭生涯。

【鵲踏枝】俺則待醉山家。卧天涯。短劍孤琴。强似大纛高牙。權寧耐一時一霎。那裏來浪酒閒茶。

【寄生草】喜曲水環晴凸。羨疏林止暮鴉。經了些冤親毁譽如飄瓦。嘗了些鹹酸甘苦如嚼蠟。見了些盈虧得喪如邊馬。閒身數點鷺鷗情。浮生一段漁樵話。

【尾】那一個辛牛羊。那一個誇裘馬。大都來一般話靶。敢則爲流水桃花惹到家。一個道茅茨下點謙洽。一個道鍛爐邊這些絮嗒。俺自是閒看兒童捉柳花。游心虞夏。耽情風雅。明朝有意過南垞。

【南南呂懶畫眉】張家臺榭李家樓。夜月春風不到頭。千秋緑野一時休。不見隋家柳。也逐蒲汀荻渚秋。

【二犯梧桐樹】三杯若下篘。渲浄談天口。兩朵紅梅。占定拏雲手。牆東約過知心友。一話能消萬斛愁。雖無翠管朱弦奏。紺髮奚奴。學得清歌幾首。

【浣溪沙】百歲期。七旬偶。趁詩壇酒社優遊。無官浩蕩觴紅袖。有子歸來課緑疇。還抖擻。似我輩風流中算渠帥。肯虚抛悶裏春秋。

【劉潑帽】男兒眉角難輕皺。可窮咱白鳥滄洲。何須紫燕紅纓驟。住玉樓。啓玳筵家銅斗。

【秋夜月】讓一籌。閃脱了鴟鴞味。鴟鴞則怪兒童嗾。於今牢記休開口。他也索罷手。我何憂掣肘。

【東甌令】閒文字。儘搜求。不慕陶潛慕許由。登朝旋拂歸山袖。得幾日真消受。風塵碌碌早休休。身世一浮漚。

【金蓮子】問十洲。洲中可着吴儂否。把一世興衰來總丢。不信道大羅仙。不齊齊扶我上丹丘。

【尾聲】泊舟邊挑燈後。閒將心事寄新謳。旦日還登客粲樓。

【北正宫端正好】天生下莽剛腸。親養就疎狂氣。謾道秀才家謀道謀食。簞瓢陋巷孜孜喜。枉了你臭腐鼠當琅玕粒。

【滚繡毬】則俺這七不堪難盡提。二不可難强逼。嚼胡麻有些滋味。訪玄芝華岳東西。問丹谿桃源咫尺。嘯青鸞蘇門近矣。跨白鶴十洲相際。誰肯把鳳龍章鵷鷺徘徊。那壁廂書傳故友希回轍。這壁廂家在寒塘獨掩扉。静躁難移。

【倘秀才】有一箇接輿的風風勢勢。有一箇棄瓢的茂茂薁薁。都一樣狂病無些聖藥醫。想尚平婚嫁畢。憐臺孝宦情微。似這等高朋怎及。

【滚繡毬】眼見的華子魚一品衣。也不强管幼安三旌位。恰纔是魚躍鳶飛。一粘天一縱深溪。誰待將愁布袋博千古。悶葫蘆裝百味。業風波道禹門三級。則俺搭伏定園客絲鍾山玉落得箇便宜。他道是朝中駟馬掀髯貴。俺只羡春後鱸魚墜釣肥。雲水依依。

【倘秀才】則俺這廣陵散從頭至尾。華陽亭夜傳朝習。因此上懶向東風問是非。打算的當年囚野性。晚歲脱朝衣。太古是自尋狼狽。

【醉太平】猛可的風摇燭晦。那裏來怪漢妖姬。蛇行鼠竄過窗西。把先生調戲。明王鼎上單摸擬。宣尼語次明分析。離騷譜内見依稀。呸。原來是你。

【叨叨令】則見他一哩兀刺的嘴舌兒設一會急哩骨鹿家計。西留速禄的手脚兒弄一套披哩扒刺家戲。剔留禿亂的鬼伴兒出一盪稀哩豁刺家氣。子待舉那疋丢撲荅的精拳兒打教他乞哩磕囉的跪。早則是罔兩也麿哥。早則是罔兩也麿哥。誰待將稀哩合刺的鎖條兒來乞留曲吕家繫。

【尾聲】爲光明渺渺遊魂忌。從暗漏昂昂正氣塞。這些時誰慚愧。人世上如君幾。則見潛着踪躡着跡。單矚着高明第。只賺下一點兒陽光都是鬼。

【南羽調排歌】何處春來。新莊柳眠。枝頭鳥弄鞦韆。侯家臺榭景無邊。別墅豪華更可憐。紅垂徑。緑覆川。儘激詞客賦新篇。聯珠勒。瓣錦纏。宮袍拚活酒如泉。

【前腔】芳草香輪。松風野弦。鴛鴦睡暖沙邊。午橋橋外足榆錢。買斷瓊樓翠幕天。迷桃塢。涉杏田。山堂縹緲枕溪煙。低陶舍。短謝墉。嵩峰六六供莊前。

【甘州歌】東都閬苑。護風亭水榭。緑野芊芊。流丹聳翠。四座賞心非淺。羣公緩(九)步憐青靄。上相間登立彩旃。棲煙洞。漱玉泉。將無乘月弄潺湲。金繩外。寶筏邊。清漪碧浪遠浮天。

【前腔】牙檣下鏡川。見參差幾點。白鷗飛轉。烹龍煮鳳。官家珍重賢賢。晨趨政府中書令。晚醉恩波太液仙。煙霞傲。雨露偏。千秋盛事照青編。金麟戲。玉渚鮮。櫂聲驚破水中天。

【前腔】平沙繡陌連。怪名花無語。笑留歡讌。移樽掃石。風來何處旃檀。笙歌四起供春帳。水樹千重簇暮筵。蘭亭醉。金谷眠。綺羅香度薜蘿前。簾珠潤。塵玉煙。悦然身世小壺天。

【前腔】香鋪小閣氈。看蹁躚舞鶴。赤欄西畔。爲憐高潔。三千買向青田。蒼虬礙月迷歌伎。白鹿街花近酒船。閑分韻。小問禪。曲房人静費鑪煙。漁燈亂。騎吹闐。

集賢坊外草連天。

【尾聲】聽村謠過野岸。臨風如誦鳳兮篇。留與工師播管弦。

【南商調集賢賓】丹霞彩鳳聲縹緲。玉人何處吹簫。硤上青山空窈窕。費想象精神多少。燈殘月曉。更輾轉夢縈懷抱。春易老。怕一夜海棠吹了。

【前腔】天然綽約難畫描。溪橋望影魂銷。那點花星纔得照。又退度爲花煩惱。良緣未了。知甚日五湖煙棹。夢繞却。夜夜若耶西角。中原韻上聲

【黃鶯兒】心事漏眉梢。奈狂朋放啞刁。兒童刺刺多猜道。邢夫人隱嘲。尹夫人遠挑。待和他語防他笑。又花朝。華燈綺席。喬送可憐宵。

【前腔】閣外曉鶯嬌。淡眉兒自懶描。沉吟單爲張京兆。儘金鑪篆銷。任珠簾影搖。翠籠鸚鵡何心教。坐無憀。登樓一望。腸斷硤川橋。

【琥珀貓兒墜】無情雨點。一夜響芭蕉。不住風聲似海濤。清清聽徹汝鷄號。難熬。巴不到驚起棲鴉。啼散林皐。

【前腔】瞳瞳曉日。初轉杏花梢。淡淡香雲護絳霄。衣裳容貌印心苗。難消。須不是夢裏春魂。畫裏春嬌。

【尾聲】王孫何事迷芳草。能幾步江皋難到。便賦殺高唐也只是枉絮叨。

〔一〕「書」，原作「晝」。
〔二〕「留」，原作「望」。
〔三〕「嶼」，原作「嶴」。
〔四〕「尾犯序」，原作「尾犯令」。
〔五〕「料」，原作「科」。
〔六〕「懵」，原作「㥶」。
〔七〕「扈」，原作「蹗」。
〔八〕「膝」，原作「郲」。
〔九〕「緩」，原作「騕」。

盛敏耕

盛敏耕，字伯年，號壺林，南直隸上元（今江蘇南京）人。時泰子。有才而淪落，與張四維、陳所聞友善。有軒居集。生於嘉靖二十五年（一五四六），卒於萬曆二十六年（一五九八），年五十三。

套數

陳藎卿卜築莫愁湖乃孫楚酒樓李白醉尋之處

【北雙調新水令】閒心一片寄冰壺。鳳城隈近新來卜築。龍蟠增王氣。虎踞壯皇圖。十里澄湖。是江南最佳處。

【駐馬聽】小小蝸廬。半畝春蔬千頃雨。瀟瀟蓬户。萬竿修竹一牀書。幽蹤長寄白雲隈。夢魂不入紅塵路。這清閒聊自許。生涯占斷清江滸。

【雁兒落】洗清襟澄澄一水鋪。添野況渺渺千帆度。照孤標娟娟霜月寒。捲筆陣洶洶秋濤怒。

【得勝令】呀。興到便操觚。客至便提壺。生事依牛儈。論交託狗屠。乘桴。北海尋漁父。呼盧。高陽覓酒徒。

【沉醉東風】桃葉渡吴姬緩舞。杏花邨魯酒頻呼。臨風憶謫仙。對月思孫楚。想當年風流人物。莫愁何處水平湖。倦憑闌登高弔古。

【折桂令】亂烟波紅蓼黄蘆。片片閒鷗。點點輕鳬。趁水悠遊。因風上下。逐子喧呼。恁忘機休相猜妒。俺無心與世沉浮。杖屨躊躕。城闕參差。江樹模糊。

【水仙子】今日個掩衡門幾卷聖賢書。每日家對滄浪數聲梁父曲。有一日獻長楊一首凌雲賦。看春風到草廬。借吹嘘飛上天衢。罷綸竿調和鼎釜。謝漁樵追隨伊傅。脱茅茨黼黻皇圖。

【清江引】青山間誰堪作主。達者成真趣。湖中水濁清。湖上人來去。到春來看蛟龍得雲雨。（北宫詞紀）

馮夢禎

馮夢禎，字開之，號具區，别號真實居士，浙江秀水（今嘉興）人。萬曆五年（一五七七）會試第一，官編修。與沈懋學、屠隆以文章氣節相尚。忤張居正，病免。好聚書，與梅鼎祚友善。復官後，累遷南國子監祭酒，與諸生砥名節，正文體，尋中蜚語歸。有快雪堂集、快雪堂漫録、歷代貢舉志。嘉靖二十五年（一五四六）生，萬曆三十三年（一六〇五）卒，年五十八。

套數

春思

【南羽調勝如花】從他去經幾春。愁積層巒疊嶺。只爲他蝸角浮名。兩分開釵頭鳳影。對好景越添憂恨。〔合〕哄殺人燈花鵲聲。悶殺人黄昏五更。暮雨朝雲。暮雨朝雲。記陽臺夢醒。怎禁得寒蛩孤枕。那一會盡可消魂。

【前腔】是奴差迭不慣撐。却把虚言作準。總然是别戀新粧。也須索回腸一省。恁下

得十分心狠。〔合前〕

【三段子】相思已經。這番兒似覺更深。悶懷已盈。這霎兒似覺又增。幾回强把衷腸硬。怎禁驀地心兒印。空對柔條憶舊鶯。

【滴溜子】春光老。春光老。明年又新。奴年少。奴年少。恐非似今。寄書征鴻難倩。天長一樣箋。欲言難盡。拚一箇癡心。終身耐等。

【尾聲】堅守定奴節行。做個澄潭澈底清。留取初心付與君。（樂府先春）

按：樂府先春無題，注馮開之撰。吴騷二集題作「春思」，署名殷斗墟。未知孰是，兹姑以之屬馮氏。題從二集。

李維楨

李維楨，字本寧，湖廣（今湖北）京山人。隆慶二年（一五六八）進士，萬曆間遷提學副使，浮沈外僚幾三十年。天啟初，召修神宗實録，累官禮部尚書。維楨性樂易闊達，博聞强記，文章弘肆，負重名垂四十年，然多率意應酬之作。著有史通評釋、黄帝祠額解、大泌山房集。嘉靖二十六年（一五四七）生，天啟六年（一六二六）卒，年八十。

套數

春日思情

【南仙吕八聲甘州】相思難守。正深沉庭院鳥啼春晝。韶光明媚。却在紅杏枝頭。人人對景皆去遊。偏我心懷别様愁。〔合〕玉樓。怎不見鳳偶鸞儔。

【前腔換頭】悶來。憑欄凝翠眸。見野花如繡。緑遍汀洲。王孫仕女。金勒玉鞍馳驟。銀箏象板相勸酬。不管醉卧斜陽芳草丘。〔合前〕

【不是路】斜倚翠圍屏。只見烟霧飄飄隔斷雲山千萬重。奴何幸。才郎相見話分明。訴離情。駡得他默默無言應。半晌低頭只自省。恨流鶯。將奴殘夢來驚醒。教奴越添愁悶。越添愁悶。

【解三酲犯】瘦形骸懶臨粧鏡。界粉面紅淚雙淋。嘆青鸞獨舞成孤影。尋芳徑消閒興。却羨他雙雙蝴蝶輕。怕只怕昏朝無伴影。奴孤另。奴孤另。與誰携手看佳景。

【前腔】燕子歸來還入咱門境。結壘在雕梁語惺惺。那多才未審何故無憑準。杜宇叫鷓鴣鳴。聽絮絮叨叨吹殘無限春。心多悶。心多悶。傷情的又怕傷春。

【黄龍滚犯】滿晴空飛絮滚。滿晴空飛絮滚。只見風攘柔絲撲面輕。晝長朱户静。只見簷前蛛網結。添我愁腸。倩誰來整。

【前腔】桃花碧柳絲青。桃花碧柳絲青。愁緒千條教奴織未成。可惜海棠眠未穩。海棠眠未穩。只見尤雲殢雨。濕透胭脂數點。兀的不月落殘雲。

【四犯黄龍滚】欲理瑶琴。香消金鼎。怕彈出昭君宫怨。離鸞别鶴。梅月雙清。嗶叶高山流水聲誰聽。懶把疎弦再整。這恨有誰管領。這恨有誰管領。

【前腔】難消情興。閒弄棋枰。欲待敲殘燈影。無人對局定輸贏。無人對局定輸贏。柯爛仙郎知他歸未成。這恨有誰管領。這恨有誰管領。

【前腔】鱗鴻無信。欲寫幽情。辜負鸞箋兔潁。謾誇鳥跡製蒼生。謾誇鳥跡製蒼生。兩字相思教奴寫未成。這恨有誰管領。這恨有誰管領。

【前腔】文房寂靜。欲寫丹青。描出鴛鴦交頸。才郎一去負恩盟。才郎一去負恩盟。哽咽傷情教奴描未成。這恨有誰管領。這恨有誰管領。

【鵝鴨滿渡船】千山列翠屏。萬點紅成陣。露苔痕弓鞋印。羅韈香塵冷。只见鞦韆院落夜沉沉。月淡梨花褪。離恨皆因春色引。緣何春去留殘恨。

【尾聲】韶華滿眼成一瞬。千思萬想總勞神。焉能罷却相思恨。（樂府先春）

按：樂府争奇無題，昔昔鹽題作「春日思情」，俱不注撰人。樂府先春無題，注李本寧作，兹據以輯之。題從昔昔鹽。又：此套首二曲與後面十一曲用韻不一，疑爲拼接而成。

張四維

張四維，字治卿，號午山、五山、屏山，別署五山秀才，南直隸江寧（今江蘇南京）人。萬曆二十年（一五九二）前後在世。嘗與陳所聞以曲相贈答。有散曲溪上閒情集，及章臺柳、璃璋記、雙烈記傳奇等。

套數

秋游莫愁湖因過陳藎卿看菊

【北雙調新水令】莫愁湖水接清江。望中迷水雲烟浪。枯荷摇斷浦。遠樹帶斜陽。絶勝瀟湘。捕魚歌採菱唱。

【駐馬聽】粧點秋光。黄葉丹楓飄兩兩。輕摇蘭槳。沙鷗汀鷺起雙雙。山圍故國恁凄涼。湖遺舊跡多惆悵。這興亡休論講。那裏也舊人家王謝烏衣巷。

【雁兒落帶得勝令】想着他笙歌花月場。變做這烟水蒹葭蕩。覷了他湖中景色幽。盡都是南國風流況。呀。我欲待簑笠泛滄浪。茅屋構陂塘。結識個忘機友。丢鬆了名利韁。問你個漁郎。此地誰豪放。遥指定江鄉。道有高人在那廂。

【川撥棹】我則見矮圍牆。傍邨墟臨荻港。隱隱的門外垂楊。竹裏軒牕。與輞川山莊。一樣風光。若不是逃名的元亮。多應是鑑湖湖上長。

【七弟兄】我這裏曳裳。度石梁。到茅堂。見主人野服拖藤杖。陳蕃下榻恁匆忙。開東籬命僕沽新釀。

【梅花酒】呀。叢叢的菊正芳。吐霜蕊寒香。簇玉顆金璫。喜淡抹濃粧。傾玉盞賀花王。摘花蕊泛壺觴。拚醉倒卧花傍。賢地主頗相忘。何須待白衣郎。

【收江南】呀。知你個淵明元不笑吾狂。將佳花相贈勝紅妝。我一肩挑入玄真巷。喜今朝倍常。也分秋色到山房。（北宫詞紀）

馬守真

馬守真，字月嬌，小字玄兒，以善畫蘭號湘蘭，別稱湘蘭子，南直隸金陵（今江蘇南京）人。秦淮名妓。稍工筆札，通文辭，有湘蘭子集、三生傳傳奇等。生於嘉靖二十七年（一五四八），卒於萬曆三十二年（一六〇四），年五十七。

小令

【南大石調少年遊】

三生傳

笑臉開花。顰眉鎖柳。顰笑豈無繇。且學倚門。休教刺繡。又上晚粧樓。（名媛詩緯雅集）

套數

閨思

【南正宫錦纏道】本待學。樹交枝奇花並頭。歎息舊風流。到如今教人目斷神洲。俺自有惜玉心偎紅意攀花素手。又何須慕功名浪蹟閒遊。猛可裏自含羞。這恩情肯教人拖逗。待再和鳴鸞鳳儔。方顯得天長地久。任區區齒冷笑淹留。

【普天樂】謝多情歡娛厚。暫許我離不久。約春來約春來再聚綢繆。扇頭詩珍重藏收。似梅松竹友。最堪憐沈休文多病多愁。

【古輪臺】幸書投。片言句句暗藏鬮。可堪機變參難透。滚滚流花。紛紛飛絮。分明是泛泛浮鷗。俛首躊躇。轉添愁恨。自慚宋玉又驚秋。看你儀容清秀。笑談間俊雅温柔。多管是思鱸張翰。畫眉京尹。題痕君瑞。欲會苦無繇。君同我。未知何日見能否。

【尾聲】風塵何必勞奔走。頃刻如同隔數秋。有日君封萬里侯。（名媛詩緯雅集）

許次紓

許次紓，字然明，號南華，浙江錢塘（今杭州）人。著有茶疏。嘉靖二十八年（一五四九）生，萬曆三十二年（一六〇四）卒，年五十六。

套數

遇王次卿

【南仙呂桂枝香】春愁無賴。漸鬆腰帶。傷心盡付東流。往事都縈眉黛。这㦬煎怎排。㦬煎怎排。淒涼難捱。何日能勾填恩債。强登臺。年自愁中换。愁因醉裏栽。

【不是路】花下如呆。忽見飛瓊霧裏來。凝眸覷。輕盈標格俊風裁。步蒼苔。珠疑漢浦初投佩。梅似羅浮恰乍開。愁無奈。嬌香已折牆頭外。一枝安在。一枝安在。

【長拍】雜沓輪蹄。雜沓輪蹄。喧闐冠蓋。惱人腸有許多憨態。只索受伊嗔怪。眼角兒微送幽懷。群鷗莫浪猜。是生前曾結下這番禁害。佳人已屬沙吒利。如今做無底恩情心性乖。問蒼天怎得清影拂陰霾。又只恐劉郎重到日。難覓天台。

【短拍】月下星前。月下星前。偷恩送愛。好風光畢竟和諧。心内暗裁劃。眼下雖然飄泊。早難道頓忘恩愛。偏是多情多恨。心坎兒怎便沉埋。

【尾聲】兩意真專心待。打疊起從前不快。拚把深情付咲咍。（彩筆情辭）

思遠

【南南呂香遍滿】江山遥睛。吴霜楚雲真浪游。十載風塵隨馬首。青春不暫留。朱顔半白頭。祇憐一敝裘。落落仍蓬牖。

【懶畫眉】歸來江上漱鳴騶。卜築初成水月樓。垂楊曲徑小橋頭。城郭輕寒透。門掩西風已報秋。

【二犯梧桐樹】瓊臺繫紫騮。綺閣翻紅袖。試問姻緣。婉約似章臺柳。絲絲縈惹還依舊。撲馬撩人無端釀却愁。天涯海角尋婚媾。一霎留情。見慣司空念否。

【浣溪沙】成逼遛。翻僝僽。向風前幾認雙鉤。匆忙把相思剖。䰟地先將密意投。凝盼久。愛他那輕盈的美風韻。恰含嬌頻轉星眸。

【劉潑帽】歌停子夜同盃酒。暗銀釭背立佯羞。匆匆話别重携手。淚雨流。相見也何時又。

【秋夜月】偎半裯。夢醒處多生受。鐵馬蕭蕭簷前驟。依微斜月和殘漏。只落得拖逗。不能圖聚首。

【東甌令】心悲哽。路悠修。待學忘機水上鷗。尋思舊約都紕繆。禁不得眉兒皺。驚聞宛似度涼州。是孤鴈唳汀洲。

【金蓮子】願遂好逑。殷勤定約嘉平候。儘着我付衷情錦縹。聽不得伴砧聲怨。孤眠恐語亂啾啾。

【尾聲】沈約愁腰圍瘦。看安仁雙鬢更颼颼。早成就姻親似天台阮與劉。（彩筆情辭）

題　情（二）

【南仙吕入雙調步步嬌】簾捲西風重門掩。落葉間珍簟。秋歸六曲闌。暮暮朝朝。前事思量遍。金鴨晚香殘。藍橋咫尺雲遮斷。

【江兒水】記得虹橋畔。綠水邊。似亭亭出水芙蕖豔。未吐嬌歌眉先斂。隔花無那闗情伴。脉脉楚天人遠。江上□峰。夜夜波澄如練。

【園林好】乍想像似凌波洛仙。更彷彿是臨春舊歡。想璧月璚枝猶燦。又底事卧雕簷。將梅瓣貼花鈿。

【川撥棹】尋常見。駐清都隔紫烟。爲前盟未了塵緣。爲前盟未了塵緣。下蓬山遊行世間。照雙心寶鏡圓。

【五供養】秋期已半。天上宫闕今夕何年。雙星低碧漢。瓊島會羣仙。露涼雲淡。正寶地花宫願滿。娟娟華月爛。何用絳紗懸。三五風光百千繾綣。

【僥僥令】綺疏雲易散。青鳥信空傳。白咲多病臨邛題柱客孤負也。但只對文君澣翠牋。

【尾聲】紅銷風蠟情非淺。且點檢舊日舞裙歌扇。肯容易輕將洛浦填。（群音類選）

題　情〔三〕

【南南吕十様錦】〔繡帶兒〕隋堤上依依敗柳。曾過幾度行舟。灞陵原離别年年。應記得爲甚遲留。回首。〔宜春令〕問蕭郎何處雲山。鎮飄零不念故人消瘦。怎忘却夜深私語。做了雲僝雨僽。〔降黄龍〕添愁。惹下風流。細雨重門。落花清晝。房櫳静守。房櫳静守。怎禁得新來無限離憂。〔醉太平〕清幽。井梧吹葉報新秋。怪吴霜早封鴛甃。

重思薄倖。似陽臺雨歇。雲歸餘岫。〔浣溪沙〕躍鳴騶。偎紅袖。向長安滯殢貂裘。遠書歸夢兩悠悠。薰香冷落黃金獸。〔啄木兒〕紅葉難隨御水流。怨沉沉悶脱臂鞲。歸期約在朱明後。山城風雨還重九。又早是楓落吴江古渡頭。〔鮑老催〕明珠暗投。當時恩愛都變仇。山盟海誓應已休。思舊事。枉埋冤。成拖逗。錯認江頭水上漚。〔下小樓〕只落得些浪傳人口。鏡臺間戈與矛。無言俯首淚盈眸。愁染就相思證候。這的是往日綢繆。〔雙聲子〕樓心月。懷中鏡。怎做得紅綃偶。〔鶯啼序〕斜陽裏鳴櫓過極浦。又凝迷錯認歸舟。蒹葭遠洲。淒涼極目。不上簾鈎。

【尾聲】匆匆舊約都紕謬。笑薄倖歡娱難又。都做了洞口桃花烟水流。（南宫詞紀）

〔一〕群音類選題作「題情」，吴騷集、樂府先春無題，彩筆情辭題作「憶張壽姬」，俱注許然明撰。

〔二〕南宫詞紀注許然明作，昔昔鹽不注作者。

梅鼎祚

梅鼎祚，字彦和，一字禹金，號勝樂道人，別署蟫隱。南直隸（今安徽）宣城人。棄舉子業，以古學自任。詩文博雅，爲王世貞所稱。與湯顯祖交誼甚篤。好聚書，撰述宏富，有梅禹金集二十卷、鹿裘石室集六十五卷、才鬼記十六卷、青泥蓮花記十三卷，尚有雜劇崑崙奴劍俠成仙及傳奇玉合記、長命縷，並輯有古樂苑、唐樂苑等。生於嘉靖二十八年（一五四九），卒於萬曆四十三年（一六一五），年六十七。

小令

【南南呂羅江怨】

閨　怨[一]

〔香羅帶〕一更夜氣清。瑤堦露零。殘燈隱隱昏復明。强將針指度閒情也。思量薄倖。全無志誠。今宵那搭花徑行。〔一江風〕撇得人冷冷清清。門掩孤幃静。紅鴛被似冰。

紅鴛被似冰。青鸞夢未成。又感起相思病。（吴騷合编）

二更夢正涼。金爐爇香。簷前鐵馬聲韻揚。悶推鴛枕唤梅香也。把銀缸點上。羅衾欹張。知他在誰家繫馬嘶緑楊。多管是路柳牆花。引得他心飄蕩。月兒過粉牆。風兒透紙窗。怎受得淒涼況。（吴騷合编）

三更玉漏遲。殘燈影移。堦前促織相伴啼。蚤知他不是個致誠的也。姻緣匹配。如何便依。到如今只落得空怨悲。他將那訴過盟言。只做個牙疼誓。芭蕉細雨催。梧桐清露垂。都做了相思淚。（吴騷合编）

四更睡思纏。騰騰困眠。分明夢裏來近前。我罵他薄情相負是何緣也。他臉兒又厚。口兒又甜。牀兒前跪膝稱可憐。怎下得將他。惡語相埋怨。一輪明月圓。一輪明月圓。千金良夜天。欲共効于飛願。（吴騷合编）

五更覺夜長。教奴怎當。終宵錦被閒半牀。方纔得睡又驚慌也。梅香來報。那人在堂。春風欵欵入洞房。怪他來揭起羅幃。强把他攔擋。傷心淚兩行。傷心淚兩行。薄情紙半張。他認宿在平康巷。（吴騷合编）

南宫譜云：舊譜謂末後三句是怨别離，但怨别離本調無可考。而此三句與一江風後段分毫不差，只以一江風唱之爲是。曲中思量薄倖二句，梁少白以爲似皂羅袍，非也。此二句即琵琶記香羅帶内擔閣你度青春二句，但每句多一字耳。

【南正宮錦纏道】

題　情〔三〕

思昔日。在粧樓紅塵偶逢。驚懼事匆匆。待年來蒙君顧盼情濃。好一似雙棲鳥比目魚並蒂芙蓉。斷不如漢長門掩泣秋風。心意照晴空。幾迴間怕路迷魂夢。薰爐共綉籠。又提起鸞簫歡弄。但今生此後莫飄蓬。（吴騷集）

【南中吕駐馬聽】

閨　怨〔三〕

獨對菱花。憔悴形骸只爲他。光陰催去。離別難經。愁悶無涯。閒將心事付琵琶。謾勞私語傳龜卦。寄語冤家。休忘了春宵一刻千金價。（南音三籟）

套數

閨情

【南南呂十樣錦】〔繡帶兒〕秦樓上月明如水。難禁處鳳管頻吹。恨悲秋宋玉偏多。到今朝共我同悲。追悔。〔宜春令〕恨來時錦帕燒除。愁絶處玉簪敲碎。徘徊。不覺啼花怨柳。似痴如醉。〔降黄龍〕羅幃。燈火追隨。帶影成三。怎如他對。魂消心苦。似寸燭風前到底成灰。〔醉太平〕蛾眉。羞將胭粉畫葳蕤。怕綵雲收琉璃還脆。似蜂攢花蕊。怎消得千般狼藉。萬般憔悴。〔浣溪沙〕髻雲鬆。釵金墜。盼蕭郎徑路無媒。江南空有蚤春梅。隴頭驛使應難會。咫尺如同萬里違。多因是有馬虺隤。〔啄木兒〕空教蹙損春山翠。繡幃錦帳情難遂。恐容易香消土一坯。〔鮑老催〕凄涼訴誰。幽窗夜深啼子規。鴛鴦枕倒牀亂搥。鴻難覓。雁不來。書多僞。心旌擺斷又摇神旆。〔下小樓〕醒時易愁。愁時難寐。真箇柔腸九曲迴。相思路遠又崔巍。莫説寄書的難到。便那人兒有夢難歸。〔雙聲子〕恨裏茶。愁邊酒。都化做心中淚。〔鶯啼序〕心中淚。啼殘帕上。一行行又蚤成堆。

【尾聲】飄殘雲雨收環珮。蝶祟蜂魔似鬼。寂寞求凰一二徽。（吴騷合編）

閨　情[四]

【南商調山坡羊】嬌滴滴一團風味。熱急急萬般情意。俏婷婷柳絮隨風。軟怯怯一似梨花雨。分外奇。輕分燕子飛。風流雅調不是尋常趣。却笑洛水湘波空教魂夢迷。堪題。總飛煙也不如。還疑。比紅兒也不如。

【玉交枝】粉瑩香膩。淡春山灣灣兩眉。金波眼底生秋水。燦香痕一點唇朱。搊筝十指如玉飛。輕歌一曲春聲細。落花輕筵前舞衣。飛檀屑枕邊笑語。

【忒忒令】透骨髓風流怎醫。牽魂夢相思忒迷。因此上春心賺入鴛鴦計。怎肯忘恩義。掌上珠。心頭氣。料情難轉移。

【好姐姐】共結。嬌香嫩蕋。願世世在天在地。天長地久。此情不暫離。傍人計。隨他舌劍唇鎗利。怎忍得耳畔心頭生是非。

【川撥棹】星前誓。磣可可只自知。但願得兩下常依。兩下常依。把恩情似山高水低。山樣高無了期。水樣深無盡底。

【尾聲】鴛鴦帶綰鶼鶼翼。把別樣風情再莫題。輸却我半世真心都在你。（詞林白雪）

梨花夜月[五]

【南仙吕入雙調步步嬌】天涯何處迷歸棹。辜負人年少。空閨月滿宵。獨倚雕闌。見月向梨花照。驀地暗含羞。羞殺我消減梨花貌。

【醉扶歸】病懨懨消減梨花貌。悶沉沉慵將脂粉調。冷淒淒綉砌落殘綃。虚飄飄幾陣風閒掃。冰姿錯認是梅標。纖塵半點飛不到。

【皂羅袍】深院纖塵不到。正溶溶淡魄。轉過花梢。瓊葩浸白水沉消。霜英怯素湘簾悄。鉛華淺抹。蛾眉淡描。粧殘虢黛。圍鬆楚腰。這瘦龎兒不似前春俏。

【好姐姐】春前。鴛鴦頸交。到如今鱗鴻漸杳。平原飛絮。怎當他一望遥。縈愁抱。梨花冷把愁人笑。對月空吹白玉簫。縈音盈

【香柳娘】弄秦樓玉簫。弄秦樓玉簫。越添懊惱。聲聲吹出孤鸞調。把簫郎恨着。把簫郎恨着。露冷碧天高。花幽殘月小。揾香羅漏寂。揾香羅漏寂。强自和衣睡了。悶得我夢魂顛倒。吹撮口

【尾聲】朦朧一夢驚還覺。浪跡萍蹤難料。只恐怕雨打梨花倍寂寥。（吴歈萃雅）

複出

小令

【南中吕駐馬聽】

閨怨

虚度年華。

吴歈萃雅、南音三籟題作「閨怨」，俱注梅禹金。江東白苧、三徑閑題、南宫詞紀、南詞韻選皆注梁少白撰。兹已輯於梁辰魚卷中，不重出。

套數

閨情

【南商調二郎神】才郎去。緑鬢蓬鬆懶去梳。

珊珊集題作「閨情」，注梅禹金作。樂府先春署潘雪松撰。唾窗絨、吴歈萃雅、詞林逸響皆注沈青門著。兹已輯於沈、潘卷中，不重出。

柬寄青樓

【南中吕榴花泣】折梅逢使。

吴騷集無題，南音三籟題作「柬寄青樓」，俱注梅禹金作。群音類選署名馬孟河。彩筆情辭注明古辭。樂府先春注章楓山撰。昔昔鹽、樂府争奇不注撰人。伯虎雜曲、吴歈萃雅、詞林逸響、珊珊集、古今奏雅皆屬唐伯虎。兹已輯於唐寅卷中，此不重録。

春日題情

【南商調梧桐樹】鶯停柳外聲。

樂府先春、吴騷集無題，吴騷合編題爲「春日題情」，俱注梅禹金撰。蕭爽齋樂府、南宫詞紀皆署名金白嶼。兹已輯於金鑾卷中，不重出。

〔一〕此曲盛世新聲無題，雍熙樂府題作「盼望」，皆不注撰人。誠齋樂府題作「詠閨情五更轉」，南音三籟題作「夜思」，南詞新譜録首曲，俱屬朱有燉。吴騷二集題同三籟，吴騷合編題作「閨怨」，皆注古調。古今奏雅題作「夜思」，惟目次闕頁，不詳撰者。吴歈萃雅題作「夜懷」，詞林逸響、萬錦清音題同奏雅，俱注梅禹金作，未必可信。各選集曲文不盡相同，姑據吴騷合編録之。兹分列朱梅兩家曲中。誠齊樂府曲牌爲〔楚江情帶過金字經〕。

〔二〕樂府先春無題，注梅禹金撰。

〔三〕吴歈萃雅題同，亦署名梅禹金。南詞韻選無題，不注作者。

〔四〕樂府先春、吴騷集、南音三籟無題，彩筆情辭題作「歡情」，吴騷合編題作「麗情」，俱注梅禹金撰。昔昔鹽題作「會合輸情」，樂府争奇無題，皆不注撰人。

〔五〕樂府先春、吴騷集無題，南音三籟題同萃雅，俱注梅禹金撰。

湯顯祖

湯顯祖，字義仍，或作義人、義、義少、義父、義叔，號若士、海若，一作晦若，别號清遠道人，晚稱繭翁，江西臨川人。萬曆十一年（一五八三）進士。歷官南京太常寺博士、禮部祠祭司主事，浙江遂昌知縣。萬曆二十六年（一五九八）棄官歸家，專心戲曲創作。著有紅泉逸草、問棘郵草、玉茗堂全集，以及紫簫記、還魂記、邯鄲記、南柯記、紫釵記，後四種合稱臨川四夢或玉茗堂四夢。嘉靖二十九年（一五五〇）生，萬曆四十四年（一六一六）卒，年六十七。

套數

青陽憶舊

【南南吕宜春令】青陽候。烟雨淋。嘆東風吹人鬢星。陰晴難定。扶桑久掛羲和影。怪鸛符不住悲鳴。恨蛇醫因何有凖。堪憐。韶光如錦。一時都盡。

【太師引】玉驄驕慣識西湖逕。問芳堤何人去行。説甚麽鶯簧如奏。只落得蛙鼓喧吟。窻風簷溜聲相應。料樹底殘紅成陣。消磨處。詩囊酒樽。最堪憐向書齋獨理瑶琴。

【瑣窻寒】冷蕭蕭多少關情。不見西廂待月人。看烟迷楚瑟。霧礴秦箏。紅愁緑慘。縈人方寸。好風光暗中消損。可憎梨花寂寞閉深門。説甚美景良辰。

【三段子】驀然上心。憶龐兒桃花樣新。黯然斷魂。憶腰兒柳條樣輕。花間曾把香肩並。星前曾把山盟訂。一別陽臺。棲遲到今。

【東甌令】流蘇帳。翡翠屏。金屋誰藏漢苑春。劉郎迷却天台逕。睡覺梅花冷。悠悠心病上眉痕。此病竟何曾。

【三換頭】佳期久堙。光陰虚迅。青鸞夫也。竟茫茫彩雲。風流都盡。這些時只索把青衫來揾。何從覔玉人。想像嬌姿。喜殺他。一笑嫣然百媚生。

【劉潑帽】繡房咫尺難通信。似九嶷遥隔湘雲。鴻都妙術無憑準。莫心驚。語燕來相逞。

【大聖樂】記當初帶綰同心。這都緣宿世姻。豐城雄劍雌相應。爲恁的一時分。我思如荳蔻千重束。心似薔薇亂縱横。情傷意憫。忍見那花留寶靨。草颭羅裙。

【三學士】誰道青裳能解忿。縱文蕪煩覺銷魂。竹欄怕覩湘妃笋。蕉葉愁看美女心。

鬱鬱宜男閑滿徑。偏攪亂惜花心。

【解三酲】恨雷師烈烈驚人。憶月姊廣寒孤另。風姨慣惹離人恨。把牛女隔天津。怎做得襄王好夢歸巫峽。只落得子建高情賦洛神。重思省。猛然似羞鬆金釧。笑剔銀燈。

【節節高】相思計莫伸。叫真真。畫圖寂寞全不應。鸞釵殞。蝶夢驚。蜂媒冷。燈前錯把羅裳認。枕邊猶記餘馨剩。何時完就美前程。粧樓重挽雙鴛頸。

【大迓鼓】雲山。幾萬層。自無許俊。況説崑崙。牆頭深鎖紅綃影。章臺不耐柳條青。人去秦樓。空餘鳳聲。

【撲燈蛾】晴添錦繡紋。花鳥相輝映。何似別離人。不得長相歡慶也。看香餘粉剩。安排玉杵待雲英。仗花箋傳情寫恨。還相倩。管教開閣引書生。

【尾聲】風流偏惹風流悶。有日春回茜草裙。捹做箇太白輕携梁玉隱。（昔昔鹽）

按：樂府先春、吴騷集無題，俱署名王百穀。昔昔鹽題作「青陽憶舊」，不注撰人。詞林白雪無題，屬湯海若。未知孰是，兹姑以之歸湯氏。題從昔昔鹽。

俞安期

俞安期，初名策，字公臨，更名後改字羡長，南直隸（今江蘇）吴江人。嘗以長律一百五十韻投王世貞，元美爲之延譽，名由是起。有唐類函、類苑瓊英、詩雋類函、翏翏集。生於嘉靖二十九年（一五五〇），天啓七年（一六二七）尚健在。

套數

【南商調二郎神】紗窗内。碧珊瑚看菱花露彩。轉片月寒空生碧海。姮娥相對。曉雲初弄瑶臺。瀉翠窺紅鸞倚態。照澄心冰壺巧耐。影徘徊。看明朝雙笑人來。

【前腔換頭】葳蕤。玉花兒貫珠。題翠蕾鏤。素燕差池啣細莅。玲瓏纈□。□□寶纚毶毶。慢簇輕摇垂鬟彩。插纖梁蟬鬆膩解。□□。雲横處枕側檀偎。

【風入松】軟雕胡帶笑與郎炊。點銀瓶玉薤。葡萄卓女燒春在。願舉案齊眉看待。唱關雎酌彼金罍。餐秀色任多才。

【前腔】拂烏紗向曉平眉戴。愛并州剪快。風生錦繡片雲裁。指領上綉針憑在。想身材暗圍腰帶。巧眼色劣情懷。

【玉交枝】燭花無賴。背銀缸暗擘瑶釵。待玉郎回抱相偎。愛羞蛾掩袖低迴。千唤佯將一度回。相挑巧着詞兒對。挽流蘇羅幃顫開。結連環紅襦襖解。

【前腔】鸞驚蝶駭。亂春織抵着郎腮。壓花枝要折新蓓蕾。那管得荳蔻含胎。迸破紅雲玉峽開。斜抽沁露荷心靄。喫緊處花香這回。斷送人腰肢幾擺。

【漿水令】憶年時紅鬆翠窄。正初婚膩腋雲埋[一]。坐郎兜裡倒郎懷。薰籠卸襪。繡鳳眠鞋。細軀捱。含羞待。些兒受用疼還耐。拭紅綃。拭紅綃。斜燈送睞。移繡枕。移繡枕。引被佯推。

【前腔】□□□嬌殘薄黛。臨粧鏡巧對瑶臺。暗尋閑事咲還唉。餘紅偷覷。碎蕋愁揩。衣桁前。簾櫳外。蘭房新婦深深拜。賀新人。賀新人。許多丰采。那郎君。那郎君。底樣情懷。

【尾聲】青玉案紫琉杯。椀茗盤飧對舊醅。重開鳳燭宴冰媒。（樂府先春）

〔一〕「埋」，原作「媌」。

趙南星

趙南星，字夢白，號儕鶴，别署清都散客，直隸高邑（今河北元氏）人。萬曆二年（一五七四）進士。除汝寧推官，歷文選員外郎。疏陳天下四大害，觸時忌，乞歸。再起，歷考功郎中，主京察，要路私人，貶斥殆盡，遂被落職爲民。里居，名益高。與鄒元標、顧憲成，海内擬之「三君」。光宗立，起爲太常少卿。天啓初，爲吏部尚書，鋭意澄清，獨行己志，爲魏忠賢所不容，矯旨削籍，戍代州。著有芳茹園樂府一卷，又有趙忠毅集、味檗齋文集、笑贊、學庸正説、史韻等。生於嘉靖二十九年（一五五〇），卒於天啓七年（一六二七），年七十八。

小令

【北仙吕寄生草】

没勢時喬趨勢。有權時很弄權。聞風綽影蘇蘇顫。馱金輦玉紛紛獻。爲奴作婢團團轉。受用足十年占定鳳凰池。少不的一朝露出麒麟楦。（趙忠毅公曲）

白眼睛朝天看。黑心腸往下垂。木般哥生惱通文墨。鐵石猫死恨行仁義。葫蘆提痛惡多才智。抓了些打家刼舍盜跖錢。幹了些欺心害理高毬事。宋高俅諱名高毬（趙忠毅公曲）

【北正宫醉太平】

青青的面色。矮矮的身材。摇頭驀步兩邊篩。有甚的計策。戰欽欽閣部争先拜。鬧攘攘官吏隨心賣。齊臻臻弩箭霎時來。也叫做名揚四海。（趙忠毅公曲）

【北雙調雁兒落帶過得勝令】

只説你踢飛脚驀過了華山巔。只説你打跟頭跳過了黄河堰。只説你吼一聲神鬼驚。只説你睁㈡一眼魔王顫。元來你逞豪强没天日。全不管結冤仇有萬千。饒你有楚霸王拔山力。也須索到烏江少渡船。三年。把一首拳喻篇成先見。今年。把幾個猛士們着了拳。（趙忠毅公曲）

【北仙吕寄生草】

遠處的常聽錯。當鄉人看不差。受恩德休把絶情下。説官詞休助凶徒霸。買莊田須

用公平價。且休提五湖四海有聲名。只求個三街六巷無人罵。（趙忠毅公曲）

學大悲常清浄。一鑪香禮拜佛。是誰家好漢如神附。打的些施主們忙尋路。打的些徒弟們難分訴。達摩爺面壁躲非災。彌勒佛陪笑求息怒。（趙忠毅公曲）

【銀鈕絲】

元旦

臘月三十鬧攘攘。富家兒女好風光。鬭衣裳。時興寬領袖兒長。金壺盛酒漿。盤中百味香。呀。黄昏裏直亂到鷄兒唱。貧家要忙也没得忙。元來也撇不在年那廂。我的天兒嘛。一様春。春一様。（趙忠毅公曲）

元宵

明月團圓第一遭。何人興下鬧元宵。把天燒。花燈火砲一齊着。燈籠掛樹梢。薫黑兎兒毛。呀。響聲兒諕〔三〕的金蟾跳。嫦娥天上也心焦。怎似我閒中守寂寥。我的天兒嘛。樂一場。一場樂。（趙忠毅公曲）

到春來難捱受用也慌。百花開遍滿林芳。具壺觴。知心一夥賽疏狂。鶯舌巧似簧。何須黃四娘。呀。大家齊把襟懷放。歡天喜地度韶光。也是俺前生燒了好香。我的天嚛。唱齊聲。齊聲唱。（芳茹園樂府）

到夏來難捱受用也幽。藤牀睡起冷颼颼。慢凝眸。荷花池館看輕鷗。奔忙白汗流。提起我害愁。呀。長安市上紅塵臭。清閒自在要人修。念一聲佛兒點一點頭。我的天嚛。彀咱心。咱心彀。（芳茹園樂府）

到秋來難捱受用也撐。風吹紅葉小秦箏。月兒明。教人如何睡的成。快去請劉伶。合那阮步兵。呀。咱們吃酒胡行令。吭兒喇叫到天明。又賞荷花向小也亭。我的天嚛。興無邊。無邊興。（芳茹園樂府）

到冬來難捱受用也喬。梅花帳暖足良宵。好清朝。天邊瑞雪正飄飄。烹茶滋味高。啣杯情性豪。呀。滿斟高唱咱歡樂。争名奪利馬蹄勞。這樣寒天您怎也麽熬。我的天嚛。笑呵呵。呵呵笑。（芳茹園樂府）

一年家難捱受用也全。家私現有十畝園。菜蔬兒鮮。芹蒲薹菜飽三餐。静來坐會禪。客來頑一頑。呀。有時也把書來念。説咱閒來也不閒。説咱是仙來又是也麽仙。我的天嚛。占便宜。便宜占。〔三〕（芳茹園樂府）

趙南星

【北正宫醉太平】

偶感

好花兒照眼嘻嘻戲。新曲兒逢場羅羅哩。這生涯忒美。（芳茹園樂府）

有羊羔酒党家。雀舌茗陶家。一般消受莫争差。只虧了有他。有了他苦茗堪清話。有了他美酒偏增價。有了他涼水味絶佳。不貪他是假。（芳茹園樂府）

温温乍見他臉腦。更合那風騷。端詳一會好蹊蹺。把柔腸斷了。穩穩重重人兒妙。克克心兒俏。甜甜美美意兒着。是當年玉簫。（芳茹園樂府）

【南雙調孝南枝】

韻眼球兒裏覷。肝葉兒上兜。撞到這其間怎做的了手。也是俺前世裏曾修。霎時間脚兒相投。月老婚牒預先裏注有。爲頭兒誤入桃源。誰知道姻緣巧湊。況是人物之尖。風情之首。實丕丕地久天長。美甘甘鳳友鸞儔。（芳茹園樂府）

章臺事氣壞了人。越奪尖的姐兒越站不穩。一般有可意郎君。也只是玉石難分。比似名花香紅嫩粉。蝴蝶兒採取應該。磣毒蟲齊來打混。既在風塵。須索死忍。會俏的定戀定豪傑。纔是你立命安身。（芳茹園樂府）

【北雙調折桂令】四首

磣圪支蝸角虛名。險寸風波。若楚前程。誤了些翡翠香衾。牡丹紅焰。楊柳閒情。喜的俺對青樽酒量原撑。喜的俺殢風流身已還輕。半夜三更。施逞縱橫。倘歸遲力盡筋乏。卻不道負了平生。（芳茹園樂府）

汝寧寄馮解元

憶當年落魄山中。瀟灑襟懷。散淡才情。芍藥風邊。梧桐月下。任意縱橫。那一個識者呵説道是好個英雄。那一個俗子呀説道是好個狂生。到而今胡亂成名。儘也支撑。論狂生不是狂生。説英雄還是英雄。（芳茹園樂府）

永平賞軍作

對西風兀自凄然。蛩鳴塞草。雁度燕關。燈下嬌容。懷中私語。齊到心間。幾回將

小名兒寫在雲箋。幾回將念頭兒裁做詩篇。空自情牽。心事誰傳。這一個分淺緣薄。說甚麼萬里雲山。（芳茹園樂府）

【南仙吕桂枝香】

但開罇不索推拖。佳會難逢。好景無多。不啐之乎。不做神仙。不念彌陀。尋些酒精頭成羣打夥。做一箇酒瘋子信口開闔。任意狂歌。撇〔四〕嘴由他。出醜殺不過百年。笑人的到底如何。（芳茹園樂府）

憶故人

少年情興。風流才性。見做了紫閣名卿。那裏管青樓薄命。想當初會你。又好似一場春夢。心中恍惚又分明。再見知無分。相思送此生。（芳茹園樂府）

良緣邂逅。真心迤逗。砰磅〔五〕的坎上烏紗。迣〔六〕遄的丟開紅袖。恨煙花賤質。又怎能勾將他消受。偷垂珠淚對人羞。一夜鴛鴦債。三生杜宇愁。（芳茹園樂府）

【北雙調水仙子帶過折桂令】

溪邊茅屋倚孤松。井上銀牀覆二桐。門前黄菊閒三徑。望雲山前後擁。臨臯脚赤頭蓬。耽清趣沉香細茗。愛真實村醪瓦鐘。享奢華嫩韭肥葱。享奢華嫩韭肥葱。煙霞結社。吾我爲朋。判柳評花。吟風弄月。剪雪裁冰。有時節葛藤牀禪學老僧。有時節金沙竈悟徹參同。樂事偏能。睡興偏濃。不出塵寰。不受牢籠。（芳茹園樂府）

【北雙調折桂令後帶南雙調急三槍】

與諸弟同馮生酒集

一丢丢些小亭中。花似唇香。竹愛人情。喜殺潘安。吟窮杜甫。醉壞劉伶。謡詞兒氣氣聲聲。新酒兒淡淡濃濃。怪友狂丁。瓦鉢磁鍾。見放着平地神仙。又何須白日飛昇。喒們喒們湖海混。就地兒圓着圈。喒們㈦喒們吃個流杯會。喒們會撒村。喒們笑哈哈㈧。喜壞了喒們。喒們喒們打個滚。（芳茹園樂府）

按：曲牌〔急三槍〕前原無〔南雙調〕三字，兹補。

【南雙調鎖南枝半插羅江怨】

丁未苦雨

將天問。要怎麽。旱時節盼雨鬧定法。没情雨破着工夫下。溜街忽流忽剌。涮房屋也淋的怕。哭啼啼哀告天爺。肯將人盡做魚蝦。勾咧勾咧饒了吧。（芳茹園樂府）撲提撲塌。濕淥淥〔九〕逃命何方遄。閻王殿擠壞了功曹。古佛堂推倒了那吒。神靈説我

按：曲牌原誤題〔鎖南枝帶過羅江怨〕，據譜正。「猛然見」、「纔成就」、「負着債」、「□折柳」四曲亦同，不另注。

【一口氣】

有感于粱別駕之事

朝入衙門。夜尋紅粉。行動之間威凛凛。謊的妓者們似猴噤〔一〇〕。呼唤一聲跑得緊。先兒們縱然有王孫公子。公子王孫。瀝丁拉丁都不如恁先兒們。（芳茹園樂府）只怕房先兒。全輕府判兒。勉强相留没個笑臉兒。陪着咱坐似針毡兒。只合先兒們。

那們喒兒張三兒。饒你有伶俐聰明。彈唱聰明。瀝丁拉丁也還差點兒張三兒。（芳茹園樂府）

【南雙調鎖南枝半插羅江怨】

非容易。休當耍。合性命相連怎肘拉。這冤家委實該牽掛。除非是全不貪花。要不貪花。誰更如他。既相逢怎肯干休罷。不瞧他眼怕睜開。不抓他手就玩麻。見了他歡歡喜喜無邊話。一回家埋怨蒼天。怎麽來生在煙花。料麽他無損英雄價。（芳茹園樂府）

從初會。喜又驚。恨不早相逢苦痛情。得相逢也〔二〕是三生幸。不遇你虧了我的心情。不遇我虧了你的儀容。月下老不許成孤另。翠紅鄉單愛奢華。女流家忒煞聰明。新詩小扇爲媒證。黄四娘萬朵花枝。陶學生一夜郵亭。説甚麽麒麟閣上〔三〕標姓名。（芳茹園樂府）

【南商調山坡羊】

冤業相逢説不的從來心硬。針芥相投都只是前生一定。冤家爲頭兒會你不敢興心妄想。也是俺運至時來遇緣法便能僥倖。事到而今我還只是昏迷不醒。半虛空掉下來的美滿前程。齊着今日今時把風月牌消繳。再遇着任是何人。我的真心不動。知感你好便似頂戴龍天。嚦咊嚛。使盡了殷懃。不當做奉承。章臺路要圖一個馳名。顯出你文雅風流。咱是個君子交情。（芳茹園樂府）

悽惶淚灑着說話。媽兒氣受他不下。他罵我不出門單單只是爲你。罵的我是咧着張口兒說嗄。數落的事兒件件不差。等到而今怕他待怎麼。但捱的一好到底。那怕他終朝打罵。我捱的結果收圓。嚦咊嚛。姊妹行中不把俺笑話。由他。風月中着迷不只是咱倆。由他。好合歹熬成了〔一三〕人家。（芳茹園樂府）

可意人兒你使性兒教我害怕。你不喜歡要我〔一四〕做嗄。低着頭兒不言不語。手摟着裙梢兒滿眼〔一五〕淚下。乖覺了一場。可吃了人假。小二人流言聽他待怎麼。欲說誓又只怕你疼我。恰想要跪下不敢跪下。我這回兒到喜你這樣性兒。嚦咊嚛。看着我着痛纔怕我情雜。冤家。再打回兒不怕〔一六〕我命有差。冤家。瞞你也不打緊。就不怕神靈監〔一七〕察。（芳茹園樂府）

宿世姻緣俺今生纔會。邂逅相逢就拿出真心〔一八〕實意。無人處解羅衣。挨皮肉成就了鸞交鳳侶〔一九〕。見放着渾身上妙疥兒就是俺俏冤家的表記。這表記不比其餘。滿美的恩情透入俺的骨髓〔二〇〕。癢上來搯的俺鋪〔二一〕眉苦眼。三萬六千個毛孔兒盡都是俺俏冤家的情趣。離了他害相思。只説是疥兒攜的。嚦咪嚛。再休想藥兒搽撚兒薰求個脱體。你若是行短情虧。指着我的身子兒在海神裏告你。（芳茹園樂府）

【南仙呂入雙調玉抱肚】

合歡幾時。對金樽愁攢翠眉。飲不醉兩下情牽。喚不醒一點心迷。書齋滿地是相思。準備朝朝紅淚垂。（芳茹園樂府）

閒堦攜手。静巉巉明月滿樓。對嫦娥訴與傷心。廣寒宫離恨悠悠。露珠疑是淚珠流。天上人間一様愁。（芳茹園樂府）

他曾許我。約定在今宵會合。把銅壺二十五聲。上〔二二〕天台半霎攛掇。鷄鳴鐘響亂喧聒。趕散鴛鴦可奈何。（芳茹園樂府）

無端見了。頓忘卻平生氣豪。縱難道莫莫休休。也還是密密悄悄。從他玉女下雲霄。休想教咱眼再瞧。（芳茹園樂府）

人兒去也。夢兒裏團圓一歇。空留下半枕餘香。獨對着滿窗明月。分明又是一番别。舊恨新愁何日徹。（芳茹園樂府）

【南雙調鎖南枝半插羅江怨】

猛然見。引動了魂。曾見人來不似這人。好教我眼花撩亂渾身暈。他生的清雅無虛。似一幅水墨昭君。非同世上尋常俊。未知他意下何如。俺將他看做個親親。從今交上相思運。憑着俺心坎兒上温存。憑着俺肐膝兒下慇懃。咱倆個終須着一陣。（芳茹園樂府）

纔成就。又別離。要鴛鴦剛剛兒一霎時。分明是一點鼻涯兒蜜。想的人似醉如癡。想的人夢斷魂迷。枕邊滴盡相思淚。眼睁睁撧斷同心。眼睁睁拆散連枝。痴心還想重相會。倘然得再入羅幃。倘然得再效于飛。舌尖兒上咬你個牙廝對。（芳茹園樂府）

【喜連聲】

□□學。□□學。誰家草驢跳了槽。棄了張就把李來招〔三〕。兩淚空抛。兩淚空抛。再求相見他説不消。落下個齊蒲〔四〕墩呆打孩挣不鴟似個没頭鵝。可惜了他從熱騰騰一點心用在寒冰窖。（芳茹園樂府）

□不蘁。□不蘁。元來是一塊臭稀泥。縱有錦袍袱也包不住。錯認真實。錯認真實。

轉眼無情做的出。吃了他蒙汗藥平身裏撲騰地跌了一交。空合他犯了好拈了香剪了髮說了牙疼誓。（芳茹園樂府）

潑賤娼。潑賤娼。辱没殺當年黄四娘。展污了鳴珂巷。鐵打的心腸。鐵打的心腸。一塊肉壞了滿鍋湯。從今後有情人惜着玉憐着香交到其間。爲你個負心賊揣着狼怕着虎也索回頭望。（芳茹園樂府）

嘴啤嗻。嘴啤嗻。料䠷的身子兒大脚兒趧（音厥平聲）。彈唱兒低風情兒劣一味隨邪。年紀兒已是下坡車。弄的這秀才家有上梢無下梢成甚乖。哄的那破拉沾精打精光打光又去合誰熱。（芳茹園樂府）

誇不徹。誇不徹。霎時不見想的乜斜。不知是那世裏真冤業。突突趄趄忐忐（音坦）忑忑（音塗）不敢說。只一味敬的慌纏的怕苦用心。但得你頭兒點心（三五）兒順就把蒼天謝。（芳茹園樂府）

夢冤家。夢冤家。夢兒裏合冤家到了一搭。卻被鸚哥兒聒噪在雕簷下。我的冤家。我的冤家。打了個轉身兒阻隔天涯。急的我摑着耳撓着腮無處摸。氣的我咬着牙恨着齒把鸚哥罵。（芳茹園樂府）

【南雙調鎖南枝半插羅江怨】

負〔二六〕着債。賣了田。爲嫖風做下領花布衫。渾身上下〔二七〕精細段。姐兒們只看衣衫。天明與認做了一股淮□□。知手内無鉛片。兩下裏勾打連環。成就了一夜〔二八〕姻緣。了個尋不見。可惜了軟玉温香。奉〔二九〕陪了倒鳳顛鸞。似游絲絶斷了金鉤線。（芳茹園樂府）

□折柳。□碎□。□□威風又好笑耍。支的架子〔三〇〕天來大。但行動就送官衙。再不然自己採打。輕則是做着腔兒駡。三般兒當不了錢財怕。情不是個長法。粘着你難討個中平卦。説姑姥不像個姑姥。説寃家真是個寃家。佒伋你省可的風流罷。（芳茹園樂府）

【劈破玉】

俏寃家我咬你個牙廝對。平空裏撞着你。引的我魂飛。無顛無倒。如癡如醉。往常時心似鐵。到而今着了迷。捨死亡生只是爲你。（芳茹園樂府）

套數

南北雙調合套

【新水令北】逸

【步步嬌南】東風冉冉傳春信。攜酒向東郊問。散步側烏巾。只見煙霧飄香。河山燦錦。燕語隔牆聞。道梨花不似桃花俊。

【折桂令北】選地塌(三)共坐芳塵。薄雲曠野。細雨孤村。雲聚還開。雨來乍歇。酒盡重斟。野花兒笑生生亂合人親。山鳥兒語喇喇齊勸杯頻。高興千尋。滿泛千巡。憑着俺這夥劉伶。端的要熬醉了陽春。

【江兒水南】笑殺東山妓。常開北海尊。有知心幾個人兒韻。遇芳林就把盒兒趁。送香醪不把情兒揹。四美二難奪盡。甚娘廝文。俺只要狂歌痛飲。

【鴈兒落帶得勝令北】纔這裏俯銀塘看鷺羣。又那裏攀錦樹衝花陣。纔這裏脆甘甘唱小調。又那裏鬧哈哈胡打諢。纔這裏疏刺刺投壺箭。又那裏響瑠瑠擲骰盆。纔這裏賭罷藏鬮戲。又那裏放流杯王右軍。評也麽論。休提起丹鳳闕黃金印。歡也麽忻。

占住這白雲窩碧草茵。

【僥僥令南】許身追稷契。無力正乾坤。不如嘯傲紅塵外。閒看那逞乖覺得意的人。

【前腔】狂來憐月影。醉倒愛花陰。都無賓主誰先散。破着俺紫羅衫染酒痕。

【尾聲】金壺玉漏無情甚。論起這一日歡娛忒狠。索勝似他忙中好幾春。（芳茹園樂府）

南北雙調合套

東園偶成

【新水令北】柳條索索惹香塵。細腰肢不勝嬌困。小池亭光景俊。花雨過倍精神。天也憐春。恰三月逢着閏。

【步步嬌南】已過清明似覺春猶嫩。曉寒生羅衣浸。夭桃露小唇。掩暎梨花。嬌紅膩粉。行坐細香跟。恁風流那討閒愁悶。

【折桂令北】邵平園也在東門。一脈知音。千古閒身。高樹含風。幽花嚲霧。翠竹捎雲。汲泉烹雀舌茶香韻難禁。帶露剪馬蘭韮美味絶倫。春色紛紜。和氣氤氲。小筵席獨個兒的村醪。喬公座就地兒的蒲墩。

【江兒水南】翠沼聽蛙部。閒堦看蟻屯。酒方兒做會柴桑醞。藥方兒看會丹溪論。睡方兒學會希夷困。一點輕薄未盡。想起時人。俺這裏莞然自哂。

【鴈兒落帶得勝令北】一個家灑長鬚假婦人。一個家束大帶真光棍。一個家苦施出鷹犬威。一個家剩戳些奴材笨。一個家孔方兄同胞弟。一個家馮子都結義親。一個家善打蓮花落。一個家賽梁山黑煞神。他也麽們。偏撞着財鄉運官鄉運。喒也麽們。怕提着順城門德勝門。

【僥僥令南】眼邊無俗物。身外即浮雲。暗中不覺光陰趲。早已是潑生涯三四旬。見放着白頭髮八九根。

【收江南北】呀。俺如今纔知道世事呵不過是細松紋。掙下些良田大厦是能臣。騙的個封妻蔭子是奇勳。磣壞了我們。磣壞了我們。端的是傷了時務損了人民。

【園林好南】有園林還不當貧。飢時食困來就盹。只一味懵騰任運。這其間樂事真。這其間樂事真。

【沽美酒帶太平令北】好將息林下身。睃時事捲經綸。誦一會陰符真誥文。習静默養元神。存日月鍊胎津。覷定了天邊老嫩。識透了爐中逆順。守住了規中分寸。我呵比不的白雲上真。也象個玄門中。道人。呀。欲不勝似您紅塵勞頓。

【清江引南】芳茹園中甘自隱。不把君平問。迷花無是非。醉月多丰韻。算前程到頭來此處穩。（芳茹園樂府）

夏日感恩樓酒集

【南仙吕入雙調步步嬌】三年拋卻紅塵業。盡把愁纏卸。小園成日涉。結構隨心。幾點閒亭榭。無意逞豪傑。年來做了高陽社。

【皂羅袍】樓上招邀風月。看紅香小徑。勾引蝴蝶。野雲直與水光疊。竹林不許炎天熱。拚着痛飲。別無話説。想着酧勸。多將計設。直恁的看遍花開謝。

【香柳娘】愛流泉皎潔。愛流泉皎潔。浪花噴雪。曲律律細向石渠瀉。栲栳圈坐者。栲栳圈坐者。花開飛玉液。素手撈不迭。一口兒一擨。一口兒一擨。未信蘭亭。勝咱嗹嗻。

【前腔】更移席那些。更移席那些。烹茶共啜。輕煙故把白雲惹。惱嬌鶯弄舌。惱嬌鶯弄舌。笙簧奏不歇。苦勸杯中竭。刁酒兒味別。刁酒兒味別。欲待推辭。教人怎捨。

【醉公子】歡悦。閒講會花書酒帖。把矮李長張。那篇兒擺也。編揑。唱一曲新詞。

賞趣的頻將獵鼓兒跌。〔合〕相留戀。任花困蝶眠。月轉參斜。

【前腔】薄劣。天生就班鳩樣拙。幸體健身强。早歸茅舍。歲月。漸褪了風流。我問你不玩還等甚時節。〔合〕相留戀。任花困蝶眠。月轉參斜。

【僥僥令】狂歌花外繞。醉舞月中蹇。歸來不覺身軀趄。勒揹的小瓊姬親手拽。

【前腔】情多常撒唔。意懶半粧呆。成就了逍遥自在蓬萊客。越顯的聖明朝雨露賒。

【餘文】野人頂戴丹心切。因此上感恩牌大書樓額。早晚名香鼎内爇。（芳茹園樂府）

南北雙調合套

得魏中丞書

【新水令北】逸

【步步嬌南】蘭皋緩步掀髯笑。世事真難料。一統聖明朝。狼虎縱横。張牙舞爪。鼻孔向天撩。楚重瞳聽説將心掉。

【折桂令北】且休提小可英豪。説起他來都比人高。潔似寒潭。明如秋月。清勝孤鶴。做御史他敢不怕死的評駁。做都堂他有無窮盡的功勞。海動山摇。後絶前超。

四十本苦告回還。只爲九旬父侍養昏朝。

【江兒水南】忠孝千年事。聲名萬古標。似丹山彩鳳光輝耀。是個人都把他稱道。只有你偏把他驕傲。平空的百般囉唣。凌辱難當。氣的個先生病倒。

【鴈兒落帶得勝令北】你只要逞雄威學姓包。也須索問青紅白和皂。他是個頭一等大賢人。就合你論爵位也不小。呀。明欺着林下無權勢。卻不道是皇家一俊髦。求的個不俅保其實㜷。音毘㜷，抽好也。似這般苦催殘當什麽。浮澆。常題着諸葛亮拳頭糙。輕薄。幾回將司馬光踢頓脚。

【僥僥令南】晴天無日月。平地起風濤。引的些光棍乘機亂。他也都把舌根背地嚼。

【前腔】虎威非是假。龍性最難調。降的個都爺粉哥碎量。那些衆黎民何處逃。

【餘音北】賢愚貴賤都休道。且說他老病難禁閒氣惱。我給你殺個鷄兒饒一饒。（芳茹園樂府）

壽家君六十五

【北仙吕點絳唇】雲〔三二〕嫩風微。一天佳氣。香雲細。蘭吐金猊。瑞靄華誕〔三三〕喜。

【混江龍】天生就英豪超世。覷的那江淮小嶽全低。早年〔三四〕閒勞心雪案。唾手雲梯。

鵬翅摶風猶未起。鳳翼〔三五〕耀日已高飛。幾遭兒紫泥丹詔。送將來紗帽羅衣。人都道〔三六〕現成的顯祖榮宗心。只待親手兒掀天揭地。因此上至公堂上〔三七〕專等姓名題。

【油葫蘆】近年來懶競毛錐入棘圍。曾去試牛刀在花縣裏。剛剛數月略施爲。撞着他督郵年少喬張致。怎知俺彭澤吏隱多豪氣。逼着人動文移。點着燭卷書籍。冒着雨攬定了青絲轡。慌的些百姓們無計阻西歸。

【天下樂】只爲着有脚陽春草木知。户户足衣食。村村無盜賊。强暴淒涼軟弱肥。爲官的凛似水。感恩的深入髓。脱下了皂朝靴高掛起。

【那吒令】甘蔬食飲水。把家聲肯虧。喜扶貧濟危。把陰騭廣積。誓奉公報國。把臣節自持。二百年忠孝門。七八輩衣冠第。分明是天許世襲的。

【鵲踏枝】祖上來好根基。今日裏越深培。只看在任裏家裏。都念阿彌。暢好是萬人無怨。祝讚的百福皆齊。

【寄生草】寄下了封君號。兼爲了大尹迴。竹房鶴館捹沉醉。吟村溪疃觀禾穗。蘭孫桂子談文藝。看了這完全名節大夫賢。抵多少高車駟馬尋常貴。

【賺煞】曾聞的天之理人之情。人之心天之意。一椿椿都顯着長生富貴。况是鶴表松形骨格奇。聖人心無可無不可。仙家道無爲無不爲。證果了自在河車幾百回。從今

把先前的花甲子除起。從頭兒一五一十。直數的桑田海水幾遷移。（芳茹園樂府）

慰張鞏昌罷官

【北仙吕點絳唇】蟻戰蜂圍。争名奪利。些微事。送盡頭皮。瞧破方知悔。

【混江龍】論居官受職。一心兒遵信戒石碑。真個是無私無曲。且休誇能幹能爲。十載忠勤瞻北闕。一家驚恐傍西夷。須知年分等第高低。滿指望黄麻天降。怎提防白簡霜飛。容易的所當者也。斷送的歸去來兮。這其間難免填胸氣。把一個冰壺秋月。倒做了渾水濁泥。

【油葫蘆】你休怨烏臺錯品題。也休道老黄門不察端的平聲。從來讒口亂真實。辜負了誓丹心半世清名美也。只因逢着卷舌一點官星退。他只道是貓兒都吃腥。是鴉兒一樣黑。已做到五馬諸侯位。那裏有不散的筵席。

【天下樂】看了你波浪風流難可及。趁未老年紀〔三八〕。也合教早回。好林泉索用着咱們有福的。脱離了虎豹叢。藏在風月裏。端的是錦前程天作美。

【那吒令】任拖金曳紫。换不的舞衣。任鐘鳴鼎食。免不的緺眉。任文茵繡幃。饒不的早起。廟堂中有是非。山〔三九〕林下無拘繫。這正是失便宜落得便宜。

【鵲踏枝】當日個醋瓶兒。轉换的二千石。今日裏結果收園。晝錦榮歸。只應合謝天謝地。甚虧心抱慘含悽。

【寄生草】從小兒同胞契。一筏兒隱遁棲。良辰美景長相會。青山緑水閒遊戲。磁甌瓦鉢頻招至。説甚麽南宫簫管北宫愁。常則是東園載酒西園醉。

【賺煞】塵世上狂奔波。卦鋪裏抄興廢。論爲人甥〔四〇〕不過流年太歲。從今後把往事高閣起。悄没聲再不惦題。但願你下工夫金蓮種子。傳的個老蚌生珠長見歡喜。平安無事。方信道塞翁失馬福相隨。（芳茹園樂府）

東園酒集

【南中吕石榴花】波心華館銀燭動秋光。同豔質共傳觴。投瓊賭令興方狂。玉盆兒輪到伊行。聽一聲玎〔四一〕璫。四點□□個都朝上。齊簇簇花翠胭嬌。美丢丢捉對成雙。

【前腔】猛可一見半晌木歌邦。驚罷了喜揚揚。主賓加倍飲瓊漿。掛紅杯不索人伙。羨美采異常。儘嗚鑼擂鼓喧天嚷。素波明鷗過蘆花。青影動雅轉垂楊。

【不是路】林下行藏。酒令花籌鎮日忙。君思想。這般喜色遇何常。細評張。呼盧自古神明降。一擲曾聞玉帶償。賀禎祥。好心人福氣從來旺。非咱虚奬。非咱虚奬。

【掉角兒】〔四二〕他原來門户高强。他原來娘母賢良。他原來心地真實。他原來舉止安祥。你看他辨賢愚。知輕重。識清濁。不比尋常。〔合〕挑頭别樣。非同渺茫。多管是。錦遮花暎。占斷風光。

【前腔】合教人心印難忘。合教人詩句稱揚。合教人口内〔四三〕噙着。合教人掌上擎將。必定是柳耆卿。多福分。有才情。堪對天香。〔合〕挑頭别樣。非同渺茫。多管是。錦遮花暎。占斷風光。

【尾聲】人間好事實難創。未必風塵皆泛常。傳與知音作話講。（芳茹園樂府）

南北雙調合套

【新水令北】逸

【步步嬌南】四月清和葵舒瓣。載酒向西山玩。策馬笑聲歡。村婦争瞧。籬邊半閃。茅店布旗懸。道神仙玉佩曾留换。

【折桂令北】霎時間行過了平川。真直上山頭。轉過山灣。怪石岩邊。孤松樹下。任意盤桓。那一個野叟呵説道是好夥窮酸。那一個迂儒呵説道是好夥狂顛。亂道胡談。出口成聯。敲石火慢煮香茗。汲澗水旋飲旋添。

【江兒水南】仰觀天日近。遥看海宇寬。登高頓覺胸襟判。山坡兒一丟一簇牛羊亂。山徑兒一行一夥挑薪漢。牧笛樵歌聲伴。雖在塵寰。肯被那利名拘管。

【雁兒落帶得勝令北】不聞的市井中買賣喧。不聞的公廨内人呼唤。不聞的苦飢寒兒女悲。不聞的乞播間中庭怨。呀。則見那僧起日三竿。則見那棋殘柯已爛。則見那巔頭猿鹿遊。則見那松頂鶴相伴。天也麽寬。人到此心更寬。貪也麽歡。鳥飛絶人倦還。

【僥僥令南】塊石堪作枕。片草即爲毡。軟癱醉體覺無力。且做個睡華山老陳摶。

【前腔】雲外白雲靉。山外又青山。狐踪兔跡迷歸徑。彷彿共劉阮入桃源。

【尾聲北】花香鳥語堪[四]留戀。覩景陶情不忍還。明歲重來莫待言。（芳茹園樂府）

小序

清都散客爲園而名芳茹者，蓋無奇葩異種，怪獸名禽，惟香葱、白菜、紅棗、青梨。春有牡丹，夏有芰荷，秋有菊，而冬有梅。池魚之踴躍，飛鳥之往還，隨時隨景，自適其性。性天活潑，真趣自流。時而爲文，時而爲詩，又時而爲樂府，俱道人所不能言者。余從之久矣，不知文與詩，而學樂府又不知調，不過玩其趣味已耳。秋色無聊，得樂府若干首，細閲之，詞章瀟灑，慷慨激烈，歡欣鼓舞，殆與時韻俗調大逕庭矣。余友蓬丘道人知音者，相與校證焉。付剞劂氏，公諸海内，使海内問清都散客者爲誰，吾不知著笑贊者又爲誰。新周居士書。

〔一〕「睜」，原作「瞭」。

〔二〕「謔」，原作「謔」。

〔三〕句首原衍一「把」字。

〔四〕「撇」，原作「嗷」。

〔五〕「磅」，原作「砶」。

〔六〕「迣」，字書無此字。

〔七〕「喒們」下原衍「流杯」二字。

〔八〕「哈哈」，原作「哈哈」。

〔九〕「淥淥」二字原缺，兹補。

〔一〇〕「噤」，原作「存」。

〔一一〕「也」字原缺，兹補。

〔一二〕「上」字原缺，兹補。

〔一三〕「了」字原缺，兹補。

〔一四〕「我」字原缺，茲補。
〔一五〕「眼」字原缺，茲補。
〔一六〕「怕」字原缺，茲補。
〔一七〕「監」字原缺，茲補。
〔一八〕「心」字原缺，茲補。
〔一九〕「鳳侶」二字原缺，茲補。
〔二〇〕「髓」字原缺，茲補。
〔二一〕「鋪」字原缺，茲補。
〔二二〕「上」字原缺，茲補。
〔二三〕「招」字原缺，茲補。
〔二四〕「蒲」字原缺，茲補。
〔二五〕「心」字原缺，茲補。
〔二六〕「負」字原缺，茲補。
〔二七〕「上下」二字原缺，茲補。
〔二八〕「夜」字原缺，茲補。
〔二九〕「奉」字原缺，茲補。
〔三〇〕「子」字原缺，茲補。

〔三一〕「地塌」，此二字疑誤。
〔三二〕「雲」字原缺，兹補。
〔三三〕「誕」字原缺，兹補。
〔三四〕「年」字原缺，兹補。
〔三五〕「翼」字原缺，兹補。
〔三六〕「道」，原作「到」。
〔三七〕「上」字原缺，兹補。
〔三八〕「紀」，原作「幾」。
〔三九〕「山」字原缺，兹補。
〔四〇〕「甥」，原作「礐」。
〔四一〕「玎」，原作「珪」。
〔四二〕「掉角兒」，原作「皂角角」。
〔四三〕「内」，原作「肉」。
〔四四〕「堪」字原缺，兹補。

顧憲成

顧憲成，字叔時，號涇陽，世稱東林先生，南直隸（今江蘇）無錫人。萬曆八年（一五八〇）進士，授户部主事，官至吏部郎中。因上疏忤旨，削籍歸。與弟允成及高攀龍等講學東林書院，被稱爲東林黨。著有涇皋藏稿二十二卷、毘陵人物志九卷，以及小心齋劄記、顧端文遺書等。嘉靖二十九年（一五五〇）生，萬曆四十年（一六一二）卒，年六十三。

套　數

南北雙調合套

懷遠題情

【步步嬌南】冤孽擔重愁城大。瘦伶仃難擎架。想起俏冤家。剔透玲瓏。風流典雅。受不得分外親。忘不了着人話。

【折桂令北】霎時間不見冤家。恰便似隔歲經年。海角天涯。夢化蝴蝶。魂託杜宇。腸斷歸鴉。這些時睡魔神在我眼皮兒上住扎。相思鬼在我心坎兒上安插。行也思他。坐也思他。愁顔色鏡裡增添。瘦腰肢帶内消乏。

【江兒水南】掛一角姻緣號。給一張離恨劄。何時繳了淒涼假。想他的俏儀容想得我如呆傻。思他俊心腸思得我如聾啞。獨掩書齋淚洒。只爲他有不等閑的風流。教我出尋常的牽掛。

【雁兒落帶得勝令北】俺也曾偎着肩把手腕掐。俺也曾隔着人使瓜子兒打。俺也曾在席上偷眼瞧。俺也曾過尊前低聲駡。呀。只爲你知痛着熱俏冤家。迤逗得筆硯慵親書兒懶拿。你若無意傳紈扇。休留題託素帕。冤家。我爲你捱一刻如一夏。嬌娃。

【僥僥令南】只爲你有風流情千種。惹下我相思病一榻。慾火燒心撥不下。又遇着愁悶得我飯不飯茶不茶。

【沽美酒北】舉目不相親。合眼夢見他。安得一生都是夢。和你呵兩團圓到白髮。泰山在我眉上壓。

【尾聲南】慇勤寫就衷腸話。默默寄與俏冤家。我想你是真情休當假。（樂府先春）

按：此曲樂府先春無題，注顧涇陽撰。兹據以輯之，題從昔昔鹽。詞珍雅調題作

「憶美人」、群音類選題作「男相思」，俱署名傅玄泉。彩筆情辭題作「題情」，注傅玄泉改刻。昔昔鹽題作「懷遠題情」，不注撰人。玆互見顧、傅兩家曲中。

沈璟

沈璟，字伯英，一字聃和，號寧菴，別號詞隱生。南直隸（今江蘇）吴江人。萬曆二年（一五七四）進士，歷官兵部、禮部、吏部主事、員外郎。萬曆十四年（一五八六）因上疏早立皇太子並爲王恭妃請封號，忤旨，遂降爲行人司正。十六年（一五八八）任順天鄉試同考官，遷光禄寺丞。次年，因科場案乞歸。罷官後潛心戲曲幾二十年，爲吴江派領袖。著有傳奇十七種，合稱屬玉堂傳奇。今存有紅蕖記、埋劍記、雙魚記、義俠記、桃符記、墜釵記、博笑記等七種。十孝記、分錢記、鴛衾記、四異記、鑿井記、珠串記、奇節記、結髮記等八種僅存殘曲。合衫記、分柑記均已失傳。又改編牡丹亭爲同夢記，紫釵記爲新釵記，今僅南詞新譜存有同夢記殘文。散曲集有情癡寱語、詞隱新詞各一卷，曲海青冰二卷，惜皆不傳。另編有南九宮十三調曲譜、南詞韻選，尤以前者最爲作曲者所珍。嘉靖三十二年（一五五三）生，萬曆三十八年（一六一〇）卒，年五十八。

小令

【南南吕宜春樂】詞出曲海青冰

銀箏按。象板敲。更和諧鸞笙鳳簫。夢魂不到。幾年忘却閒宫調。再安排翡翠巢深。重整頓鴛鴦交好。〔大勝樂〕拈花弄草。併將風月。一擔都挑。（南詞新譜）

（〔宜春令〕）

【南商調山坡羊】曲海青冰

學取劉伶不戒。傳示三閭休怪。沿村沽酒尋常債。梅正開。望青旗籬外來。古來飲者名猶在。賢聖寥寥安在哉。形骸。隨身鍤可埋。狂乖。懷沙賦可哀。（南詞新譜）

注云：即山坡裡羊。與彩樓記曲同。

【南商調鶯啼序】

又早是一天雪浸。驚問審。雪花與客愁誰深。（南詞新譜）

縣來旅思難禁。况歲晚凝陰。伴黄昏擁盡孤衾。側耳寒漏沉沉。捱得他殘更罷數。

注云：詞隱新詞。

【南仙吕入雙調松下樂】[二] 曲海青冰

佳人玉腕枕香腮。似一朶蓮花藕上開。怕等閒睡損多嬌態。故高聲驚覺他來。他溜秋波倚玉臺。忙繫着攔胸帶。再簇着金鳳釵。笑吟吟問甚日歸來。（南詞新譜）

注云：此係北曲水仙子，今人稍增減一二字，以南調唱之，强立名色耳。

【南商調金絡索】

翻北詞閨情[三]

春光只剩三。芳意憑誰探。燕子呢喃。緑樹和烟暗。羞將寶髻籠。帶宜男。點檢芳叢揔不堪。正蜻蜓過雨波紋蘸。蛺蝶迷香花事淹。雙眉淡。懨懨鬼病漸將擔。只落得景盡情憨。夢惱魂饞。又怕夢兒裡將人賺。（太霞新奏）

【南仙吕二犯桂枝香】

代友作

〔桂枝香頭〕風情難改。風期難待。重沉沉一擔相思。兩下裡平分擔帶。〔四時花〕乖乖。多應笑我忒恁獃。這些意兒全不解。幾椿兒君試猜。〔皂羅袍〕龐兒偷採。眼兒暗諧。襟兒微解。體兒半擡。〔桂枝香尾〕蹉過花星去。知他甚日來。（太霞新奏）

【南仙吕解袍歌】

代友懷人

〔解三醒〕數日間不來不往。非關是不忖不量。我爲你不茶不飯添惆悵。更不醒不醉如狂。〔皂羅袍〕不眠不睡。日長夜長。不言不語。情長恨長。不明不白多磨障。〔排歌〕撇不了。湊不雙。渾如撞入打毬場。說不盡。意不防。争些兩地忽參商。（太霞新奏）

魄暫剪。〔金蓮子〕免教這孤眠人可憐。又争奈弄餘輝。剩雲和殘雨笑孤眠。（太霞新奏）

閨情二首

擁孤衾

香被餘。薰爐剩。空堆積别緒離情。恰纔安頓得影悽清。兜的又想着俺可憎。○留蘭剩茝把相思贈。錦浪平。眼見得文鴛病。○只今蚤是清秋景。先已自怕冷。○怎捱那嚴冬時五更。準備着瘦身軀。抱孤衾半死到天明。（太霞新奏）

欹剩枕

我羞鳳衾。且自偎鴛枕。怎知他惹恨偏深。香雲堆處淚痕侵。端的是有誰知此心。○幾番待把愁厮禁。要入夢尋。怕夢裡還攧唁。○眼睜睜只索和愁寢。拚得做瘦沈。○有日把緑樽兒淺斟。試問那証相思。淚斑斑孤枕是知音。（太霞新奏）

【南商調山坡羊】

思　情

困懵騰輪着不撑達的星照。睡糢糊遇着未分明的月老。生跎札放着多靈驗的海神。軟兀剌守着跳不出的連環套。且定交。紅絲須綰牢。青鸞數寄風花票。意馬常拴媒蜂枉鬧。今宵。看腸斷歸舟趁晚潮。明朝。怕魂逐飄風不可招。（太霞新奏）

【南仙吕入雙調步步嬌】

思情二曲

春是人間繁華主。緑遍江南樹。殘紅漸漸疎。斷送榆錢。又是一度。弱柳不知愁。纖腰猶作風前舞。（太霞新奏）

簾外雙雙幽禽語。問我歸期暮。誰教客淚枯。一半因風。一半因雨。是你送春歸。緣何不送人歸去。（太霞新奏）

【南商調金絡索】

贈妓粉英[六]

〔金梧桐〕温柔鄉裏生。綽約風前逞。新樣蛾眉輕。貼花痕整。任他梅蕋鮮。〔東甌令〕似伊清。不似你春姿驀地生。晴雲楊柳摇纖梗。〔針線廂〕夜月芙蓉漏晚青。〔解三醒〕香玉瑩。〔賴畫眉〕分明一片露華凝。〔寄生子〕便教他沁月瓊英。瑶蕚裁冰。曾及你些兒影。

（彩筆情辭）

套　數

太霞新奏序此套係詞隱先生論曲韻律之法略備因刻以爲序

【南商調二郎神】何元朗。一言兒啟詞中寶藏。道欲度新聲休走樣。名爲樂府。須教合律依腔。寧使時人不鑒賞。無使人撓喉捩嗓。説不得才長。越有才越當着意斟量。

【前腔換頭】參詳。含宮泛徵。延聲促響。把仄韻平音分幾項。倘平音窘處。須巧將入韻埋藏。這是詞隱先生獨秘方。與自古詞人不爽。若是調飛揚。把去聲兒填他幾字相當。

【囀林鶯】詞中上聲還細講。比平聲更覺微茫。去聲正與分天壤。休混把仄聲字填腔。析陰辨陽。却只有平聲分黨。細商量。陰與陽。還須趁調低昂。

【前腔】用律詩句法當審詳。不可廝混詞場。步步嬌首句堪爲樣。又須將懶畫眉推詳。休教鹵莽。試比類當知趨向。豈荒唐。請細閱。琵琶字字平章。

【啄木鸝】中州韻。分類詳。正韻也因他爲草創。今不守正韻填詞。又不遵中土宮商。製詞不將琵琶倣。却駕言韻依東嘉樣。這病膏肓。東嘉已誤。安可襲爲常。

【前腔】北詞譜。精且詳。恨殺南詞偏費講。今始信舊譜多訛。是鯫生稍爲更張。改絃又非翻新樣。按腔自然成絶唱。語非狂。從教顧曲。端不怕周郎。

【黄鶯兒】奈獨力怎隄防。講得口脣乾空鬧攘。當筵幾度添惆悵。怎得詞人當行。歌客守腔。大家細把音律講。自心傷。蕭蕭白髪。誰與共雌黄。

【前腔】曾記少陵狂。道細論文晚節詳。論詞亦豈容疎放。縱使詞出繡腸。歌稱遶梁。倘不諧律吕也難褒奬。耳邊廂。訛音俗調。羞問短和長。

【尾聲】吾言料没知音賞。這流水高山逸響。直待後世鍾期也不妨。（太霞新奏）

集雜劇名 翻元人吴昌齡北詞

【南仙吕八聲甘州】因緣簿冷。嘆鴛鴦被捲枉怨銀箏。秦樓月影。蝴蝶夢中孤另。曾留汗衫餘馥在。漫哭香囊兩淚盈。柳眉。蹙雙峰爲才子留情。

【前腔換頭】春宵。多月亭。記曲江池上麗日初晴。藍橋仙路。裴航恰遇雲英。萬花堂畔言誓盟。玉鏡臺前作證誠。他負心。幾曾教魚雁傳情。

【不是路】何處勘風情。對翫江樓列畫屏。偏多景。採蓮舟斜纜蓼花汀。寸心縈。欲把傳情竹葉煩相贈。怕兩下無功待怎生。從分鏡。錦堂風月添愁病。紫雲亭静。紫雲亭静。

【解三醒】正瀟湘夜闌更永。早烏林皓月微明。漢宫秋到孤鴻應。甚情懷月夜聞箏。㑳梅香似影相隨定。假説燒香到拜月亭。霓裳冷。只落得青衫濕淚。紅葉題情。

【皂羅袍犯】金鳳釵兒羞剩。抱空閨粧盒。倦對青菱。踏雪尋梅路難行。天台有夢終無應。黄昏愁聽。瑶琴怨聲。暗香空滿。酷寒乍經。鸞簫月下何時並。〔排歌〕銷金帳。玉樹庭。誰憐寂寞雪香亭。寃家債。甘自領。被他蕭翼賺蘭亭。

【解三酲】笑月老自來不省。判烟花總是閒評。縱恩情一點嬌紅證。今日裡也似碎冬凌。指望多情雙漸憐蘇小。倒做了薄倖王魁負桂英。真箇是紅顔命。只落得青衫濕淚。紅葉題情。

【勝葫蘆犯】不是連環計賺成。謁漿處。早留情。掉謊郎君如斷梗。别調風月。又在誰家細柳營。〔排歌〕似竹林寺。不見形。教人目斷錦香亭。寃家債。甘自領。被他蕭翼賺蘭亭。〔七〕

【解三酲】奈倩女離魂不定。錯立身子弟無憑。金釵剪燭人初静。題綵扇句難成。爲那西廂待月張君瑞。送了誤約元宵董秀英。懨懨病。只落得青衫濕淚。紅葉題情。

【安樂神犯】風光好倩。蜂媒蝶使。語燕啼鶯。傳書柳毅莫空行。投人千里憑誰訂。不盡闗山怨。獨背越娘燈。恨殺相如行。○偷香性。假負荆。如今落得瑞香亭。寃家債。甘自領。被他蕭翼賺蘭亭。犯同前

【尾聲】且收心把佳期等。除是雙雙赴夢續前盟。又被雨打芭蕉夢不成。（太霞新奏）

附雜劇名

因緣簿	鴛鴦被	銀箏怨	哭香囊	秦樓月	蝴蝶夢	汗衫記	曲江池
柳眉兒	才子多情	多月亭	三負心	滰藍橋	萬花堂	玉鏡臺	采蓮舟
魚雁傳情	勘風情	翫江樓	錦堂風月	竹葉傳情	兩無功	分鏡	漢宮秋
紫雲亭	瀟湘夜雨	烏林皓月	霓裳怨	月夜聞箏	㑳梅香	拜月亭	抱粧盒
青衫淚	紅葉題情	金鳳釵	酷寒亭	踏雪尋梅	天台夢	瑶琴怨	雪香亭
紫鸞簫	銷金帳	後庭花	烟花判	寃家債主	賺蘭亭	月下老	桂英
嬌紅	碎冬凌	雙漸	調風月	連環計	崔護謁漿	謊郎君	倩女離魂
細柳營	竹林寺	錦香亭	西廂記	錯立身	金釵剪燭	綵扇題詩	柳毅傳書
誤元宵	風光好	鶯燕蜂蝶	相如題橋	千里投人	關山怨	越娘背燈	老收心
韓壽偷香	廉頗負荆	瑞香亭	會佳期	雙赴夢	芭蕉雨		

別　恨翻元詞

【南仙吕皂羅袍】別後春山眉淡。更香消寶釧。玉褪羅衫。鬼病懨懨怎生僭。幽歡冉冉常遺憾。芳心一點。情緘恨緘。柔腸九曲。愁擔悶擔。關山魂夢憑誰勘。

【勝葫蘆】盼不到魚封與雁緘。他地北。我天南。待説相思還不敢。不明不暗。害得神昏眼似饞。

【一封書】淒涼景怎堪。這些時我自慚。愁煩事盡諳。這瓜兒苦不甘。倚偏危樓情越慘。洒盡天涯淚尚含。意憨憨。瘦巖巖。悔殺當初一念貪。

【尾聲】這堆愁積恨相思擔。沉點點如何摇撼。只怕等不得他來先害殺俺。（太霞新奏）

别　情翻元詞

【南仙吕皂羅袍】得遇鸞凰佳配。恨無端又阻。鶯燕芳期。比翼風前驟分飛。一似彩雲易散琉璃脆。廝琅琅地。青銅鏡虧。撲通通地。銀瓶井底。側楞争絃斷愁難繫。

【排歌】香冷金猊。燭滅鳳幃。趷蹬的鎖住愁眉。天高雁杳怎央及。月皎烏飛空怨悲。伊知道。我信實。有情誰怕隔年期。從今去。看燈報喜。來時頻聽紫騮嘶。（太霞新奏）

閨　情翻元詞

【南仙吕皂羅袍】目斷鱗鴻無信。恨殘山隱隱。剩水粼粼。怕上粧樓送行雲。方知人遠天涯近。遊絲薄命。柳眉效顰。流鶯惹恨。桃花笑人。空閨寂寞無人問。

【排歌】憔悴紅粧。蕭條緑尊。繡簾深掩朱門。銀臺燭暗翠衾温。羅袖寒凝珠淚痕。烟分篆。香再薰。重教金鴨煖梅魂。無心緒。調玉粉。安排腸斷到黄昏。（太霞新奏）

偎情〔八〕

【南羽調四季花】秋雨過空墀。正人初静更初轉。漸覺淒其。人兒。多應傍着珊枕低。剛剛等咱纔睡時。便覺相將投夢思。若伊無意。誰教夢迷。多情又苦得見稀。抵死恨着伊。恰恨罷又添縈繫。更憐你愧你愁你想你冤你。

【集賢賓】當初戲語説別離。道伊口是心非。誰料濃歡猶未幾。恁下得霎時拋棄。千央萬浼。但只願休忘前誓。我雖瘦矣。再拚得爲伊憔悴。

【簇林鶯】舒新恨。問後期。結同心念未灰。滿擎珠淚和身殢。○他一聲聲似推。一聲聲似依。回頭漫道多寬慰。意兒迷。眼兒轉處。暗裡覷人癡。

【琥珀猫兒墜】浮萍心性。只得强禁持。任你風波千丈起。到頭心性没那移。猜疑。又怕潑水難收。東逝難迴。

【水紅花】想應前世負虧伊。得便宜。今生償抵。勸伊從此發慈悲。莫窮追。他生重會。免使得如咱今日。看簷下雨淋漓。點點滴滴不差池也囉。

【尾聲】過犯多權休罪。回嗔作喜且相偎。看取風流涎臉皮。（太霞新奏）

詠美人紅裩

【南正宫白練序】晴霞起。向濯錦江邊散彩標。平白染着霧綃烟縞。飛到。舊楚腰。這一捻風流恰縠消。昭陽趙。瓊膚隱約。漢宫春曉。

【醉太平】輕妙。含桃未吐。總情絲恨結。難惹芳苞。無端乍感。嬌羞處暈頰偏喬。誰教。猩紅濃艷動春潮。早驚覷又無音耗。養娘偷笑。藏得幾多。玉暖香嬌。

【白練序換頭】鸞交。曉未拋。窻明絳綃。紗㡡内恰照着綵襠絨縧。妖嬈。玉筍挑。又驚覺才郎不放饒。還相惱。輕狂故把。兩裩更調。

【醉太平】飄颻。桃花駿馬。石榴裙下。迎風波俏。花茵襯處。香肩軟倩郎低靠。纖條。驚鴻舞態爲郎邀。掩不盡絳雲籠罩。會疎離早。明日贈君。作伴青袍。

【尾聲】千縷春情收束好。鮫絲染淚終未銷。牽引得無心賦綵毫。（太霞新奏）

麗情末句犯玉芙蓉後三曲犯俱同

【南正宫刷子序犯】回首曉窻别。雙含淚眸。囑付些些。念小妹嬌癡。情事未曉周折。咨嗟。誰慣把相思牽惹。今日裡愁懷難卸。問誰與借。○柳絲兒繫將歸棹水痕賒。

【山漁燈犯】恨塵緣難辭謝。幾度相逢。常便抛捨。風帆遠雲樹重遮。金閶粉堞。是誰把一片心旌扯。逆流去偏指狹斜。眉睫。見遥山翠疊。天大幅紙愁難寫。水比似淚珠還較少些。風月社。且隨時賽者。○有一日小星低映七香車。

【普天樂犯】感殺人多情姐。頻寄柬到讀書舍。淚痕兒湮透雙緘。剛留下兩句不滅。他道忘夙誓天不赦。又道爲你縈牽無明夜。縱然教心硬如鐵。讀罷腸斷幾截。○况鍾情我曹尤更着疼熱。

【朱奴兒犯】報答你一封雁帖。早晚又金飈來也。願把愁腸暫時捨。還相傍畫舡雕榭。消良夜。看清歡正奢。○把從前剩衾孤枕債償徹。

【尾聲】人窺伺久間别。倘去撇唇遞舌。料你堅貞不信邪。（太霞新奏）

書　懷[九]

時南遊入越，將遂遊武夷而歸，途中作此。

【南正宫普天樂】片時情。三生債。只索自寧心待。眼見得病骨如柴。孤負了春光如海。嘗初取次出鶯花寨。生把鸞膠從頭解。海山盟霧鎖雲埋。翠紅鄉天寬地窄。茝蘭芳枉教結佩縈懷。

【雁過聲換頭】難捱。後期半載。吳山阻音塵漸乖。那堪客路在吳山外。漫行行自裁劃。這別離也是天遣神差。將生辰。還細擺。花星兀自多妨礙。想着俺這孤辰何日改。

【傾杯序換頭】天涯。旅病身且自挨。怕景物供愁態。奈幾曲江流。幾重烟樹。幾帶雲山。添我無賴。枉憂風怨雨。綠愁紅慘。夢勞魂駭。怎能彀月明千里故人來。

【玉芙蓉】西湖想鏡臺。鷲嶺思眉黛。看蘇堤沙軟。好印弓鞋。綠茸茸蔓草疑羅帶。紅灼灼夭桃憶粉腮。當杯處。倩覊懷好開。又猛隨他風雨上心來。

【小桃紅】應接到山陰側。早似有巫峰在。無端又渡曹娥界。錢塘却望空烟靄。梁溪何處紆襟帶。急回頭猶恐迷了天台。

【尾聲】看武夷歸蘭舟載。無人知是荔枝來。莫做楊妃病齒猜。（太霞新奏）

秋　閨翻鄭德輝北詞

【南中呂駐馬聽】敗葉蕭蕭。雨霽天高摧木杪。江鄉瀟洒。衰柳千株。籠罩平橋。雲寒波冷翠荷凋。露濃霜重丹楓老。景色寥寥。晴虹散彩落霞餘照。行行占得秋高。昏鴉萬點。茂林中守着呀呀叫。畫舡歸紅日啣山。月兒芽百鳥尋巢。

【泣顏回換頭】雲消。巖谷瘦山腰。雨多水面肥饒。橫空翔雁。行行占得秋高。昏鴉萬

【駐馬聽】寂寞鸞交。静掩重門情似燒。紗窗人静。錦字書稀。寶篆香消。愁聞遶砌竹相敲。厭聽隣院砧常搗。正苦無聊。閒堦落葉偏隨風掃。

【泣顏回換頭】誰教。玉漏轉迢迢。碧澄澄涼月偏高。鴛衾寬剩。寒來轉覺蕭條。難捱夜永。欲追尋好夢和衣倒。苦央求業眼纔合。恨促織又來喧鬧。

【尾聲】這蟲兒一點身軀小。偏會把愁魂驚覺。緊截定陽臺不放饒。（太霞新奏）

閨　怨檃括宋人詩餘

【南中呂古輪臺】没來由。被梁間雙燕説春愁。梨花朝粉蕭疎後。誰能迤逗。日午花柔。故遣蜂忙蝶懋。弱絮狂遊。沾衣惹袖。無端飛上玉搔頭。蠶房煖透。鳳管中聲韵清幽。把羅衫牢挽。千金一笑。春葱玉手。邀取暫時留。無何有。看鄰牆桃影伴烟收。

【前腔換頭】風流。難忘眼尾眉頭。兩下裡些子牽情。做了千絲百綹。欲說還休。空惱得雙尖常鬪。入夢嬌紅。醒來却謬。望中新綠色空稠。分開配偶。枉記着前度綢繆。誰教明月。今年閒掛。樓西楊柳。三度已如鈎。憐獨守。嫦娥也會伴人愁。

【尾聲】人何處常浪遊。知道你功名遂否。怎能勾千騎東方居上頭。（太霞新奏）

問月下老

【南中呂古輪臺】問當時。誰教月老繫紅絲。姻緣簿内簽名字。全不知事。配合雄雌。大抵差三錯四。也有錢虜金夫。滿前簪珥。也有書中絶没箇玉人兒。若佳人才子。從古來難遇其時。多少文人短行。紅顏薄福。谷風興刺。兩下每參差。聊屈指。幾人佳偶播青史。

【前腔換頭】尋思。曾有綠綺微詞。還又有紅拂宵奔。百年酬志。紫玉吴兒。更有那蒲東蕭寺。合鏡樂昌。章臺柳氏。或始合終分受顛躓。或中間携貳。若說他韋固堪嗤。逢人月下。已知前定。却行陰刺。落得做瑕疵。命運應如此。枉圖規避更何之。

【撲燈蛾】我生半百餘。無心少年事。只自想來生。預禱氤氳神使也。求個蛾眉皓齒。軟穠穠弱骨丰姿。盡教我不識一字。配着他廝呼廝喚喜孜孜。任我圍紅擁紫。【前腔】倘然福不齊。難酬好逑志。願使妾和妻。一箇箇賢淑相似也。更無人嫉妬妍媸。感不盡神明所賜。再休如此生多半苦嗟咨。【尾聲】藥師勛業非吾事。韓重元郎未足師。只有文園慰我思。（太霞新奏）

贈外

【南南吕梁州序】三生業鏡。十年宿戒。照破餘桃情債。今逢新運。花星又惹根荄。最喜江南春早。别舘人閒。邂逅蒙垂睞。盼得箇朝雲一片飛下楚陽臺。又早十謁朱門九不開。這深謎好難猜。【前腔】又不是不諳情事。又不是將咱嗔怪。又不是無人擔帶。却是蜂猜蝶妬。無端不放花開。拚取焚舟擊檝。夜去明來。打破連環寨。誰想春風來後悄似不曾來。那些個日近日親情漸諧。没人處只得問乖乖。【前腔換頭】他道瘦東陽不用疑猜。舊德言誓盟難改。欲求歡須是。待咱十載。嘆我年踰强仕。若再十年。知是和尚在鉢盂在。誰要你憐新棄舊薄劣少恩哉。休把我做拾得箇孤兒落得摔。和你共三箇同去誓蓮臺。

【前腔】勸得他笑逐顔開。眼見那愁隨容改。霎時將望夫頑石。喚下山來。這是心堅穿鐵。苦盡回甘。還徹相思債。抵多少蒺藜沙上有日野花開。休慮那淚洒枯魚江上哀。把前事撇東海。

【尾聲】非是鍾情偏重色。愛殺你知音的俊才。那更高歌堪暢懷。（太霞新奏）

思　情

【南南吕香遍滿】千般驚訝。當初只因一念差。門外垂楊曾繫馬。那時逢麗娃。留君住妾家。是咱錯認他。怕生起風波大。

【懶畫眉】解語風前一枝花。今日還同鏡裡誇。想他傷情跌損牡丹芽。笑我研光蹙破吴綾襪。對面相思各一涯。

【梧桐樹犯】冰人似捻沙。望眼如殘蠟。月下牽絲。怎辨真和假。東皇錯把花神嫁。既有分相逢。争如未破瓜。〇明知藕斷絲難掛。奈驀地關心又早如癡似啞。

【浣溪沙】頻問神。勞占卦。道他每路徑交雜。九里山步步圍垓下。眼見得心兵亂如麻。非是耍。這些個機關兒自詳察。没來由受盡波查。

【劉潑帽】喜蛛兒近日也多虚詐。對銀燈又早空花。簷前有鵲渾難駕。隨暮鴉。飛不到巫陽峽。

【秋夜月】想縠雨茶。這香嫩應無價。苦盡甘來纔干罷。誰知欲採難盈把。鋼鍬钁早打。悶胡蘆早洒。

【東甌令】空馳駿。枉乘槎。少不得今番喬坐衙。甘心做下風流話。又恐怕把文君唬。青衫敝盡淚交加。非爲聽琵琶。

【金蓮子】迤逗咱。人來再索鮫綃帕。動不動傳人的齒牙。誰做箇擲梭人。一絲絲勾引向窗紗。

【尾聲】會有時雙鸞跨。吹簫天路去非遐。笑別桃源萬樹霞。（太霞新奏）

按：「钁」，原作「撅」。

復　歡

【南南吕懶畫眉】鏡破重圓帶重結。損鸞釵還再接。鵾絃續上又和協。眉尖剛把閒愁卸。將別緒離情和你詳細説。

【五更轉】想着俺。繡幃孤眠夜。當窗樹影疊。淒涼淒泊人愁絶。百樣禁持。可憐人也。扶不起。卧不安。身兒怯。撒不開把不住情兒惹。合是冤家。偏難拋捨。

【浣溪沙】空自嗟。和誰説。這其間多少週折。挑燈待把花牋寫。被一口長吁燈又滅。魂斷也。一點點聽他漏聲徹。幾會得半霎寧貼。

【東甌令】愁和病。早添些。害不損堅心渾似鐵。越分離越更著疼熱。這業債何時赦。望天涯無奈路途賒。音信又遼絶。

【節節高】嚴冬風別。鳳衾劣。淚膠鴛枕何曾輟。縱使盟山裂。誓海竭。情難撇。願雲雨鄉再給鴛鴦帖。風月關重領鸞凰牒。抱柱橋邊駕津梁。祆神廟中興臺榭。

【尾聲】分携雖久仍歡悦。訴衷情把指尖細揑。直説到樓頭斗柄斜。（太霞新奏）

題　情〔一〇〕

【南南呂繡帶引】驀忽地雙眉暗鎖。層層疊個愁窩。心苗内種得恩深。春絲裡惹得情多。蹉跎。○萍踪兩下難便妥。脚根線恐他失蹉。都歷過。從前折磨。非容易如今風不揚波。

【懶針綫】憶昔相逢兩情和。浪語閒言幾調唆。慳雲澁雨屢經過。○任教他百樣相摧挫。只忍受痛腸無那。有時節背地頻留意。有時節人前佯誚訶。他和我。許多科段。都只恐或被人睃。

【醉宜春】知麽。閒身未老。爲傷離怨別。無奈卿何。珠流淚顆。填不滿慾海情河。差訛。誰言水盡欲飛鵝。○管成就鴛鴦則箇。好待枝成連理。那時結果。

【瑣窗繡】送得人特地風魔。廢寢忘餐只爲他。漏風聲又恐。打破沙鍋。雲帆霧槳。時或相左。願卿卿緊持心舵。○又何須論分離會合。又何須論分離會合。

【大節高】經年遠隔斷銀河。到秋期還證果。填橋靈鵲應相賀。○風流貨。錦繡窩。珠璣唾。春纖攙處寒暄過。問郎何事音書惰。悄語娘行莫相疑。傳書怕教人宣播。

【東甌蓮】千金笑。半含酡。妾不相疑聊試哥。從今不放君移舵。儘占了鶯花座。饒他蜂蝶浪瞧科。○敢覷着翠紅鄉。兩鶼鶼相守在輕莎。

【尾聲】把離情一筆都勾過。這歡會非同小可。要見情長須是磨滅多。（太霞新奏）

秋　思翻北詞

【南南呂瑣窗寒】想當初普救寺鶯鶯。與廬江蘇小卿。怎如他千般可喜。百事聰明。丹青畫出。也應難并。更言詞没半星不應。怎生出落這娉婷。教人惹恨牽情。

【大勝樂】從別後形影淒清。只在夢魂中着意等。那堪又值西風勁。將好夢幾番驚。寒蛩草砌梧飄井。鐵馬雕簷雁過聲。愁心稍定。戍樓中畫角。又添悲哽。

【奈子花】半連呵不斷恩情。半長呵不短前程。半生不死相思成病。眼見得半昏不醒。孤影。守着半明不滅燈。

【尾聲】何時捱盡淒涼境。何時盼得到天明。何時搵徹鮫綃鴛被冷。（太霞新奏）

憶舊翻北詞

【南黄鍾畫眉序】冷雨落梧桐。驚破雲窗半床夢。翠屏深映着。燭影揺紅。酒邊愁驀地重生。花底恨一時還動。〔合〕阻絶兩地歡娱夜。寂寞枕衾誰共。

【前腔】淡月更淒風。無計支吾漏聲永。想今生若得。把伊憐寵。命兒般着意看承。玉也似多方珍重。〔合前〕

【滴溜子】追思起。追思起。那時乍逢。鞦韆下。鞦韆下。木香架東。兩地秋波微送。他將咱一片情。心田裡種。故向人前。撒奸和哄。

【鮑老催】愛深意濃。雖然漫將啞謎籠。時或露出來去踪。一任蜂蝶笑。魚雁通。鶯花弄。填不乾誓海深恩共。剗不平萬仞盟山重。打不散鸞和鳳。

【雙聲子】咱因你。咱因你。被多少人譏諷。伊爲咱。伊爲咱。受多少人搬弄。如今兩意同。兩意同。有始終。有始終。願生前厮守。死後相從。

【尾聲】有一日雙雙穩跨秦樓鳳。親捧瑶觴看醉容。勝似桃源洞裡逢。（太霞新奏）

春 恨翻北詞

【南黄鍾太平歌】鶯穿柳。遷上最高枝。却被落絮隨風沾滿翅。海棠漸銷胭脂漬。問他剩多少殘春事。我共誰同唱送春詞。獨減瘦腰肢。

【賞宮花】休誇艷姿。更羞將脂粉施。懶把愁眉畫。不寫斷腸詩。無盡閒愁將甚比。恰如梅子雨絲絲。

【降黄龍换頭】移時。忽接他書兒。暫喜還悲。他幾時纔至。拆破鴛鴦兩字。却元來自誇他翰墨文辭。嗟咨。他更無歸興。把兩字恩情全不尋思。縱然得功成名就。也休掛唇齒。

【大勝樂】前生裡曾欠相思。到今生逢蕩子。將書展轉千百次。都是喬祇候謊言辭。沉吟一和重切齒。都扯做千條碎紙兒。駡他個虧心賊子。我從今不信你。浪語虛詞。（太霞新奏）

秋 思譜張宗瑞疎簾淡月詞（二）

【南黄鍾降黄龍】雨細堦墀。滴向梧桐。被風驚碎。潤逼衣篝。線裊金爐。殢人沈水。天涯。優游歲月。一分秋一分憔悴。紫簫吹。魚𢧵恨斷。夜寒鴻起。

【前腔換頭】淒淒。客裡思歸。草閣圍青。竹溪空翠。西風落葉。吹老人間幾番塵世。棲遲。江湖諳盡。聽商歌魂消千里。醉休提。疎簾淡月。照人無寐。（太霞新奏）

閨情 檃括宋人詩餘

【南商調二郎神】天若肯。惜多才少賦些花情柳分。怎致得教人牽別恨。恨鶯慵燕懶。無端辜負芳春。人說我傷春我疑未真。臨鏡處俄驚暗哂。好羞人。不覺的腰圍掩過羅裙。

【集賢賓】三分怨天七分自忖。把眉黛長顰。欲絶情緣却未忍。儘拚得一世銷魂。堆愁積悶。愁悶殺誰來相問。除是天見憫。使薄倖坐不安穩。

【鶯啼序】看疎星映柳月映雲。斷腸時候忒緊。只消得一箇黄昏。把孤眠滋味歷盡。是誰家垂楊繫馬。誤芳草王孫期信。全不準。落得個惱人方寸。

【琥珀貓兒墜】孤辰捱過。天喜又逢新。昨夜燈花知事因。今朝風葉始歸根。殷勤。且整頓壺觴。爲拂征塵。

【尾聲】從前別恨休相訊。待說與言之不盡。不如一笑重論萬種恩。（太霞新奏）

集舊曲句

【南商調集賢賓】春來見花真箇羞。蹙一箇眉頭。纔下眉頭又早心上有。苦懨懨鎮日追求。難開笑口。不如意十常八九。獨自守。忘不了羅襪雙鈎。

【黄鶯兒】往事付東流。好姻緣不到頭。幾番血淚拋紅豆。恩變做讐。我何曾下口。無端故把人僝僽。恨悠悠。剩雲殘雨。寂寞幾時休。

【簇御林】曾迷戀。難斷頭。奈新愁接舊愁。明知未偶還拖逗。難道頓忘了神前咒。冷颼颼。燈兒厮守。和淚寫伊州。

【琥珀貓兒墜】斷腸時候。惟酒可忘憂。争奈花柳傷春人病酒。青山疊疊水悠悠。添愁。若問跡追踪。似無還有。

【尾聲】梨花細雨黄昏後。這滋味那人知否。却不道一種相思分做兩處愁。（太霞新奏）

男思情翻元人北詞

【南商調集賢賓】彩雲收鳳臺秋露冷。奈人隔蓬瀛。想當初作耍持盃説送行。怎知他真箇登程。我從來眼硬。今日裡傷情悲哽。不見影。空閒了繡幙銀屏。

【前腔】常言樂極悲自生。最苦是離情。瘦怯怯身軀温着又冷。虚飄飄幽夢難成。孤眠易醒。怎捱得香消人静愁夜永。敢是誤樵樓再打三更。

【黄鶯兒】明月悄無聲。唤奚奴又不肯應。窻前只伴梧桐影。誰家鳳笙。誰行錦箏。斷腸聲不管人愁聽。待把畫樓憑。誰想愁先在彼。等待我上愁城。

【前腔】想他傾國又傾城。笑和顰百媚生。等閒不敢穿花徑。羞得那海棠乍驚。芙蓉避影。牡丹敢把天香競。我好似掌珠擎。燒香供養。説話敢高聲。

【簇御林】把他恩和義。幾度評。萬分兒情不輕。果是前生魂魄今生命。從去後無餘興。縱有玉娉婷。鶯招燕請。只是不留情。

【前腔】相思病。日漸增。鎮終朝珠淚盈。離愁閃得人孤另。若訴與天公聽。道我瘦伶仃。便因他病死。有甚不相應。

【尾聲】有一日雲歸楚岫重歡慶。緊緊地將他摟定。把我滿腹離情在他耳内傾。（太霞新奏）

傷 春 翻元詞（一三）

【南商調集賢賓】一聲杜宇落照間。又寂寞春殘。楊柳簾櫳長日關。正梨花庭院初閒。風朝雨晚。芳徑裡落紅千萬。〔合〕停畫板。又早見牡丹初綻。

【前腔】消香褪粉愁玉顏。爲枕剩衾單。燕子樓空怯暮寒。瘦巖巖不似今番。傷春不慣。驀地裡將人羈絆。〔合前〕

【黄鶯兒】裙帶把愁拴。爲愁多逐日躦。眉峰不似當初慢。黄昏未闌。青燈已寒。淚沾翠袖空長嘆。〔合〕等那雁群還。勞傳錦字。爲説盼雕鞍。

【前腔】今古别離難。草連天迷望眼。當初悔殺依隨慣。他説成名不難。今年便還。怎知數載無程限。〔合前〕

【尾聲】雁兒你雙飛若不將奴盼。但有箇孤飛獨返。應也憐奴隻影單。〔太霞新奏〕

怨 憶翻元人北詞

【南商調山坡羊】竊香的撩蜂撥蠍。種玉的驚蛇覓蜥。擲悶果的徒然意勞。畫蛾眉的手脚如今拙。恨嶽高。淹淹淚海竭。鼉靈鵲驗無憑籍。不準是魚封。空亡是雁帖。難遮。悶弓兒魆地拽。傷嗟。莽鍬兒著處掘。

【簇林鶯】愁和病。害不迭。喫緊的俏心兒常自熱。錦箋和淚傷心寫。○把遊蜂兒蜜劫。戲蝶兒粉卸。一天好事成拋捨。下椿橛。把迷津阻斷。生扭得風月擔兒折。

【啄木兒】只見飄風過。花亂趄。塵靜珠簾時自揭。繡幃閒金鴨慵薰。錦囊封寶瑟初歇。恰矇矓一覺方寧貼。破題兒告一紙相思赦。早夢裡陽關驚擋截。

【滴溜子】鵑啼處。鵑啼處。樹頭淚血。魂飛去。魂飛去。枕邊化蝶。擊碎數聲簷鐵。這淒涼況味長甚時絶。又趲過了羅裙上。昨宵舊摺。

【水紅花】隔窻花影亂重疊。月兒斜。伴着燈兒將滅。聽角聲風外正嗚咽。鼓聲切。鷄聲催也。捱一夜早難禁架。何日裡得捱徹。自嗟薄命合磨折也囉。

【耍鮑老】菱花鏡破。玉簪跌折。連枝分並葉。雲期雨約難輕撇。恨蟾多圓缺。負了星前誓設。神前誤把盟香爇。病體新來劣。十强九怯。眉尖恨。萬千結。離緒紛難挈。啞謎憑誰説。空凝盼花上月。早把愁腸掣。錯想舊時節。

【尾聲】舊時貴殺千金夜。到如今情殊境别。恨不使薄倖兒郎得見也。（太霞新奏）

麗　情〔三〕

【南商調鶯啼序】盈盈十五纔過。羨曼睩修蛾。似霓裳舞罷婆娑。弱體不任輕羅。厭繁華每抛脂剩粉。爲勝覽好乘流扶舵。把愁城悶鎖。都付與澤國烟波。

【黄鶯兒】無恙片帆過。正仙郎欲渡河。奈行雲尚與陽臺左。爲歡幾何。牽愁更多。

還防着眼人窺破。恨蹉跎。含嬌欲語。無計奈情何。

【集賢賓】分違幾日緣再合。正隱跡烟蘿。此際紅鸞方證果。兩鴛鴦並宿池荷。把相思療可。消不了些兒香唾。難脱躱。供養在眼角心窩。

【滴溜子】描蘭草。描蘭草。指兒似瑳。歌金縷。歌金縷。臉兒半酡。眼見芳心無那。風波錦被中難停妥。囑咐卿卿。休得便倒戈。

【簇御林】蜂蝶鬧。鶯燕聒。浪兒每一任他。隨風怎肯輕移舵。水性兒休疑懦。事多磨。偏教妹妹。不得傍哥哥。

【琥珀猫兒墜】總來人世。會少別離多。倚棹休彈珠淚顆。歸期約定敢輕挪。知麽。你眼前豈容。一字差訛。

【尾聲】敢將風月同擔荷。願烟花寨常無坎坷。看比目魚兒相將渡愛河。（太霞新奏）

相思曲翻元詞

【南商調金梧桐】柳含烟翡翠柔。花過雨胭脂淡。水色拖藍。山蹙蛾眉慘。恨連天野草鋪。愁成陣楊花糁。本待舒心。却把離情感。從今不敢臨朱檻。

【五更轉】只爲天塹深。將人賺。對鶯花空自慚。天公不把愁人鑒。使我玉懒香傷。

緑銷紅減。不得已。開鏡奩。又見芳容淡。生憎鸞鏡又被塵埃暗。伴我愁容。一般凄慘。

【東甌令】容凄慘。髮鬖鬖。雲髻鬅鬆不欲簪。喜東君不肯停時暫。免被春愁纜。瓜兒苦盡幾時甘。教我怎能堪。

【浣溪沙】竊玉心。偷香膽。揔沉埋虎窟龍潭。鬪不圓剖破青銅鑑。接不上摧折碧玉簪。愁自攬。待寫下寄相思一封書。世無天樣鸞緘。

【大迓鼓】常將。離恨擔。得團圓後。死也心甘。好花枝幾被狂風撼。連理樹偏將巨斧芟。嫩蕊方含蜂攢蝶攙。

【節節高】難將啞謎參。眼空饞。望夫石苦被純鋼鏨。潯陽岸。挨上前。把扁舟纜。海神廟裡難追懺。臨川縣内存龜鑑。玉簿因緣不尷尬。風月擔兒誰搖撼。

【尾聲】桃源有路他頭探。崔護無期我自甘。甘與春樓作笑談。（太霞新奏）

麗情

【南商調金梧桐】頻來眼上兜。怎得懷中耨。道是無情。又把咱挑鬪。棄他鬪引時。待把他消受。恰似應承。間阻還依舊。教人展轉痴心候。

【東甌令】成和敗。謾追求。暗剪春絲没斷頭。幾回好事翻成醜。不料今番又。半分恩愛未曾酬。羞臉被人謅。

【大勝樂】堪憐你百樣温柔。俊龐兒偏耐羞。看時偷眼將人溜。送與人愁症候害風流。蜂媒蝶使空拖逗。燕子鶯兒不自由。不能彀折來入手。枉憂風怨雨。却替花愁。

【解三酲】我爲他暗中回首。他爲我鬧裡藏頭。我爲他風聲不放些兒漏。他爲我將謊話向人丟。我爲他不明不白捱昏晝。他爲我如病如醒怯暮秋。難成就。到如今五分穩穩。一半休休。

【尾聲】只願五行中花星透。一場業債有時收。萬障千磨總不憂。（太霞新奏）

按：〔大勝樂〕原誤作〔大勝令〕。

寄情羅帕

【南商調金梧桐】偷傳袖裡私。暗表心間事。千縷情悰。織就回文字。柔腸展轉時。妙手從容試。結做同心。摺個合歡袿。鯫生受此無功賜。

【東甌令】匀如紙。膩如脂。吐出鮫宫一片絲。兩廂幾句花箋字。中又有群仙事。四圍旋繞勝環兒。比玉少瑕疵。

【大勝樂】收藏處費殺神思。用一張重泥金光砑紙。不敢寫愁雲怨雨關心事。只親近汗衫兒。與衫兒同鎖廂兒内。行坐隨身携鑰匙。這是離魂樣子。敢將他做一幅蠶絲。

【解三酲】時或放書中又怕人輕視。匣兒中又怕參差。錦囊中又怕惹閒唇齒。倘有人索看怎推辭。不如枕袋包藏好。又怕疊被鋪床小婢兒。他不知事。倘然失誤。何處求之。

【尾聲】待成了月下情花前事。方爲吉日與良時。展意輸心纔用使。（太霞新奏）

傷　秋翻元词〔一四〕

【南商調金梧桐】烟消楊柳絲。霜剪鴛鴦翅。銀杏添黄。玉樹花連紫。金含菊露滋。錦碎荷花死。對景關情。總是悲秋思。誰教幾夜西風至。

【東甌令】追想琴傳恨。葉題詩。都做了紛飛風内絲。雙尖蹙就傷心事。淚濕胭脂漬。錦回文織得字參差。跌碎玉環兒。

【浣溪沙】掩鏡奩。閒粧次。撇銀箏雁柱慵支。恨匆匆歲月三之一。拖逗愁人如許時。愁未止。更嚦嚦雁聲兒過南樓。又添感嘆嗟咨。

【尾聲】雁兒你寫西風蒼頡字。聲如宋玉賦中詞。偏怎生不寄我情人書半紙。（太霞新

奏）

招　夢[一五]

【南商調金甌線解酲】相思没奈何。離恨難消破。欲倩遊魂。入夢尋則箇。當初苦憶他。○眼難合。但合眼依稀得見多。如今夢裡也潛逃躲。○怨殺那不做美無情狠睡魔。○把芳魂鎖。慣呵雲叱雨。特地張羅。

【浣溪樂】你曾送神女來。高唐左。與襄土結就絲蘿。偏生把我多摧挫。直恁地書生緣分薄。○如何是可。把降魔寶劍。暗裡摩挲。

【春太平】我心纔動。他却笑呵。道何須煩君太阿。你自體疲力倦。赤繩枉向君邊過。假饒他倩女離魂。也摇不動你希夷高卧。○但得你少眠一和。須教送與。微步凌波。

【奈子落瑣窻】謝尊神呼醒南柯。奈狂生才愧東阿。洛神擬賦。愁懷無那。閣筆處淚珠雙墮。○儘教收入變聲歌。做成一串珠顆。

【尾聲】酒在樽茶留火。不醒不醉睡温和。不信芳魂不見過。（太霞新奏）

客　懷 翻元詞

【南商調黄鶯兒】清瘦仗誰醫。這羈情只自知。功名半紙家千里。歸懷箭急。歸途夢迷。曉聞杜宇愁腸碎。想畫樓西。重門夜月。應是盼人歸。

【集賢賓】他鄉歸夢堪療饑。恨心事多違。倦體除非酒力持。奈愁心濃似金盃。醺醺未幾。酒醉後越添憔悴。情似織。萬千緒有誰能理。

【鶯啼序】樓頭忽聽更漏催。正别鳳孤栖。暫朦朧略會佳期。夢驚回又一分離。客窻前更長夜永。捱多少孤眠滋味。有誰可寄。須説與恁般詳細。

【琥珀貓兒墜】披衣憑几。拈取紙和筆。奈心緒煩多只好説萬一。把平安兩字寫封皮。須知。這兩字分明。是俺虚脾。

【尾聲】燭心兒悄似知人意。也垂下數行紅淚。怎不教人客興灰。（太霞新奏）

秋　思 翻陳秋碧北詞　墨憨齋改

【南仙吕入雙調步步嬌】一葉梧桐驚秋早。霜月楓林小。離人恨怎消。間阻常多。歡會偏少。昨日與今朝。把青銅兩鬢蕭疎了。

【忒忒令】攧斷就多愁沈腰。奈萬種淒涼纏繞。怨了些鴛鴦枕冷。那更鳳衾寒峭。龍鬚席網絲交。篆烟微。燈焰短。幾番兒悶倒。

【沉醉東風】記初時逢伊那遭。燭花前將錦筝斜抱。眼兒裡早留情。口兒又不厮叫。背着人把卦錢偷告。幾分似挑。幾分又嚻。見咱不語他却把話嘲。

【好姐姐】兩情。似魚和水交。只恐怕燕鶯知道。既綢繆婉戀。祇宜相會少。閒花草。不許再來遊蜂鬧。意馬牢拴弱柳條。

【園林好】如今阻秦樓鸞儔已遥。望陽臺巫峰自高。煞孤負秋光不少。剛間隔幾昏朝。剛間隔幾昏朝。

【川撥棹】應難道。綠窗前花謝早。又何須絃續鸞交。又何須絃續鸞交。豈銀河難填鵲橋。這些時略暫抛。陡教人不自聊。

【錦衣香】生疎了月下簫。闌珊了窗下稿。隔絶了青鳥音。冷落了求鳳操。聽了些花漏沉沉。愁縈懷抱。今宵別樣好難熬。寒侵露箔。燈燼蘭膏。怕砧聲亂搗。更落葉閒堦風掃。鐵馬雕簷鬧。幾般聒噪。睁睁業眼。盼不到鷄聲催曉。

【漿水令】你爲咱存心豈薄。咱爲你鍾情不少。駕車的終究遇題橋。休教珠淚。搵濕鮫綃。菱花破。重湊巧。錦堂有日重歡笑。長厮守。長厮守。天荒地老。從今去。

從今去。雨暮雲朝。

【尾聲】算來總是花星照。把受過淒涼償了。儘相思一旦都抛。（太霞新奏）

閨　思翻北詞

【南仙吕入雙調步步嬌】楊柳枝頭黄昏月。大半芙蓉謝。無言只自嗟。却似情人。兩下離别。明月被雲遮。終須見箇團圓夜。

【江兒水】離緒抽千縷。愁城擁萬堞。對西風倦把黄花折。悶倚梧桐無明夜。怪丹楓巧暈胭脂頰。解事飛來一葉。懶寫情詞。只把兩字相思重寫。

【玉交枝】誰家無籍。錯雕鞍不容轉折。我當初欲占閒風月。誰知他把恩愛輕撇。愁懷欲言何處説。一星星都向琵琶寫。若逢着知音聽徹。敢教他也青衫揾血。

【五供養】黄昏到也。怏怏還如昨夜時節。枕寒衾又冷。獨自怎能熱。看雕盤火絶。銀燭盡燈花空謝。月下鄰家杵。畫簷鐵。把愁腸敲得不寧貼。

【川撥棹】他心雖趄。料應來亦耳熱。你辜恩我好痴呆。你辜恩我好痴呆。嘆今生時乖運拙。只得强和衣略睡歇。争奈又驚回雙夢蝶。

【尾聲】驀聞門外簾兒揭。急唤起梅香去接。元來是小庭前亂篩風葉。（太霞新奏）

告杜鵑 翻元詞

【南仙吕入雙調步步嬌】杜宇無情閒合氣。惱得人心碎。相隨不暫離。那管雲幕低垂。霧帳深閉。簷外盡情啼。把春眠特地生驚起。

【江兒水】好箇尋歡夢。却喚回。無端聒絮何時已。你兩兩三三成匹配。怎知我孤幃獨睡愁無際。好把聲兒牢閉。你將我禁持。與你原無益利。

【川撥棹】我常在羅幃裡。你没來由却勸歸。這聲兒休對咱啼。這聲兒休對咱啼。嘆王孫在天涯路岐。你名兒呼子規。何不向他行催早回。

【尾聲】比似你和春喚得愁來會。怎不喚愁迴避。送春歸愁不同歸。（太霞新奏）

思 情[二六]

【南仙吕入雙調江頭金桂】曾邂逅城隅月下。記得你嬌羞將破瓜。那時萍踪人海。客興團沙。敢輕窺幕内葩。○誰道你俊眼生花。真情藏耍。使我欲狂欲醉。難按難拿。恨不得赤繩當時牢繫咱。○問西河地主。却道東風無價。這仙娃。應是韋郎妾。重生姜氏家。

【姐姐插海棠】奈何。雲魂欲化。回首處霜迷鴛瓦。○怨嚴城寒漏。早促星槎。好栽培玉樹兼葭。管受用紋衾羅帕。盟非假。恨一別三年。漸成虛話。

【玉山供】扁舟夙駕。望仙源繽紛綺霞。怎知他行雨何方。只有那剩雲相迓。○歸帆似馬。難換取千金嬌姹。何幸天風送下巫峽。須不是客舟秋夜抱琵琶。

【玉枝帶六幺】嘆我情多緣寡。被蜂蝶無端妬殺。○青明門外即天涯。人偏遠。室非遐。鐵心下得將人註。鐵心下得將人註。

【撥棹入江水】難甘罷。是冤家怎撇他。爲他行喫盡波查。爲他行喫盡波查。也只是心安意洽。○越被監押。越更將他縈掛。

【園林帶僥僥】亂紛紛衷腸似麻。遠迢迢音書怎達。○趁着旅雁南征煩傳語。切莫信他人閒磕牙。

【尾聲】我腰圍瘦得無一把。料卿卿愁眉難畫。待相逢百事俱佳。（太霞新奏）

代武陵友人悼吴姬

【南南吕巫山十二峰】〔三仙橋〕記得當初聚首。細將他踪跡叩。說生來自是。舘娃宫畔柳。〔白練序〕差謬。認好逑。做海上飄飄一浪鷗。不能勾。霎時謝絶。燕朋鶯友。〔醉太平〕奇遘。從來未有。感娘行爲我。特地情留。閒花浪蕋。收拾做並蒂枝頭。傷秋。〔普天樂〕驀然二竪來厮守。我願把微軀親承受。指望翠紅鄉拔個長籌。姻緣簿高懸北斗。誓盟言好教百歲相酬。〔征胡兵〕睁睁業眼看難救。痛殺他苗而不秀。縱逢海外神香。知道麗魂遠在否。〔香遍滿〕倩鴻都道士。上天入地求。誰知道路茫茫。歎夜壑憑誰叩。〔瑣窗寒〕怎説得腸斷蘇州。纔望吴雲血淚流。訪空閨。怕見堂北忘憂。〔劉潑帽〕迴看小妹淋漓袖。萬感千愁。到此都輻輳。〔三換頭〕含哀問天。好難窮究。奇芳正吐。被花神見仇。既許鰥生爲媾。怎不教同日裡。一時間共遭陽九。〔賀新郎〕倘百身可贖韶年壽。甘萬死。不眉皺。〔節節高〕奈天高不采倸。轉悠悠。黄昏冷落憑虚牖。如清晝。逢舊儔。來相就。把指尖輕捻低低耨。重逢約在來生後。〔東甌令〕一聲珍重兩休休。人不見。恨難收。

【尾聲】欲消愁除是中山酒。奈愁端先已在咽喉。吐不出愁腸嚥不下口。（太霞新奏）

秋　懷〔一七〕

【南中呂泣顏回】風露怯青衫。窗冷月斜燈暗。濁醪吞恨。黄菊帶愁同簪。天南地北。悔佳期却被虚名賺。哭哀哀似泣露寒蛩。氣絲絲如做繭春蠶。

【駐馬聽】沈約羞慚。都道年來腰瘦減。潘安驚慘。自嘆如今。兩鬢鬖鬖。鴛衾錯送玉清庵。鸞交空閃藍橋站。休笑休譚。我這吟肩慣壓相思一擔。

【漁家燈】風流謎着緊包含。姻緣簿忒煞尷尬。自從他暗與香囊。別時痛剪春衫。更堪剖破菱花鑑。都斷了雁帖魚緘。憨憨。秋光過三。鎮日把離愁自攬。

【千秋歲】病難甘。轉覺文章淡。更秋思撩人心坎。憔悴空擔。憔悴空擔。無意把兔毫龍香頻蘸。緑綺斷紅葉黯。高唐賦空掇賺。舉目羞披覽。說甚讀書人。自來餓眼偏饞。

【尾聲】須有日看花結果了偷香膽。且寧耐紅愁緑慘。管受用翠幄牙牀金鳳毯。（吴騷合編）

春　恨翻元詞〔一八〕

【南中呂石榴花】碧桃花外忽聽一聲鐘。醉魂驚散夢巫峰。那堪雨雨更風風。恨香消獸冷花落鏡塵蒙。嘆雲寒西樓燕子空。舊桃源路迷仙洞。單守着伴孤燈矮屏風。悶彈哀怨泣絲桐。

【駐馬聽】帶結頻鬆。瘦骨誰禁愁緒冗。眉峰難縱。鎖住雙蛾。幽恨重重。瑶臺人遠信勞鴻。彩雲聲斷簫閒鳳。怨緑羞紅。百般難把悶懷相送。

【剔銀燈】看花去誰與同探舊叢。待月處簾櫳誰共。日長又怕更偏永。都不見紅團緑擁。他似飄蓬。全無定踪。教我愁對着落紅舞風。

【漁家燈】從别後帳冷芙蓉。許多時曲罷梧桐。餘寒在簾控金鈎。誰寄錦箋鸞封。袖中怕濕瓊珠迸。恨王孫芳草花驄。對青銅。空陪笑容。全不比崔徽畫中。

【尾聲】剩雨收殘雲迥。朝暮相思萬種。十二峰頭總是空。（吴騷合編）

題　情〔一九〕

【南南吕懶畫眉】落日遥岑淡烟孤。蕭寺昏鐘分外疎。陽關剛唱一聲初。早離人耳畔添凄楚。生斷送黄公舊酒壚。

【不是路】歌酒呼盧。奈酒債歌聲都被愁思拘。關情處。離離江樹片帆速。漫躊躇。把沈魚落雁輕發付。倩魚雁何年好寄書。愁雲暮。眼看生隔藍橋路。好生難渡。好生難渡。

【掉角兒序】唤人歸賓鴻亂呼。撮怨恨秋光無數。恰住着送客西風。又添起助愁白露。今夜裏明月洲。黄蘆岸。翠薇山。青村塢。何處棲宿。玉銷香斷。花殘月孤。這的是五行刧運。合受催促。

【尾聲】安排好夢尋他去。只怕一夜清霜斷緑蕪。渺渺長途將我魂夢阻。（吴騷合編）

友人談夢戲贈〔三〇〕

【南南吕巫山十二峰】〔三仙橋〕一片情雲引弄。好風光肯輕送。吟餘篆冷。坐來清思迥。〔白練序〕濤松。度晚鐘。正寂寞雲巢塔院東。羅浮夢。魂銷影斷。漏沉更永。〔醉太平〕驚動。疑是玉人笑擁。却不道風來月下。竹影篩空。迴廊偏倚。行踏盡草徑蒙茸。尋踪。〔普天樂〕只見微燈隱處雲垂凍。曲水迴流層巒拱。夾疎槐碧瓦朱甍。扣高扉金環玉棟。見雙鬟笑將。手揭雲封。〔征胡兵〕遥知路渺東牆宋。這鸞緘怎通。步來瑞靄香霏。忽導明紗絳籠。〔香遍滿〕瀉葡萄碧瓮。儘捹斟玉觥。恍身遊綺繡叢。又引入桃源洞。〔瑣窗寒〕喜瑤臺月底初逢。想雲裳花似容。料仙踪浪跡。夙世情鍾。〔劉潑帽〕瓊窩帳煖人兒瑩。煞意濃。一點兒靈犀貢。〔懶畫眉〕玉粉圓搓軟香融。真箇隱約豐柔怯畫工。好似温泉浴膩舞春風。不知若箇氤氳使。〔賀新郎〕把移花手段權時用。別去也。又得幾時共。〔節節高〕天鷄唤曉紅。語匆匆。依稀囑付郎珍重。呼爲鳳。疑姓龍。行排仲。看姓名香處人爭誦。〔東甌令〕却被一聲清磬響空濛。旭日到簾櫳。【尾聲】笑牛生輕傳詠。又有箇梅魂空引趙師雄。抵多少雲雨巫山十二峰。（吴騷合編）

惜　春〔三〕

【南商調集賢賓】枝頭幽鳥剛弄舌。怯春歸似有傷嗟。柳色纔青花半謝。碧天邊遠水千疊。遊絲萬結。没定奪夕陽明滅。心寸折。怕黄昏燕來時節。【啄木鸝】〔啄木兒〕音書遠。途路賒。點點星眸啼未歇。泫啼痕露滴瓊珠。倩東風簾捲香雪。粉牆倦飛雙蝴蝶。看看送春催鶗鴂。舊恨初消新恨接。〔黄鶯兒〕日暮正愁絶。

【琥珀貓兒墜】綺窗寂静。掩映翠屏遮。斷送春心無話說。梨香院落篆煙斜。磨折。又早見西軒。半輪殘月。

【尾聲】高燒銀燭從今夜。好風光未可輕別。留得東君少住些。（吴騷二集）

寄鬱藍生癸卯春作〔三〕

【南仙吕入雙調江頭金桂】〔五馬江兒水〕昔曾向山陰移棹。却使我紛紛接應勞。真個千巖争秀。萬壑奔濤。地鍾靈多俊豪。〔淘金令〕謾說那王謝蕭條。孔虞零落。自是文章不盡。才子偏饒。祇應少年是無價寶。〔桂枝香〕自西歸十載。東風傳報。有英髦。出自申公後。是池頭一鳳毛。

【姐姐插海棠】〔好姐姐〕禹穴。是藏書壼奥。纔弱冠已冥搜旁討。〔月上海棠〕笑翩翩裘馬。彼自虚囂。接尊君啓事聲華。守相國傳家風教。三都草。不待三冬。已佔宏抱。

【玉山供】〔玉抱肚〕奇才絶調。侍庭闈在留都水曹。鳳凰臺半落三山。長干里閲盡六朝。〔五供養〕心花腹藁。儘游戲填詞索笑。四相勳名重。在揮毫。隱娘仙俠更逍遥。

【玉枝帶六幺】〔玉交枝〕安石逸少。戒珠兒脩然解弢。〔六幺令〕巫陽神女下山椒。金花合玉龍膏。狀元心字三星照。狀元心字三星照。

【撥棹入江水】〔川撥棹〕春歸早。擬秋闈奪錦袍。向垂虹特地停橈。向垂虹特地停橈。訪蓬門奈不逢野樵。〔江兒水〕似雪夜迢迢。不見溪頭安道。

【園林帶僥僥】〔園林好〕主人情難伸半毫。遠緘書煩投幾遭。〔僥僥令〕想着高密封侯年方妙。與公瑾論交如飲醪。鄧禹二十四歲封高密侯，周瑜二十四歲破曹，吕君之年如之。

【尾聲】延平津畔還須到。料龍劍應難終剖。我欲向詞塲解贈虔刀。（曲品）

複出

套數

題情

【南仙吕醉扶歸】效于飛鴛侶天生就。

彩筆情辭題作「姻緣」，吴騷合編題爲「題情」，俱注沈伯英撰。吴歈萃雅、南音三籟皆署名鄭虚舟。太霞新奏注沈子勺。未知孰是，兹姑以之屬沈瓚，此不重出。

離　情

【南仙吕入雙調步步嬌】別鳳離鸞驚時變。

吴騷合編題作「離情」，注沈伯英撰。太霞新奏署名沈子勺作。兹已輯於沈瓚卷中，不重録。

〔一〕南音三籟注佚名。

〔二〕吴騷二集題作「春怨」，詞林逸響、古今奏雅題作「春思」，俱注沈寧菴撰。南宫詞紀、南詞韻選、太霞新奏題作「閨情」，皆不注作者。曲文據太霞新奏録之。

〔三〕南詞新譜無題，注沈伯英撰。

〔四〕南詞新譜題作「九日代友作」，牌名作〔梁溪劉大娘〕。

〔五〕此曲新譜亦録。

〔六〕南詞韻選題作「贈粉英翻北詞」，不注撰人。

〔七〕新譜録此曲，題作「翻北曲集劇名」。

〔八〕吴騷合編題作「題情」。

〔九〕合編題作「旅懷」。

〔一〇〕吴歈萃雅、南音三籟題作「閨情」，注錢鶴灘撰。太霞新奏、吴騷合編題爲「題情」，新譜無題，俱注沈伯英著。

〔一一〕此曲合編亦收。

〔一二〕雍熙樂府不注作者。

〔一三〕此曲合編亦收。

〔一四〕目注沈伯英，曲中署沈伯明，未知孰是，兹姑輯之。

〔一五〕合編題同，新譜録〔浣溪樂〕、〔春太平〕二隻，俱注沈伯英撰。三籟録同新譜，注佚名。

〔一六〕新譜録〔姐姐插海棠〕、〔玉枝帶六幺〕、〔撥棹入江水〕、〔園林帶僥僥〕四支。

〔一七〕此曲太霞新奏亦收。

〔一八〕此曲新奏亦收。

〔一九〕彩筆情辭題作「送美」，合編題作「題情」，皆屬沈伯英。南宮詞紀、南詞韻選、太霞新奏題爲「送別」，俱不注撰人。

〔二〇〕太霞新奏題作「友人談夢戲作此贈之」，注沈伯明撰，疑誤。「好風光肯輕送」太霞作「遇書生多承奉」；「羅浮夢」作「梅花帳」；「雙鬟」作「雙丫」。

〔二一〕吴騷二集注沈寧菴撰。南宮詞紀、南詞韻選俱不署作者。

〔二二〕此曲趙景深先生録贈，出自清乾隆楊鴻志鈔本曲品。

陳所聞

陳所聞，字藎卿，號夢月道人，諸生。南直隸上元（今江蘇南京）人。功名不遂志，放浪山水，卜築莫愁湖、桃葉渡等處，一時白下詩人，皆與之遊。工度曲，曲品置其於「上之下」，云「陳茂才文藻菁蔥」。有濠上樂府，輯有散曲集南北宮詞紀。傳奇有金門大德記、相仙記、金刀記、詩扇記；雜劇有王子晉緱嶺吹笙、孫子荆枕流漱石、周子沖易鬚拜相、徐髯仙南巡應制，均佚。據周暉續金陵瑣事載，汪廷訥環翠堂傳奇中之獅吼記、長生記、青梅記、威鳳記、同昇記、飛魚記、綵舟記、種玉記八種，亦係陳氏所作。生於嘉靖三十二年（一五五三），一説生於嘉靖三十五年（一五五六），卒年不詳。

小令

【南仙吕桂枝香】

合　懽

粧聾做啞。擔驚受怕。無端撥雨撩雲。成就了鸞孤鳳寡。把從前怨咨。把從前怨咨。一時勾罷。想是三生結下。我和他。堂前共植忘憂草。枕上長看解語花。（南宫詞紀）

【南商調金絡索】

席上贈王四美人

〔金梧桐〕婆娑紫燕蹁。婀娜黄鶯囀。片片行雲。輕落桃花扇。回首百媚生。〔東甌令〕笑嫣然。翠袖殷勤在綺筵。他行兒與曲江窈窕同排四。〔針線箱〕他姓兒是出塞王嬙一派傳。〔解三醒〕金尊勸。〔懶畫眉〕含笑故故露春纖。〔寄生子〕更那堪月映朱簾。燭吐青烟。

生幻出芙蓉面。（南宮詞紀）

代贈皖城王姬

芙蓉竟不如。燕子還相妬。裊裊新聲。未許周郎顧。尊開月上初。坐冰壺。愛結高陽舊酒徒。且休誇嫣然一笑陽城惑。須信是任俠憐才女丈夫。凌波步。柔情綽態世間無。則見他光映蟾蜍。香散瓊琚。總是我消魂處。（南宮詞紀）

代王皖城答

三生信有緣。千里能相見。擲果車來。瞥眼教人羨。休論秀可餐。興翩翩。雄辯高談動四筵。遭逢不讓延津劍。棄擲休如緑綺絃。荼蘼院。夜深華燭半籠烟。試看他掌抵青天。酒吸長川。真意氣凌歌扇。（南宮詞紀）

謝美人贈錦囊

鍼鍼刺繡勞。線線心思巧。製就囊兒。費盡昏和曉。隄防姊妹瞧。怕閑嘲。偷把鶼鶼比翼挑。雖然虎口些娘小。無限相思若個包。我怎忍輕抛掉。貼身兒常佩在練裙

腰。想像丰標。縈繫心苗。何日裏把明珠報。（南宫詞紀）

【南南吕懶畫眉】

當罏美人

秦淮烟月夜籠沙。堤畔吴姬賣酒家。鸘裘可許换流霞。只見殘粧半閃篝燈下。妒殺芙蓉兩岸花。（南宫詞紀）

贈趙鹿岩二歌者三闋

殷勤席上按紅牙。月豔蘭芬未足誇。似這般風流旖旎小冤家。半酣柔語桃花下。羞殺當年衛子瑕。（南宫詞紀）

柔情綽態筆難描。歌似新鶯度柳嬌。且休論霓裳隊裏鬬丰標。銷魂最是嫣然笑。羞殺當年宋子朝。（南宫詞紀）

當筵慣作美人粧。舞袖風迴送暗香。只疑是趙家姊妹在昭陽。却原來兒郎貌與花相像。並蒂芙蓉本自雙。（南宫詞紀）

【南正宮玉芙蓉】

秋閨怨

猿啼兩岸魂。雁寫長天恨。最難堪是秋色撩人。我淚多如落葉西風緊。愁慘似寒雲野水昏。天涯信。經年未聞。只落得夢兒中相會片時親。（南宮詞紀）

鋮

我愛他形容細又圓。怎說得分兩輕還賤。往常時刺鴛鴦費盡鑽研。寸腸鐵硬曾經鍊。小眼星昏望欲穿。燈兒下。憑誰可憐。只落得繡床月冷一絲牽。（南宮詞紀）

【南仙吕桂枝香】

代寄丹陽

雨拖雲逗。柳憔花瘦。喜只喜帶綰燈前。怪只怪人歸秋後。正櫂濃又別。正櫂濃又別。教我淚湮紅袖。魂銷清晝。望仙舟。你爲甚雁阻丹陽郭。我霜寒白下樓。（南宮詞

紀）

【南仙吕月雲高】

花下遲王美人不至

花明春晝。邀歡載尊酒。我身待花陰下。心早偎紅袖。冷落氈毹。只有鶯聲在高柳。望不見凌波襪。雲鎖住巫山岫。莫不是舞倦東風懶下樓。怎得他唱徹新詞秉燭遊。（南宮詞紀）

【南南吕一江風】

怨　別

恰相逢。又拆鸞和鳳。往事如春夢。倩飛鴻。欲寄音書。恨少丹青描不出心頭痛。縱青雲路可通。怕紅顏命易窮。向風前强把孤絃弄。（南宮詞紀）

【南南呂懶畫眉】

閨怨五闋集唐詩

禁城春色曉蒼蒼。海燕雙栖玳瑁梁。桃花歷亂李花香。年光到處皆堪賞。欲捲朱簾抱恨長。（南宮詞紀）

春風日夜待歸舟。暗覺年光似水流。於今江海尚淹留。相思去路空回首。好月那堪獨上樓。（南宮詞紀）

傷春未已又悲秋。劍氣徒勞望斗牛。淚珠常傍枕函流。昔時思遇人能否。鬢髮還應雪滿頭。（南宮詞紀）

江邊楓落菊花黄。愁聽猿聲夢裏長。暗風吹雨入寒窗。使予心在江湖上。不是愁人亦斷腸。（南宮詞紀）

楚雲湘水憶同遊。一别心知兩地秋。雨微烟暝立溪頭。清風未許重攜手。幾度高吟寄水流。（南宮詞紀）

春閨四詠

低穿簾幙燕雙雙。飛去飛來着甚忙。怕看輕薄惱柔腸。探身欲把簾兒放。却被他誤落芹泥惹袖香。右飛燕（南宮詞紀）

何來公子試金衣。楊柳梢頭不住啼。正怪他王孫芳草未言歸。聲聲越攪得心腸碎。打起兔家別院飛。右啼鶯（南宮詞紀）

愁他春盡問東皇。爲甚不住些兒去得忙。故燒高燭照紅粧。杜鵑洒血花枝上。無奈幾陣東風落海棠。右落花（南宮詞紀）

顛狂柳絮撲簾飛。咫尺章臺望欲迷。怎能勾浮萍一旦落沾泥。生憎性格難拘繫。不是東風慣弄伊。右舞絮（南宮詞紀）

閨思二闋

花時生怕下粧樓。紫陌香風吹不休。遊絲橫路網春愁。銷魂鶯燕偏拖逗。不知宋玉何緣獨怨秋。（南宮詞紀）

秣陵潮落晚淒淒。浪子還家未有期。安排腸斷畫樓西。砧聲雁影寒相逼。從卜燈花

夜臥遲。（南宮詞紀）

【南商調金絡索】

閨怨六闋

從分翡翠釵。怕綰鴛鴦帶。春到人間。舊恨依然在。緑陰燕子飛。碧桃開。只見紫陌紅塵拂面來。黄鸝久住渾相識。何事青鸞信轉乖。難寧耐。倚闌無語只兜鞋。怎能勾攜手陽臺。款步天台。畢罷了相思債。（南宮詞紀）

春光遍柳條。處處聞啼鳥。富貴韶華。難博千金笑。鞦韆隔短牆。鬬纖腰。教我紙帳梅花臥寂寞。爐烟消盡寒燈晦。却算遊程歲月遥。憑誰道。青山隱隱水迢迢。似這般花褪河橋。鶯老林皋。斷送了人年少。（南宮詞紀）

魂迷花外津。腸斷花間信。一寸眉峰。常鎖千般恨。誰憐病裏身。自傷神。辜負韶光八九分。姮娥尚悔偷靈藥。風雨何當憶故人。難厮禁。天涯去住各沾巾。空教我門掩青春。鐘送黄昏。愁白了絲絲鬢。（南宮詞紀）

機中錦字添。鏡裏朱顔變。脈脈春愁。都付鶯和燕。章臺弱柳眠。趁風掀。青眼窺

人日日懸。去年花裏逢君別。今日花開又一年。憑高望。清明幾處有新烟。便相邀拾翠東園。鬬草西園。滿不了心頭願。（南宮詞紀）

愁聽夜半鵑。訴盡傷心怨。薄倖不來。月落荼蘼院。心頭火欲然。問青天。何苦教翠被生寒獨自眠。我離鸞空洒千行淚。你跨鶴應纏十萬錢。人難見。章臺楊柳不覺又飛綿。我虛守盟言。錯認姻緣。眼底把恩情變。（南宮詞紀）

風吹何處絃。月照誰家院。薄倖不來。淚濕芙蓉面。愁眉蹙翠鈿。怪流年。鏡裏朱顏如何不久延。只落得危樓腸斷行行雁。獨枕魂銷夜夜猿。如相見。問他年來留戀在誰邊。縱瞞過燈前瞞不過星前。休得要胡廝纏。（南宮詞紀）

【南仙呂入雙調玉抱肚】

有懷二闋

情詩題遍。盼人歸一日似年。步花時口內長提。眠雲處夢中廝見。纖腰無奈病淹纏。不知今世能償未了緣。（南宮詞紀）

夜深清悄。月當牕梧桐半凋。怪鈎簾烏鵲驚飛。怕憑闌玉露寒飄。天涯涕淚一身遥。

人事音書漫寂寥。（南宮詞紀）

【南商調黄鶯兒】

閨情二闋

吟就白頭詩。疊同心方勝兒。殷勤囑咐長安使。道我添的是鬢絲。減的是口脂。寬的是翠裙六袱腰兒袵。好難支。雕梁月落。正是斷腸時。（南宮詞紀）

黄葉晚秋天。雁南來書未傳。烏啼蟲語都是離人怨。臨風的錦韉。乘流的畫船。眼兒酸不把湘簾捲。只得伴愁眠。不知床頭明月。今夜向誰圓。（南宮詞紀）

【南仙吕九迴腸】

陳夢吉别妾赴廉州以阻風還得一宿而去越三年妾卒於家代妾述懷

待天風泊舟江上。暫還家又早昏黄。淹留正怕雞聲唱。急忙裏促開航。你重重嶺樹愁遮目。我片片江雲望斷腸。無依仗。暗裏年華如反掌。盼不到雁素南翔。閃的我空閨别恨推高枕。你何曾宦海秋風憶故鄉。料想這心頭病難醫療。憑誰爇返魂香。

（南宫詞紀）

【南正宫玉芙蓉】

初夏溪上讌集三闋

南薰乍入樓。夏木低沈牖。問韶華何處。駒隙難留。只見波摇畫舫招紅袖。笛亞繁絃接短謳。消清晝。乾坤臥遊。更喜這破蒼烟新月墮溪頭。（南宫詞紀）

鶯翻柳葉稠。燕掠波紋縐。正紅稀緑暗。宿雨初收。生涯盡付杯中酒。世事看成水上漚。休回首。且狂歌浪遊。這白髮幾曾饒得過貴人頭。（南宫詞紀）

明珠莫漫投。片石還堪漱。嘆今來古往。潮汐沈浮。鷦栖豈出鵬摶後。河伯空貽海若羞。都參透。同君唱酬。醉了時倩杖藜扶我過溪頭。（南宫詞紀）

【南仙吕桂枝香】

九日同友人集雨花臺

清尊新釀。黄花初放。江峰亂落筵前。羅綺晴驕臺上。逐詞盟浪遊。逐詞盟浪遊。

聽白苧人人高唱。把紅樹山山遥望。弄秋光。避俗尋幽寺。長歌入醉鄉。（南宫詞紀）

【南仙吕二犯傍粧臺】

秋夜溪上同孫子真胡長白對雨

池館客淹留。坐深涼思動高秋。趁溪聲來席上。把竹葉出床頭。篆烟消盡三生話。細雨聽殘午夜籌。懽悰已罄。塵纓頓丢。相逢青眼對滄洲。（南宫詞紀）

【南越調浪淘沙】

中秋同皮元素泛月

秋色老梧桐。月滿遥空。畫橋百尺似飛虹。人向冰壺同載酒。細浪輕風。（南宫詞紀）

節序正秋中。露濕芙蓉。碧天銀漢一槎通。莫使今宵成獨醒。好景難逢。（南宫詞紀）

【南中吕駐馬聽】

同似碧王孫登清涼山

選勝清涼。把酒憑高菊尚黄。雲封紺殿。霜染丹楓。日射滄江。且休論殘碑歲月老齊梁。喜追隨小山賓主閑酬唱。醉倚紅粧。峰頭明月團圞初上。（南宫詞紀）

棲霞寺小酌月池遇美人（二）

面面青山。玉露凋傷樹色寒。恰才坐當水月。載滿金尊。忽聽得笑度雲鬟。風飄彩袖緑蘿間。只疑臺空天女把香花散。午夜將闌。銷魂林外是梁州低按。（南宫詞紀）

【南南吕懶畫眉】

燈讌二闋

華燈春綻九微花。海月流輝逗絳紗。美人銀甲弄琵琶。煖雲低護簾櫳下。春酒如泉泛紫霞。（南宫詞紀）

重重羅綺結樓臺。十二龍城徹曉開。月明歌吹遍天街。靚粧巧笑多含態。何處聞燈不看來。（南宫詞紀）

靈谷寺前賞梅

寒梅多傍鹿園栽。梅下籃輿〔三〕載酒來。繁如瑞雪壓枝開。溶溶浄洗鉛華態。詩向羅浮夢裏裁。（南宫詞紀）

飲趙雉岩碧桃花下

一尊花底坐春風。無數葳蕤照酒紅。玉笙吹徹月明中。只緣和露向天邊種。因此上人面桃花歲歲同。（南宫詞紀）

酌桃花塢遇風

香霞千頃帶溪紅。始信桃源有路通。錯教人恨五更風。多情片片瑶觴送。春酒翻憐琥珀濃。（南宫詞紀）

王明府雲池命歌者攜酒桃花下

王郎譜曲教奚童。不説周郎顧曲工。溪邊杖履驀相逢。交權旋剖床頭甕。歌盡桃花扇底風。（南宮詞紀）

月下劉中明招賞牡丹二闋

一叢凝露在沉香。移得靈根傍錦堂。休誇魏紫與姚黃。則這半彎月印闌干上。絶勝籠燈看海棠。（南宮詞紀）

重重繡幕護香霞。穠豔多開富貴家。劉郎原只種桃花。愛牡丹品壓丹青畫。因此教紅紫鄉中駐月華。（南宮詞紀）

木末亭聽鶯

城南山寺若星羅。綠樹無如此地多。孤亭上與白雲摩。携來斗酒雙柑坐。鳥識歡心亦解歌。（南宮詞紀）

徐王孫惺予邀泛莫愁湖看蓮二闋

拏舟深入水雲鄉。盪破湖心一鏡光。四山環碧帶滄浪。荷花片片迎人放。可似盧姬舊日妝。（南宫詞紀）

紅香紫豔覆清波。日暮迴船拂支荷。女郎結伴唱蓮歌。玉簫金管低低和。瀏瀨驚飛過淺莎。（南宫詞紀）

西園讌集

西園丘壑本天成。丈石喬松舊有名。隔簾花霧晝冥冥。坐來飛動談詩興。魚鳥親人水上亭。（南宫詞紀）

燕子磯即事二闋

閑隨羅綺坐崔嵬。拍岸寒潮燕欲飛。江城日暮酒船迴。揭天簫鼓中流沸。我笑傲烟霞醉不歸。（南宫詞紀）

江雲石壁兩相依。背水層城落日低。孤亭待月共銜盃。只見倦飛白鳥還沙際。山寺

鐘聲隔翠微。（南宫詞紀）

秋酌嘯風亭

丹楓黄菊照空門。能解閑行有幾人。我來長嘯倚秋雲。天風遮莫吹雙鬢。山色江光滿緑尊。（南宫詞紀）

松風堂對雪

皚皚何物映簾櫳。童子開門雪滿松。分明是玉龍夭矯御天風。抽毫欲就西堂詠。滿酌松醪夜火紅。（南宫詞紀）

【南仙吕入雙調朝元歌】

春郊紀遊

漁家酒家。四面山如畫。桃花李花。一刻春無價。芳草鋪裀。垂楊繫馬。一處處傳盃弄斝。只見三五嬌娃。臨風笑聲喧水涯。高髻愛盤鴉。紅裙妒落霞。徘徊林下。全不管遊冶子醉魂消化。（南宫詞紀）

【南仙吕入雙調玉交枝】

初春齊王孫瑞堂邀泛秦淮

雨生新漲。映疏梅長堤緑楊。扁舟早趁春潮放。奏雲和一派笙簧。美人多住溪頭傍。詞盟共醉滄洲上。你效蘭亭臨流泛觴。我按陽春臨風度腔。（南宫詞紀）

【南仙吕入雙調玉抱肚】

雨中過葉循父看梅花

孤山曾種。遠移來寒香幾叢。映疏楊點綴南枝。伴騷人瀟洒東風。羅浮空向夢兒逢。怎如你紅白花開烟雨中。（南宫詞紀）

春日漫興

河清難待。且行春消磨壯懷。恰黄鸝斗酒堪聽。況青山傲骨堪埋。鏡中無復少年來。試看今日殘花昨日開。（南宫詞紀）

九日焦太史弱侯招飲謝公墩三闋

把謝公遥問。結秋雲長松古墩。雖未攜翠袖紅牙。却叨陪羽扇綸巾。茱萸尊畔對斜曛。太史風流照古今。（南宫詞紀）

山川依舊。況郊原昨朝雨收。聚賢星玉友金昆。共佳辰弔古尋幽。一聲歌發滿城秋。千載龍山續舊遊。（南宫詞紀）

浮雲飛盡。對鍾陵光摇緑尊。聽臨風捉麈高談勝。勝騎驢半山勞頓。青苔日厚自無塵。謝屐從來戀酒人。（南宫詞紀）

【南仙吕二犯傍粧臺】

壽孔魯川三闋

遡儒宗。遠從洙泗一脈到江東。怪只怪舊青氈成偃蹇。喜則喜今白髮未龍鍾。大年不讓雲中鶴。勁節真如澗底松。酣歌都市。逍遥閬風。不知人代有枯榮。（南宫詞紀）

興翩翩。行年八十放浪飲中仙。向長干尋酒肆。傍溪水和詩篇。忘情任俗呼牛馬。

得意銜杯樂聖賢。笑的是愷崇鬭富。笑的是金張弄權。醉來白眼對青天。（南宮詞紀）

醉鄉侯。生平磊落不掛半毫愁。見青帘惟拍手。問世故只搖頭。祇爲破除萬事無過酒。因此上斷送流年不記秋。葛巾纔漉。瓦盆又篘。怎怪得酒星徹夜照江樓。（南宮詞紀）

【南仙呂解三酲】

壽殷子餘時自河南臬司遷銅梁少府中道乞休二首

把往日行藏休問。似無心出岫閑雲。纔看遍洛陽橋上花如錦。琴堂又拜新恩。喜的是東籬菊綻傾樽酒。怕的是三峽猿啼斷客魂。甘棲遯。攢眉白社。勝走馬紅塵。（南宮詞紀）

三十載投交一瞬。更如蘭白首同心。吾廬正與溪堂近。放扁舟共祝長春。雖然你曾從梁苑推詞客。今日個還向高陽結酒人。支雙鬢。相逢林下。重與論文。（南宮詞紀）

【南仙吕入雙調玉抱肚】

生辰柬吴肅卿

西風無賴。近重陽黄花未開。且幽栖陋巷簞瓢。强爲歡裙布荆釵。鶴長鳧短不須猜。醉裏陽春漫自裁。（南宫詞紀）

【南中吕駐馬聽】

雪霽登茅峰

曉日扶筇。雪滿巉巖尚未融。只爲山藏靈笈。只此上路入瑶壇。人御剛風。妙香不斷太元宫。白雲常鎖華陽洞。徙倚高峰。恍疑翺翔鶴背把乾坤抵控。（南宫詞紀）

登　金　山

雨助江濤。選勝招提繫小舠。只見山懸玉鏡。門對滄洲。塔聳金鼇。品泉僧爲設茶寮。停盃客愛觀漁釣。身世逍遥。更向留雲亭上劃然長嘯。（南宫詞紀）

毘陵同周玄水叔姪過龍興禪院

路入毘陵。故舊相逢眼倍青。磯頭載酒。樹底調歌。月下揚舲。吳娃一笑破愁城。竹林二阮多豪興。醉裏忘形。狂浮大白山鳴谷應。（南宮詞紀）

登虎丘

寺倚吳闗。棹轉千溪見此山。喜的是池留劍氣。壑走泉聲。石繡苔斑。僧居雅稱水雲閑。客愁都藉林丘散。帶月躋攀。望闔閭城下寒沙白雁。（南宮詞紀）

泛西湖

興托東坡。喜的是樓閣參差浸碧波。指點着六橋柳浪。三竺雲巒。石屋烟蘿。玉簫金管觸花過。吳謳越唱行雲遏。泛泛漁蓑。一聲欸乃把醉魂驚破。（南宮詞紀）

湖心亭

湖水粼粼。千頃中央結構新。紗窗宿斗。石楯擎天。畫棟巢雲。規模獨把武林吞。

風流重繼坡仙振。欲倒芳尊。淡粧濃抹無邊丰韻。（南宮詞紀）

陸祠晚眺

雨過涼生。陸相祠前眺晚晴。只見壁翻返照。鶩帶殘霞。烟暝孤亭。香臺環送暮鐘聲。江城漸吐寒蟾影。這段詩情。除是王維寫入丹青幀。（南宮詞紀）

望湖亭待月

爽入清秋。佳水佳山共客舟。任是畫圖不盡。詩句難裁。只合尊俎淹留。坐邀海月上層樓。歌傳玉斝偎紅袖。光射寒流。冰壺一片澄鮮如晝。（南宮詞紀）

拜岳墓

獨秉精忠。誓返鑾輿未奏功。只落得湖留孤塚。山結愁雲。樹咽悲風。遊人洒淚拜行宮。怎怪那朱仙遥望旌旗慟。試問奸雄。流芳遺臭孰輕孰重。（南宮詞紀）

弔逋仙

大隱逃名。此地空餘放鶴亭。只見孤峰聳秀。梅嶼含香。湖水鍾靈。天邊遥指少微

星。客來聊展生芻敬。羡爾鴻冥。愧浮生擾擾自投機穽。（南宫詞紀）

吴山拜伍相廟

廟貌尊崇。獨佔吴山第一峰。不能勾鯨吞越國。翻教鹿走蘇臺。鴟泛江風。怒濤出没見神蹤。秋堂蕭瑟添人慟。一寸丹衷。把狂瀾砥柱千秋重。（南宫詞紀）

玉泉寺

祇樹參天。水迸巖龕去作泉。寒凌貝葉。活養文魚。浄濯青蓮。老僧禪誦不如年。憑他將萬緣淘盡真如現。欲謝塵牽。願分一掬廣開方便。（南宫詞紀）

飛來峰

片石玲瓏。何代飛來小鷲峰。蘿迷日月。澗漱金沙。佛見神功。洞門猿去白雲封。巖頭松老寒泉迸。儘好支筇。安得瀟然遺世把烟霞搏弄。（南宫詞紀）

三天竺

爲禮空王。僧在三天覺路長。陰連松徑。響接鐘聲。雨徧花香。籃輿轉轉緑蘿鄉。

青蓮處處黃金相。暫此徜徉。江潮只在憑闌望。（南宫詞紀）

九里松

松植千秋。偃蓋重重覆道周。幹披老甲。聲走寒濤。枝舞蒼虬。鬱葱九里入丹丘。行人去去頻回首。我欲清修。卜來此地把茅堂小構。（南宫詞紀）

閶門夜泊

風雨蕭然。寒入姑蘇夜泊船。市喧纔寂。潮汐還生。鐘韻俄傳。烏啼不管旅愁牽。夢回偏怪家山遠。摇落江天。喜的是蓬窗曙色透來一線。（南宫詞紀）

望惠山

吴水揚舲。望望山泉恨未登。只爲他倦遊司馬。興盡王猷。因此上懶扣禪扃。不能勾招攜陸羽著茶經。須有日追隨靈運披山徑。寄語林僧。待我盤桓泉石莫把白雲掃净。（南宫詞紀）

秋日遊棲霞寺

寺建齊梁。歲久蒼苔翳石幢。尚兀自巖懸千佛。石迸寒泉。麓繞蒼江。翠微深處借僧房。烟霞勝地抛塵鞅。欲與白鳥同翔。正山山秋色羅屏障。（南宮詞紀）

攜酒攝山巔

巑嶺盤旋。亂石硆砑斷復連。振衣雲嶠。倚杖松風。漉酒江天。喜丹楓交映緑尊前。况妖童齊按新聲勸。胸次陶然。探奇弔古都忘倦。（南宮詞紀）

天開巖小憩

蘿徑攀援。絶壁天開結紫烟。剔殘深蘚。尋遍題名。考盡當年。疏林鐘磬隔塵喧。中峰臺榭迎人面。欲去還眠。石房頗遂幽栖願。（南宮詞紀）

白鹿庵洗泉試茶

夜雨纔晴。石竇流泉倍有聲。只見風牽荇帶。藻隱魚苗。日漾波明。爲嫌鹿過草痕

腥。洗泉贏得蒼苔浄。頃刻池平。品茶陸羽添清興。（南宫詞紀）

【南南吕懶畫眉】

靈谷寺

雙林麋鹿伴閑遊。十里喬松翠欲流。禪關逼近寢園幽。泉聲百道穿雲竇。紫氣常依殿角浮。（南宫詞紀）

雞鳴寺憑虚閣

憑來高閣御天風。雙闕流丹緑樹中。萬山迎堞水浮空。梁臺宋苑都入繁華夢。斷塔籠烟幾杵鐘。（南宫詞紀）

瓦官寺

青蓮閣傍鳳臺西。千載名藍富品題。門前修竹浮雲低。情閑共結無生會。茗椀爐烟聽鳥啼。（南宫詞紀）

長干道春望

如雲騎吹出都門。十里青山載酒尊。林花舒日映紅裙。誰言六朝金粉消磨盡。試看長安道上春。（南宮詞紀）

弘濟寺觀音閣二首

大江東下雪濤深。紫閣緣崖起數尋。滔滔不斷海潮音。逃名欲把寒流枕。勝向人間歎陸沈。（南宮詞紀）

碧甍朱檻切丹霄。砥柱應須有巨鼇。釣徒沽客坐相邀。只見洲窮白鷺青山小。浦口風帆趁晚潮。（南宮詞紀）

靈應觀

仙家樓觀傍澄潭。雲氣常屯水上山。蘆花隱約小漁灘。坐來只少胡麻飯。絶似蓬萊境裏看。（南宮詞紀）

清涼寺二首

山圍黄葉寺門深。市遠人稀但鳥音。翠微遺跡漫追尋。當年避暑豪華盡。只落得廢井荒臺入暮吟。（南宮詞紀）

僧從絶壁架危棲。竹樹蕭森帶石頭。憑高曠望秣陵秋。只見山寒日落江烟逗。暝色先生白鷺洲。（南宮詞紀）

嘉善寺蒼雲崖

摩空片石繡苔斑。石上雲流夏亦寒。憑來山閣秀堪餐。懸崖欲墮牽蘿蔓。寥廓諸天在一線看。（南宮詞紀）

達摩洞

折蘆何處舊香臺。絶壁臨江小洞開。攀蘿短杖立蒼崖。臨風縱目飛鴻外。一片江雲挾雨來。（南宮詞紀）

冶城山東麓亭

亭迎東旭啓山岑。緑樹平浮萬井陰。坐邊鸞鶴有餘音。太清尺五遊遨近。何必丹丘海上尋。（南宫詞紀）

天闕山二首

丹梯直上白雲層。樹閲南唐世代更。竹房僧出罷殘經。共尋虎穴攀蘿蹬。天末長江一線明。（南宫詞紀）

爲看塔影倒空懸。兜率岩高一洞穿。松杉争撲酒尊前。牛頭落日登臨遍。隔嶺芙蓉墮紫烟。（南宫詞紀）

獻花巖

曉穿青嶂扣巖扃。風度星槎萬木鳴。地遍樵牧伴經行。袈裟坐對塵心浄。古殿曇花映佛燈。（南宫詞紀）

雨花臺望晚烟

日銜江岫睨人明。頃刻蒼烟暗石城。鍾山微露半尖青。分明是南宮一幅瀟湘景。只聽得歸鳥投林葉落聲。（南宮詞紀）

【南正宮玉芙蓉】

黄叔初植松石于溪亭招賦二首

松盤翡翠稠。石帶莓苔舊。是何人移來緑水溪頭。撫松漫醉陶潛酒。漱石還臨孫楚流。閑消受。長歌破愁。直亂到松枯石爛幾千秋。（南宮詞紀）

長松藉石撑。片石宜松映。伴幽人瀟洒酒社詩盟。蒼虬夭矯寒偏勁。紫玉玲瓏斲未成。溪堂静。光浮月明。把繁華參破夢魂清。（南宮詞紀）

【南南呂懶畫眉】

花月十闋[三]

春江花月可憐宵。月豔花容兩鬬嬌。好花好月稱詩豪。月中載的如花貌。花下輕傳弄月簫。（南宫詞紀）

百年花月幾何時。月夕花朝酒莫辭。閑來和月伴花枝。評花詠月騷人事。莫待花月窺人鬢上絲。（南宫詞紀）

雪消花月滿仙臺。月影花陰掃不開。好花宜向月中栽。月懸花塢將人待。花外笙歌踏月來。（南宫詞紀）

天開月鑑照花神。雲破花房現月輪。有花有月不嫌貧。月下試把花枝問。花月何年初照人。（南宫詞紀）

一池月浸紫薇花。花自芬芳月自華。惜花愛月泛流霞。醉乘明月把殘花踏。月色花陰共一家。（南宫詞紀）

花迎月魄若爲容。月轉東牆花影重。夜深花睡月明中。何人乘月把花梢弄。原來是

解語花搖月下風。（南宮詞紀）

天將花月付閑身。花發千枝月一輪。拈花弄月莫逡巡。若教月缺花枝褪。愁殺尋花問月人。（南宮詞紀）

花開富貴月光華。月湛秋波花綻霞。花因隨月上牕紗。月娥似爲看花下。一種幽香月讓花。（南宮詞紀）

春宵花月值千金。花有清香月有陰。花梢月轉夜沈沈。看花翫月春愁盡。折取花枝對月吟。（南宮詞紀）

有花無月寂寥香。有月無花冷淡光。無花無月夜茫茫。多情月出花爭放。只飲到花霧空濛月轉廊。（南宮詞紀）

【南仙呂二犯傍粧臺】

贈王仲房山人

不與俗沈浮。清狂玩世甘作醉鄉侯。記江淹曾夢筆。尋孫楚舊登樓。蘭交每向雲霞締。藻詠多從水石留。囊有千金一賦。身却五月一裘。死來俠骨重山丘。（南宮詞紀）

【南中吕駐馬聽】

贈孔魯川二首

終日醺醺。衫袖淋漓見酒痕。絶似枕流孫楚。荷鍤劉伶。投轄陳遵。糟丘儘可寄閒身。霜華未許凋雙鬢。欲作鯨吞。牧童遥指杏花村近。（南宫詞紀）

打破窮愁。事大如山醉亦休。喜的是沈酣竹下。傾倒籬邊。謔浪壚頭。達人眼底識蜉蝣。又何須虚名身後誇山斗。典盡鷫裘。杖藜徐步問花穿柳。（南宫詞紀）

贈羅羅浮

不羡榮名。愛的是斗酒雙柑聽鳥聲。吟殘梁父。讀罷離騷。寫就黄庭。有時看雲短杖躡層城。懷人修竹開三徑。無限詩情。羅浮夢覺梅花堪詠。（南宫詞紀）

贈魏考叔

滿壁滄洲。墨妙于今顧虎頭。囊甘羞澀。身戀烟霞。心破窮愁。騷人遥駐木蘭舟。長歌共醉吴姬酒。短刺慵投。鵝羣堪愛把黄庭書就。（南宫詞紀）

贈新都程淡溪

不避風塵。海内遺書遍討論。孤身作客。十載離家。短刺投人。甘將菽水度朝昏。喜從載籍搜芳潤。似太古遺民。呼牛呼馬都隨順。（南宫詞紀）

題新安汪無如環翠園四首

窈窕林亭。似逐桃花入武陵。我則見垂楊拂地。蒼栝參天。綺石爲屏。無如此地學長生。説什麽蔣卿當日開三徑。弄罷瑶笙。一聲鶴唳娱清聽。（南宫詞紀）

把釣湖頭。倒影松羅翠欲流。况復雲洞洒潤。巖瀑飛聲。林木生秋。星辰疑聚百花洲。嘯歌况出中山酒。點點輕鷗。閑情盡屬忘機友。（南宫詞紀）

不近喧嘩。春雨壇前種杏花。林成紫竹。座對青蓮。鼎秘丹砂。脱遺世事戀烟霞。讀殘墳典觀禾稼。這的是三教爲家。玄同悟徹把藩籬化。（南宫詞紀）

几不飛塵。筆硯精良獨爽神。誰道你言爲疣贅。端的是理析秋毫。鏡覽人羣。編蒲緝柳費朝昏。雕龍繡虎推才俊。百代流芬。聖修此合爲心印。（南宫詞紀）

【南南吕懶畫眉】

題朱世卿溪上别墅十首

溪聲斜抱帝城隅。懶性從來水竹居。牕前流水枕前書。悠然到此忘情處。一片冰心在玉壺。右溪居（南宮詞紀）

門前春水似滄浪。緑染迴汀草又芳。披書纔暇卽焚香。雲容水態還堪賞。春思如今未易量。右溪春（南宮詞紀）

紙屏石枕竹方床。風帶潮聲枕簟涼。欲陰溪燕集書堂。臥偃羲皇上。但得身閒日自長。右溪夏（南宮詞紀）

竹牕書幌見烟波。蘆葉蕭蕭風雨多。清秋欲盡客重過。向夕開簾坐。倚笛新翻水調歌。右溪秋（南宮詞紀）

白雲長在水潺潺。門對寒流雪滿山。玉峰晴色上朱闌。波摇岸影隨橈轉。却伴漁郎把釣竿。右溪冬（南宮詞紀）

青山遠近帶皇州。直到門前溪水流。漁竿消日酒消愁。知君苦思緣詩瘦。紗帽閑眠

對水鷗。右溪晝（南宫詞紀）

烟霞壁立水溶溶。落日樓臺一笛風。溪頭看月出深松。物情多與閑相稱。已許滄浪作釣翁。右溪晚（南宫詞紀）

水流無限月明多。溪上閒船繫緑羅。玉盃瑶瑟近星河。不脱荷衣卧。世事空知學醉歌。右溪夜（南宫詞紀）

淡雲疎雨過高城。水國春寒陰復晴。溪花不隱亂泉聲。世人那得知幽徑。雲水長和島嶼青。右溪晴（南宫詞紀）

紫屏風外碧波紋。家近紅蕖曲水濱。隔花催喚打魚人。雙荷覆水船難進。隱隱漁歌度白蘋。右溪花（南宫詞紀）

過鄧蘿亭公子竹下有贈

琅玕十畝帶村墟。短榻疎琴薜荔居。王孫卜築意何如。會心只在林深處。玄晏先生滿架書。（南宫詞紀）

【南仙吕解袍歌】

寄懷山陰劉冲倩

〔解三醒〕論詞賦有相如才調。論肝膽有季布雄豪。相逢傾蓋長干道。感意氣戀綈袍。

〔皂羅袍〕到如今石城風雨。懷人夢遊。你蘭亭烟水。當盃興饒。何時再放江東棹。

〔排歌〕我寒氈破。短鬢凋。不堪人事日蕭條。你冥鴻翼。北斗杓。豈終黄髮老漁樵。

（南宫詞紀）

【南中吕駐馬聽】

殷子餘自河南奉使入燕以書見示寄答二首

驀見雙魚。迢遞勞君問索居。愧我寒如〔四〕范叔。飢類袁安。渴似相如。你情深不廢故人書。我怕調高難和陽春句。倚劍躊躕。延津何日重相遇。（南宫詞紀）

你自向中原。繡豸青驄儼似仙。看了些花明洛邑。柳暗隋堤。雪滿梁園。又早喜皇

華千里使星懸。且休愁白雲一片家山遠。倘入幽燕。酒人未可輕留戀。（南宫詞紀）

【南南吕懶畫眉】

柬謝沈道子

風流沈約自人豪。溪水溪山托素交。墨花常作浪花飄。虎頭絶技君堪紹。多謝瓊瑶報木桃。（南宫詞紀）

【南仙吕入雙調玉抱肚】

寄懷山陰包叔美

多君青眼。正交懽遥歸故園。望江臯雙鯉無憑。使齋頭短榻空懸。只道春來重泛秣陵船。爲甚的興盡山陰雪夜還。（南宫詞紀）

懷李如真

如如風範。幸龍門當年得攀。到而今爲津梁病却維摩。謝交遊獨閉禪關。真人紫氣

望中看。何日重聞絳帳談。（南宮詞紀）

懷蕪湖張太乙

風流慷慨。憶張華將停雲句裁。滿林風蟋蟀長吟。一天秋桂子初開。因何遊屐斷蒼苔。幾月詩筒不寄來。（南宮詞紀）

花下懷皮元素卧病

黄花如許。憶看花門停鹿車。怪苔深斷絶人踪。但雲封寂寞五廬。你茂陵秋雨卧相如。我斗酒新詩終自疏。（南宮詞紀）

雨中柬劉仕徵乞桃花

仙源如待。問桃花是劉郎自栽。縱玉壺春酒堪攜。怪狂風驟雨相猜。煩君折寄一枝來。莫遣紛紛點翠苔。（南宮詞紀）

海陽汪無如習静昌湖以書見懷率此答謝二首

超然朗悟。怕馳驅風塵滿途。因此上寄閑心十里菟裘。占秋光一片菰蒲。浴鳧飛鷺醮平湖。分明是川上王維舊畫圖。（南宮詞紀）詞林翹楚。結人豪名傾兩都。佐交遊有北海尊罍。度年華只東壁圖書。高情何事愛潛夫。幾遍題書問索居。（南宮詞紀）

【南仙呂入雙調玉交枝】

寄平湖沈海曙

白門楊柳。記分攜俄經兩秋。相思千里君知否。望平湖烟水悠悠。你擔簦躡蹻還壯遊。我席門塵榻遥相候。再休嗟明珠暗投。正燕臺把千金駿求。（南宮詞紀）

【南中吕倚馬待風雲】

新都江去太以書貺見寄率此答謝

倜儻風流。結客詞場第一儔。只爲情傾肺腑。因此交合金蘭。休猜做器别薰蕕。你乘風遥放秣陵舟。看花共醉長干酒。歸心爲倦遊。我離思隔素秋。怕只怕冷落了陽春奏。嗏。陸海歎沈浮。幾番翹首。驀見魚書珍重過瓊玖。春逐梅花到隴頭。（南宮詞

紀）

【南正宮玉芙蓉】

送謝少府歸田

霜酣野樹明。雁唳秋風勁。見瀟瀟行李無限離情。你喜歸栗里開三徑。我怕唱陽關第四聲。尊將罄。欲待挽驪駒再停。怎禁他夕陽返照在石頭城。（南宮詞紀）

【南商調金絡索】

代潘新安留別皖城王姬

我凌雲氣正豪。你閉月年方少。邂逅風前。一笑憐同調。琴心詎可拋。奈白雲邀。惆悵潯陽江上潮。你扳留司馬把琵琶抱。三宿維舟在畫樓。我叮嚀告。章臺楊柳莫遣折長條。好收着月底鸞簫。燈下鮫綃。不再把于飛效。（南宮詞紀）

代王皖城送別潘新安

青樓此日身。紅佛當年恨。何幸蜂媒。蓦遮花間信。才華迥絶塵。意殷勤。傾蓋相逢似故人。我真心已對三星說。誰料你故國還隨一雁分。陽關近。天涯芳草未忍別王孫。因此上淚洒離尊。腸斷行雲。怕眼底風帆迅。（南宮詞紀）

【南仙吕入雙調王抱肚】

送張穎初北試三首

懷珍堪售。久才名喧傳帝州。唱驪歌綠酒紅亭。趁天風短劍輕裘。黄金臺上相逢知己笑相投。高揭文章五鳳樓。（南宮詞紀）

燕多屠狗。結人豪君應醉遊。肯王門輕曳長裾。定青樓笑解鷫裘。歌聲慷慨獨抱古今愁。任俠于今第一儔。（南宮詞紀）

幸然同調。十年來情堅漆膠。算君行定脱荷衣。念天涯尚有綈袍。魚書莫惜寄江皐。方信是貴賤難攜管鮑交。（南宮詞紀）

【南南吕懶畫眉】

弔方正學祠

死甘十族今古難。正氣猶生白日寒。一區祠宇對鍾山。招魂未賦先長歎。涕淚秋揮

壟樹丹。（南宫詞紀）

【南仙吕入雙調江兒水】

梅介甫旅寓葉三江閣上雨夜奉寄

梅福幽栖處。元龍百尺樓。寒雲低壓鍾山岫。積雨遥沈天街漏。疏燈對酌蘭陵酒。羈思不堪回首。深夜聯床。愛伴梅花清瘦。（南宫詞紀）

【南商調山坡羊】

寒夜思親二首

欲承懽難追尋生前模樣。欲消愁難擺劃别來情況。信沈沈泉臺路遥。慘凄凄繐帳燈微亮。存與亡。慈烏抱恨長。風林落木添惆悵。但記得望子門閭倚夕陽。沾裳。我涕泗空勞洒北堂。牽腸。你魂夢應須返故鄉。（南宫詞紀）

我抱窮愁把他白頭依傍。他守孤孀把我青雲期望。他病淹纏遭逢不辰。我苦零丁慈母輕拋漾。心暗傷。床前明月光。青氈誤我三牲養。便淚眼全枯願未償。寒牕。愁

聽猿聲夢裏長。空房。不是愁人亦斷腸。（南宮詞紀）

【南南呂懶畫眉】

萬松庵避暑

萬松如幄遶虛堂。朱夏風生洞壑涼。清談捉塵細焚香。塵心暫息蒲團上。晏坐從知即道場。（南宮詞紀）

秋夕溪上同皮元素漫興

滄洲何幸結比鄰。文雅還憐意氣真。溪頭明月照開尊。酒酣脱帽支雙鬢。白眼看他世上人。（南宮詞紀）

據梧落日聽溪聲。你却按拍西風水上亭。閑心一片對漁舲。涼生蘋末秋雲浄。指點鍾山萬仞青。（南宮詞紀）

羞懷短刺謁朱門。誰見青雲問故人。不如一竿閑釣緑溪雲。隔籬呼取床頭醞。露白沙明下雁羣。（南宮詞紀）

【南仙吕入雙調步步嬌】

春日苦雨

紫陌鶯啼清明近。剛剛寒成陣。無聊晝掩門。細雨斜風。柳眠花褪。無計可留春。春光九十愁中盡。（南宮詞紀）

【南仙吕入雙調玉抱肚】

自述

燈牕埋首。誤捹他朱衣點頭。齊門瑟鼓得雖工。荆山玉抱來難售。而今清夢斷瀛洲。空戴南冠學楚囚。（南宮詞紀）

【南雙調鎖南枝】

述懷二首

既少陶朱富。又無趙孟權。寸步難于上九天。誰問卞和冤。但認孔方面。把豪傑。

盡倒顛。全不顧人口似碑。神目如電。（南宮詞紀）

年半百。髮漸皤。休慕簪纓厭薜蘿。世路盡風波。流光如石火。來日少。去日多。不如但隨緣。哈然過。（南宮詞紀）

【南中吕駐馬聽】

嘲睡癖

晏起匡床。客甫傳杯又臥草堂。一任飛殘蝴蝶。遶遍南柯。炊熟黄粱。恨不似陳摶一枕百年長。等閑把周公直晤千秋上。請自參詳。睡魔因甚常爲障。（南宮詞紀）

嘲搥背

但遇開尊。命僕雙拳背上輪。一似席前擂鼓。堦下搥衣。牆外敲門。攪殘絲竹不成醺。只要鬆來骨脈聊舒困。從此不禁。便是黿鼉之介能經幾頓。（南宮詞紀）

宿棲霞寺翠微庵遲維嶽上人不至

徙倚軒窗。滿谷西風栗葉黄。山嵐滴翠。松壑流聲。石鼎飄香。無緣捉麈對支郎。

空勞載酒來元亮。露濕衣裳。把閒雲野鶴遥瞻望。（南宫詞紀）

夜雨即事

禪榻清幽。何忽喧騰萬頃秋。只聽得雷驚客枕。雨雜松濤。霎時又月照山樓。我恰纔攬殘蝴蝶夢中遊。他們尚狂呼陸博燈前酒。起望峰頭。則見千條寒玉涓涓溜。（南宫詞紀）

同藴修訪醒庵老衲

編竹爲家。頭白山僧解種花。只見鳥啼當户。犬吠行人。座攬烟霞。珠泉旋汲試新茶。虎溪大笑成佳話。歸路無嘩。但聞清梵疎林下。（南宫詞紀）

【北仙吕寄生草】

大司空募民入鏹鑄錢未期年而止因自嘲二闋

誰不慮杜甫囊羞澀。誰不願鄧通鼓鑄多。俺心高强要去居奇貨。命窮不是這擔財貨。算差反惹下陪錢貨。這的是揠銀苗遇着吸鐵石黏去手中鍬。串街頭窮木匠掉了籃中

鏦。（北宫詞紀）

丈夫呵羅綺無遮體。妻孥呵金銀不上頭。把些個小家私典賣將來湊。還向那富親朋借貸剛纔勾。只指望積時年本利收成厚。誰知道孔方兄心歹毒不肯顧儒酸。閃得我陳仲子手精光落得無銅臭。（北宫詞紀）

【北中吕朝天子】

嘲兩人誇乖〔五〕

買乖。賣乖。各自有乖名兒在。使乖乖處最難猜。肯把乖來壞。乖賣與乖人。忒乖了誰買。買乖的必定乖。你説道你乖。我説道我乖。只怕乖乖惹的乖乖怪。（北宫詞紀）

席上戲詠撥不倒 一名醉仙

朝昏。醉醺。見了他偏懽甚。花前月下伴清樽。縱欹側也不離方寸。没口没心。如顛如窨。向着人便要飲。也不管疎親。也不擇富貧。似這波老兒善把年光混。（北宫詞紀）

【北雙調沉醉東風】

詠琵琶[六]

愛你時懷中抱摟。爲你時費些春秋。輕輕的把指撥。款款的將聲輳。這消息動轉音軸。公子王孫醉玉樓。興盡也方纔罷手。（北宫詞紀）

【北雙調折桂令】

沐浴

解紅綃初試蘭湯。見影成羞。吹滅銀缸。池暖脂凝。泉香玉軟。風細肌涼。嬌臉濕似烟籠海棠。膩膚瑩似波浸鴛鴦。怕遇檀郎。半掩紗窗。纔拭羅巾。便理殘粧。（北宫詞紀）

納涼

夕陽沉攜手西樓。面面牕開。處處簾鈎。也不須紈扇生涼。自有天風袪暑。冰簟生

秋。挹荷香同開笑口。藉桐陰低按歌喉。薄靄初收。良夜方幽。好景休辜。佳興堪酬。（北宫詞紀）

漁樵耕牧[七]

俺漁家樂以忘憂。萬頃烟波。一葉扁舟。范蠡湖邊。屈原江上。嚴子灘頭。散心也伴知己鷗朋鷺友。放懷也謾遨遊蓼岸沙洲。雲霧時收。江景清幽。雨笠烟蓑。咲傲王侯。（雍熙樂府）

俺樵夫樂以忘憂。散淡林壑。活計山丘。夜雨初晴。曉霜纔霽。暮雪方收。散心也斫桂斧頻施大手。放懷也擔雲擔欸壓肩頭。沽酒相酬。使盡青蚨。稚子山妻。沉醉方休。（雍熙樂府）

俺農家樂以忘憂。幾座茅廬。數畝田疇。雨順風調。堯天舜日。春種秋收。散心也隱迹在陶潛五柳。放懷也藏身在林逋山頭。白酒初熟。黄雞自有。村疃歸來。醒後扶頭。（雍熙樂府）

俺牧童樂以忘憂。草滿平原。禾黍方收。節掛長竿。笛吹短調。烟臥高秋。散心也好雨來蓑中拍手。放懷也日夕時林外騎牛。跣足鬔頭。扣角歌謳。憩息林泉。無慮

無愁。（雍熙樂府）

【北仙吕後庭花】

春深坐隱園述景

積翠暗山窗。飛紅點竹床。鳥語凌風碎。泉聲沸茗香。境清涼。一枰展放。歲月坐中忘。（坐隱先生集）

套　數

贈焦弱侯太史

【北正宫端正好】從現宰官身。雅抱烟霞氣。任江湖廊廟逶迤。望隆山斗把蒼生繫。誰知你舒捲似雲無意。

【滚綉球】文章如瑞虎斑。標格如彩鳳儀。懷壯猷經天緯地。養沖襟玉潤金輝。尚兀自鎮朝昏下董帷。苦編摩燃向藜。子待要剪荆榛掃除了九流障翳。操繩墨整齊了七略紛披。因此上三百年豐鎬開文運。領袖着五百輩英雄上赤墀。御筆親題。

【倘秀才】自從你占金榜龍頭發跡。向青瑣鑾坡載筆。日影花磚午漏遲。則爲你才學如班馬富。氣魄似董狐直。把詞臣重倚。

【塞鴻秋】校文緇盡蘭臺秘。談經分得爐烟細。揮毫雅稱絲綸寄。陳圖養就元良器。金蓮照夜歸。銀榜增春麗。方信道歲星隱作金門吏。

【脱布衫】但詩成與大曆争奇。但賦就與西京鬬綺。你也曾似馮定碑傳黑水。勝左思三都紙貴。

【小梁州】你也曾梁國分茅把使節持。壯天王多少恩威。憑着你冰銜一縷正與素絲宜。瀛洲内。仙侣藉光輝。

【幺篇】立朝泰華巖巖氣。信調元不讓臯夔。人争望泰階平。誰逆料賢關閉。也是這斯文將廢。致令你道大轉堪疑。

【醉太平】青天白日。暗藏着鬼魅妖狸。讒生貝錦亂喧豗。把三閭共嫉。子爲你地高惹得時人忌。論高觸着姦人諱。調高不入俗人機。因此上點青蠅在白璧。

【耍孩兒】問東山是一答兒閑田地。羨謝傅風流怎及。高情千載尚堪提。依然草色離離。荒墩落日雲常鎖。灌木春風鳥自啼。這騷雅憑誰繼。好尋勝跡。聊慰幽栖。

【六煞】那壁廂江浮疊嶂來。這壁廂湖連萬雉迴。清尊寒落鍾山翠。雲中鳳闕供支策。雨後鶯花待振衣。你只合手搦着王維筆。迴避了有風波的宦海。吟嘯在無坑塹的漁磯。

【五煞】植陶潛柳在門。種東陵瓜滿畦。指顧着三山二水閑遊戲。若論那官羊法酒擔驚怕。到不如茶竈琴床省是非。列圖書端的有南面百城貴。參透的是西來密諦。太上玄機。

【四煞】督奚童灌竹蒲。汲山泉煮蕨薇。問奇客盡金蘭契。近的似馬融絳帳傳經日。遠的似荀爽龍門御李迴。一個個虛來實往成心醉。廣開接引。剖破藩籬。

【三煞】好遊如謝康樂志不奢。好吟如杜少陵氣不悲。好俠如李青蓮又没疎狂累。揮殘麈尾談天口。籠盡鵝羣洗墨池。千秋業君無愧。但乞得片言隻字。珍重如漢鼎商彝。

【二煞】遡螽斯世德長。況趨庭將詩禮陪。因此上河東三鳳稱人瑞。且休誇蘭蓀桂子相輝映。眼見的鶚薦鵬搏接武飛。方信道渥洼原自鍾祥異。遠守着三槐堂構。常保着萬石音徽。

【一煞】得抽身虎豹叢。便甘心鷗鷺溪。人從月旦關榮悴。雖然你襟期欲借山河壯。肝膽還應日月知。逃名世外名翻起。怎忍教長淹驥足。永妒蛾眉。

【煞尾】定承宣室恩。會看丹詔起。這卧東山不是你終焉計。穩情取鼎鉉勳勞。教人在玉堂紀。（北宮詞紀）

新都孫子真曾攜王仲房過予結社酒樓一別十載今再南來同薛子融殷子餘陳延之夜話溪上

【北南吕一枝花】人從白岳來。星聚清溪上。論心燒燭短。説劍引盃長。想着你結伴王郎。展孫楚樓頭暈。載盧姬水面妝。俺也曾學陳蕃意殷勤榻下空齋。你可也效李白醉崩騰歌傳畫舫。

【梁州第七】你只爲望故國白雲迢遞。逐西風素鴈翺翔。陽關洒淚愁三唱。無窮别思。有限斜陽。因此上盟寒雞黍。心盼求羊。隔關河十載參商。斷軒車三徑荒涼。怎得你似山公酒醉在習郁池邊。似裴迪詩和在王維川上。似惠施魚樂在莊叟濠梁。情長。夢長。幸珠還合浦今無恙。酒頻釃話閑講。青眼相看喜欲狂。意氣飛揚。

【罵玉郎】感你個多情范式言無爽。輕千里拜茅堂。翻教我傷心風木添悽愴。痛椿萱土一抔。嘆妻孥絃再張。嗟兒女珠連喪。

【感皇恩】休問行藏。怕待商量。試看我甑生塵。門羅雀。鬢飛霜。空吟白雪。未試干將。不能勾遇常何。逢伯樂。常子是泣王章。

【幺】誰似你遊戲詞場。播弄風光。貪買笑解明璫。愛籠鵝揮彩筆。思出世泛慈航。情傾管鮑。俠動金張。能長嘯阮嗣宗。善清談何平叔。真畫史顧長康。

【採茶歌】今日個菊初芳。漏偏長。團圞月色照琴窗。我和你肝膽相傾多慷慨。山川如待好徜徉。

【煞尾】懽來共倒牀頭釀。你休要興盡先歸溪上航。則俺這生死交端不把雷陳讓。喜相逢帝鄉。且淹留草堂。明日個重上君家酒樓賞。（北宫詞紀）

予卜築莫愁湖上即孫楚酒樓舊址王仲房攜妓見訪

【北雙調新水令】子荆瀟灑水邊樓。枕寒濤漫將石漱。山迴江樹曉。烟鎖鳳城秋。李白尋遊。這勝跡還依舊。

【駐馬聽】俠氣難投。寂寞今經千歲久。茅堂新構。空明遥漾八窗幽。雖無那元龍百尺起高樓。常則是陳蕃一榻懸清晝。問生涯詩共酒。愧才情不繼高賢後。

【雁兒落帶得勝令】是何人拽青藜短杖遊。把白板雙扉扣。醉攜來北海尊。笑挽定盧姬袖。呀。原來是看竹老王猷。招客盡南州。頭裹着烏紗幘。身披着紫綺裘。風流。

指顧江山秀。夷猶。消磨今古愁。

【沈醉東風】艤畫舫白蘋渡口。按紅牙綠水灘頭。歌傳掌上杯。社結林中友。是當年孫李名流。千里賢星聚酒樓。愛你個蒼顏皓首。

【折桂令】對西風嘯傲湖頭。怎肯去鼓瑟齊門。只待要把釣滄洲。聽徹嗚榔。吹殘短笛。狎遍輕鷗。放海量鯨吞百斗。瀉江濤筆捲三秋。灑翰臨流。作賦登樓。攬盡烟霞。醉倒糟丘。

【清江引】探奇弔古都付酒。月上湖邊岫。滄江舊雨逢。南國新聲奏。則俺這投轄的陳遵應愧否。（北宮詞紀）

壽徐魏公太夫人玉宇母

【北黄鍾醉花陰】朱邸樓臺勝三島。寶婺祥光縹緲。開玳讌奏雲璈。錦帔朱翹。簇擁着如花貌。他每都斟玉醴薦冰桃。齊祝讚西池人不老。

【喜遷鶯】薰風簾幙。把人間溽暑全消。招邀。盡都是蟬聯上爵。四座鏗鏘玉珮搖。香篆裊。喜的是結紫霧芝生錦砌。下青雲鶴舞庭皋。

【出隊子】想着那中山英略。首勳名麟閣標。恩垂帶礪萬年遥。鼎賴鹽梅百世調。業化起望箕裘千代託。

【幺篇】幽閑坤道。主蘋蘩分怎逃。因此上天生閨秀託夭桃。德配王公佐聖朝。河洲歌匹鳥。

【刮地風】到如今桂子蘭孫膝下繞。感不盡母氏劬勞。一門兒守定忠和孝。全無那半點矜驕。開東閣延攬時髦。宴西園文酒風騷。他也有伊吕韜。他也有孔孟學。一個個應禎祥鳳毛麟角。若不是課熊丸暮與朝。怎成就柳公綽濟美賢豪。

【四門子】且休誇任母能胎教。把共姜志節操。端的有春風和氣冰壺皎。保天真福禄饒。雖然是花甲週。幾曾見緑鬢凋。似跨青鸞弄玉下碧霄。潘輿又迎。萊彩又飄。正對着紅蓮紫沼。

【古水仙子】紛紛紛花影交。轉轉轉轉過了十二闌干白玉橋。捧捧捧壽筵前火棗交菱。排排排朱簾外錦衣花帽。舞舞舞十隊紅妝按六幺。響響響遏行雲一派簫韶。望望望望明月團圞上柳梢。便便便便有那五侯鯖饌何堪較。怎怎怎怎如你海天三度閬蟠桃。

【尾聲】谿山佳處塵難到。依玉樹光分草茅。俺則索酒頌南山洞天曉。（北宫詞紀）

壽李如真明府八十

【北中呂粉蝶兒】才遇着白雪陽春。又報導李長庚攬揆將近。對南山五柳當門。則見他脫塵凡。忘寵辱。虬髯鶴鬢。瀟灑丰神。人都把釣磻溪太公廝認。

【醉春風】則這逸老漆園生。誰知是丹成勾漏尹。到如今八十尤勝古稀年。都看做一瞬。瞬。瞬。受用些子晉瑶笙。安期火棗。麻姑仙醖。

【迎仙客】從降嶽。慶生申。瑋德瓌材稱至人。應麟祥。非豹隱。遊戲乾坤。我試把你行藏論。

【紅綉鞋】有萬象包羅的學問。有三才參贊的經綸。尚兀自雞窗燈火費辛勤。因此上邊孝先誇腹笥。郭有道擅人倫。把文源從洙泗引。

【石榴花】忍教大道長荆榛。向師友苦搜尋。你在馬融絳帳自超羣。落得片青毡來付您。領袖儒紳。千秋木鐸今重振。一個個把先生山斗推尊。宫牆時雨生滋潤。因此上桃李出公門。

【耍孩兒】謝安未起誰解得蒼生困。將新野勞君撫循。比當年子賤善鳴琴。大施些愷悌之恩。惠留棠樹千人惜。化動絃歌百里聞。丹心盡。感的那蝗離縣界。虎渡河濱。

【七煞】農桑勸課勤。苞苴防範深。畏四知端不慚楊震。九重擬下調元召。五斗難羈出世身。怕三徑荒蕪甚。因此上遠拋綠綬。歸弄閑雲。

【六煞】身不沾仕路塵。志寧甘陋巷貧。茅堂況與東山近。構成畫閣燃藜火。艸就玄經命酒尊。怎肯把時名問。雖無那重裀列鼎。儘消受五典三墳。

【五煞】愛莊周善養恬。慕老聃獨守真。繙殘貝葉皆心印。也不須九年面壁躭枯寂。則憑這一念無生了淨因。把大千世界收方寸。常將寶筏。普渡迷津。

【四煞】也不擇人才賢與愚。也不管人情僞與真。但來歸個個皆援引。把這納污含垢江河量。都化作魚躍鳶飛宇宙春。你自有證果的菩提分。到如今消遥散誕。城市山林。

【三煞】欲乘舟問雀航。欲看花向杏村。長干古刹僧堪訊。但能着屐扶鳩杖。勝似攜家隱鹿門。風雅人推遜。醉來呵詩成蓮社。興到呵書換鵝羣。

【二煞】塤篪樂弟兄。詩書課子孫。年來齒德昭鄉論。已看鼎食崇賓讌。定有蒲輪到蓽門。老先生但提着心愁悶。只待要優游覺海。做一個天地畸人。

【一煞】身居在安樂窩。心培着不老根。滄桑有盡年無盡。人間黄耇無鄉國。海上靈椿自古今。也不索把沆瀣刀圭問。偏明的是慧眼。常王的是元神。

【尾聲】俺也曾藉春風鼓舋澤。俺也曾受洪爐陶鑄恩。今日個壽筵開。滿捧着瑶觴進。則願你出函關把我向青牛背兒上引。（北宫詞紀）

壽吴伯鄰

【北南吕一枝花】千秋玳讌開。十月江梅放。延陵流派遠。季子抱才長。今日個弧矢高張。集珠履瑶臺上。列金釵錦瑟旁。籠瑞靄煖融融秀野堂深。蕩香風光閃閃青油幕敞。

【梁州第七】則你這城市裏園林窈窕。溪水邊樓閣輝煌。風流占斷烏衣巷。有時節愛瀟散留連嵇阮。有時節擅豪華來往金張。有時節挈酒徒五陵裘馬。有時節開詩社三徑求羊。匝庭瑞烟樹蒼茫。疊牀頭珠玉琳琅。也有時對名花覓一個翠袖嬌娃。乘皓月駕一隻青溪小舫。按紅牙唱一回白苧新腔。詞場。醉鄉。逍遥清世年方壯。這福分從天降。報道春來日漸長。管教你蘭玉芬芳。

【煞尾】我曉聞韶樂雲中響。夜見庚星水面光。知是你羣仙聚會瑶池上。我撰南山一章。載流霞一觴。和你對着這應瑞呈祥的雪花兒賞。（北宫詞紀）

壽丁紫巖

【北南吕一枝花】乾坤一美髯。身世雙蓬鬢。林疑中散地。人似葛天民。初度佳辰。照緑酒長庚近。正清秋爽氣臨。你本是毓山川麟鳳真才。翻做了傲唐虞由巢大隱。

【梁州第七】雖然你淹壯志風雲未遂。喜的是暢玄情松菊猶存。謝天公贏得清閒分。有時節臨泉抱甕。有時節倚杖看雲。有時節無絃度曲。有時節直釣垂綸。訂交遊帝里王孫。儘賡酬白雪陽春。乘興呵載笙歌着屐東山。習静呵避車馬逃禪竹林。破愁呵話漁樵沽酒西鄰。披襟。半醺。艸堂正與清溪近。也不索把紫芝餐金丹問。弄月吟風水上邨。陶然天真。

【煞尾】看不了的是山如列障花如錦。用不了的是書滿匡牀酒滿尊。把富貴窮通暗隨順。伴黄鶴一羣。閱蟠桃幾春。穩倩取海上安期笑相引。（北宫詞紀）

齊王孫孟闇仲闇壽予西湖

【北雙調新水令】懸弧何必在溪堂。上蘇堤湖山一望。賞音招越女。載酒泛吳航。千頃汪洋。試展我湖海元龍量。

【駐馬聽】俺那裏有繡虎文章。祇對着乳臭兒曹將權柄掌。又没甚屠龍伎倆。常則向虀酸甕底把姓名藏。蔣卿甘守薜蘿鄉。向平漫抱烟霞想。空慨慷。不覺的點秋霜白髮三千丈。

【雁兒落】俺雖慚淮南翰墨場。您素有子建風流況。羨的是坡仙載月遊。喜的是蘇小停雲唱。

【得勝令】呀。因此上買棹入錢塘。撫景勝瀟湘。烟雨千峰霽。芙蓉两岸芳。徜徉。把樓閣參差望。翱翔。逐鳧鷗三四行。

【川撥棹】乘畫舫泛中央。愛澄湖平似掌。指點着梅嶼孤芳。龍井寒香。三竺雲房。九里松篁。問酒家遊人眺賞。六橋畔柳蔭長。

【七弟兄】這的是詞場。醉鄉。好風光。仙宫梵宇開屏障。濃粧淡抹費評章。磨今洗古多興喪。

【沽美酒】思往事莫漫傷。把八月仙槎放。他們都笑指南山獻壽觴。儘風騷放浪。知何處是他鄉。

【太平令】酒弔着山中宰相。身遊在人間蓬閬。月正和金昆相向。鳥似伴紅牙低唱。我呵趁着這山光。水光。翫弄着秋光。呀。落得些神怡心曠。（北宫詞紀）

壽齊王孫慕亭

【北雙調新水令】王家樂事勝神仙。醉長春舞裙歌扇。行雲迷楚岫。飛雪滿梁園。朱邸張筵。喜今日歲星見。

【駐馬聽】想當初雨露恩偏。東海曾分桐葉翦。今日個烟霞思遠。小山常被桂叢淹。雕甍珠拱勢參天。琪花瑶草香連院。簾半捲。消磨白晝把楸枰戰。

【雁兒落】你也曾呼盧百萬錢。插架三千卷。春風燕子樓。夜月鴛鴦殿。

【得勝令】呀。今日家車馬過喧闐。絃管任留連。調笑多珠履。徵歌有翠鈿。軒然。俠氣吴鈎劍。翛然。閑情秋水篇。

【折桂令】似東平樂善當年。帝里身藏。天府名懸。喜的是堂構相輝。箕裘有托。婚嫁無牽。儘着你對斑衣歡賞在芝蘭庭院。拈彩筆登臨遍王謝山川。風擺虬髯。花映童顔。酒載麻姑。書寄青鸞。

【收尾】我這裏江梅折共霞觴獻。眼見得春光漸轉。則願你玉笙吹徹碧桃開。鳧舄翱翔洞天遠。（北宫詞紀）

贈羅江城

【北正宮端正好】不放緑樽空。不厭青山眺。任疎狂白髮蕭騷。好將大夢閑中覺。倚杖掀髯笑。

【滚繡毬】破窮愁充棟書。傲風塵短布袍。有臥竹林嵇康才調。有醉樓頭孫楚丰標。恰佚芭問奇字還。又淮南叢桂招。對西風欹斜烏帽。伴殘陽歸路酕醄。百年身向柴桑隱。千載名懸山斗高。懶慢由巢。

【倘秀才】常對局藏鬮畫閣。常踏雪披雲萬壑。常選勝在野艸閑花朱雀橋。常載酒長干道。興盡還鑣。

【塞鴻秋】羞將短刺懷中抱。愛將香餌溪邊釣。翻將古曲琴心操。攜將細茗花前瀹。人生似寄身。可負當場笑。因此上年來寡和陽春調。

【脱布衫】你也曾採芹香泮水遊遨。你也曾聽鐘聲蘭若逍遥。你也曾探函谷騎牛的玄妙。你也曾悟濠梁羡魚的真樂。

【小梁州】你也曾笑倩盧姬鬭舞腰。你也曾按吴鈎光射青霄。你也曾揮毫池上墨花飄。你也曾千金諾。你也曾駡坐氣粗豪。

【幺篇】承歡膝下弓裘紹。盡翩翩文雅風騷。見如今婚嫁完。只合訂溪山約。閑開懷抱。把今古問漁樵。

【煞尾】千秋人物樽前弔。六代河山賦裏描。端不負風流江表。咱與你金石投交。雲水相邀。月上溪頭共傾倒。（北宫詞紀）

贈徐王孫秀谷

【北南吕一枝花】你本是西園公子豪。却擅着魯國諸儒望。中山延世澤。北斗换文芒。溪上開堂。喜翛遠無俗障。放天真入醉鄉。囊中賦鸚鵡春嬌。匣裏劍芙蓉秋爽。

【梁州第七】則你這凌霄漢襟懷磊落。納江河度量汪洋。詞源倒捲三峽浪。每日價横琴棐几。檢字芸窗。也有時罇開北海。客會高陽。玉醍醐水陸鋪張。翠氍毹環佩鏗鏘。泛銀河秋駕蘭舟。眺東山春披鶴氅。宴瑶臺夜擁霓裳。詩狂。酒狂。更雄談捫虱多豪爽。馬盈門車填巷。休猜做狗盗雞鳴薛孟嘗。國士無雙。

【罵玉郎】你爲甚的年來輕把功名放。因逝水惜流光。歎秦宫漢闕生榛莽。縱博得身後名。又添來頭上霜。總未若山中相。

【感皇恩】因此與鷗鷺翺翔。花月徜徉。酒醉在孫楚樓。笛弄在桓伊步。詩和在朗公房。把一個潭潭相府。翻做了籍籍詞場。學的是唐李白。宋蘇軾。晉嵇康。

【採茶歌】這壁廂瀼西堂。那壁廂輞川莊。一任你桃花扇底鬬紅粧。六代河山留勝賞。五侯池館醉春光。

【煞尾】你招賢愛把屠沽訪。樂志都將鐘鼎忘。似冥鴻高舉青雲上。神遊在上皇。身逃出世網。則你這林水翛然。便自有濠濮間想。（北宮詞紀）

贈陳延之

【北南呂一枝花】家無二頃田。囊有三都賦。賢豪新負笈。太史舊遺書。你則要待價沽諸。甘隱南山霧。怎肯輕投明月珠。做了個傲塵世白眼的嵇康。冠詩壇驚人的杜甫。

【梁州第七】有炙轂雕龍的伎倆。有囊螢映雪的功夫。但揮毫倚馬千言富。結的是西園飛蓋。挾的是南國名姝。放的是花溪漁艇。乘的是柳市藍輿。也曾向祇園了悟真如。也曾向芝房搜檢丹書。酒人隊再入一個高陽。任俠傳新添一個季布。好色賦重見一個登徒。狂乎。醉舞。縱横咳唾皆珠玉。真個有磊落才汪洋度。風擺虬髯氣概殊。羞殺那委瑣之夫。

【隔尾】主盟月旦把清標樹。領袖風流將雅社續。方信道陳寔文孫善繩祖。今日個載春醪滿壺。畫南山一軸。正遇着初度羣仙會瑶圃。

【罵玉郎】我試將新詞撰向花間度。則見他開緑綺據蒼梧。稱觴獻壽人如玉。把那蓬萊宫。靈鷲嶺。都移在崇因麓。

【感皇恩】一個個意氣瀟疏。語笑歡娱。叙交遊。談今故。説江湖。把幾個烟霞伴侣。傾倒在松竹園廬。也不須覓丹砂。尋白鹿。問麻姑。

【幺】俺與你齠齔追逐。筆硯相須。共登龍。同立雪。惜居諸。到而今塵埋章句。霜染頭顱。怎如你豹成文。計日也囊脱穎。眼見得鳳生雛。

【採茶歌】拔泥塗。上天衢。經綸事業壯皇圖。雖然是司馬無心逢狗監。定知你叔牙有意報夷吾。

【煞尾】今日個南天星降長生籙。北海籌添萬壽符。簫韶九奏慶懸弧。更喜這牆角梅舒。庭瑞雪舞。燒銀燭。映華堂斑斕五色服。盡今宵酒醉醍醐。（北宫詞紀）

南北雙調合套

填歸去來辭贈薛明府霞峰〔八〕

【新水令北】怕田園荒廢却思歸。撇罷了蝸名蠅利。身心徒自苦。惆悵枉生悲。來者堪追。論往事應難悔。

【步步嬌南】五斗幺麽原非計。怎肯罄折兒曹輩。鱸魚秋正肥。似這等束帶趨蹌。到不如掛冠恬退。何處舊東籬。江南一片把柴桑蔽。

【折桂令北】喜朝來夢覺沈迷。衆醉獨醒。今是昨非。怕歸路難尋。向徑夫忙問。把短棹輕移。趁西風遥瞻衡宇。望晨光一點熹微。童僕開扉。稚子牽衣。俺只見三徑雖荒。五柳猶垂。

【江兒水南】當日個出岫雲無意。今日個投林鳥倦歸。青山正與茅堂對。黄花雅稱村〔九〕醪味。葛巾不受風塵累。試問哀猿知未。我已忘機。莫下三聲客淚。

【雁兒落帶得勝令北】盼庭柯顔可怡。園日涉門常閉。撫孤松興自偏。倚南窗傲堪寄。送酒有白衣。舒嘯杖青藜。俺只爲薄俗防人面。因此上全身學馬蹄。須知。烏與兔繩難繫。休疑。鳧與鶴脛不齊。

【僥僥令南】羊裘堪覆足。饘粥好充飢。十畝桑麻聊卒歲。一任他世事紛紛似奕棋。

【收江南北】呀。俺與那人情世態既相違。披襟散髮最相宜。經丘尋壑漫留題。把騷人共攜。趁着這欣欣草木弄春暉。

【園林好南】命巾車烟霞滿陂。放扁舟魚蝦滿畦。引壺觴花間小憩。載琴瑟任遊嬉。攤書卷不停披。

【沽美酒帶太平令北】呀。傲風雨有接䍦。悦情話有親戚。富貴浮雲未可期。寓形骸宇内。聊乘化任張弛。審居處僅堪容膝。放胸次包羅天地。逃出那陷阱般花封百里。擺脱了桎梏般琴堂官吏。我呵再不去迎伊。送伊。早早的歸去來兮。呀。五斗米怎做得奴顔婢膝。

【尾聲南】樂天知命心無累。拚沈酣吾生已矣。名利不曾羈人。只是達者稀。（北宫詞紀）

送胡聞宇守備福州

【北南吕一枝花】兵分閩海符。酒别陽關唱。旌旗羅祖道。鼓角動牙檣。相送河梁。

子爲你抱龍虎才猷壯。際風雲世運昌。恰纔個起賢科將雨露恩霑。却又早仗天威把熊羆隊掌。

【梁州第七】氣磊落虹霓吐燄。筆縱横星斗争光。天生來虎頭燕頷封侯相。憑着你飽諳韜略。慮什麽保障金湯。憑着你折衝樽俎。愁什麽迅掃攙槍。挽烏號百步穿楊。佩吴鈎三尺飛霜。從此去絶鯨鯢海宴河清。從此去偃干戈綸巾鶴氅。從此去佐唐虞端冕垂裳。匡王。定邦。動庸首勒燕然上。博得個帶礪盟麒麟像。鵲印應懸肘後黄。奕葉輝煌。

【煞尾】羞殺那白頭尚父晚做了登壇將。怎如你年少終軍早成了架海梁。端的是男兒唾手爲卿相。感則感君恩正長。喜則喜親年正强。穩倩取鳳誥鸞封歲歲向壽筵賞。

（北宫詞紀）

立春日冶城道院送王日常還豫章時有喪偶之戚

【北南吕一枝花】江城歲欲殘。仙館春初到。一尊開霽雪。千里送歸橈。爲甚的分手河橋。怪雁足把鄉書報。痛鴛幃訃信遥。恰才個唱陽春舊雨情懽。怎當這歌薤露行雲夢杳。

【梁州第七】你非不念糟糠思還故國。都則爲結詞場義戀綈袍。把一個蘭心蕙質埋没在青山艸。他盼的是天涯遊子。依的是膝下垂髫。慮的是寒暄易改。苦的是井臼親操。因此上悵空梁燕侶輕抛。閃的你斷朱絃鳳曲難調。你去則去怕聽不得兒女悲啼。你去則去怕看不得釵鈿零落。你去則去怕禁不得幃幙蕭條。魂勞。夢勞。望饒江恨不得插翅俄飛到。理輕裝買歸棹。問甚麽雪滿關河凍未消。淚洒江臯。

【尾聲】想當日鼓盆賸把無生曉。你則索命酒聊將磊磈澆。似這般聚散浮雲不堪悼。倘若是芳魂未鎖。彩筆可招。管教你兩世姻緣再偕老。（北宫詞紀）

送馬元赤之蜀兼寄何别駕仁仲

【北南吕一枝花】你不辭三巴行路難。都只爲兩世通家舊。馬卿多著作。何遜擅風流。意氣相投。不甫能桃葉渡才分手。却又早錦官城憶舊遊。他那裏開東閣迢遞懷人。俺這裏唱陽關殷勤勸酒。

【梁州第七】望歧路長亭官柳。逐春風短劍輕裘。正值着鶯啼燕語清明候。情懸别駕。馬向夔州。多應他陳蕃下榻。肯教你王粲登樓。草玄臺勝跡還留。浣花溪樂事堪酬。你則索感東君戀戀綈袍。話巴山依依夜燭。你且休問秦淮泛泛蘭舟。邀遊。

散愁。他那裏春山無伴方求友。相賞在錦江湄巫峽岫。煞强似白首窮經老一丘。興滿滄洲。

【尾聲】你擔簦覽盡山川秀。撫景都將翰墨留。自古金蘭稱不偶。把婚嫁且丟。把烟霞且收。則這佐郡的王祥便是你向平友。（北宮詞紀）

南北中吕合套

題贈新安汪高士昌朝環翠堂三教園景

【粉蝶兒北】雲掩雙扉。艸堂深萬山環翠。恰便似削芙蓉千丈崔嵬。鎖青霞。連綠野。直接着東來紫氣。那裏有車馬喧阗。這答兒閱盡了世間興廢。

【泣顏回南】嘉樹拂雲齊。五老峰頭堪倚。客來和靖。放松巢白鶴招伊。蘭臺高起。散清芬偏會幽人意。轉危橋羽化翩躚。延西山爽氣徘徊。

【石榴花北】俺只見綠蘿引蔓閣前垂。憑檻好銜盃。沖天泉直瀉在洗心池。一任你流觴曲水。把釣漁磯。牡丹芍藥開如綺。真個是萬花叢不放春歸。到夏來長林菁蒨遮紅日。正好在觀空洞裏避炎威。

【泣顔回換頭南】磐石。無事坐彈碁。梧桐翠色侵衣。東山月上。瑶臺夜眺清暉。秋聲四起。趁涼飈丹桂香飄細。解嘲亭觸景心閒。馮閎軒縱目神怡。

【鬬鵪鶉北】恰才個菊徑開花。却又早梅林綻蕊。恰才個霜染丹楓。却又早雪粧玉壘。則你這秘閣三冬朔氣微。有紅爐不用圍。你道是委巷空華。我道是長春化國。

【撲燈蛾南】喜的是金蘭氣味投。因此上結交在千里。懸一榻招邀徐孺子。眼羞瞧五陵豪貴。博覽呵藏書東壁。著述呵洗硯方池。聽嚶鳴在曲霞藏裏。向無如書舍𨗉襟期。

【上小樓北】菴開半偈。龕名全一。每日家閑守丹爐。静對青蓮。朗悟玄機。只落得紫竹成林。百鶴當樓。天花遶砌。達生臺無拘無繫。

【撲燈蛾南】昌湖似蓬萊弱水。臺榭似臨春結綺。深渺渺的隱鱗潭。密雜雜的萬錦堤。曲灣灣六橋佳麗。隱隱似晴空吐霓。風飄飄畫舫輕移。泛泛似真人一葉。碧澄澄湖心亭下漾漣漪。

【上小樓北】只爲你向滄洲得趣深。因此上把菟裘結構奇。端的有杜曲才情。習沼風流。陶園幽致。全不管世態炎涼。陸海風波。人心醒醉。煞强似老達摩九年面壁。

【撲燈蛾南】把談天口兒緊閉。把拿雲手兒袖起。做一個東海上釣鰲人。做一個急流中砥柱石。檢鴻寶將元元周濟。自澆成茶丘藥畦。耕玄庄茅舍疏籬。逍遥在雲區烟道。這的是笑風塵無無高士悟希夷。

【尾聲北】年來天放把形骸棄。仁壽山頭坐息機。一任滄海桑田幾變移。（北宮詞紀）

題殷子餘河東别墅

【北南吕一枝花】田堪季子耕。林宛孫登嘯。峰迴天作闕。岸折水平橋。瀟灑亭臯。儘占斷村居樂。不牽纏塵市囂。喜的是向子平婚嫁將完。趁着這龐德公年華未老。

【梁州第七】瀉柴門千重瀑布。接茅堂萬疊松濤。山禽梳羽當堦落。桑麻遠近。禾黍低高。牛羊下野。鷗鷺翻潮。杖青藜結識漁樵。踏芒鞋來往蓬蒿。儘着你拈彩筆吟落溪雲。臥匡牀夢回池艸。典鷫裘酒醉山瓢。釣鰲。放鶴。艸玄人剩把烟霞傲。伯牙琴王猷棹。緑水青山不待邀。世外逍遥。

【隔尾】門閑幸没催科到。歲穰都緣風雨調。酣眠紅日牀頭照。玩揚雄解嘲。效嵇康絶交。白眼看來天地小。（北宮詞紀）

壽後九松

【北雙調新水令】喬松萬載結苓香。傍南山九株相望。貞蕤擎雨露。素髓傲冰霜。鬱鬱蒼蒼。正應着崧嶽真人降。

【駐馬聽】翠鎖山房。點點松花綴羽裳。陰連丹嶂。紛紛松子落書牀。竹梅節操共傳芳。虬龍夭矯差堪狀。論餐松是却老方。好教你半天飛步神情爽。

【雁兒落】自從你鍾靈岱岳傍。聳秀徂徠上。養成丘壑心。生就烟霞相。

【得勝令】隔水奏笙簧。映日舞鸞凰。伴鶴算千年久。齊龜齡萬載長。虛牕。偃蓋遥瞻望。明堂。參天作棟樑。

【折桂令】想大夫封曾受秦皇。則你這璧合珠還。怎羡他紫綬金章。笑殺那桃李繁華。芙蓉寂寞。楊柳輕揚。怎如你接霄漢亭亭千丈。倚巖阿謖謖成行。古翰昂藏。暮色蒼茫。雅稱着崔尉吟哦。偏宜在陶令門牆。

【水仙子】松頭月出海天光。松杪風生枕簟涼。松梢雨過波濤壯。握松枝談柄長。掩松扉白晝徜徉。松徑同麋臥。松皐看鳥翔。釀松醪滿泛霞觴。

【幺篇】松蘿初試雨前鎗。松鼎閒焚石上香。松泉細聽山中響。鼓松風琴一張。坐瑶壇松露沾裳。塵鞅松間斷。塵心松下忘。撫青松幾變滄桑。

【清江引】九松池館開蓬閬。蘿蔦嶃依傍。花照歲星筵。酒獻陽春唱。盡着你邀赤松駕蒼虬在雲外賞。（北宮詞紀）

春閨寄遠〔一〇〕

【南中吕石榴花】懷人千里不敢上危樓。花與柳總關愁。春風日夜待歸舟。尚於今江海淹留。恩情怎丢。惡相思去路空回首。倦來時閑殺鞦韆。悶來時撥盡箜篌。

【前腔】春山無伴黄鳥且相求。你全不管歲如流。杏花二月賣街頭。怕飛來乳燕鳴鳩。湘簾半鈎。舊龐兒一半因春瘦。恨煞他風絮飄揚。辜負我花月綢繆。

【泣顔回】淚珠常傍枕函流。悔教他跨鶴揚州。歸期拖逗。歎韶光轉眼難留。孤琴浪遊。别章臺不念重攜手。你雖忘秦女鸞簫。我應憐季子貂裘。

【前腔】西原驛路掛城頭。憶王孫緑慘紅愁。天臺依舊。怪劉郎不復仙遊。心中暗籌。論採花蝴蝶原成偶。爲甚把故園書動絶經年。空閨鬢漸欲生秋。

【尾聲】春歸應是人歸後。郎見書休輕罷手。這都是我字字挑燈和淚修。（南宮詞紀）

夏閨寄遠

【南商調二郎神】縈懷抱。見苜蓿榴花偏近郊。枉蹙損娥眉人未掃。梅肥雨細。鶯聲老却林臯。腸斷蕭郎書信杳。彈不就南薰高調。瓜期到。怕無緣水漲危橋。

【前腔換頭】無聊。日長似歲。房櫳静悄。緑暗槐蔭庭院小。嘆容顔憔悴。羞將團扇輕搖。扇上分明酬唱好。到如今全不念花前同調。愁多少。把機中錦字慵挑。

【囀林鶯】江南雲樹魂夢遥。懨懨溽暑難消。憶六郎空□□□。怪文禽兩兩相交。雕闌斜靠。博山内水沈煙裊。□金翹。蘭湯浴罷湘簟展涼飈。

【琥珀猫兒墜】我藕絲悶雪。你冰水向誰調。南浦清江□□橋。玉人明月教吹簫。懽笑。閃得我萬點相思。暗洒鮫綃。

【前腔】欲隨雙鯉。逆浪故相邀。自古菱舟不怕摇。只恐潯陽江上不通潮。煩惱。把幽恨柔情。寫滿冰綃。

【尾聲】看看歧路生秋草。君須放江東歸棹。莫教我一點山螢照寂寞。（南宫詞紀）

冬閨寄遠（二）

【南仙吕甘州歌】彤雲萬頃。憶淒淒遊子。書劍飄零。爐灰撥盡。無奈香消衾冷。你不思我少年華艷星間月。我翻念你千里寒凝井底冰。年將盡。信未憑。地分南北任浮萍。孤猿叫。萬籟鳴。何人不動故園情。

【前腔】心中自不平。想吴姬緩舞。醉淹歸興。寒峰高聳。望夫漸欲成形。不能做桃根桃葉江南渡。漫自有梅樹梅花隴上生。寒風積。朔雪明。北書不至鴈無情。緘離緒。寄遠征。人一騎發金陵。

【前腔】微陽落晚汀。怪關山凍合。刀頭難定。綿綿鐘漏添。人遥夜淒清。心傷寒鳥依高樹。淚墮繁霜覆古城。閑鴛枕。冷雀屏。孤燈未滅夢難成。衝愁陣。仗酒兵。闢窗開幌弄秦筝。

【前腔】想當初殷勤唱渭城。問臨歧囑咐。郎曾追省。冰霜寧耐。願同松柏青青。却教暗風吹雨寒牕入。殘角穿雲短榻驚。投賢轄。聚客星。知君到處有逢迎。今胡越。昔影形。撇得人水流花謝兩無情。

【餘文】再還珠重合鏡。沉香火底坐吹笙。不忿朝來喜鵲聲。（南宫詞紀）

月下續歡〔三〕

【南仙吕二犯傍粧臺】〔傍粧臺〕今宵月在畫樓前。照人歡笑綺席慶團圓。撥愁雲通桂海。收怨雨對嬋娟。〔八聲甘州〕想夢魂來往豈止三千里。算衾枕相違不覺的一二年。〔皂袍羅〕淚從心出。杯隨笑傳。〔傍粧臺〕這一番兒恩愛難道是惡姻緣。

【長拍】口内温香。口内温香。心兒甜軟。况凌波步襪翩躚。芙蓉解語。這丰標彩筆難傳。色色可人憐。任相偎燈下。謾迴嬌面。一曲清歌雙袖淚。他欲語又難言。但指着畫梁雙燕。把于飛心事。托在蒼天。

【短拍】誓海填胸。誓海填胸。恩山在眼。訴離情枕上尊前。只願膠漆兩心堅。怕甚的滄桑更變。再莫似風中飛絮。把兩下都做了斷腸猿。

【尾聲】珠還劍合緣非淺。人生行樂在芳年。休只待樓外春殘啼杜鵑。（南宮詞紀）

代懷嫣然〔三〕

【南中吕好事近】瞥見繡筵前。傾城一笑嫣然。盈盈三五。正值破瓜芳年。堪憐。端的桃花人面。况驚鴻似綽態翩躚。休誇嬌羞腼腆。早柔情密意。眼角偷傳。

【泣顏回】華館燭初燃。正懽聲四座喧闐。他暗投機遘。向人叢着意周旋。持盃向前。口脂香細細生歌扇。他按紅牙一曲清新。我捧玄漿半晌俄延。

【榴花泣】明瑞解贈故故露春纖。怎當他心地熱話兒甜。殷勤翠袖半憑肩。恍疑是醉挾飛仙。想三生有緣。怕人窺未遂于飛願。他秦樓鳳既許身乘。我揚州鶴肯惜腰纏。

【前腔】情癡難按何日效鶼鶼。望楚岫思空懸。封題幾度寄鸞牋。怪馮魁偏泛茶船。柔腸暗牽。料雙生終得會蘇卿面。我藍橋水須鑒真心。你癸靈廟忍調虛言。

【尾聲】一朝捱徹相思限。我和你偎定了嫣然笑臉。再不許野鳥飛來狎錦鴛。（南宮詞紀）

秋夜聞砧[一四]

【南中呂石榴花】楚天雲淨遥夜露華零。誰搗練送砧聲。撼得蕭蕭梧葉墮簷楹。隔牆東金石齊鳴。悲涼怎聽。那儔兒敲着我心頭病。趁颼颼風度虛窗。正娟娟月冷閒庭。

【前腔】閨中思婦遥動別離情。衣未授淚先傾。遼陽千里信難憑。倩誰人寄與孤零。雙砧不停。似搗玄霜玉杵聲相應。相應他關却柔腸。因此上敲斷殘更。

【泣顏回】推枕剔殘燈。枉教人好夢難成。聲聲咽哽。伴寒蛩一樣淒清。何曾見形。但高低斷續渾無定。打鴛鴦分散韓朋。驚蝴蝶不逐莊生。

【前腔】報入漢宮廷。比樓頭畫角忒忺傷情。想長門漏永。斷送了多少娉婷。他愁懷暗增。這其間和淚綿綿聽。亂敲時鴈外霜飛。數聞來被底秋生。

【尾聲】蕭條已入寒空静。都被你將人聒醒。道是無情却有情。（南宮詞紀）

初春同吴肅卿吴季常集歐陽惟禮昆仲雲住閣看晴雪

【南黄鍾畫眉序】初霽雪峰高。飛閣披雲恣遐眺。看河山百二。盡幻瓊瑶。喜尊前花蕚相輝。聽曲裏陽春同調。〔合〕放懷共作長鯨飲。莫負太平佳兆。

【前腔】貝闕鬱岧嶢。化日浮空雪逾皎。況君家樓樹。直上煙霄。檻憑來玉樹交加。風過處彤雲如掃。〔合前〕

【前腔】授簡得詩豪。乘興休輕放歸棹。任樓頭日暮。還擬通宵。見冰壺才墮金烏。指玉兔俄生瑶島。〔合前〕

【前腔】絳蠟不須燒。雪色蟾光兩輝耀。羨寒流桂影。素積梅梢。似浮槎遠泛銀河。疑不夜驚飛烏鳥。〔合前〕

【滴溜子】謾説道。踏雪的。騎驢灞橋。謾説道。愛月的。胡牀坐嘯。怎如今宵兼好。呼童向緑蕉。旋將雪掃。月底烹茶。渴吻頓消。

【雙聲子】東風峭。東風峭。張翠幙銀屏遶。明月皎。明月皎。照積雪金尊倒。獸炭燒。獸炭燒。龍涎裊。龍涎裊。占人間天上。三五良宵。

【尾聲】謝家兄弟多奇抱。雪月都收入綵毫。歌舞留人夜正遥。（南宫詞紀）

萬曆乙酉九日同社集予莫愁湖閣到今甲辰二十年所又逢

此節因登雨花臺追憶舊遊作

【南黄鍾畫眉序】山郭覽秋暉。與客携壺上翠微。況時當閏九。杖履叨陪。百年人幾遇良辰。六代勝還輸帝里。（合）這回再把茱萸醉。不妨破帽風吹。

【前腔】霜樹暗禪扉。千仞峰頭一振衣。看亭開鳥外。客到雲齊。問龍山往日風流。可能似今朝兩逢佳會。〔合前〕

【前腔】江白雁羣飛。天外三山望不迷。也不須嘆松楸遠近。禾黍高低。冶城上縹渺丹霞。寢園内龍葱紫氣。〔合前〕

【前腔】何必舊烏衣。處處笙歌逐馬蹄。望六街三市。摇颺青旗。想着那戲馬臺落日荒凉。怎如我長干道秋風佳麗。〔合前〕

【滴溜子】休説那。千秋。許多是非。記從前。廿載。曾逢此日。客來湖天雅集。煙霞入品題。淹留竟夕。折滿把黄花。醉歙接䍦。

【鮑老催】到如今詞盟漸稀。白楊青冢傷別離。看花對酒懷故知。嘆流光。箭離弦。駒過隙。乘時且着東山屐。蹉跎此會追無及。忍對却西風泣。

【滴滴金】入江返照翻孤壁。天際浮圖逗金碧。蒼茫萬井寒烟起。尚兀自袅山泉攀松石。風生兩腋。任林端空翠衣裳濕。一霎時月上峰頭。傍人咫尺。

【雙聲子】鶯喉細。鶯喉細。歌白苧變童集。蘭香襲。蘭香襲。斟緑醑長鯨吸。㩳聲沸。㩳聲沸。閑愁釋。閑愁釋。倩人扶殘醉。踏月遲歸。

【尾聲】重陽值閏原無幾。況復陰晴未可期。因此把勝日風光兩度題。(南宫詞紀)

庚子仲秋後一日齊王孫國華集東南詞客二伯輩結社迴光寺

選名妓四十佐酒

【南大石調念奴嬌序】淮南叢桂。歎騷壇寂寞。何期此日重修。選勝雙林。高會處明月纔過仲秋。奇遘。詞客雕龍。王孫繡虎。賢星千里聚皇州。〔合〕拚酩酊。陽春唱和。占斷風流。

【前腔換頭】清晝。蘭餚桂酒。喜蓮社惠遠。能容醉中馳驟。大道青樓人似玉。濟濟招攜左右。纖手。花底分題。尊前刻燭。探珠争把彩毫抽。〔合前〕

【前腔換頭】知否。吴苑鶯花。秣陵煙樹。山川無恙酒人留。簪合處不覺肝膽相投。非偶。便東閣張筵。西園飛蓋。豪華未必勝茲遊。〔合前〕

【前腔】還有。倚馬高才。談天雄辨。興來千古睨曹劉。香霧裏仙姬摇佩瀛洲。長袖。他每都舞按陽阿。歌翻子夜。把鹿園生改做鳳凰樓。〔合前〕

【古輪臺】共夷猶。招提清絶更宜秋。月當既望明于晝。花飛靈鷲。濤響松楸。雅稱雞壇輻輳。户外車填。座中簡授。妍詞藻句重琳球。主人情厚。勝平原十日淹留。真個是身躭丘壑。氣吞湖海。胸羅星斗。佳興滿滄洲。金蘭友。狂歌浩嘯破閑愁。

【前腔換頭】雲流。落日雨過城頭。驀地裏殿閣生涼。綺羅風逗。不盡清懽。還把轄投深甃。況四海萍踪。一時聚首。九微燈火夜偏幽。同開笑口。愧當年作賦登樓。因此上移來錦席。飛殘瑶斝。聽沈玉漏。天外雨旋收。人歸候。月中桂子正香浮。

【尾聲】詞筵罷飲興酬。明日個未忍教天涯分手。還擬西園續勝遊。（南宫詞紀）

溪上賞雪

【南南吕梁州賀新郎】彤雲紛布。北風如剪。油幕溪頭高展。冰花六出。皚皚錯落虚簷。不覺凍穿茅屋。光透中林。似鋪滿澄溪練。憑闌凝望處頌豐年。却憶山陰訪戴船。〔合〕村酒熟。江梅綻。問誰人肯慰蒼生願。吟白雪。且歡忭。

【前腔】巾車難駕。柴門深掩。柳絮梨花庭院。輕揚皎潔。隨風欲下還旋。只見亂飄僧舍。密洒歌樓。城闕難分辨。風流應結客在梁園。賦就相如動四筵。〔合前〕

【前腔換頭】挺瓊枝香裊茶烟。列瑶臺寒凌歌扇。看江山千里。冰壺一片。任取我閑披短褐。醉吸長鯨。軒冕曾何羨。灞橋應有客思飛騫。驢背推敲緩錦韉。〔合前〕

【前腔】且休題阻長途策馬難前。羈絶塞吞氈自勉。便功成淮蔡。姓揚名顯。總不如衝風斗笠。釣雪扁舟。鷗鳥忘機變。笑他朱門雖富也俗情牽。我雪案芸窗興自偏。〔合前〕

【節節高】溪堂萬玉鐫。景無邊。青松枝重蒼龍偃。花封艷。鶴奪鮮。山沈巘。須臾滕六把乾坤變。恍疑姑射開宫殿。遥聽饑烏噪野田。雁迷寒渚飛將倦。

【前腔】詩成欲暮天。燭初燃。凝華積素當牕見。雲生硯。冰作絃。香添篆。雖無貂裘錦帳羊羔宴。謝家有女才堪羨。爲聽蕭蕭碎瓊聲。竹爐湯沸龍團薦。

【尾聲】曲房子夜寒威淺。任朝來風雪滿天。好伴梅花傲短簷。（南宫詞紀）

冬夜趙雉岩鹿岩出歌舞佐酒

【南仙吕入雙調步步嬌】白雪陽春當筵奏。妙舞揮長袖。豪華勝五侯。舞似掌上風迴。歌如盤中珠走。四座客淹留。孔融況屬通家後。

【江兒水】雪霽梅初綻。簾垂月正浮。玉缸香熟葡萄酒。東君情洽塤篪奏。畫堂氣結金蘭友。絳蠟高燒如晝。隊隊霓裳。簇擁屏山前後。

【園林好】你正好奉潘輿宴遊。正好對田荆唱酬。況五馬家聲依舊。因此上開玳讌列珍饈。呈舞態試歌喉。

【川撥棹】難消受。把行雲遏不流。月將低楊柳樓頭。月將低楊柳樓頭。展氍毹蹁躚未休。較陽阿此獨優。較巴人彼自羞。

【僥僥令】浮杯觀楚舞。側耳聽齊謳。鸞鶴遊龍般般有。最喜是拂梁塵韵轉幽。

【尾聲】我玉山頹也笙歌侑。問此曲人能和否。愛你達曙還將客轄投。（南宫詞紀）

壽徐王孫秀谷

【南黄鍾畫眉序】繡幙蕩晴霞。百和輕烟裊金鴨。喜祥呈南極。慶衍東華。攜玉醴争獻筵前。正月桂初開庭下。〔合〕恍疑洞府羣仙會。金氣暗消炎夏。

【前腔】奕世擅豪華。勳業麒麟舊圖畫。羨蟬冠珠履。四座諠譁。共誇你柱石雄風。況又有宫牆儒雅。〔合前〕

【前腔】鯖饌出侯家。鶴背王喬弄笙下。按簫韶全部。翠袖紅牙。捧一雙火棗非凡。列七尺珊瑚無價。〔合前〕

【前腔】瑞草雜奇葩。香艷霏微逗銀蠟。照纖纖玉手。輕撥琵琶。緑尊前錯落珠璣。朱户外喧闐車馬。〔合前〕

【滴溜子】賓和主。賓和主。傳杯弄斝。詞和賦。詞和賦。吞雲吐霞。誰似你襟懷瀟灑。琱弓畫戟排。恩波浩大。端不讓六代風流。七貴奢華。

【雙聲子】瑶臺下。瑶臺下。帶梟沼蒼烟抹。瓊樓下。瓊樓下。帶鳳樹秋聲發。湘簾掛。湘簾掛。開罨畫。開罨畫。勝緱山飛舄。牛渚乘槎。

【尾聲】玉山醉倒雲駢駕。獻壽稱觴人意洽。管教你笑閲蟠桃幾度花。（南宫詞紀）

中秋詠桂壽皮覺華〔一五〕

【南仙吕八聲甘州】高秋月朗。正風吹叢桂爽透西堂。靈根天上。若個移來清賞。丹葩間破深深碧。金蕊濃開細細黄。分明。散人間萬斛秋香。

【賺】仔細端詳。似金粟如來降下方。難形狀。一團清氣暗包藏。弄秋光。不與春園桃李同開放。只合月殿姮娥做主張。餘芬漾。多在太湖石畔瑶臺上。動人詩況。動人詩況。

【解三酲】密葉與山茶廝像。幽味和蘭麝同芳。樹頭樹底仙英放。羡四出不尋常。露華點綴葳蕤濕。月色交增爛熳光。憑闌望。映帶着三槐堂構。五柳門牆。

【前腔】怪蓮池炎威難傍。惜芙蓉有豔無香。疎梅冷落孤山上。總不如淮南桂播詞場。不寒不暑中秋令。非淡非濃大雅粧。堪褒奬。奬你個品高諸卉。色占中央。

【前腔】嫩枝柯雲稠翠穰。映冰輪鳳翥鸞翔。你將闌干曲遶銀屏障。好珍重此花王。想當年月中曾擅吴剛技。到今日庭下多留竇氏芳。根基旺。這都是恩沾雨露。毓秀呈祥。

【前腔】論人世幾多惆悵。對花月萬慮都忘。摘花浸酒供酬唱。把花月漫評章。花依月魄清塵夢。月伴花神入醉鄉。添豪放。恍疑在蕊珠宫闕。舞愛霓裳。

【尾聲】喜的是月常圓花無恙。嫦娥偏愛探花郎。管教你萬壽南山對未央。（南宫詞紀）

壽方嘯門

【南商調金索掛梧桐】常瞻北斗標。寡和陽春調。睥睨乾坤。響振蘇門嘯。茅堂罥蔦蘿。絶塵囂。一片閑雲臥醉樵。悟來身世同塵垢。因此上撇却功名似羽毛。從吾好。生涯日日寄霜毫。漫贏得王謝風騷。李杜詩豪。任瀟散長干道。

【東甌令】忘機事。戀山椒。避俗年來著絶交。徑深只許求羊造。笑蠻觸徒争鬧。閑拖短杖過溪橋。攬勝入詩瓢。

【解三酲】非帶雨磯頭垂釣。便分泉種竹庭皐。也有時雪中夜放山陰棹。也有時向蘭若聽松濤。池邊洒墨羣鵝换。筆底驚人五嶽摇。烟霞抱。頃刻間把千山萬壑。染遍生綃。

【前腔】羡籬下黄花未老。又江梅早占清標。山中酒熟春先到。冶城上仙子吹簫。正憐你萊衣映日千秋戲。休愁那潘鬢經霜一夜凋。林泉傲。似唐虞聖世。大隱由巢。

【尾聲】玳讌開庚星耀。慚將巴曲共簫韶。願比方壺歲月遥。（南宮詞紀）

花下壽趙鹿岩

【南南吕梁州賀新郎】樽開北海。堂瞻南極。花事晴驕羅綺。煖風遲日。可憐新燕交飛。偏趁你門懸弧矢。座滿金蘭。勝結瑶池會。姚黄和魏紫鬭芳菲。色映斑斕萊子衣。〔合〕開讌賞。挤沈醉。樓臺夜月笙歌沸。桃結實。幾千歲。

【前腔】扶雲翠濕。烘霞香膩。占斷園林風味。對南山作頌。瓊漿滿泛春杯。試看合歡花上。連理枝頭。丰采天然麗。君家原樹德厚栽培。把海上靈椿手自移。〔合前〕

【前腔換頭】暢和風聲遞壎篪。沾化雨輝聯棠棣。儘金昆玉友。花底徘徊。況又有秦青度曲。桃葉傳觴。家慶非容易。烏知樂意也傍人啼。十隊霓裳按舞齊。〔合前〕

【前腔】也不須羨神仙火棗交梨。則這玳筵前瓊簪珠履。任歡呼調笑。錯落珠璣。最愛是天香國色。帶雨含烟。分得庭前媚。絳綃籠芍藥架薔薇。把金谷韶華莫放歸。〔合前〕

【節節高】金猊寶篆飛。錦屏圍。二難四美顔無媿。賢星聚。把紅袖欹。仙葩對。田家荆樹非凡卉。謝庭蘭玉稱人瑞。〔合〕願天長作養花天。看花會作長春會。

【前腔】花深徑欲迷。席重移。只見紫芝三秀生瑶砌。應着你鵬摶利。鶴算齊。螽斯異。人間五福君身備。丹成穩跨青鸞背。〔合前〕

【尾聲】祥光繚繞蓬萊地。歌舞留人月易低。争忍花前不醉歸。（南宫詞紀）

中秋同齊王孫瑞堂春堂虎丘坐月

【南仙吕八聲甘州】海天月上。正中分秋色越顯清光。三吴名勝。添得許多豪放。喜來初地逢佳節。肯爲浮踪憶故鄉。舉觴。共遊人傾倒何妨。

【不是路】徑轉羊腸。鬱鬱松杉接上方。披蓁莽。英雄曾此據封疆。氣難降。當年試劍心何壯。石上依然貫斗光。探奇往。霸圖銷歇山無恙。儘留清賞。儘留清賞。

【解三酲】矗青霄浮圖千丈。月明中金碧輝煌。客來瞻禮黄金相。經竹院煑茶香。風生丹壑泉流碧。雨沐祇園樹色蒼。憑高望。望白雲千頃。野鶴翱翔。

【前腔】聚羅綺千人石上。似廣寒吹落霓裳。他每都歌飜白苧聲嘹喨。聽鐘磬雜笙簧。一處處石奇踞虎當人面。洞黑潛虬冷客裳。把羈懷放。且伴他吟風弄月。逐隊成行。

【前腔】我恰才怪長嘯蘇門絶響。誰知道遍相逢酒聖詩狂。喧嘩笑語瑶臺上。正桂子發天香。振衣巖岫乾坤小。寄興糟丘日月長。添佳況。我本是元龍湖海。禁不得逸思飛揚。

【前腔】歎人世塵勞鞅掌。喜登臨夙願今償。遥山近水羅屏障。況月底鬬紅粧。雖不見生公説法天花落。也須羡蘇子留題翰墨香。舒遐想。好追隨二妙。莫問歸航。

【尾聲】月將沈雞三唱。醉眠同借朗公房。我只見一點禪燈照十方。（南宫詞紀）

重遊土峰觀以朱世卿禱嗣有應

【南南吕梁州賀新郎】盤雲丹道。插天仙嶠。十里松杉環抱。羣羣麋鹿。窺人驚起山椒。但聞得風飄鐘韻。霧裊爐香。犬吠花源小。天門蘿薜暗隔煩囂。自古雲林遠市朝。神氣爽。靈光耀。當年已應熊羆兆。齋一念。答層霄。

【前腔】丹燒金竈。鶴栖華表。木末泉飛百道。振衣高絶。寒生一派江濤。因此上盤桓松下。指顧峰頭。不覺空翠沾烏帽。何來清樂響振林梢。洞裏神仙碧玉簫。神氣爽。靈光耀。當年已應熊羆兆。齋一念。答層霄。

【前腔換頭】挾飛瓊樓榭烟霄。御天風掀髯長嘯。漫流商刻羽。追憶王喬。怎能够山中采藥。雲裏驅雞。不入紅塵道。泉香茶已熟注山瓢。環坐在石勢參差烏鵲橋。夢裏境。今重到。真人依舊藏靈島。拚信宿。未還鑣。

【前腔】托烟霞泉石爲交。任相携青衣年少。聽歌聲隱隱。林外歸樵。恰才個餐來麻飯。飲罷瓊漿。又早石壁翻殘照。下方秋色老樹全凋。這裏猶自吹笙醉碧桃。夢裏

境。今重到。真人依舊藏靈島。拚信宿。未還鑣。（南宮詞紀）

題中山王孫徐蔭軒桃源〔一六〕

【南大石調念奴嬌序】桃花萬樹。正參差洞口。朝來霞蔚雲蒸。十日平原。吟賞處園林不讓蓬瀛。佳景。水遶銀河。山懸玉壘。高飛燕雀賀新成。〔合〕惟願取。春光久駐。花下吹笙。

【前腔換頭】三徑。松筠數頃。羨紅塵不到。清幽如在層城。百尺瑤臺。盡都是靈草紛披丹磴。堪憑。鳳宿蒼梧。鶴巢珠樹。無如此處學長生。〔合前〕

【前腔換頭】嘉慶。東壁圖書。西床劍珮。層樓飛榭入青冥。簾半捲簾半捲遠山羅列雲屏。偏稱。珠履三千。金釵十二。紫簫聲裏鳳凰鳴。〔合前〕

【前腔】乘興。竹塢棋枰。石床丹竈。不將蘿薜易簪纓。高敞處高敞處遥見海月先升。寒凝。清徹冰壺。光分玉斝。無端詩思忽然生。〔合前〕

【古輪臺】轉林亭。藥闌相倚鬬輕盈。陂開雙槳明如鏡。魚牽芳荇。鳥掠沙汀。處處松濤相應。種樹逍遥。彈琴嘯詠。投壺散帙有餘清。恬媮誰並。暢香山白傅高情。

歌傳扇底。翰染池頭。談生麈柄。寵辱未曾驚。長春景。奇花異木不知名。

【前腔換頭】閑評。人世蕉鹿難憑。又似蠻觸紛紛。徒勞爭勝。怎得駕鶴驂鸞。舉手嵩山緱嶺。因此上餐秀芝房。棲真蘿徑。閑居自有衛生經。雲封丹井。駐紅顏大藥將成。須有日携來石髓。飛乘鳧舄。凌將倒影。雞犬伴仙昇。清虛境。天邊看取老人星。

【尾聲】遊三島謝五陵。香霧裏簫韶可聽。羨玉樹扶疎正滿庭。（南宮詞紀）

題何別駕仁仲采芳洲

【南大石調念奴嬌序】烟波萬頃。見屏山映帶。居然海上丹丘。負郭名園。凝望處偏稱何遜風流。奇構。湏水東來。襄山北拱。楚天清絶是三洲。〔合〕惟願把。幽芳采采。來往扁舟。

【前腔換頭】雪岫。花迷洞口。恰行來精舍。鏡陂驚起鳧鷗。似路入耶溪。描不出十里芙蓉如繡。榆柳。勢欲參天。陰堪銷夏。日搴宿莽向中洲。〔合前〕

【前腔換頭】希有。翡翠巢寒。鳳凰臺迴。凌波高起閬風樓。煙雨霽煙雨霽石面堪下鼇

鈎。非謬。便習郁池邊。王維川上。怎如你秋風薜荔暗滄洲。〔合前〕

【前腔】沽酒。紅杏清帘。竹籬茅舍。望來便欲典鷫裘。山斷處山斷處百尺橋跨中流。回首。秀色侵衣。繁香襲珮。辛夷花發滿汀洲。〔合前〕

【古輪臺】漫夷猶。朋來銷盡古今愁。百年喬木傳司寇。堂標虛受。似緑野清幽。羡絳帳春風依舊。太史星占。詞人輻輳。水雲深處勝瀛洲。妒花紅袖。似弄明珠神女來遊。況林開中散。酒如平樂。書藏二酉。山對庾公樓。憑虛牖。城迴千雉帶平疇。

【前腔換頭】沙頭。遥見夢澤雲浮。還又見露下三湘。江籬堪嗅。犬吠雞鳴。舉目萬家烟柳。蜃結樓臺。天開園囿。岳陽黄鶴掌中收。翠微前後。聽鄰鐘飛度繁丘。一任你蘭亭修禊。蓮社逃禪。秫田釀酒。魚樂暢莊周。閑搔首。欹斜紗帽伴眠鷗。

【尾聲】斜陽暮歸詠遒。醉攬得烟霞兩袖。不説曼倩當年記十洲。（南宫詞紀）

題齊巨源王孫羣鷗閣

【南南吕梁州賀新郎】溪山玉立。溪堂雲構。溪鳥依人白晝。湘簾高捲。王孫清暇夷猶。不讓五侯池館。六國樓臺。千日中山酒。欸聲咿啞啞度中流。你紗帽閑眠對水鷗。開曲讌。扶紅袖。羡龍盤虎踞還依舊。看紫氣。滿溪頭。

【前腔】金城萬雉。畫橋千柳。掩映芙蕖如繡。樓船簫鼓。依〔一七〕然江左風流。遥望着長堤酒幔。别浦漁舠。笑結忘機友。人家多住在白鷗洲。你高閣朱闌不厭遊。開曲譙。扶紅袖。羡歌傳桃葉還依舊。低按拍。在溪頭。

【前腔換頭】據胡牀嘯傲滄洲。怪裘馬風塵馳驟。這翩翩帝胄。名重千秋。最喜是烟籠寒水。雨帶春潮。月吐溪邊岫。風吹輕浪動起眠鷗。故着浮槎替入舟。開曲譙。扶紅袖。羡桓郎笛步還依舊。邀三弄。坐溪頭。

【前腔】雖未曾學吹笙世外仙遊。但揮毫才傾八斗。任談天碣石。客到淹留。每日家翻殘貝葉。草就玄經。茗椀閑消受。一羣鷗鳥下對沉浮。露濕荷裳已報秋。開曲譙。扶紅袖。羡釣魚臺榭還依舊。聽欸乃。過溪頭。

【節節高】平原十日留。轄堪投。疎松隔水笙簧奏。床頭酒。池上樓。林中友。尊前刻燭珠璣溜。醉來説劍寒星斗。千古興亡不須論。閑情已托滄浪叟。

【前腔】殘陽落渡頭。景偏幽。萬條寒玉溪聲逗。雲歸岫。風滿樓。烟沈柳。采菱歌斷黄昏後。漁燈點點穿虚牖。夜深輕放酒船回。一溪月漾波紋縐。

【尾聲】臨風未可重搔首。事大如山醉亦休。浪跡乾坤狎海鷗。（南宫詞紀）

題徐王孫惺予莫愁湖園

【南南吕梁州賀新郎】石頭雄鎮。莫愁清賞。十里湖平如掌。王孫選勝。開成緑野華堂。一任你招賢東閣。飛蓋西園。星聚瑶臺上。朱闌迢遞也壓湖光。水殿年年占早芳。〔合〕麟脯劈。瓊蘇釀。行雲遏處歌喨嘹。看地主。任豪放。

【前腔】山環千疊。花開十丈。似雪寒生烟浪。空中樓閣。江峰映帶垂楊。正好尊開北海。榻下南州。修禊蘭亭上。況有水田三百頃。萬株桑。但得身閑日自長。〔合前〕

【前腔換頭】對洲邊白鷺迴翔。問孫楚樓堪凝望。把翠簾卷朱閣。恍疑蓬閬。儘着你園棋別墅。拄笏西山。詠月南樓上。東山鶴氅也傲羲皇。碎踏殘花屐齒香。〔合前〕

【前腔】放長隄錦纜牙檣。趁江村漁歌樵唱。見鸕鷀鸂鶒。驚回雙槳。更有那千尋虎踞。六代琳宮。指顧濠梁上。數聲鐘與磬自微茫。萬里沙鷗弄夕陽。〔合前〕

【節節高】吹笙學鳳凰。鬱金香。盧姬低按紅牙唱。花連港。月轉廊。魚吹浪。瑶釵翠袖相環向。只疑神女凌波上。玉斝殷勤座中飛。五侯池館春風蕩。

【前腔】詩成載錦囊。輞川莊。天開圖畫供吟望。烏衣巷。朱雀航。青翰舫。招來人物千秋上。湖天高結烟霞想。但把歡娱度歲華。浮雲一任閑來往。

【尾聲】你采芝原自關人望。天府由來二百强。萬壽南山對未央。（南宮詞紀）

寄題何納言甘露園

【南南吕梁州賀新郎】林開嘉樹。露承仙掌。複榭層樓相望。談經司寇。當年堂構傳芳。羡你才原水部。績奏銀臺。接武雲霄上。宦遊雖未倦。心在柴桑。深竹閑園偶辟疆。〔合〕三逕啓。千花放。茂陵消渴今無恙。歌湛露。答靈貺。

【前腔】緑雲籠閣。香波環舫。梅屋茶烟輕漾。客來揮麈。巵言信宿華堂。一任你賡殘郢雪。紉遍湘蘭。竹葉分家釀。夜深簾半捲。動清光。香霧空濛月轉廊。〔合前〕

【前腔換頭】路紆迴芝廈芸房。石嵯峨層巒疊嶂。更蹁躚可愛。芳菲堪賞。儘着你投竿秋水。鼓瑟春風。嘯振空林響。洞天水玉瑩。夏生涼。到冬來雪岫花開幾樹妝。〔合前〕

【前腔】爲攤書高臥藜床。欲聽泉閑扶竹杖。趁文魚出没。白鷗來往。不讓栖真谷口。招隱山中。起草玄堂上。黄金都結客。少年場。任達憐才愛酒狂。〔合前〕

【節節高】薔薇錦幙張。鶴林長。亭亭雙檜參天長。樓臺敞。羅綺香。笙歌喨。人兼吏隱多豪放。將軍宅第原寬廣。玉樹瀼瀼露珠團。揮毫氣貫三千丈。

【前腔】西園翰墨場。展縹緗。臥遊千古開心賞。有時抛塵鞅。飛羽觴。搖蘭槳。有
時齋心瞻禮瞿曇相。有時閒情漫對漁樵講。客把金徑露華分。任教星聚茅堂上。
【尾聲】邛西山斗我空懸望。你雨露承恩歲月長。賦就凌雲遠寄將。（南宮詞紀）

題李明府如真逸我閣

【南南呂梁州賀新郎】閑雲虛閣。緑蘿深巷。老去玄情偏鬯。一椽新構。振衣無限風
光。你本是栽花潘岳。飛舄王喬。今做了避俗陶元亮。松筠猶未改舊門牆。但得身
閑日自長。誰逸我。由天放。清風高枕羲皇上。溪雨過。潤琴床。
【前腔】傍簷垂柳。排空丹嶂。拄笏朝延西爽。百城南面。何如插架青緗。你只爲幻
醒炊黍。遯悟藏舟。高結青雲想。試看鳳城迴合處樹蒼茫。雙闕遥連日月光。誰逸
我。由天放。月明嘯傲南樓上。揮玉麈。據胡床。
【前腔換頭】度羣迷偏作津梁。但說法能調狂象。任門深春草。坐臥閑房。每日家心持
半偈。見徹三乘。摩詰應還讓。披書纔有暇即焚香。一點禪燈照十方。誰逸我。由
天放。僧來共話蒲團上。攤貝葉。滿匡床。
【前腔】嘆浮生石火流光。怪人世塵勞鞅掌。把功名蟬蛻。做函谷歸藏。一任你翻殘

秋水。讀罷陰符。莫問蒼生望。最愛仙宮樓閣近鶴迴翔。遠寺鐘聲帶夕陽。誰逸我。由天放。客來星聚茅亭上。容載酒。共聯床。

【節節高】山林引興長。竹琳琅。鳶飛魚躍同閑曠。形骸放。寵辱忘。襟期爽。隔窗雲霧生衣上。春風鼓瑟搴羅幌。但得逍遥世外遊。寧嫌白髮三千丈。

【前腔】臨池翰墨香。握長杠。詩成字挾風雲壯。琴心賞。劍匣藏。床頭釀。檢書夜火分藜杖。晝開三徑通來往。自古仙人愛樓居。任他世事如翻掌。

【尾聲】龍門御李人扳望。栖逸君惟臥草堂。自有高風山水長。（南宮詞紀）

汪去泰開園范羅山下題贈

【南南吕梁州賀新郎】林藏丘壑。天開蓬島。卜築堪供奇討。范羅山下。風光獨占東皋。宛是辟疆深竹。習郁方池。石壘平泉巧。華堂星影動聚賢豪。結客人瞻北海標。〔合〕園日涉。塵難到。會心林水閑舒嘯。希放達。任逍遥。

【前腔】薜牆迤邐。藥闌窈窕。灌木深藏啼鳥。露臺雲竇。攀登小接虹橋。只見紅含宿雨。緑染輕烟。花事知多少。柳陰濃蔽日夾松濤。空翠霏微惹客袍。〔合前〕

【前腔換頭】養珍禽似管新調。種錦鯉當波争跳。更亭開青嶂。閣倚丹霄。一任你花間

浮白。竹裏談棋。石上深垂釣。晝長消渴吻有茶寮。自鼔瑶琴對緑蕉。〔合前〕

【前腔】載名姝南國妖嬈。結勝友西園談笑。勝當年仲蔚。三逕蓬蒿。更羡你棨聯棠棣。秀産芝蘭。吟遍春池草。晚來還待月坐山椒。花徑紆迴絳蠟燒。〔合前〕

【節節高】吹笙向碧桃。撥檀槽。變童十隊香雲繞。明珠耀。仙杏標。雛鶯巧。當杯細轉梁州調。梁塵暗落餘音裊。〔合〕便是石家金谷易生春。似這般花枝解語從來少。

【前腔】圖書寄興遥。醸風騷。五侯七貴真堪傲。你自有貞松操。彩鳳標。幽蘭調。南山暫此藏文豹。烟霞歲月稱□嘺。〔合前〕

【尾聲】我幽棲近築秦淮小。你懸榻齋頭訂久要。有月放棹花溪醉濁醪。（南宮詞紀）

題贈新安無無居士昌公湖湖在松蘿山下以昌朝得名

【南南吕梁州賀新郎】松蘿拱秀。昌湖漱玉。紫翠千重環堵。天開圖畫。地形獨占新都。你最怕是市朝喧雜。陸海浮沈。因此上選勝把菟裘築。門前車馬謝一塵無。雅稱陶潛賦卜居。〔合〕高士里。滄洲趣。綸巾羽扇閑來去。這林水。是會心處。

【前腔】飛虹峻嶺。撑雲嘉樹。西爽邀來堂廡。峰巒突兀。九仙五老形殊。任你向茂林修竹。怪石長蘿。做個烟霞主。憑闌無障礙接天衢。莊叟逍遥樂有餘。〔合前〕

【前腔換頭】勝武林移得西湖。似靈鷲分來島嶼。望六橋宛轉。桃柳扶疎。況又有松巢白鶴。潭隱遊鱗。萬錦堤邊聚。小舟浮一葉載圖書。米芾閒情似此無。〔合前〕【前腔】占風光烟道雲區。伴樽俎鴛朋鷗侶。見萬花叢畔。蘭徑迴紆。更喜是炎銷空洞。蟾眺高臺。秘閣寒難妒。危梁依赤壁倩着短筇扶。羽化東坡興不孤。〔合前〕【節節高】洗心徹太初。境清虛。樓頭百鶴傳仙籙。又向青蓮窟。玉林墟。葫蘆谷。持來半偈天花度。絶似九年面壁成真悟。一龕燈火坐跏趺。笑他塵世空勞碌。【前腔】翻殘東壁書。惜居諸。床頭彝鼎陳千古。把新詞度。舊帖摹。丹方布。玄莊千頃耕而讀。齋懸短榻期心素。客來玄白任相嘲。子雲風雅今堪步。【尾聲】無無力砥中流柱。君縱逃名名自趨。佇看奮翮扶摇九萬餘。（南宫詞紀）

題汪昌朝人鏡陽秋

【南南呂梧桐樹】心忘寵辱驚。廬結湖山静。霞鎖雲扃。蒼翠環三徑。爐烟茗椀陶孤性。圖書費校讎。金石相輝映。説什麽劉向當年。藜杖青光瑩。鑒人自有陽秋鏡。【東甌令】捻着管生花筆。續幾卷獲麟經。喜的是文獻於今足考徵。揚芬吐烈收彝行。只要把元運扶頹綱正。倫常千古燦如星。事事備觀型。

【大聖樂】倩丹青個個圖形。但披來誰不省。一言華衮勞親定。令正氣死還生。純忠一脈開堯陛。大孝千秋接舜庭。他每都丹心照映。更有那共姜素節。巢許閑情。

【解三酲】論萬石君嚴堪並。誰知道少微星遽隕。瑶京慈幃節砥冰霜勁。有分教垂汗簡遠流馨。想着你揮毫字挾風濤壯。因此上展卷文隨雲錦生。這的是人爲鏡。妍媸自別。感奮旋興。

【餘音】則你這翰墨場烟霞景。龍門此日快先登。堪望人關月旦評。（南宮詞紀）

按：首曲曲牌萬曆乙巳刻本作南吕梧桐樹，第六至第九句與商調梧桐樹異。

聽秋齋為歐陽惟禮昆仲題

【南商調金梧桐】秋風一夕生。秋雨千林浄。晏坐高齋。蕭颯還堪聽。鴻飛天正高。月上人初定。欲覓秋聲。共把闌干憑。謝家玉樹相輝映。

【東甌令】來無影。去無形。但逐霜砧徹夜鳴。流螢落葉紛三徑。乘金氣行時令。誰教萬籟此中生。草木本無情。

【大聖樂】振林梢忽入簷楹。驚藜床幽夢醒。擁殘姜被添吟興。還倚杖在閑庭。子綦正爾形神化。宋玉何勞感慨生。栖烏不定。恍疑是塤篪迭奏。雙耳泠泠。

【解三酲】趁新凉好拚酩酊。任齋頭圖史縱横。蕭條已入寒空静。驀地裏弄淒清。似寂寥雁向閑雲唳。似斷續蟬從灌木鳴。星河瑩。羡歐陽賦就。擲地金聲。

【餘音】隱几思浮杯聽。雖然是秋風蕭瑟動江城。看取一夜池塘春草生。（南宫詞紀）

按：首曲曲牌原亦作〔南吕梧桐樹〕，然句式合商調金梧桐，兹據吴譜正。下曲同，不另注。

贈齊玉齋王孫

【南商調金梧桐】名隨翰墨流。穎發山川秀。大隱招來。叢桂還依舊。尊中緑醑盈。花底陽春奏。珠履瓊簪。坐徹沈沈漏。畫屏十二圍紅袖。

【東甌令】停銅鉢。按吴鈎。腰下寒光射斗牛。雄風肯落他人後。藏桐葉齊封舊。輝煌玉牒重千秋。樂善在皇州。

【解三酲】擅高吟才傾八斗。度新聲曲按梁州。抱雞曾向天街鬭。千金博任輸劉。交的是西園公子名無忌。載的是南國佳人字莫愁。閑馳驟。也曾逐邯鄲年少。射獵山頭。

【前腔】愛國士黄金曾授。向屠沽車騎淹留。到如今鄴侯插架深窮究。寄清賞臥滄洲。縱横聯句常侵夜。次第看花直到秋。名園構。喜的是當盃授簡。雪滿林丘。

【餘音】我與你泉石交烟霞友。春風同醉鷫鸘裘。不負平原十日留。（南宫詞紀）

題沈天彝泝光閣閣在秦淮勝處

【南仙吕解三酲】爲選勝臨溪結閣。泝流光十里滄波。短檐曲檻成孤坐。抛書卷滌塵痾。磯頭把釣逢迎懶。渚畔飛觴嘯詠多。明蟾墮。照千條寒玉。一帶烟蘿。

【前腔】雲浄處山光滿座。插晴空萬丈青螺。長虹百尺波心卧。映踈柳帶新荷。采菱妓女摇蘭槳。鼓枻漁人泛雨簑。青蘋末。喜輕風乍起。吹縐澄波。

【前腔】被欸乃把夢魂驚破。趁流光起舞婆娑。濠梁欲遂觀漁樂。單只許惠施過。這壁廂胡床有興纔邀笛。那壁廂桃葉多情又放歌。向冰壺濯。最愛是鷗栖紅蓼。鷺立青莎。

【前腔】論王謝蜚聲江左。到于今堂構如何。只落得流光一片侵簾箔。把今古暗消磨。休將你風流沈約腰肢減。留伴我湖海陳登俠氣多。閑酬和。酬和在潺潺緑水。小小雲窩。（南宫詞紀）

按：此套原刻本入南吕宫。吴譜【解三酲】條按云：「此調雖列仙吕宫，而管色卻用凡調六調」；「尚有針線箱一體，舊譜列入南吕宫，實即此曲也。」本書依據吴譜，列入仙吕宫。「代寄武陵仙史」、「代寄李進士」、「述懷」三套同，不另注。

贈盛冽湖

【南仙吕入雙調步步嬌】睥睨乾坤青衫舊。玉聳雙肩瘦。年經八十秋。倚馬千言。鯨吞八斗。不倩紫藤鳩。看雲踏遍溪邊岫。

【江兒水】短髮千莖雪。沖襟一鏡秋。弄來焦尾風泉溜。染遍生綃烟雲驟。揮殘彩筆龍蛇走。盡把榮枯參透。若問風流。便王謝還應落後。

【園林好】傲的是長安五侯。羨的是蓬萊十洲。戀的是竹林清晝。但有月便登樓。但有雪便乘舟。

【川撥棹】閑窮究。笑的是替兒孫做馬牛。耐風霜澤畔羊裘。耐風霜澤畔羊裘。送韶華花邊酒甌。任浮生休不休。任虚名留不留。

【僥僥令】羞看蠻觸鬬。愛作向禽遊。野鳥雙雙忘機友。每日故飛來伴白頭。

【尾聲】風塵我亦厭馳驟。問三徑可堪容否。和你一局碁消萬古愁。（南宫詞紀）

殷孟郊卜築東山之麓標其堂曰瞻東此贈

【南仙吕入雙調步步嬌】試問東山誰爲主。是謝傅登臨處。殷融此卜居。小小茅堂。重重雲樹。休道古來名利盡丘墟。六朝風景還如故。

【醉扶歸】愛清幽怕入紅塵路。臥東山贏得禮法疏。似王維摹下輞川圖。稱潘岳草就閑居賦。客來問字日提壺。相逢盡是烟霞侶。

【皂羅袍】家學還堪步武。向閑雲孤館。静養真如。陶潛瀟洒愛吾廬。莊周放達能齊物。貴由他貴。何勞曳裾。適應自適。何須繫壺。從來大白原無辱。

【好姐姐】盤紆。花蹊竹塢。密匝匝把門兒遮護。青山環堵。情高只據梧。流年度。憑將巖欐爲供具。門外常停長者車。

【香柳娘】羨圖書四壁。羨圖書四壁。琳琅珠玉。一尊風雨披緗素。況青溪釣徒。況青溪釣徒。咫尺可招呼。長吟動山麓。任浮名有無。任浮名有無。登臨不辜。居然謝傅。

【尾聲】休嫌蛛網羅蓬户。習懶神遊千古。酒熟封侯快未如。（南宫詞紀）

題吴肅卿冶麓園[一八]

【南仙吕入雙調步步嬌】萬竹琳琅把閑身寄。門傍仙山啓。堂深緑雨飛。人徑非遥。塵喧堪避。文酒漫招携。休疑[一九]中散風流地。

【江兒水】翠柏團爲幄。夭桃種作蹊。風迴三徑禽聲碎。雨歇方塘波紋細。山連短榻雲光霽。花事晴驕羅綺。石磴盤旋。步步香生蘭砌。

【園林好】喜投竿寒烟釣磯。甘抱甕春風菜畦。隔柳浪亭標蓮瑞。但倚杖緑蘿垂。但艤棹白鷗飛。

【玉交枝】山林恬退。懶逢迎常關竹扉。攤書遥夜渾忘寐。漫贏得太乙分輝。客從子雲來問奇。池開習郁扶殘醉。墨花香淋漓一溪。劍光寒侵凌四壁。

【川撥棹】還堪慰。毓河東三鳳飛。你伴閑雲野鶴徘徊。伴閑雲野鶴徘徊。任逍遥樊籠怎羈。抱滄洲興獨奇。奏陽春曲和稀。

【僥僥令】丘園甘自賁。魚鳥解忘機。便做百歲勞勞身名計。不如攬烟霞酒一杯。

【尾聲】輞川正好邀裴迪。我亦元龍豪氣。花底常爲十日期。（南宫詞紀）

張穎初燕臺下第李茂先邀歸廣陵寄此奉慰

【南中吕好事近】翹首望風雲。依然淪落風塵。你自合空羣燕市。翻做了鼓瑟齊門。洒旁人。爲暗裏投珠銜恨。你但長歌不把眉顰。前程算榮枯未準。怎肯驚心塞馬。洒泣波臣。

【泣顔回】俠氣邁常倫。慣揮金仗義施仁。縱黑貂裘敝。尚腰間雄劍干雲。臨風自哂。笑馮驩彈鋏空悲憤。把蚊虻小覷金張。喜膠漆舊結雷陳。

【榴花泣】驚人才藻寡和是陽春。羞短刺謁華津。暫從逆旅寄閑身。伴高陽放浪斜曛。你是蒼松翠筠。傲青霜未許凋雙鬢。興到處吞吐烟霞。醉來時睥睨乾坤。

【石榴花】欣逢李白尊酒共論文。披肝膽見交親。他欲開東閣效公孫。你趁仙舟御李龍門。且做南山豹隱。羡扶摇九萬鵬程近。際昌期結綬彈冠。快雄飛易水燕雲。

【尾聲】勞君千里把貧交問。注念箕裘意獨真。我安得瓊瑶報故人。（南宫詞紀）

代寄武陵仙史

【南仙吕解三醒】自那日陽關三唱。鎮終宵夢繞河梁。封題遥慰登龍望。羡仙府探花郎。雖然你鳳凰池上新恩重。翻教我燕子樓中別恨長。添惆悵。博得個玉堂金馬。冷落了翠館鴛鴦。

【前腔】記當初燈前席上。論風流國士無雙。綢繆共結芙蓉帳。似雙蝶宿花房。我愛你詩成逸思凌珠斗。你愛我歌罷柔情獻玉璫。空思想。怎能做離魂倩女。向青瑣翱翔。

【前腔】你本是鳳樓天匠。少甚麼月窟霓裳。把鶯鶯燕燕都拋漾。任河邊織女參商。從今後夜燒天子金蓮香〔三〇〕。再休提暫醉佳人錦瑟傍。我癡心望。望得個書傳青鳥。花報銀缸。（南宮詞紀）

代寄李進士

【南仙呂解三醒】美詞華天孫織錦。好丰神秋水無塵。蒹葭倚玉慚非分。纔得見便情親。嗚鳩正逐河洲願。你走馬遥看上國春。陽關近。按不住離愁一段。哽咽沾巾。

【前腔】正燕市網羅豪俊。筆尖兒豈誤儒紳。泥金遠寄天邊信。誰知我憂喜平分。喜則喜鵾鵬已展南溟翮。憂則憂燕雀難栖綵鳳羣。郎休忍。忍使我飄萍斷梗。逐浪浮沈。

【前腔】怪往日綢繆忒甚。反教人别思難禁。停歌罷舞惟支枕。對花月轉生嗔。想着你緑牕笑語偎人慣。我因此上白日關山入夢頻。縈方寸。若得你歡娱半霎。除是倩女離魂。

【前腔】你從此向鳳池鰲禁。好蜚聲黄閣絲綸。却不憐〔三〕天涯有個人淒悶。令寶瑟暗生塵。倘懷桃葉尋初約。須折梅花報早春。書難盡。你試看些兒墨跡。多少啼痕。

（南宫詞紀）

擬美人七夕述懷 孫子真與美人約婚，中阻，因代爲此作。〔三〕

【南仙吕入雙調步步嬌】滿擬雙星成佳會。撇却支磯石。新粧淡掃眉。我受過無限淒涼。巴來今夕。全憑月老硬爲媒。他不將熱心腸撮合上鴛鴦對。

【醉扶歸】我愛你興翩翩廣結金蘭契。量汪汪江海托襟期。美詞華絢爛似天孫。好丰神清瑩涵秋水。因此上憐才絡秀願相隨。休猜做情挑緑綺私留意。

【江兒水】誰肯把一字來幫襯。翻教我千秋釀别離。怪傳言青鳥初心背。把臨河織女良緣悔。使闐橋烏鵲前功廢。可惜朱顔玉臂。斷送在怨雨愁雲。那些個成人之美。

【園林好】料應你冷清清行吟水湄。我慘戚戚魂摇路歧。兩下裏一般縈繫。你垂着首思遲疑。我閣着淚眼迷離。

【玉交枝】一年一會。尚生憎離多見稀。況今空把盟言締。冰上人口是心非。合權欲諧秦晉期。敗盟翻墮蘇張計。這事兒何人挽回。這病兒從今害起。

【川撥棹】羞凝睇。見樓頭少女嬉。他每都爲穿鍼高捲簾衣。爲穿鍼高捲簾衣。我衷腸他行怎知。恨鍼兒不引伊。把紅絲綰向誰。

【僥僥令】病惟孤枕覺。恨自落梧知。欲效偷藥姮娥向天邊會。又恐怕惹人閒説是非。

【尾聲】今生未得成連理。你自有丹青妙筆。好畫一幅仙郎待我悄傍伊。（南宮詞紀）

代陳延之悼内

【南商調二郎神】憐同蒂。正形影相依兩不離。奈絃斷鵾雞拋緑綺。西風蕭瑟。孤眠不共牛衣。似嫩蕊俄遭霜雪萎。空撇下斷紅殘翠。柔腸碎。悵無緣白首舉案齊眉。

【囀林鶯】謝家燕子堂上飛。春風玳瑁雙棲。猛可的雄鳴雌失壘。全不管乳燕差池。粉香脂膩。都付與落花流水。掩空閨。寒生繐帳洒血送春歸。

【啄木鸝】遺釵釧。剩錦機。任使塵埋難料理。恨只恨物在人亡。是當年手自操持。

檢來鈿翠身如醉。聞來蘭麝心如碎。但含悲。恐傷兒女。偷着淚珠垂。

【前腔】想着他花和月。唱與隨。性格溫柔丰韻美。也有時婚嫁論心。也有時談笑銜杯。佐來冀缺耕初遂。教來孟母機頻廢。計于歸。卅年伉儷。膠漆不相違。

【簇御林】到如今瓊簪折。玉樹摧。照空床霜月微。梨花夜雨難成寐。恰朦朧枕上纔歡會。夢驚回。惱人孤笛。嗚咽隔牆吹。

【琥珀貓兒墜】離心一片。遥逐彩雲飛。不爲柔情怨落暉。糟糠有願死同歸。難昧。忍見他蕙質蘭心。化做了槁木寒灰。

【尾聲】芳魂杳杳何從致。望長空椒漿三酹。願與宋玉招邀一處回。（南宫詞紀）

述　懷

【南仙吕解三醒】對西風把行藏自省。嘆年來百事無成。蕭條一室如懸磬。淹伏櫪但長鳴。看他們家開金穴空遺誚。身藉冰山浪得名。難僥倖。到不如衡門泌水。酒社詩盟。

【前腔】蓼莪篇玩來悲哽。寂寞了萱室椿庭。喜則喜孟光舉案交相敬。甘受些裙布釵荆。他憑將藥果扶殘病。我贏得糟糠伴此生。羞把螽斯詠。怪年過半百。蘭夢無徵。

【前腔】向村塢掃除三徑。感窮交二仲多情。長林豐草閑乘興。把世事淡無營。試看緑鬢已俄然白。欲俟黄河恐未易清。陶孤性。只落得床頭濁酒。筆底新聲。（南宫詞紀）

秋閨寄遠[三]

【南南吕梁州賀新郎】金風蕭瑟。銀河高朗。最惹離人愁況。雙星耿耿。相思兩地參商。喜今夕橋填烏鵲。駕擁紅雲。會合遥天上。六街晴色也動秋光。一夜征人盡望鄉。奴命薄。郎心蕩。空教寂寞芙蓉帳。惟明月。照流黄。

【前腔】記得紅亭落照。滄江雙槳。含淚和君相向。驪歌未罷。牽衣且問歸航。你道少須三月。多則經年。聚首章臺上。秋來梟雁也下方塘。猶自音書滯一鄉。關河遠。恩情曠。緣愁白髮三千丈。明鏡裏。見秋霜。

【前腔換頭】怕霜繁欲寄衣裳。悄没個人兒來往。正高梧下葉。片片焜黄。空把芙蓉笑靨。楊柳纖腰。减盡風流樣。獨眠人愧也合懽床。怎得他一宿秋風憶故鄉。門静掩。燈微亮。夢魂恨殺雙砧響。呼侍女。夜添香。

【前腔】石頭城樹色蒼茫。桃葉渡歌聲嘹喨。是繁華六代。千里金湯。因此上花迷漁父。草怨王孫。忘却文君恙。天涯一望也斷人腸。你莫指雲山認故鄉。憐别院。歡情暢。穿針巧笑危樓上。誰念我。獨沾裳。

【節節高】從歸薄倖郎。記年芳。關關匹鳥相依傍。到如今巫山障。湘水茫。秦樓莽。秋風團扇輕抛樣。蹉跎歲月歸期爽。莫教長袖倚闌干。白蘋紅蓼添惆悵。

【前腔】江頭橘柚香。見飛航。倦遊都爲鱸魚上。翻怪你襟懷放。翰墨長。交遊廣。故令踪迹萍浮浪。臨邛久絶瑶琴響。人傳郎在鳳凰山。白頭寄恨多勞攘。

【尾聲】計歸來黄花放。好向花前共舉觴。休隔銀河暗自傷。（太霞新奏）

長套如此穩貼，何可易得；在藎卿集中此爲第一。

題坐隱奉贈無如汪䑏使

【北正宫端正好】别業輞川莊。坐隱中郎興。半絲兒不掛塵情。枯棋三百常操勝。第一着心先省。

【滚繡毬】天開成圖畫奇。人鍾來海岳靈。俺子見翠巍巍松蘿掩映。碧粼粼湖水澄清。似竹苞堂構嚴。如翬飛樓榭昇。既道是晉陶潛結廬人境。又道是漢揚雄起草玄亭。煙霞常占逍遥樂。鴻鵠難牽淡漠情。游意楸枰。

【脱布衫】論浮生得喪無憑。似對局輸贏難定。你任縱横滿盤似星。單只從黑白未分參證。

【小梁州】因此上蝸角蠅頭不耐爭。恬淡無營。滄州鷗鳥結閑盟。陶真性。天放懶逢迎。

【幺篇換頭】齋懸短榻心交訂。正春山黃鳥嚶鳴。待二仲。開三徑。聽彈棋高詠。清響振林坰。

【耍孩兒】欲維風雅懸人鏡。臚列着千秋典刑。更兼你陽春字字奏新聲。但揮毫喜殺秦青。文成峽水詞源倒。賦就都門紙價騰。端的與東壁相輝映。校書呵藜炊太乙。臨池呵鵝換黃庭。

【十煞】你本是張仲般孝友兼。更將那萬石君家教承。因此上詩人岵屺歌懿行。感得這柏舟共砥閨中節。鴒鳥同關原上情。怪不得初誕降祥符應。今日個里稱高士。義重鄉評。

【九煞】百年交片語投。千金貲一諾傾。人人緩急相依命。豐財羞做看財虜。行義慚居好義名。俠氣誰能併。說甚麼田文已死。眼見得季布重生。

【八煞】訪人師負笈游。向龍門懷刺登。只要將真儒血脈親修證。一樽奇問玄亭字。

三載精傳絳帳經。朝徹了無凡聖天倪未鑿。夜氣常清。

【七煞】望玄津山不遥。聽白雲鶴亂鳴。餐霞趺坐清虚境。研求鴻寶千年秘。寣寐純陽三島靈。便羽化非僥倖。但能勾全一畢萬。怕不到久視長生。

【六煞】斷諸緣將半偈持。砥中流將寶筏乘。學九年面壁。落得根塵浄。俺只見洗心池上青蓮長。朗悟臺前慧月明。天花香散真如境。有從無遣。無亦無名。

【五煞】既玄同三教宗。遂徜徉大隱盟。種成嘉樹林巒勝。泠泠漱玉泉堪聽。鬱鬱飛夢閣可憑。眺蟾臺百尺宜觴詠。最賞心是萬花錯繡。五老成形。

【四煞】嶺嵯峨似吐霓。水汪洋好釣鯨。飄飄一葉煙波静。六橋隱約通靈鷲。斜谷紆回接綺屏。藥欄映帶黄花徑。一任你浮家鷗渚。結社蘭亭。

【三煞】或探奇謝幼輿。或枕流孫子荆。或蘇門長嘯舒豪興。壯心已謝雙龍劍。雅望還推五鳳城。東山延繫蒼生頸。欲宣三德。崛起明廷。

【二煞】你臥林泉。非將寂寞甘。仕岩廊。非緣寵利縈。局中操縱隨機應。不將隱顯生分别。坐作都應見性靈。誰道是小數無難勝。自從你得心應手。悟了些坎止流行。

【一煞】□當初蒙莊仕漆園。金門隱歲星。他們似閒雲舒卷心無兢。達生先破拘攣見。齊物全忘寵辱驚。因此上孟堅奕旨歸泊静。似你這即仕即隱。抵多少千算千贏。

【煞尾】你從今後丰標迥出塵。文章爛若星浚明。茂建□熙朝政。□看坐隱先生勒彞鼎。（坐隱先生集）

〔一〕彩筆情辭題作「棲霞遇美」。
〔二〕「籃輿」，原作「藍輿」。下同不另注。
〔三〕太霞新奏題作「花月詞十闋」。
〔四〕「如」，萬曆乙巳刻本（簡稱乙巳本）作「仍」。
〔五〕詞謔題作「兩人誇乖」，不注著者。
〔六〕雍熙樂府題作「琵琶」，不注著者。
〔七〕雍熙樂府不注撰人。北宫詞紀外集僅録第一首，題作「漁隱」，注陳藎卿著。兹姑從北紀，四曲皆屬陳所聞。
〔八〕詞林白雪無題。
〔九〕「村」，原作「春」。
〔一〇〕昔昔鹽不注撰人，古今奏雅注陳藎卿著，題皆同詞紀。
〔一一〕昔昔鹽題同，不注撰人。
〔一二〕昔昔鹽不注作者，古今奏雅署名梁伯龍，題目皆同詞紀。
〔一三〕昔昔鹽題作「有懷嫣然」，不注撰人。

〔一四〕昔昔鹽題同詞紀，不注著者。

〔一五〕太霞新奏亦收録此套，惟缺第五、六段。

〔一六〕太霞新奏題作「贈中山王孫徐蔭軒桃源一套」。

〔一七〕「依」，乙巳本作「居」。

〔一八〕太霞新奏題作「題吴肅卿治麓園一套」。

〔一九〕「休疑」，乙巳本作「林疑」。

〔二〇〕「香」，乙巳本作「出」。

〔二一〕「憐」，乙巳本作「道」。

〔二二〕昔昔鹽題作「七夕述懷」，不注作者。太霞新奏題作「歡阻」。

〔二三〕昔昔鹽題作「秋閨寄情」，不注撰人。吴騷合編題同新奏，俱署名陳藎卿。

黄祖儒

黄祖儒，一作祖孺，字初叔，南直隸上元（今江蘇南京）人。與陳所聞二十多年相交甚善，生卒年不詳。著有囈覺草前後集二十五卷。序末署「萬曆丙申秋日秣陵黄伯子祖儒叔初謹識」。

小令

【北正宫醉太平】

客有稱驢者以此嘲之

擔柴也不消。推磨且權饒。籠頭鞍轡備齊着。一鞭兒輕輕去了。馱了個李白直搶華陰道。馱了個浩然踏雪尋詩料。馱了個孟郊沿路作推敲。馱了個張果老倒跑。（北宫詞紀）

蓋卿因錢爐停止嗟見乎詞賦此答慰

鑄錢爐止了。陳仲子休焦。常言道做買賣不着只一遭。省了你幾百迴酒糟。徹去阿堵真個妙。乘除加減天知道。塞翁失馬見何高。你休似韓昌黎徒嗟一飽。（北宮詞紀）

陳蓋卿詠撥不倒

老頭兒紙糊。在筵席上支吾。轉來轉去捻着頭顱。陪伴些高陽酒徒。對着個不飲的真孤負。要飲的不對着空擔誤。等的個劉伶座上把嘴姑都。駡你個空空的鄙夫。（北宮詞紀）

【北仙吕寄生草】

爲蓋卿解嘲二首

爐住了錢不鑄。利無了本也無。這纔是犯險能求富。原不曾絶了生財的路。總只如寄下來生的庫。想千金三致有陶朱。操奇贏也要知時務。（北宮詞紀）

爐住了君休怨。不多時必定開。開時節再把錢神賽。那時將得處償前害。霎時間歇

息須寧耐。你原不曾慢了孔方兄。孔方兄必定來還債。（北宫詞紀）

【北雙調水仙子】

百日紅前口占

花開百日在花叢。一日花紅百日紅。迎秋就把秋光送。笑人情無始終。平時節説弟稱兄。一會兒三枚兩謊。一會兒倒舵隨風。一會兒挾矢張弓。（北宫詞紀）

【北雙調折桂令】

詠蚊蠅

兩般兒插翅的蛆蟲。不是蜈蜂。勝似蜈蜂。赤首蒼身。纖腰利嘴。引類呼朋。没香臭没高低喧鬨亂擁。會攢疾會躲閃丁害無窮。儘着恁麈尾蓬鬆。蛛網縱横。羽扇倥偬。巴掌洴澎。則被他脅制恁待月西廂。欺負恁沉醉東風。（北宫詞紀）

套數

陳藎卿宅賞牡丹

【南仙吕入雙調步步嬌】春日春風閒庭院。歌舞開芳宴。名花正滿前。粉黛盈盈。絳羅高卷。惆悵惜華年。舉杯試與花酬勸。

【醉扶歸】算從來國色標題遍。嘆浮花等閑空萬千。沉香亭醉倚太真嬌。姑蘇臺笑露西施面。分明解語却無言。含情脉脉知何限。

【皂羅袍】照酒紅光欲濺。恰留春春住。風韻無邊。美人一笑自嫣然。佳期庭外飛雙燕。花開人醉。詩仙酒仙。花殘春去。千年萬年。春風那管飛花片。

【好姐姐】洛陽。名園可憐。嘆花事于今難擅。怎如你姚黄魏紫。芳菲三月天。風光轉。肯教富貴羞貧賤。傾國傾城不偶然。

【香柳娘】覷雲霞細翦。覷雲霞細翦。枝枝穠茜。芳時贏得人争羨。寄鉛華在眼前。寄鉛華在眼前。榮悴自無端。花神幾曾變。對香風醉眠。對香風醉眠。吾亦任吾天。所以無忻怨。

【尾聲】花王隱約無人見。只道今朝心賞徧。聽取陽春醉後傳。（南宮詞紀）

攜酒訪殷子餘

【南商調梧桐樹】繁花滿樹飄。燕子梁间繞。九十春光。一半虛過了。風風雨雨將人惱。寂寞庭軒又近清明到。洒落襟懷。誰與追歡笑。黃鶯唤我穿芳草。

【東甌令】攜鳩杖。度溪橋。旋解鷫裘換濁醪。玉人住處溪雲繞。蕭索了陽春調。不如書册盡都抛。齊結伴做漁樵。

【皂羅袍】對酒劃然長嘯。嘆英雄滾滾。盡付波濤。朝鐘暮鼓爲誰勞。虛悲浪喜何足道。長安卿相。致身須早。山林木石。無心自好。欠伸一覺乾坤老。

【尾聲】共登臨。舒懷抱。移家變姓更逍遥。安得雲林遠市朝。（南宮詞紀）

春　興

【南仙吕入雙調步步嬌】轉眼韶華如飛度。零落了梅花塢。杏花開有無。又見桃花。點點飄紅雨。何處寄歡娛。尋春便有傷春句。

【醉扶歸】怪從前既把閒人誤。到而今肯將佳興疎。没來由下了董生帷。枉教人染就相如賦。鳳樓鱗閣盡丘墟。十洲三島空雲霧。

【皂羅袍】可奈春陰無緒。向小牕睡起。散步庭除。春風吹落案頭書。春愁繚繞風前絮。功名兩字。慢勞自許。清閑一味。惟君自取。分明是個烟霞主。

【好姐姐】安排。看出小車。弄清溪扁舟來去。及時行樂。從今忍自虛。幽人趣。水邊林下漁樵侶。日暖風輕樂有餘。

【香柳娘】嘆流光迅速。嘆流光迅速。恰似大江東去。茫茫宇宙人無數。能幾個是丈夫。能幾個是丈夫。陷入利名區。失却逍遥路。笑狂生有吾。笑狂生有吾。野心一片。白雲留住。

【尾聲】杜鵑聲裏斜陽暮。日日春風酒一壺。莫把揮毫空弔古。（南宫詞紀）

南北黄鍾合套

元　夜

【醉花陰北】萬載長春聖堯里。和氣靄懽聲四溢。頌天子壽無極。玉燭光浮。焕發出文明治。恰正值上元夕。不夜城中燈盡起。

【畫眉序南】一處處繡遮圍。金鎖鐵關常不閉。看翦霞萬疊。刻玉千堆。燦紅光天醉笙歌。引韶和風香羅綺。共疑。不是人間世。如在水晶宫裏。

【喜遷鶯北】喜月隨人意。向長空吐徹琉璃。依稀。鏡鸞飛起。十二闌干北斗齊。紅袖倚。見一片瓊瑶相接。與萬家火燭争輝。

【畫眉序南】怪撲撲暗香隨。兩行紗籠擁高髻。覷紅顔皓齒。杏臉蛾眉。算二八閉月嬋娟。盡三五步蓮佳麗。共疑。不是人間世。相遇水晶宫裏。

【出隊子北】粧點就錦營花隊。結層層綺穀飛。五辛盤絡繹錯珠璣。屠蘇酒瀲灧泛玻璨。鰲山燈掩映成金碧。

【神仗兒南】絃繁管脆。新引重翻。變聲乍翕。有歌妓揚蛾振袂。柘枝開霏霏淅淅。懽聲如醉。慶佳節倒春盃。玩夜色光似洗。

【刮地風北】麒麟燈猛可從郊原顯聖瑞。魚龍燈一個個競躍天池。牡丹燈開向瓊瑶砌。鳳皇燈彷彿來儀。八仙燈降臨天際。美人燈步摇環珮。更有那畫屏燈煞更奇。費丹青巧様粧飾。望千門火樹齊。恰便似一天星雲漢昭回。

【耍鮑老南】閬苑蓬萊且謾擬。暢豪俠恣燕喜。勸酒持觴盡瑶姬。翠袖紅牙遏雲飛。儘留連明月底。

【四門子北】偏方綀撰出玲瓏意。繪樂棚嘲笑集。鬧兒童街市紛如蟻。他們都奪崑崙戰虎癡。懽情又濃。宵禁又馳。怎忍教寂寞千金良夜回。碧篆更燃。絳蠟更輝。開不徹逡巡艷蕊。

【鬬雙鷄南】美景良辰。賞心樂意。一歲間最無比。遊情還未已。燈稀月墜。怪銅壺銀箭逼。

【古水仙子北】行行行騁句題。觸觸觸舊恨無端心上悲。顛狂拾寺裏紅綃。徙倚聽橋邊新笛。見見見歌舞叢誤雕騎。寶釵落珠帽曾遺。尚銅葉燒香未肯歸。問問問進錢納土人何處。留增四海樂無極。

【餘音南】都門又覩鰲山會。沐宣和恩波無際。共捹着一曲昇平酒百盃。（北宮詞紀）

壽李如真明府

【北正宮端正好】意安舒。身輕快。朝朝意安舒。歲歲身輕快。老先生豈是凡胎。自青山夢醒黄粱側。銷盡了區中礙。

【滚綉毬】向丘園構小齋。愛梧桐手自栽。暢心期白雲留在。報九重丹詔休來。則見他追隨着麋鹿遊。殷勤將貝葉開。剖破了藩籬疆界。廣慈航忘却形骸。真個是一輪寶月人翹首。萬里春風獨上臺。縱巧筆也難裁。

【倘秀才】蒙恩的全無見索。負德的全無見責。一種深仁大造懷。誤了個經筵業。虛了個佐王材。擅江東人倫百載。

【要孩兒】借資的把先生當個癡。矯虔的把先生看做乖。拘攣的又道是能作怪。他那知五常百行中庸理。濂洛關閩道藝該。便講佛庸何害。試想起乾坤我輩。可容易領袖吾儕。

【四煞】方可宗圓可諧。同不傷異不刻。深林蘭蕙無慚色。抵不過曾家九品連天霧。老了個漢室三君伏草萊。那虎皮羊質空車載。濁浪裏幾迴砥柱。平原中一段蒼厓。

【三煞】花外車喜獨過。雪夜舟情未改。歲寒然後知松柏。臨池篆隸分科斗。閉户詩騷落蘚苔。恁脱洒無黏帶。生就的準繩規矩。養成的河漢江淮。

【二煞】您衡門歲月寬。俺披裘姓字埋。雲龍蚤是同時代。原非矯激相矜重。豈比親疎有盛衰。汙不至阿私態。寫出個李膺的風範。透出個黄憲的襟懷。

【一煞】今日個薦蟠桃人是仙。降瑶池鶴舞堦。南極星光耀在遥天外。冠裳雲集耆英會。他們都執幣擎觴獻壽來。五陵八百端相待。算海屋籌添幾許。論還丹盡可悠哉。

【尾聲】六塵緣影紛無奈。不盡長江滾滾來。似俺這久臥山林樗散材。與先生藜杖芒鞋。採藥天台。端的是明月清風不用那一錢買。（北宫詞紀）

壽陳藎卿

【北雙調新水令】你昔年曾住水邊樓。記相尋月明時候。枕流同笑傲。把酒重夷猶。不覺的歲籥悠悠。疎闊了石橋東遠山秀。

【駐馬聽】你斬馬風流。有志無時空袖手。雕蟲淵藪。之乎也者且埋頭。狂來大叫看吴鈎。醉中起舞攀星斗。笑蠅營卑狗苟。絶交書絶不得芝蘭友。

【雁兒落】今日也天香鎖徑幽。瀟洒青門舊。嘉賓載酒過。掩映黄花秀。

【得勝令】呀。誰知你海屋迓添籌。金石響歌謳。玉兔千年藥。蟠桃幾度秋。休休。休去厭蘿衣希文綉。羞羞。羞去捨藜羹干五侯。

【甜水令】眼見的海變桑田。田更滄海。桑滄迭奏。嘆浮華勞攘甚來由。吐得個白鳳青霞。做得個掀天揭地。博得個金章紫綬。總不如釣魚磯上一羊裘。

【清江引】詞才羡君真抖擻。何事緣詩瘦。恁腸胃洗江清。口胳生花驟。讓紛紛市中兒誇疾走。

【梅花酒】我和你廿載遊。雞黍淹留。猿鶴優遊。翰墨賡酬。但只聞蘇季㝮。何曾見袁憲憂。愛我呵偏忘陋。對一雙詩眸。指數點沙鷗。傾幾盞新篘。寫一段閑愁。却怎生壁上挂青牛。心上少丹丘。

【收江南】你雲林高臥謝鳴騶。花時鼓掌按歌喉。陸沉在江左帝王州。九方皋知否。爲何相馬老了驊騮。（北宮詞紀）

除夕偶成

【北南吕一枝花】昨日個剛懸鬱壘圖。今夜呵又舉屠蘇宴。幸逢着累朝明盛世。不覺的萬曆二十年。雖然是偃蹇丘園。則俺這後凋松閲歷那冰霜遍。一任他向陽花縱横在雨露邊。喫緊的解不盡習氣拘縛。把不住流光暗轉。

【梁州第七】一代代文章錦繡。一重重事業新鮮。止不過蝸牛角上廝争戰。王侯腐草。富貴浮烟。烏飛兔走。滄海桑田。算都來甕底窺天。且休嗟跨馬加鞭。錯把那江河流當做北海汪洋。鷽鳩飛當做鵬摶九萬。槿花榮當做桃實三千。尋思。窅然。嘆玄珠赤水無人見。遮莫㤭離草萊朝金殿。便做了攬轡埋輪照簡編。怕不似映的般戴晉人前。

【隔尾】從今後漁樵浪跡烟霞遠。白璧何勞暗裏傳。芙蓉不把東風怨。向參同問玄。對維摩坐禪。高臥强如姓名顯。（北宫詞紀）

皮光淳

皮光淳，字元素，南直隸江寧（今江蘇南京）人，生平不詳。與陳所聞、汪廷訥交遊。

小令

【北仙吕寄生草】

嘲子弟刮涎二首

托假熟沿門混。刮空涎逐日忙。你不是五陵裘馬稱豪放。又無那石家富貴堪依傍。又没有千金詞賦堪推讓。縱文君有興未許你亂來挑。便亞仙好客也不喜你胡廝創。（北宫詞紀）

無面傅何郎粉。癡心偷韓掾香。憶長條死把章臺傍。盼朝雲空把巫山望。算不如束輕裝早把陽關唱。恨漁人當年迷失武陵源。爲甚你今朝偏認平康巷。（北宫詞紀）

【南中吕駐馬聽】

坐隱園贈無如高士

至樂當尋。橘裏閒談歲月深。況有泉鳴幽澗。松走寒濤。鶯囀春林。疎簾清簟絶塵氛。隱囊紗帽多風韻。應世無心。只恐東山難解蒼生任。（坐隱先生集）

套　數

溪上卧病

【南仙吕入雙調步步嬌】獨擁牛衣寒猶峭。鬼病何時了。煢煢一沈腰。支枕呻吟。幾番徹曉。當日恁粗豪。被藥爐兒銷盡踈狂調。

【醉扶歸】鎖愁眉開口難成笑。欲爲歡疼心兒怎打熬。恨不能綉陌馬蹄輕。愁聽那紙帳鷄聲報。眳眳病眼夜迢迢。隔牕兒隙月窺人小。

【皂羅袍】自嘆人生夢覺。把彭殤看作。芻狗蟪蛁。未央狡兔祇堪嘲。東門黄犬空遺笑。不如烟籠草閣。唾壺自敲。月明桃渡。横笛謾邀。身後名何似杯中好。

【好姐姐】誰料。風流頓掃。瘦伶仃魂思縹緲。花朝月夕。都在被底銷。添煩惱。曉窺青鏡羞人老。鬢底星星有二毛。

【香柳娘】倩人兒傍着。倩人兒傍着。小樓登眺。强舒倦眼看殘照。見雲生翠嶠。見鷗浮緑濤。敗葉繞籬飄。寒鴉隔林噪。想臨邛病豪。想臨邛病豪。渴猶未消。説甚麽封書禪草。

【尾聲】人生白露晞清曉。無病無愁有幾朝。勘破機關空自勞。（南宫詞紀）

坐隱園與全一真人談奕

【南仙吕入雙調夜行船序】參透先機。羡當場一着。誰與争馳。人間世變態浮雲難齊。休迷。百歲光陰。逝波一似。淹留無計。追悔。把輪鞅盡皆抛。任取放情山水。

【前腔換頭】環翠。選勝開園。見湘簾高軸。萬峰迤邐。笑金谷空自繁華難擬。幽棲。十里澄湖。朝朝暮暮。塵心堪洗。閑題。除是舊王維摹寫輞川佳麗。

【江兒水】樹密雲團户。花開錦錯堤。六橋楊柳扁舟繫。九仙島嶼中天起。一潭藻荇文魚戲。風過蘭亭香細。求友嚶鳴。雅稱流觴曲水。

【玉交枝】西山爽氣。映樓頭蹁躚鶴飛。玄津好與群真會。一龕閑萬念俱灰。達生臺畔蘿蔦垂。觀空洞口松濤沸。愛清虛白雲款扉。笑風塵蒼岩振衣。向蒲團靜參真諦。種成紫竹影離離。赤日行天午不知。

【玉抱肚】欲持半偈。對青蓮齋心六時。嘆浮生總屬空華。向蒲團靜參真諦。種成紫竹影離離。赤日行天午不知。

【前腔】長林石几。賞心來摩挲鼎彝。擬揚雄嘲解玄亭。況劉向火借青藜。圖書東壁不停披。興到長吟白雪飛。

【解三醒】念賭墅東山高致。與煙霞夙有幽期。你今日行藏舒卷都無意。結林下幾心知。静思世上千年事。不值山中一局棋。閑遊戲。安排些雁行馬目。傲多少兔走烏飛。

【前腔】對楸枰□然自適。慢呼童采蕨烹葵。集賢島上成高會。逢敵手兩相持。聲聲剥啄林花落。面面攻圍海燕飛。閒情寄。識破了棋中三昧。怕甚麽前路危機。

【川撥棹】成和毁。笑長安似奕棋。問何如橘裏棲遲。問何如橘裏棲遲。世緣空心中坦夷。謝塵勞蝶夢回。養天和鶴算齊。

【僥僥令】推窗雲共駐。俯檻月相隨。黑白雌雄須更辨。卻不道柯爛山樵人代移。

【尾聲】譜成石室千秋秘。坐隱從知勝坐馳。曾向長生説息機。（坐隱先生集）

李應策

李應策，字成可，號蒼門，陝西蒲城人。萬曆十一年（一五八三）進士，授任丘知縣，歷成都、安陽知縣，遷刑科給事中，陞太常寺少卿、至通政司通政。萬曆三十年（一六〇二）致仕歸林，時年未五十，里居三十載。著有諫垣題稿、黌宮補漏、六緯質難、摹真藻、婚喪泊堤、李氏世遺録等，皆佚；傳世僅存三十卷明末刊本蘇愚山洞續集，散曲附。生於嘉靖三十三年（一五五四），約卒於崇禎八年（一六三五）。

【北正宫醉太平】

初度答賓時年六十一

歲月六經旬。從頭又甲寅。豪傑事幹畢幾分。虛積生平悃。手筴庸展不出琢月斤。肘力輕懸不起封侯印。眼睛[二]昏叅不透迷魂陣。剛負了君親。

時因部眊而諸賓勸出有是作

既稱負君親。那勸合主賓。是人誤我我也誤人。席難交衽。誇素日崔咸痛飲。愛倉時寇萊酣寢。[三]恥當年潘岳望塵。向誰去辯論。咱莫氣辯論。他何事緣釁。望乾坤羞荷此身。也再三揣分。績留下侍臣標準。學著得古人風韻。食費了大官餼廩。只怪難親近。越怪我難近。越着我難問。且教育子孫且隱忍。且令呵嗔。荷虞帝鳴絃解緼。笑留侯操椎思奮。愛卜子懸鶉樂貧。快活哉耕莘。

【北雙調折桂令】

述懷

倚芳洲誰復相攀。蒼叟黄童。白鶴青蓮。扶上瑶隄。步入羅幃。招飲謫仙。做幾曲短歌兒令人傳看。賦幾首歪詩兒與客盤桓。衣染露鮮。花逐風恬。坐望雲還。愁甚勞牽。

【北雙調水仙子】

書院和客韻

神仙無分覓丹梯。漁樵有路入花溪。文章積債結茅廬。長吟哦歎棲遲。意飄遥豈借他噓。管城子當年紗契。兗州伯素時樂與。醉鄉侯半世難離。

【北雙調折桂令】

和洛下叟韻

突看見渭陽故莊。縱横牧豎。參錯漁郎。盈岸花紅。沿村柳緑。遍野麥黄。學得個希夷父常跨白騾。做得個敬弘叟重繫烏羊。一顧悽愴。轉覺徬徨。人羡歸鄉。客喜烘堂。

【北雙調水仙子】

入關偶遇大賓次韻

渭城曙色一川麗。秦關風景三春霽。鷺車華蓋千人避。芙蓉池傍緑綺。□□□回首嶽低。望鸞皇百年才遇。說鵾鵬六月還息。聽猿狨五夜長啼。

【南商調黄鶯兒】

謁周公墓

周成藉托公。禮樂備車書同。詔歸宗社居然定。流言何足驚。大義還堪正。六尺安危懸顧命。想金縢。不遇天風。萬國人誰應。

【北正宫醉太平】

劉給事園中作

嘗甕裏酒甘。想檻外風恬。溪花趂月人排遣。把逸叟稱傳。青瑣門曾給君王諫。碧雲館不禁漁樵玩。白石庵又作神仙傳。忘怯他隱共顯。

留詩書滿廂。有田園近莊。教五子都去省文章。將人物比方。志恢恢真得江湖量。意磊磊豈落風雲狀。跡飄飄迥別塵埃相。渾絶了夢想。

【北中呂紅繡鞋】

郊園宴客

半肩豚白截肉肥。一殼蟹黄包味腴。大瓦盃不説他瓊玉巵。喜花裏客遊遨。愛月下人團聚。罄百瓶須趂我終宵意。

【北雙調折桂令】

山園述懷

映碧空月影初圓。酴醾可釀。茉莉應煎。教婢分絲。呼童濡筆。聽客彈絃。惜兩間矮房兒住居窄褊。笑幾隻癩牛兒走動蹣跚。有水涓涓。有語玄玄。千古情懷。一息雕鐫。

【北雙調水仙子帶折桂令】

舉鍾鼎是誰分緣。持弓旌莫它營幹。荷犁鉏憑咱志願。愛路平日色暄。攜兒孫東來西轉。跳躍看階下三鱣。嘹唳聽雲中孤雁。醉學張顛説甚麽張顛。愛此流波。横繞賓筵。輕輕舞腰。冷冷歌管。逐逐華鈿。笑朱户珍琦寶玩。和白衣錦繡詩篇。直到興闌。歸省元田。再飭釣綸。重閱韋編。

【北雙調沉醉東風】

述懷

悲饑歲群情擾擾。怕寒天衆語嗷嗷。豈馮城餓狐狸。也當路横牙爪。喜謾賦詩腸未枵。山和水猶堪嘯遨。擬發得滿腔宿抱。

承明殿争隨豹尾。蘇愚山許住騕蹄。那有意卻榮名。原莫眼看濁吏。管得他喧動鼓鼙。平沙看雁下蘆隄。收拾起書生舊第。

【北雙調水仙子】

山亭夜坐

風曳旌頭絳尾犛。月映波心組甲鮫。雪融裘背玄文豹。夜横斜梅影飄。聽歌管怎受敖嘈。留金鴨青鱗供眺。有紫蟹黄雞共飽。〔三〕着白鶴蒼梟伴老。

村叟閒談

睡起槐陰疑夢境。醉來花氣問詩筒。歌罷松音留樂桶。喜相臨誇醉聖。筆傾翻浩氣霄沖。痛胡門納交三佞。笑韓公攄意五窮。學楊子惕身四重。

答和元沖來韻

悠悠吸水横蜺蝀。迢迢披瘴排梟獍。翻翻隔水躍蛇龍。白楊郊春再逢。怕居山虚名忒盛。一杯酒座上未停。三尺劍匣裏又鳴。萬卷書樓頭亟整。

會省垣舊僚

燕山尊酒人俱改。蟠溪綸餌時難逮。掖垣筆札風猶在。想伏蒲舊襟懷。不指望雲龍遘會。借短笻扶躡五臺。覓小舟漫遊七澤。倚長劍縱横四海。

東莊宴别和一齋感懷又作

團團月出徑無塵。蕭蕭花謝墅猶薰。飄飄風拂胸何慍。笑歸來吠狺狺。茅蹇兒記路頗真。白石下暫别青雲。烏紗上那捹蒼旻。紫極旁盡掃紅氛。

答和元沖來韻

則盼着鴻鵠沖霄。那管得狐狸盈朝。且丢訖豺狼當道。有沾來紫笱膏。月留飲醉伴英豪。把千年勳業徒勞。依三時耕耨自好。攄一腔忠懇誰照。

【北仙吕寄生草】

述　懷

入文陣退雄師。過酒廬尋舊史。剛丢過千仞蛟龍志。權束訖萬里鵾鵬翅。則承得百世麒麟趾。槐陰疎且慢叫黄鸝。荇色繁故來看赤鯉。

按：題據目録補，下同，不另注。

【北雙調水仙子】

花園對諸友謾作

蒼鶻兒迴翥煙霄。緑鴨兒翻衝翠沼。黄犢兒馴依花島。看腰下金錯刀。和幾韻八郎舊墩。罄書笥一筆曾抄。竭酒罍千鍾未倒。遍華叢九衢還鬧。

【北雙調沉醉東風】

因誇奸輔及二三異相作此

六尺軀不逮曹交。三停額頓擬皐陶。籠銅鼓報衙。列隊與横道。須説有伏犀貫腦。張嘴誇舌上住毛。怎化得傳岩惟肖。悲碩大蕭嵩虚表。恠柔佞林甫多狡。正厲作九頭蟲。休亂稱百舌鳥。任玉蟒高煒錦袍。倒不如賈大夫皐。省得把穢形傳笑。

【北仙吕寄生草】

答吴中孫廣文

不戀咱煌煌錦。也不羨他累累印。依文操整起七絃琴。次唐韻賦成四角輪。笑莊迂辭却五石樽。把陶潛休當阮郎認。正好去潯陽附高隱。

【北雙調沉醉東風】

賀鄰翁壽

八字眉垂垂壽毫。一片心纚纚風竅。愛花間鶴翥鳴。怕牆外人酣叫。近園常看引橘槔。頌李白清平古調。好伴兒睢陽五老。

【北雙調水仙子】

山莊作

盼得苜蓿菜芽黃。做得稻秫米粥香。縫得衲布襖裾長。安樂窩又向陽。幾般兒都也占強。老農家論甚積藏。小隱林看誰聲望。大明朝紀咱忠讜。

【北雙調水仙子帶折桂令】

四月七日園内設壽筵候迎老父兼謝賓

有客獻扶桑一寸葚。有士寫蟠桃萬里根。有子着斑衣五色錦。愛炎風細細薰。八千歲慶際靈椿。葵日傾俄下半綸。梅雨歇纔供百尊。紫靄浮重羅饈珍。且都是香山舊賓。白髪朱衣。紈扇葛巾。看燕依梁。聽鶯出谷。伴鶴遊林。讀壽言謫仙重韻。盼華慶祝融候晨。佩取蘭紉。樂奏蕤賓。渭水留磯。嵩嶽生申。

【北双调折桂令】

五月九日祝母答賓

黄雀風摇曳緑陰。歌鼓方騰。冠佩齊臨。翠燁榴階。雲横芝圃。露接楓宸。不老藥天中剛進。長命縷節後重申。日月會鶉。山河萃林。直攀�蓧。久跌蘭蓀。

按：［跌］，字書無此字。

慶朱明歲歲茲辰。花裏蜩鳴。岩畔鹿馴。玉女捧符。金童導宴。桂子延賓。擁霞帔光浮萊錦。護萱草色暎莊椿。瑞靄初分。暑氣不侵。凝碧松荷。藉重簪紳。

【北雙調雁兒落攜得勝令】

薊鎮會孫王二公及諸將於東郊作此

歸念正忉忉。旅懷翻落落。誼重孫伏伽。文愛王逸少。夕來虎據皐。湅銷鱷陟沼。大兵屯柳寨。諸路散花刀。據鞍。披甲堪恩報。市馬。賫金敢憚勞。

【北中吕粉蝶兒】

述　懷

日臥龍門。豈李生居止難近。脱紫袍甘學青衾。謝東山。裴緑野。公然道印。想玉街馳驟辛勤。倒不如樂譆譆安車高枕。

【北中吕紅繡鞋】

因時事偶憶昔年館選對侄男志感耳

虚當了青錢學士。枉負了紫閣鴻儒。想那弄人的造化小兒。把是非容顛倒。着行違任欺紿。放個好好乾坤誰佐理。

【北雙調新水令】

何寺丞邀賞園梅余怪其枯而復生爲是作也和璧韻

一夜風吹殘曉角梅。看玉姿芳流叵改。馥馥香沾袖。溶溶影落臺。幽賞花魁。喜得逢何遜在。

槎芽兩蕚報春回。喜靈根重含否泰。風遞了清輝去。雪移得素質來。枝幹同開。依舊作峥嶸態。

霜葩忽又箭淩階。說甚麽蘭芳惠茝。指藉調羹手。容臨傅粉腮。逈越凡胎。也不消春風擺。

一枝南望意初諧。要賦他溶溶藹藹。傾國常留色。奪標續有才。翹首天街。看誰先居鼎鼐。

【北雙調水仙子】

過精舍為兒輩題

我只説秀才模樣。兒倒有宰相肚腸。人且許聖賢志量。愛文焰萬丈長。一登壇倚馬成章。豎奇勳吾門相望。立高節官家併仰。流芳譽天闕再揚。

【北仙吕寄生草】

登五丈樓答賓時有畫工在傍

問賓客真倜儻。居臺閣尤酣暢。大詞伯乞寫風雲狀。名畫師留繪山嶽象。老漁翁想披星河浪。履九霄扶起靡雲旌。開八窗懸掛流蘇帳。

【北中吕紅繡鞋】

笑王氏子亡為

他書叵能讀得五車。他射何曾穿得七札。笑浮生半世繫匏瓜。可是醜媳婦難見面。

跛和尚強説法。到不如學崔郎鬻松櫝。

【北雙調新水令】

叅處大奸志喜時新轉官

一言掃蕩九重霾。荷乾剛奮庸熙載。錦袍象牙笏。紫綬黄金帶。拜舞玉階。詔幾番嘉豐采。

【北雙調清江引】

東作移山莊和里叟韻

鹽鑵油瓶汲水桶。還有釀醅甕。收拾過東莊。及社田家動。粟滿車也勾咱喫着用。

離不得柴屋蓬蒿徑。一掃庭階冗。近來課税繁。人事須減省。按時把農器常修整。

【北中吕粉蝶兒】

述　懷

華髮朱樓。嗟一生僕僕碌碌。効名公知止知足。皇極門。解了綬。謝了恩渥。任咱去尋芳吊古。向終南覓吾家別立門户。

【北中吕醉春風】

抵里翻閲畢作此

一腔血怎灑。兩目睫難下。補葺得罅漏完錦紋段。段。〔四〕曾遇知我者。是也成非。正也爲邪。真也當假。

【北雙調清江引】

答鄰壤貧生乞粟二首

雨粟天難供餓腹。糊口常不足。怕作舊營生。交結多親故。有兒孫卻懶習耕讀。

怪爾生來窮肚腑。矻矻成老腐。學業進不來。又把農家誤。只乞望山翁一笑父。

【南中吕古輪臺】

偶聞蔡中郎賞月之曲援筆和此

氣騰淩。海門潮冷一團冰。度瑯玕碧玉玲瓏。菱花水鏡。看七寶瑩瑩。饒我斧斤修整。蘭桂飄香。蟾蜍弄影。酒百壺盡不得今宵景。煙消塵浄。問廣寒奏甚曲名。庾亮舊樓。袁宏新沼。李白豪興。喜爲那素蛾對九重。更漏永。把霓裳高調纔删定。〔换頭〕花叢。且與皓彩争溶。聲切切玉笛臨臺。猿鳴鶴應。帶露披風。有往事中懸耿耿。想怕那明皇太液池。登高夜詠。也不愛漢孝武三鴨集宫。蓬壺路迥。望金梯百丈峻嶒。拊膺千古。誰到豔麗時。逢歡知警。河漢喜常清。便逍遥自在。好去賦履滿持盈。

按：此曲「换頭」二字原脱，底本目録作古輪臺二首，今據譜正。

【北仙吕青哥兒攜四邊静】

咱本是聖朝聖朝名諫。常爲那九重九重繾綣。怎比得赫赫權門勢獨炎。雄心粗大。

利口讒憸。妨國蔽賢。誤主欺天。人世有這等莫伎倆的糊塗漢。誇甚麽豪華歆豔。綺錦盈門終宵歌管。挺身八座。不怕人笑五十年。屍位。素餐。不羞殺金閨俊彦。

【北中吕朝天子】

述　懷

身喜安閒。又庸又懶。做甚麽英雄漢。逍遥數去坐柴關。笑鶴也帶箭。黑鬢歸山。几留千卷。藿與薇正可飡。臨澗洗愁顔。夷齊願比肩。恥白衣重扶輦。

【南商調黄鶯兒】

士有指駑步而互相譏者笑解之

萬里正加鞭。笑章臺學步難。淩風誰覺霜蹄健。北顧價逢燕。西來聲别宛。周王駕下飛如電。敢争先。雲衢高遠。休作駑駘看。

八龍暫駐鞭。喜空群接跡難。生成汗血骨尤健。郭隗但留燕。李廣莫征宛。天閑高躍光浮電。步居先。力強志遠。再得風雲看。

【北中吕朝天子攜南西江月】

一浣塵埃。數闢蒿萊。真負煙花債。青山冥漠到吟臺。解去黄金帶。垢面蓬頭。羸車敝蓋。附郭田墾又開。怕餌魚鰲猜。惧弩燕雀駭。物與我盻舒太。且眺瞷終南峪。豈追遊薊北隈。九重無意傍三階。擾擾隨他成敗。

【北中吕朝天子】

述懷

有花成茵。與石爲鄰。怕觸燕榮禁。清泉邀我蚤收身。兩榭雲垂蔭。竹密重刪。木茂纔掄。蒲萄甕滿亭春。縈縈八尺縉。飄飄一幅巾。喜蓮峰對孤枕。

【南商調山坡羊】

和杏二廬

青山外伏鸞隱鵠。紫溪旁鏗金戛玉。好檢閱平生步躅。怕甯成濕薪束。他曳九尾攜百足。切處處。快恩讎責備咱卻酒受粟。英雄可當尋常度。誇自家行如鉤曲。也哄把貂來續。一翻穢濁一翻辱。挽江水難浴。怎比咱結緣訪首陽舊友。再看啟嵩山枕幞。

【南商調黄鶯兒】

和常居士

飄飄一幅巾。安樂窩自在春。十五年間快活人。王翰舊爲鄰。子期新知音。床頭明月常相問。睡息勻。山澤遺民。容我從高隱。

【北雙調新水令】

詠水車新成和客韻

翻輪倒吸水縈紆。一俯仰陂塘滿足。激浪魚呈鱗。倚柱龍懸骨。轉盼江湖。我豈爲農和圃。

襟度溟含迂納汙。笑智巧憑人可否。怎比漢陰翁。併學五丈夫。泮渙鷗鳧。也象他常抱缶。

【北中吕醉春風】

樓成眺望和諸客

當簷星月低。極目江山小。突見個大鵬雛。過函谷城。兩翅雲飄渺。北淩燕闕。南盡吴門。東連海嶠。翻身地崇窿。振臂心舒泰。許那樣素嫦娥。把扶桑條。愁甚絲綸債。兩儀堪浴。二曜還磨。三峰不改。

【北仙吕寄生草】

和舊會友

也做起詞垣長。也敵過詩壇將。力扶動維世紀綱。計除卻蔓天羅網。業豎作衛國屏障。忠和孝體認着分明。治與安講求得停當。

【北雙調清江引】

王山人席遇少京兆劉公

蒸飯烹魚炊豆粉。慈竹當新筍。滿斟葡萄煎。頭上插紅槿。醉來不知別京兆尹。

按：「頭上」二字底本漫漶，據文意補。

【北中吕粉蝶兒】

詠紙帳

自喜飄揚。老書生偏宜紙帳。小學士不忿藜床。有水紋。和雲葉。四圍相映。取吟燈照耀增光。更邀那梅花月同來嘉賞。

【北雙調清江引】

赴鄉人會

鄉農做得莊家辦。留我山中玩。縮葱白拆雞。湯餅重羅麵。呼大人休怪成熟飯。

【北雙調水仙子】

玲瓏軒賡和

高倚嵐屏翠映巔。滿曳彫弓月度簷。橫啟青箱書推案。以下屬三子坐看那簾半捲水一灣。愛松濤撫景團圓。詩與三百篇同傳。恩逢九五德重頒。且喜道隨二六時光見。

按：「以下屬三子」五字疑衍。「坐」原作「座」。

【北雙調雁兒落攜得勝令】

薊野偶遇諸將於道側

春到看五陵金玉鞍。花開逢九陌珎珠幔。興來喜諸塞綺羅袍。醉倒思一簾冰雪碗。

那池虬捲曳出重淵。那雲鵬怒起入重玄。戰士欲忘勞任缺斨。丈人欲濟難爭辭劍。笑他。共依菱花施翠臉。豈如。咱獨向天朝放大拳。

【北正宮叨叨令】

偶因狂士酣叫而作

有會兒鼓瑤琴弄雲璈新腔調。有會兒擁布衾披衲襖懶懷抱。有會兒坐蓬丘臨荷沼閑登眺。有會兒呼田甿沽村醪常攀笑。得不着人激觸咱呵。恰好恰好。恰好恰好。誇甚麽染雲箋發天藻霹靂嘯。

日逐去服吟哦誦離騷追風雅。日逐去步郊原依花鳥樂瀟灑。日逐去掩聽覩閉喉唇學聾啞。日逐去明揖攘導愚蒙習謙下。似恁般兢兢小心呵。還要怎麽。還要怎麽。可惡那輕薄兒忒滿假忒驕詐忒村野。

【北中吕上小樓】

述　懷

離不得這雲岑石磴。蘚階蕪徑。静地幽塵。九達林泉。一望柴荆。接楚輿。和秦箏。

攀松度嶺。原來是咱麋鹿性任去縱横。

初秋夜坐

乍看得天高夜永。花陰柳影。漁火牧笛。蟬噪蛩吟。蓴菜鱸羹。金井月。玉樓風。清商纔應。三兩處梨棗半紅雨餘歉冷。

【北雙調雁兒落攜得勝令】

赴劉上舍園賞春

迓公子駐雕鞍。望遊人鋪翠簟。漫樓上掛羅衣。遍地裏張油幔。正風清禁漏傳。又日午亭陰轉。書得了伯英筯。紙留下薛濤箋。蕭散。有花前詩一卷。盤桓。到月下更三點。

【南商調黄鶯兒】

謁名世祠有感

大儒喜列公。一時聚萬古同。三秦模範須求正。人物共知名。道德俱留踵。天爲濁世開迷徑。豈垢逢。瞭瞭方瞳。簡別真賢聖。抗意學周公。論文章誰與同。漢庭司馬爲予正。子厚學猶名。子儀業足踵。三鱣堂下無谿徑。會可逢。再拭兩瞳。看誰承往聖。

【北中吕紅繡鞋】

都下思歸

也好駕青牛西度函關。也好騎白鶴東入緱山。長安街風浪突潺湲。只祈求林泉好。豈指望廟堂安。他亂薨薨不要咱真鐵漢。

【北中吕朱履曲】

和馮銓部昆玉是繼余令任丘者

我也號直戇嶽峙西京。我也負循良雷震東瀛。想官家自古喜相成。舜五人猶併力。周八士本和衷。盻得協了心個個成梁棟。

和同垣羅龍臯給諫

看來咱着不得權門齷齪。看來咱受不成嶇路砍砢。禁闥中再休提舊玉珂。梅花調還堪弄。竹葉醅忽成酡。且任咱白眼風塵去浩歌。

【北中吕紅繡鞋】

思　歸

陳希夷買到華山。王摩詰圖就輞川。要抽身做個散神仙。看睡起三竿日。來笑傲一壺天。也須等把乾坤扶得轉。

【北中吕朱履曲】

席間晤劉大府馬總戎和此劉係謫官

汲長孺南陽臥治。班仲昇西域留思。文和武好遇漢皇知。一出入高禁闈。一作止振邊陲。到而今赫赫聲華許幷追。

和京營王協理

十二營練就熊羆。八千兵趕退鯨鯢。兩賢王闕下尚羈縻。南除絶雲間障。北祛盡日中翳。賀人間纔好登化理。

【北中吕紅繡鞋】

感時事和宫詹郭明農

彈劾了二三卿相。觸犯了九五君王。古來道人世忌忠良。咱上殿争如虎。他盈路側似狼。只得解朝簪免着群邪攘。

【北雙調清江引】

勸張子同居

愛君終不生畦畛。物我一般春。放得黃雀還。招與白鷗親。畫堂中可依舊書百忍。

山莊攜兒女謾作

收了田禾封了咱稅。兒女鬧哈哈。沽酒鱠池魚。睡起醒還醉。落得個風和月不用買。

【北仙吕寄生草】

與馮大宗伯論曆

莫笑咱洛下閎。休議他耿中丞。宣夜法原依刻漏定。測日表須得圭儀正。步天歌那比衡樞醒。還不若舊靈臺懸秤落金丸。張平子偉藝齊七政。

【北中吕朱履曲】

感時事

好笑居上公抹時宗匠。好笑握大兵衛國屏障。破得黄金左右賄盈廂。鶴也去登華轂。狙也來着玉璫。把恁清朝莫得個人倚仗。

【北雙調清江引】

感時事

蒼頭開府白衣相。竈下中郎將。無角弄做麟。莫齒粧成象。到着那賤軀奴笑強項。

【南商調山坡羊】

鼎和周期之夕哭徹曉矣

聽醮樓鼕鼕鼓歇。過芸窗鏗鏗弦絶。漫几案經書史籍。浄蕭蕭燈和月。没兒郎誰談説。越着我心懸結。四望車兩眸怎輟。可惜受辛勤磨折。補許多漏帙殘編。要做出掀天業。測理人誇冰鑑徹。豈尋常調格詩也。作好些。纔成立胡然長訣。

【北雙調清江引】

有謀吞人業者以悖入悖出禍不旋踵里罵之而余實憫焉憫其獨空遺勞也

翻來覆去莫顛倒。落得眼前報。費盡多少心。空與人争鬧。把些好莊田只一掃。

【南雙調謁金門】

臨花島。隔壁黄鸝聲巧。指點青雲興未了。仍去發天藻。〔换頭〕玉階彤驧逍遥。不覺發狂大叫。李白一曲清平調。個個魂壓倒。

按：此曲乃詞格。簡譜云：「此調爲俗伶誤唱久矣……謁金門一牌，本出於詞，仍從詞格爲是。」「夕和劉叟風光好調」、「欽召入都」二曲同，不另注。

【北雙調清江引】

感懷

隙來按劍空抵掌。是非莫主張。任去他齷齪。守得咱骯髒。豈説教烏程鶴自拔氅。

西都豪傑誰畜黨。不入奸人網。富貴少因緣。勳業多忽恍。暗室中只望着菩提長。

【北雙調水仙子】

和社友

比着漢賈誼才學。模得晉陶侃人物。賽過唐杜甫詩歌。敢子是遇謫仙犯酒魔。謝皇恩解下玉珂。争氣做朝陽鳴鳳。立意想華表乘鶴。適情懷看錦浪遊鮀。

【北仙呂寄生草】

感時事

敢子爲笑阿六鄙鄭五。敢斜封來跋扈。象不着麒麟閣上圖。計只得虎豹山中伏。淚卻從麋鹿臺前哭。思量起好莫正經也。落幾迴汙漫赤松遊。開一條曠達白石路。

【北雙調清江引】

閒坐花園

籜冠芒鞋布衲襖。坐臥藜床小。整畢舊田園。辨訖新糧草。要做個自在翁直到老。

予告入關

癯主庸奴欵段馬。纔把簪纓謝。玄豹入青山。白鶴歸緑野。掃蓬門收拾起農桑社。

和劉公子

金羈玉勒繡羅韉。馬上笑揚鞭。官家貴公子。人世散神仙。管絃街數着我看花伴。

【北仙吕寄生草】

和禮部郭宗伯

伏丹闕誰先見。別金蘭有遺彥。苦吟哦撇去六經□。倦遊行釋卻三公擔。愛幽暇豎起千秋觀。也爲那帝閽日隔萬重雲。憑他播弄分疏遠。

【北中吕朱履曲】

感時事

笑端揆苞苴勾當。看元勳葫蘆模樣。闕袞職空繫三台象。那堪得覆金甌。那稱得籠紗帳。據人言只好奏真欺罔。

【北仙吕混江龍】

感懷

卻想到九重日際。直哉天嘉衛史魚。那回名高青瑣。氣振黄扉。上方請出三尺劍。

侍臣哭進萬言書。揔期爲。廟廊前去掃翳氛。豈料把省掖先來墮翮羽。不能

按：「不能」以下脱字。

【南南吕臨江仙】

邀社叟

故園耆舊清宵燕。踈星皎月横潭。扳條莫惜駐征驂。好偕鄰父約。再共碧山緣。

【北雙調清江引】

秋夜遇劉道士

闌杆露下銀河徙。暫住五雲車。青山故國心。芳草幽人計。愛風光還陪我逍遥去。

【北雙調離亭燕帶歇指煞】

秋夜偕李九峨出飲北郊

羞好媚。北望燕山夕可倚。攜朋醉傍月明裏。整頓了巾車。兆明明梧樹應時棲。旌直還葺檻。披公再引裾。便隨燕雀忙。已別葵藿意。步天闕星河如洗。看崔顥登樓說江淹夢筆。闌干外一片琉璃水。莫奈何遭遇不着也只得向楓陛。辭天杖楊園歸故廬。忽蕭颯風生兩耳。贏得個盧敖逢若士。一笑生平足多也。不能勾鬱幽盡照。那管得妖孽莫除。

【南仙呂不是路攜過掉角兒】

重過山莊漫興

汲水烹茶。忙裏偷閒又駐車。問鄉井。蕭蕭依舊兩三家。路即賒。肯遽忘老幼雞豚社。愛只愛谿徑入雲斜。登臺挹露。步壑披風至僕困馬滑。盈林喜氣騰高下。隨地歡聲接邇遐。池平垂釣魚堪餌。山長舉網雉難罝。看那邵平瓜。莊後桑。坡底麻。

爲糧草。廣種綿花。從來漢法賽假。秦俗紛奢。還守咱清淡。莫羡豪華。

按：〔掉角兒〕原作〔皂角兒〕，下同，不另注。

【北中吕朱履曲】

是日絫監兑諸郎

竭民膏山積海藏。窮國計土擲沙揚。正是庖廚錯容餓虎狼。借軍中寬布袋。填馬上大皮筐。眼睁睁蓄禍到眉睫上。

【北雙調清江引】

和工部王年兄

笑他竊位臧文仲。塞了賢人徑。滿山棲豹崖。遍地藏虬洞。那去從捫蝨識王猛。

閲門下王生新蒿

好去臨流浣臟腑。華暢辭驚吐。色色喜重新。併看德藻斧。也饒你三薰更三沐。

省中感懷四首

伏蒲感切黄門省。貴戚干朝政。大叫閶闔開。哭對軒旒訟。看弄做個破人家誰去整。

香含雞舌臨東省。袖疏彈執政。積薪火欲燃。讒口交争訟。且欺誑説朝綱都就整。

朝趨金殿夕歸省。簪筆談時政。轉圜聖人心。指望愚臣訟。愁只愁萬年宫難肅整。

治朝言路崇華省。九五出臨政。祛它誤國奸。容我憂時訟。笑把窩亂絲臬從頭整。

約赴山莊

麗藻山南清似畫。增倍文章價。兒童報荷開。日望仙翁駕。洗壺觴攜酒去淙莊下。

【北仙吕寄生草】

里居答省垣諸寮相問

子想翊聖皇留忠諫。血一腔疏千卷。曲着手也打開名利關。擡起腳便走上靈光殿。翻卻身忽跳出風波岸。誰意把騰黄猶自蹋霜蹄。長卿老至空依戀。

【北中呂朱履曲】

是日叅當路和劉都諫王少卿二公

倚龍顔數批鱗甲。驅狼蹤幾挫爪牙。憑得上方三尺鍔流霞。除卻了疆場鬧。校正了藝苑差。誰料他煬竈神姦伏闕下。

【北中呂朱履曲】

感　懷

挑不起男兒重擔。解不來仙子玄關。提身忠孝許誰先。積陰功流百世。毓長祚引千年。且休問他白鴉火裏田。

【北中呂紅繡鞋】

念孫生夫婦同居山村貧甚酒㦒書此

苦不過孫生閉户。窮只得卓氏當壚。看月侵竹圃影瞿瞿。好缺我茶七碗。便問他酒百壺。也要防佩下雙龍趓醉呼。

【北中吕朱履曲】

蕭豐原同年攜門下荀生過訪而談及邪媚和此蕭舊令涇陽

秦臺望蕭郎偕鳳。潁川喜荀子登龍。不羨那錦袍華轂去縱横。咱站得脚跟定。咱分得眼界明。較本來聲價看誰重。

【南南吕一翦梅】

常樂園農人對語

山底有草流水兒。牧得牛兒。養得魚兒。地裏莫雨嘯風兒。畫得畦兒。栽得秧兒。

按：【一翦梅】原作【一枝梅】，兹正。下同不另注。

李應策

【北中呂朱履曲】

抵里聞報

忙張張才回三徑。亂嘈嘈卻傍五陵。怕説安車天上候申公。緑簪包真難捨。赤松子尚堪從。免教他傀儡場中還提弄。

答張元沖

由説鬧攘讓駟馬千乘。由説笑嬉嬉九鼎萬鍾。無那兩首狂犬百足蟲。儌盛代臣民福。借皇家社稷靈。暗不通霹靂春前起臥龍。

予告諸友

荷的是人世三太。博得有山園一咍。闔簪裾花下倒金罍。齊撲撲肩輿到。俄搴搴腰鼓來。不羨他着錦袍馳縱朝門外。

汴城懷古爲徐左轄命和之

恨明皇誰吊真妃。悦信陵再問如姬。夷門山不見古芳跡。援趙地叢臺近。卻秦兵函谷迷。獨傷心馬嵬坡上客流涕。

漢中聞播警而倭訊亦至偶遇郭兵憲和來調

八公山未聞鶴唳。五丁峽又悲猿啼。封益門用得半丸泥。燒不絶連雲閣。築不來障海隄。止好請長纓分道捉狐狸。

翰林既為勢奪而晉豫開閫兩推不點命也感書此

也不着拜玉堂騎出金馬。也不着臨玉關披起金甲。弄的把朝政紛如麻。還只抱齊人瑟。莫輕投漢士罝。誰記得咱十二年前陪車駕。

【北雙調水仙子】

傾我者既被盜而客死於途笑詠之

傻癡奴自迷歇腳。窮餓鬼那供喫着。老奸賊暗去消磨。比得咱攜長竿披短蓑。催大鼓任意高歌。幸少年花間酒偶。愛暮春巖畔詩作。盼來歲池旁蔬禾。

【北雙調清江引】

山莊遇客

卜居向陽寬又大。檢閱詩書罷。對床好幾人。投壺勝多馬。愛主翁不説他宋季雅。

傍崖村落停車馬。分付將命者。打掃延客亭。沽酒盛老瓦。他意長遠不責我傾金斝。

【北雙調離亭燕帶歇指煞】

納言公署作

歸去罷。萬卷山亭喜正暇。一網天朝虞晝打。無因學泛槎。經得過諴了鬧紛奢。臨軒持白簡。伏闕裂黄麻。豪傑志將灰。庸媢心愈詐。不耐煩鬭嘴磨牙。他折腳瑠怎擎支。續尾貂空彌縫。到説把真才弄做假。爍爍星垂象。巌巌岳爲家。誰識咱風流藴藉。借光陰學個地行仙。意氣任傾瀉。

【南南吕臨江仙】

空亭獨詠

一簾空翠春來晚。鷲峰鶴嶺萋萋。雨餘山嘴駕虹蜺。池塘風剪絮。院落月侵梨。隔林解唱黄鸝語。遊人陌上騮嘶。獨依沮湝舊巢棲。有物沖斗牛。無風起塗泥。

【北雙調清江引】

觀政兵曹以馬價奉命差薊鎮時兵戈方興衆切推諉而余偶任之有笑其癡愚者

赤霞紫煙黄白菊。舍館清如許。亂蟬逐葉鳴。惹動思歸意。鐵鏦錚不怕居兵戈裏。

彎弓馬上胡兒悍。萬籟聲高遠。秋色合邊風。頓覺帶圍減。托音書喜不盡南飛雁。

【北仙吕寄生草】

省中感懷

好像個奴才樣。真有些花子帳。空軀殼騙了黄金榜。虛名籍辱了白玉堂。薄見識誤了青藜杖。他笑咱盛氣傲王侯。咱也摘他甘言取卿相。

【北雙調清江引】

春遊漫興

風輕日藹春光暖。翠袖映花鈿。攜取琴·張。賦就詩幾卷。兩山崀須趂節通遊遍。

鄰村老人乞火次趙堯莊韻

村翁黑夜乞新火。正對芸窗坐。分與讀書燈。呼向亭前過。唱了曲清江引着和我。

夜有迷子問路

雪深隔嶺無煙火。憐客衡門坐。寒夜迷程途。着望西□□。□直甫説有坑擠陷我。

【北中吕朱履曲】

和范凝宇

七寶床曾頒御饌。五祚宫常記天言。怕階上花陰到八磚。句鏗鏗唐杜甫。筆稜稜漢馬遷。直等着金蓮照送還。

省中作

逐不去大奸巨惡。摘不盡小丑妖魔。出白簡放聲叫閶闔。有寸心能報主。無一念肯容他。倘著我樂清平緩步歸青瑣。

有客談仙佛於青泊園和此

喜節序平生快樂。惜光陰半世閒過。五車書依舊費吟哦。駕不誇青牛馭。經不詡白馬馱。愛的堯舜安民除暴虐。

述　懷

想那具二難還幷四喜。想那卻三徵猶勤七辟。比得咱十畝筠篁千樹李。質亭亭翠百重。氣馥馥香十里。勸世人再休說東山起。

林園坐嘯

誰敢近驪龍五采。誰能辨鱸魚四腮。一種種清香出草萊。傾日喜鳧伴母。望月喜胖含胎。且不憂相如消渴病難回。

家居和劉叅戎調

悶騰騰爐煙獨對。漫迢迢林鶴相隨。太平世不消講七戮。送臘時梅初放。凝雲處桂遍栽。蘇愚山整飭咱舊詩壘。

【南南吕一翦梅】

遣懷

軒窗幽暇合襟期。醉好談棊。睡好閲棊。園林飄緲寄情思。悶來吟詩。興來題詩。

【北中吕朱履曲】

感秋風寄蒙譴諸丈

怕摇碎床頭梧影。恐摧殘階上菊容。忽瑟瑟悲聞畫角雄。計仙舟一葉眇。想客窗一笛清。可道是張翰思歸意益濃。

【南中吕滿庭芳】

清明對客亦上巳日

一拂東風。暫憩南浦。縱遊羅綺聯翩。畫毬綵索。喜士女争妍。治聾社甕酒香。花如火柳絮如煙。這時可比尋常耶。是何樣人間。〔換頭〕那蘭庭祓禊。三三兩兩。詞賦歆傳。又得羽觴佐飲。錫粥供筵。呼童學舞學歌。也跟咱着戲半仙。迢迢宿靄疎林下。說木待鶯遷。

【南中呂駐馬聽】

喜孫生宴諸客有詞口占和之

弧矢懸初。磨頂磽磽玉插頭。正是蘭階星聚。歌賦弄璋。喜莫自由。五色祥呈花萼樓。也不枉人生宇宙。醲酒傳甌。醲酒傳甌。看只看橋梓聯芳。吾門有後。

按：第九句原僅書［疊］，茲補。下同，不另注。

喜月生初。錯落明珠暎筆頭。想那嵋山佳景。鍾毓蘇郎。表字瞻由。着鞭一躍跨煙樓。都荷得乾坤宇宙。坐對金甌。坐對金甌。看只看雲路翱翔。誰先誰後。

【北中呂朱履曲】

遣懷

看到芙蓉池款款蜻蜓。蘆荻洲隱隱蛟龍。從那時青城靈藥産香芎。水不見魚鷩釣。林不見雀傷弓。管教他時雨時暘報歲豐。

太常感時事

憑誰鎮玉關掃蕩邊疆。憑誰伏王闕啟沃巖廊。都只要倚冰山熙熙攘攘。問威名無韓范。說勢利有金張。好笑他哄自家誤了君王。

和太常劉長寮

争不多徵九奏續了韶樂。争不多核八佾正了秘戈。把夷夔事都着病銷磨。看匣裏虹猶射斗。袖中蛇欲吞魔。無那鳥亂啼行不得哥哥。

秋夜喜吕山人見訪

愛灑灑故人高蹈。喜落落君子淡交。割隻雞沽酒伴寂寥。怎得如吕康琴合瑟。比陳雷膝投膠。也免致揚子雲又解嘲。

誚諸奸自詡

可那五爪雞清朝鳴鳳。可那兩頭蛇盛世游龍。且休道西園喬木掛獮狨。踶踏壞千秋鑑。指撥亂一天星。敢子羞殺東皐避地翁。

予告述懷

也懶去作耳目供奉玉階。也懶去應喉舌整理銀臺。任他那竊弄朝家貽禍胎。便還訖遂良笏。且丢卻傅説梅。盼得個舊漁樵共草萊。

【南中呂滿庭芳】

冬寓山園自詠

雪抱亭梅。風摇岸柳。傍崖滴水涓涓。烘窗炙背。正日麗中天。有褐布偕芒履。待春明踏遍山川。過幾壺淡酸濁酒。和冰筍同餐。〔换頭〕謂村居何事也。逸追元亮。清覓浩然。更有前輩英豪。還憶仲連。嗟尺沼難容釣餌。望海州紆徐蔓延。怎不着咱年華漸暮。恥老馬依轅。

按：「褐布」原作「愽布」，兹據意改。

【南南呂臨江仙】

空亭獨詠

賞　春

一庭嵐翠春明媚。謝家池館萋萋。插空萬丈彩横蜺。曳曳翻楊柳。飄飄落棠梨。

賞　秋

清香滿架葡萄熟。匝欄碧草猶萋。坐看雙佩吐青蜺。陸子遺柑橘。孔兒取小梨。

【南中吕駐馬聽】

代賀楊生有子和客調丁亥月生

月喜逢丁。有子前生繫鳳籠。卻又是燕山丹桂。玉井金蓮。鍾作人龍。便有甲第耀華宗。懸弧今日還初夢。好慰平生。好慰平生。莫些時跨竈充閭。大家歡幸。

按：「好慰平生」句後原僅書［疊］字，兹補。下同，不另注。

閒居書懷二首

聞攝六丁。大鵬翮喜破樊籠。任那樣雕鞍華佩。遮道盈門。肯許登龍。寥寥漠漠寄談宗。不知是覺來是夢。笑傲營生。笑傲營生。聽不着鬧市烘烘。便爲天幸。

整頓畦丁。官家何用巧編籠。咱不是岐山鳴鳳。渭水飛熊。比那癡龍。還負冤孽債幾宗。到頭白白留場夢。枉度一生。枉度一生。赢得我居易常安。甚麽是幸。

賀張山人旅邸聞弄璋數月妻姓馬郃陽人

有後成丁。正遇逍遥鵠脱籠。莫不是張公九世。馬氏五常。産鳳毓龍。吾黨西銘是正宗。還記得庚星入夢。共祝長生。共祝長生。有異日光滿郃陽。爲君稱幸。

【北中吕朱履曲】

感時事

我也愛藜藿虎豹還山。我也愛雲霞鵰鶚中天。記得椒花春頌舊詩編。候金鑾開雉尾。依寶鼎噴龍涎。看朝回蹀躞章臺馬一鞭。

誰啟那周公金匱。誰荷那留侯鐵椎。一片赤空露傾陽葵。看具囿花仍豔。望驪山火又煨。且休道原田歌頌喜每每。

因禱雨作

東説魯焚了巫尪。西説漢烹了弘羊。好個積薪的平仲祈禳。聽人間歌蜥蜴。看階下舞鸛鵒。還要我置虎頭縱閉那陰陽。

想我直天階夜聽金鑰。想我侍天顔晨隨玉珂。把心鏡常教暗室磨。比那化金鈇須鎔鍊。治骨角費切磋。只是秉堅剛改不得舊枝柯。

【南中吕駐雲飛】

方予告有攜鄰陂詞索和者作此即未工然迫於時僅兩日也

便去還山。怪道命窮鬼也纏。覬無憂無患。想莫災莫難。嗏。甚地好垂竿。計途長短。伴個琴童。教跟隨供飯。灑灑落落怎不然。

曲路徑山。處處披分處處纏。錯致一腔患。甘受一生難。嗏。如鮎上竹竿。梟哀脛短。廢寢忘餐。吃也是愁眉飯。羨説峥嶸然不然。

架嶺漫山。百結千縈可耐纏。巇嶮由他患。飄泊居咱難。嗏。惡竹長成竿。天長人短。擦嘴忘恩。誰報饑時飯。只求得暗裏昭然。

睥睨關山。蔓空有恁網來纏。雷吼彪增患。雲舉鴻脱難。嗏。百丈掛燈竿。照天短短。笙鶴盤桓。醉饜青精飯。變化乘時一奮然。

抱樸荆山。可道珍藏錦護纏。肘足不言患。束手安災難。嗏。比那衒長竿。饒舌弄短。願動人前。歸鬧妻兒飯。回首汴和更赧然。

曾渡海山。曲曲盤盤龍繞纏。濤浪何足患。兵戈誰爲難。嗏。萬里横漁竿。乾坤猛短。一餌鯨鯢。做個大家飯。怎得襟懷不浩然。

勒石燕山。螭紋蚪跡額雙纏。那致英雄患。除是軍國難。嗏。一筆挺如竿。取長摘短。斬卻大蟲。醢作漁樵飯。碑立千秋名赫然。

刺奸輔

結冰爲山。那指槐階葛亂纏。釀作千秋患。倖脱一朝難。嗏。梟峙玉堂竿。聲高儀短。日費萬錢。光禄供誰飯。看到天庭淚潸然。

刺庸將

誰鎮天山。狗狗蠅蠅曼引纏。巧避身家患。欺遮邊關難。嗏。號令舊懸竿。三軍食短。一刻囊充。千日兵闕飯。羽檄看他意惘然。

握手臨山。老柏霜皮似縷纏。跋扈鰍畜患。唧璧雀知難。嗏。坐對月一竿。家長里短。沾肉無錢。煮豆湯和飯。徙倚八窗好洞然。

一坐春山。那説犀玉腰下纏。他到常憂患。安樂防多難。嗏。栽成竹萬竿。酒高興短。雪藕冰桃。有咱成熟飯。聞似蓬萊已果然。

一曲高山。歌畢兩袖落紅纏。愛仲連卻患。喜子雲解難。嗏。珍重鶴膝竿。任咱長短。布襖裝綿。苦菜脱粟飯。怎得胸中不快然。

開門見山。依舊薜蘿石上纏。醉裏堪忘患。静裏真卻難。嗏。誰到百尺竿。朝長暮短。饒卻勞碌。吃碗消停飯。等待冷灰徐徐然。

仗戲逢山。轉見郎當綿引纏。機械旋生患。可惜人作難。嗏。還看躍飛竿。角觝笑短。争勝誇先。得手贏餐飯。誰顧生亡一惻然。

天欲離山。坐上青雲疊繞纏。曲突猶防患。爛額曾排難。嗏。閣起子陵竿。蘆花枕短。還整衣冠。敢忘君賜飯。端怕積薪火未然。

從學耕山。日惹遊鸞檻外纏。虎去林多患。龍遯池多難。嗏。菉竹長成竿。留長去短。九鼎千鍾。啗些好茶飯。窮肺腑長自了然。

終日禱山。枉瀆神明瑣瑣纏。卻不了憂患。躲不得災難。嗏。徹卻誦經竿。莫長莫短。做的活多。就是有衣飯。得逍然處便逍然。

散坦居山。續續滔滔枉費纏。只整隔年患。不省剥床難。嗏。看竈頭火竿。先長後短。說甚熬煎。饑來吃咱飯。窮達由人聽自然。

坐對壁山。鬱鬱環亭綺錦纏。誰遺周秦患。旋作關河難。嗏。渭野尚留竿。消磨漸短。東望首陽。竟吃誰家飯。雨過藍光又煥然。

爲病尋山。日循一日更加纏。那樵子偏無患。我輩翻增難。嗏。持着護雞竿。拳長袖短。又莫米鹽。桃菜芽蒸飯。由恁窮還不自然。

三載居山。愁來豈爲病延纏。人世誰無患。日月猶經難。嗏。截枝碧筠竿。相風忒短。柱上天台。覓些胡麻飯。說到仙家便豁然。

刺内外題罔

笑他罪重丘山。不去還來執固纏。牛喘曾知患。鼠竄卻稱難。嗏。斷令級懸竿。問他長短。緝緝翩翩。虛縻朝家飯。一望垂涕切痛然。

金粟滿山。牢繫心猿匝匝纏。龍虎馴無患。龜鶴閑無難。嗏。隨身一横竿。天竺短短。白馬馱經。到處留齋飯。擬圖前生未敢然。

負債歸山。腰間萬貫可猶纏。多受了驚患。是前生災難。嗏。望徹酒爐竿。人情見短。袖裏行糧。怎搆充饑飯。看得襤褸也慘然。

悵望秦山。縹緲城樓八水纏。六國旋稱患。二世俄遭難。嗏。翠鳳旗横竿。斯高心短。指鹿同奸。空吃君王飯。說起令人重黯然。

恰道入山。庸夫襲着又麻纏。豫太招時患。欺罔蓄國難。嗏。憑吾指佞竿。數説長短。忽復逐逐。逼造漁舟飯。且讓他閃爍魁然。

如蚊負山。惹動蛛絲密密纏。敵作仍匿患。亂至還飾難。嗏。虚挺萬叢竿。帷幄籌短。大腹寬腸。且厭粱肉飯。吃的見世寶徒然。

波漲迷山。龍蛇崖下互相纏。戚戚憑伊患。好歹從伊難。嗏。如蔓附崇竿。説長道短。跪乳酪膏。誇異尋常飯。曾比我淡泊掀然。

憐客奔山。拘急如繩絆又纏。到處多驚患。何日離卻難。嗏。拄根破竹竿。蓑衣短短。就莫吃穿。肯受嗟來飯。轉盼空庭月浩然。

春色滿山。羅襪竹杖緑行纏。有車誰載患。有兵誰靖難。嗏。眺望旗千竿。叢臺窄短。想像平原。養客慚無飯。俯仰林臯一爽然。

兀坐看山。又說詩麼酒祟纏。它豈爲咱患。咱實不懼難。嗏。水深幾許竿。龍長蛇短。俎豆肅將。休作埃墨飯。想是褕蒸多闕然。

惡聲臨山。何物鴟鴞終夜纏。有甚麼驚患。怯甚麼疾難。嗏。看那擊城竿。怕你長短。剥卻皮毛。碎作貓兒飯。腰下寶刀正肅然。殺氣騰山。太白經秋度失躔。時事今稱患。豪傑偏多難。嗏。潢池又揭竿。李紳形短。減竈俄增。難度軍中飯。安得風清海宴然。醉臥浮山。徙倚風雲寄一廛。久不攖時患。有何闗客難。嗏。折取竹半竿。晝長晝短。渴飲流泉。饑食藜藿飯。

按：末尾脱七字一句。又：據卷八目録【駐雲飛】有三十五首，原刻本有脱頁，缺一首。

【南仙吕甘州歌】

清明後三日義塾作

愛我幽暇。忽滿堤錦繡。半壑煙霞。淡紅勻緑。望丹青如畫。興來鐃備供詩藻。醉後濃斟醒酒茶。［合］魚陟浪。雁横沙。説甚扶風豪士家。且步履高。襟懷大。兩閣儲書幾十車。

【北雙調雁兒落帶得勝令】

和藍關記中調

不問你種玉方燒丹訣。自有我壺天月。度汐來晦卻明。按潮去圓仍缺。冰鏡瑶空瀉。皎皎光誰滅。鼎中合了烏兔。匣裏辨了龍蛇。蓬萊。仙闕也。讓我。長生不老説。

按：【雁兒落帶得勝令】，原僅書【雁兒落】，茲補。

【北雙調步步嬌】

寒食遊飲東郊二首

日暮啼煙悲杜宇。坐臥春風裏。飭輪蹄。紛紛緑陌紙錢飛。醉來嬉。禁不住綵索兒童戲。

清明節候紛華地。歌鼓追遊騎。樂郊扉。陽春郢調和猶稀。草菲菲。看鬭雞走狗人爭戲。

【南仙吕皂羅袍】

撥悶詩留幾卷。一腔懷抱。盡付謳吟。虚具六韜挾六鈞。又莫箇王翰與爲鄰。竊取把聖言整頓。憑他負乘。曳尾摇唇。嵬嵬千仞。獨繼龍門。不比那東山坐未穩。

聞遼事一戰而兵損數萬大將陣亡與道臣以下至無算又謂全軍覆没也感賦此

東北延綿禍起。爍天光燄。玉石俱焚。朝廷有這等劣將庸臣。萬里山河盡赤氛。怎把爛腔熱血瀝得盡。哀哀軍士。且解冤魂。含酸滴淚。人世堪聞。還怕那烏合兵争逃遁。

【北雙調清江引】

為余傳影笑賦此十首

丹青不入淩煙閣。氣概虚卓犖。七尺偉丈夫。謬許先知覺。豈而今平地遭坎坷。

辱寫君王下綸綍。無力侍輦轂。黄花陶令持。白圭南容復。不銷把簪纓照舊着。

可惜人生多媿怍。大義怎埋没。恰望惠留人。那煩像肖我。完得個靈明死也妥。這不是我誰是我。形影還相左。平常抑紛華。丹錦飾欲何。只本來面上摹堪可。這是我呵呵那些不是我。襟度軒然豁。宇宙納胸中。一膜渾六合。百年後想着咱真脈絡。

不才猥荷稱金玉。争訝頭峙骨。白毫發兩眉。黑子點雙足。誇嶽嶽鸞停鵠併伏。當時天賚殷良佐。傳説名傳播。持像版築間。盡把形骸脱。那也是朝廷懸八座。秦穆公到留一個。有容德量大。爲國進賢能。得士銷災禍。那子孫黎庶都稱賀。怪道麒麟返蹋蠲。豺狗當途卧。殫神批龍甲。儘氣折鹿角。不能遘圖書見河洛。誰列三公繼臺閣。鞭笞多病觫。可笑爛羊頭。空側蹲鴟目。比得阿英雄紙半軸。

閱花幅賞畫工劉子

雪幹雲根舊不磨。生意還勃勃。蘭桂蕚常開。荆棘叢難破。而亦曾描得真陰果。

班中有兩禿一跛者以康楊取為黨而圖之

兩鬢猶禿一足跛。獐頭鼩鼠目。九列半癡矓。遵巡又掎捔。教裂麻陽城淚空墮。

【南仙吕傍妝臺】

琴亭作

對瑶琴。半毫俗氣敢來侵。池圍桃杏流春色。隄繞松藤落午陰。舞鶴鳴鸞千載意。登山眺水一生心。廣陵散。久不聞。笑他薄行挑文君。

【南仙吕甘州歌】

清明日作

暫停客馬。喜翠幕籠香。繡轂碾花。人煙喧鬧處。應節争遺畫鴨。社前榆柳迎新火。階上芝蘭長嫩芽。〔合〕看鶯燕。賦龍蛇。醉泊林園笑語賒。溪濤漲。岳雲遮。不禁咱潦倒鞦韆架。

園亭可假。喜幔捲流雲。轂碾落花。百六春光。應候誰遺畫鴨。社前榆柳纔更火。階上芝蘭正吐芽。〔合〕看鶯燕。賦龍蛇。醉泊芳隄笑語賒。更人煙鬧。節令佳。不禁他高竪鞦韆架。

【北雙調落梅風】[五]

有頌周按臺者感賦之二首

翻翻鳥。嶽嶽冠。依法臺人文幷燦。一抗顔革弊如神見。朝廷上驚魂破膽。

騎青驄。攜白簡。一路荷繡衣光顯。鐵作肝又覺鐵凝面。把綱紀從新整段。

【北雙調水仙子】

説子陵江湖性氣高。怕元龍山嶽形骸傲。喜太白月露襟懷渺。碧苔蘚歸來早。一壺冰千古風騷。四君子窗列聲矯矯。五大大門容節表表。二賢人座伴意迢迢。

【南中吕漁家傲】

潤吐緑煙纔折柳。兩屣輕風三昧酒。憑他金印懸紫綬。意悠悠。龐眉愛我山陰叟。

【南仙吕一封書】

席間偶遇新狀元賦之

宮花插帽斜。步玉堂乘金馬。喜大魁天下。是仙人侶學士家。着丹青描出瀛洲畫。錦袍色動日邊霞。七寶床。御酒賒。一代文章也爛漫發。

【南仙吕皂羅袍】

恨寧夏孛劉之變

盟血纔乾輒背。元昊逆亂。再動六軍。無端的又烈又狠。朔方真是忘恩信。賀蘭山洪河兩分。積餉屯兵。虛設閫鎮。轟轟名疆。安成標準。時時要聖皇戒慎。

聞遼事感懷

弄成這般世界。突亡關隘。驚動嚴宸。說甚麼犀玉垂紳。馳騁八騶引雕輪。笑那一個個空皮囤。誰浴日月。誰荷乾坤。誰作舟楫。誰飭經綸。辱没了臺垣勢分。

按：「辱没」原作「辱麽」。

【南仙吕不是路攜過掉角兒】

時遼事未平偶因社鼓有言誌感也

金鼓喧天。正遇豪旽少壯年。胡亂炒紛紛。惹致放翁顛。旗騰翻。聽犄角聲勢忒兇悍。就去要應節鬧春前。可擅作軍令。車騎刀鬭競長罵短。怕而今屢成逆叛。恨而今誰能軀剪。體聖皇時時宵旰。望臣工人人屏翰。何不奏大廷。攜一夫。提一劍。繫樓舡。先定天山。若無計旁蒐起翦。活捉權瞞。只反脣疾視。那稱好漢。

【南仙吕桂枝香】

無　題二首

五車積債。一腔丹悃。墨莊不問枯榮。松竹林崖半枕。向日春光酣麗。又是良辰。展客韉何尤何悶。好去聽出谷鶯聲。看沖霄雁陣。壺觴堪逐。風花待飲。閑卻匡扶手段。且來整頓河濱。有的是鑑湖曲。笻杖綸巾。

俄兩壑生雲。逍遥誰禁。只一任老鶴翩躚。還再教靈蛇奮迅。

按：蒼門【桂枝香】曲共二十一首，句式與曲律有異，亦不合詞調，或爲曲之别體。

【南仙吕皂羅袍】

誤聞邊庭有以鸚鵡遺禍者作此

天孽曾垂兆朕。鸚鵡能言。禍國殃身。何況那長舌利吻。都便便熒惑天君。不覺的聞之增憤。自古天王明聖。爲國重人。虞庭威鳳。周藪祥麟。放個太平偉略誰曾問。

聞一二凶逆賦此

不意今番消息。流毒宗社。遺痛神人。逞一朝莫要緊些須醜忿。致戮延妻妾子孫。更留下萬難區處的倫常大釁。就是剥卻他皮。剜卻他心。碎了那骨。抽了那筋。雪不得公家怨恨。

【北雙調水仙子】

喜兒再取河東書院

愛堯南玄豹潛蹤。慕河東彩鳳馳名。想渭北非熊接踵。真是五百年際聖明。恰整起詞鋒筆穎。書香正祈衍雲仍。文運重看擢俊英。義氣還留竭忠鯁。

【北仙吕村裏迓鼓】

閱邑較士録二首

喜兒輩丰姿雄鷙。得意時信手揮毫。仔看見黑玉香飄。白璧光摇。比之傾河萬斛泉流。滚滚滔滔。想來是左馬才高。李杜興豪。開口把元白壓倒。好去上堯階作殷盤周誥。

龍門誰先掛錦袍。虎闈咱迥豎霓旄。萬里争衡。文陣前矛。脱穎垂橐。咱臨風草草。日麗星輝。雨飛雲落。忽烈烈起鳳騰蛟。望天庭發藻。

按：此二曲曲牌疑誤。

【南商調山坡羊】

答里叟

具的是藍盃杏酪。攜的是舞妓歌伶。做個聾世翁。披東風信馬騰騰。正好聽鵁鶄把芙蓉。覓二玄講六同。說甚麽三臺兩省。咱原來眼冷。任他祿萬鍾官九鼎。比得蔬一畦稻半頃。良朋。有石上松澤邸鴻。馳名。漢李膺魏管寧。

【北仙吕鵲踏枝】

答新選給事詞二首

相攜着五六人。才過得兩三春。披瀝禁闈。敢負堯舜君民。積悃許早致此身。說起將眉頭又顰。

要秉節誓忠臣。須百奏極敷陳。龍逢比干。個個兒批逆麟。將順與匡捄諄諄。都去做廊廟琦珍。

六科夜談二首

咱孤標迥絶塵。恥榮談要路津。侃侃掖門。期圖報聖皇恩。喫緊地位肅簪紳。古來稱記注特尊。是非也懶摇唇。惜國紀轉紛紛。誰操史筆。舉頭白日蒼旻。休哂看六月霜隕。逐不盡庸輔邪臣。

【北雙調水仙子】

和賓山人

癩牛兒蔽車一乘。僻莊兒矮屋數楹。坡地兒瘠田幾頃。大茶甌寬酒鍾。且不論詩豪棋聖。哈哈聽幽谷遷鶯。鬱鬱看碧壑摶鵬。燁燁候中天鳴鳳。

【北仙吕鵲踏枝】

上請告疏二首

有百畝足贍身。無千金可買鄰。營脱冠裳。再辭供奉嚴宸。酣寢得荷命天申。早去接朱雲格品。

愁陌上虎難禁。憶林間鷗與親。咫尺天威。鑒我病伏吟呻。鬱困想大衾長枕。睡起課初學兒孫。

【南商調黄鶯兒】

富平三友曾為余慶六十也越四年又祝答此

問我幾添籌。六個五五個六。笑八八俄添四數。蓬萊第一丘。雲霄不二叟。望古稀剛剛六秋。好年頭。再加六六。儻期頤還相祝。

【北雙調水仙子】

偶與寶山人有談

茅堦暖景色融融。煤爐寬餤氣烘烘。醅甕酣酒味濃濃。笑人間傀儡棚。無隻眼誰別英雄。辟寒鶯燕卻離叢。憑高豺虎又當衝。効靈猿鶴常臨洞。

【北中吕朝天子】

振臂豪呼。喜奮鵬雛。整起於門户。笑脱筌箒舊釣徒。陽阿留歌舞。東墅旋開。西疇不蕪。朝遊畈夕臨壺。賓客日相迎。醉倒兒能扶。掃庭堦豎旗鼓。

【南商調山坡羊】

以生孫和單公韻

一腔赤軒旒可對。半壑青池臺欲萃。又丹苗腴衍廣佈早培。明庭再育賢。太史猶占瑞。天爲英雄想不靳風雲會。看這萬萼千苞。玉嶙嶙峥嶸幾倍。比得麗春花的爍輝。

光是謝家蘭寶家桂。

【南正宫滿江紅】

從別天庭。思縈懷百憂纏繞。饒他去逐炎附嗅。誇長鬭巧。自有鳳鳴玉掖春。還聽雞報金臺曉。威名華夏。着寒心竪毛。問大平今托肇。伏闕疏出師表。豈舉世汶汶比得原皦皦。酒酣且獨著新詩。愁劇爲誰焚舊草。忽轟轟逸氣走風雷。敢便老。

【北仙吕油葫蘆】

感里士作二首

羈身且幸脱儒冠。任豪遊競逐攀援。老樹古藤儘去纏。咱不要避世名着笑徐績反。也不作傲人形着怪嵇康慢。端只學佈竹栽松。開社墾田。濬通活水。補葺芳巒。往來看膝下舞衣斑。

無故鼕鼕鎮日喧。恰改頭妝做少年。又不省個恥和廉。可道是陶淵明歸去心平淡。可道是謝安石坐臥身閒散。贏得我千古生涯。信手裁刪。屣卻名利。珍愛田園。不羨那綺羅映翠鈿。

【北雙調水仙子】

客有不知仙而妄談者偶斥之

誰是騎青牛的老聃。誰是駕白騾的陳摶。誰是御赤鯉的琴仙。咱只愛舉鴻鵠的峙鵷鸞。應夔龍左馬諸賢。三春暫息碧筠園。十年高叫紫薇垣。頃時再謁明光殿。

【南中呂駐馬聽】

春日過山園漫興

載酒山園。日喜良朋解悶顔。便踏碎徑苔。度嶺逍遥。争攜詩卷。竹裏花邊供玉盞。行行滴翠浮煙嵐。儘我盤桓。儘我盤桓。不覺聽岸頭漁笛悠悠轉。

山園留客

在在行窩。踏春騎駐舊山阿。有東村西社。供茶進餅。聊充饑渴。楊柳煙横林外壑。

𪎊麥雪消巖底坡。奚愧奚作。奚愧奚作。贏得咱一談一笑一倡和。

人日私祝 二首

何人非我。萬彙同春姁太和。又是正元上七。縷金成像。老幼參錯。椒觴依齒予先酌。不銷去祝天頌佛。好缺甚麽。好缺甚麽。願大家長長親親嬉嬉樂樂。

日月如梭。富貴憑人恣予奪。惡那利嘴饒舌。競長論短。嫌少圖多。春蝶春錢空列座。寶馬雕車客連絡。氣豔薰鑠。氣豔薰鑠。比得咱居易安常守淡泊。

和李山人元日迎春詞 四首

天氣柔和。向陽魚陟冰先破。喜日行東陸。寒谷陰崖。遍更槖籥。紅入碧桃含嫩萼。青歸弱柳吐新柯。依喉興歌。依喉興歌。直去尋竹萌草芽逍遥快活。

按：「喉」原作「候」，據文意改。

悄悄云何。醉裏閑銷世故多。不覺又星回律轉。陌上李榮。堦前梅落。秦川雲集龍猶卧。漢甸砂平雁再過。閑美風物。閑美風物。豈俟勞跨馬乘車襟懷自豁。

肯受折挫。擲笏經春臥碧波。許些生意滿園。邀賓沽酒。趁時安樂。長鳴一駿飽芻水。漫空猶説煙光薄。急飭笠蓑。急飭笠蓑。看勃勃濃濃墻頭屋角。誰厭蹉跎。名著蓬萊進士科。想去供奉九天。抗顔獨對。争讓諫坡。只爲賞心太液飛黄鶴。不覺接踵二華騎白騾。謝了玉珂。謝了玉珂。到而今十八年來累卻徵詔辭臺閣。

【北雙調水仙子】

因遼事感懷

曹彬去平了江南。伯顔出定了臨安。寇萊行撫了澶淵。想英雄濟國難。事事兒思量展轉。尉遲公正要凱旋。定遠侯併欲生還。嬴秦氏休誇席捲。

【南仙吕桂枝香】

常樂園題涼亭詞時方宴客

雲欄歌動。冰壺宴啟。燁燁菱開碧鏡。翻翻荷着緑衣。又喜林間石峭。階下水漪。

天青如洗。炎月霜飛。正火老氣將旋。金柔風已逼。

按：此曲《續集》卷八、卷二十二均見，卷八「炎月霜飛」作「六月霜飛」，接「金柔風已逼」句後。

【北雙調落梅風】

佼佼傭。錚錚鐵。一代人椎咱歃血。老尉遲憂國心如烈。治田莊田翁怎別。

罷吟哦。去彫篆。掙不得詞林妙選。治安書乞止君王輦。侍玉階早擊讒奸。

惡犬羊。思貔虎。不能夠運籌帷幄。虛指望軍中萬人督。着大廷時時拭目。

鄧伏鸞。陸隱鵠。奏太平那尋頗牧。舊隆中有客居環堵。少的是買求推轂。

【北雙調對玉環帶過朝天令】

滿座蘆花。洗耳對巢由。一望岩雲。灰志謝伊周。查查鵲休傳。噦噦鸞應奏。誰不知名。千古喜長流。自不縈懷。萬里怕重遊。履西疇。眠北牖。鹿鶴追陪帳外走。笑傲任枯榮。管不得鄉鄰鬬。那九棘比咱五柳。竹葉濃斟香泛甌。

【南仙吕桂枝香】

伏日園中答賓

日行在柳。風鳴自竹。援琴好引松鶴。垂釣怕驚池鷗。借有故人枉駕。說碧筒貯酒。聯床握手。酣笑優遊。着去把壺裏分冰鑑。鼎中調雪藕。

按：「酣笑優遊」句原在曲末，底本原有注「末句在握手下，誤書此」。

【北中吕上小樓】

四月初四園中作

碧森森新篁脱穎。春殘晝永。月瑄迎炎。風絃奏薰。居然畏景。鶬鶊韻。螻蟈聲。聒聒足聽。櫻桃熟爛滴堦紅。滿園槐影。

立夏先一日園中和薛生詞

九十日春光尚在。老紅積翠。漫村鑼鼓。遍地管絃。棲遲門外。東麓闢。南畝開。

物情舒太。花與柳掩映池臺。風雲藹藹。

【南仙呂桂枝香】

伏日郊居

雨渠生涼。風菰驅暑。教兒高唱採蓮。倚欄揮麈。瀟瀟獨處。此樂誰知。石凝水閣侵肌。冰冽金盤慰齒。

按：「此樂誰知」句原在曲末，底本原有注「末句在獨處下」；此曲句式與桂枝香不合，疑曲牌誤題。

【北中呂紅繡鞋】

池邊對友和衣巾王生詞

絲瓜架蕃連茶豆。芰荷欄香浮雪藕。省得去選勝覓芳幽。看跳躍池中鯉。狎往來座上鷗。舒情懷有的是閑朋友。

【北中吕上小樓】

中秋對月

爲人間平分秋色。團團桂魄。瑩光皎潔。河漢萃靈。奎畢躍彩。迎素娥。對狂客。拚醉瑶臺。笑塵匣寶鏡難埋。已重懸世界。

春分日作

忽霹靂雷驚蟄啟。浪煖日熙。藍揭翠屏。桃開錦幔。人醉玉巵。移春檻。笑歌時。蕙蘭風正好棲遲。看恰恰鶯簧出峪。鯉化天池。

元宵賀客

碧團團鰲山皎月。三五令節。綵勝摇春。娥柳顫風。蓮燈試夜。騁寶馬。走香車。光流豔接。望千門歌鼓蕩軼。通宵不歇。

【北中呂紅繡鞋】

笑人間何爭何鬬。喜自家莫慮莫愁。大棕床綿被擁黄紬。興來時觸兩句。酒到時喝幾甌。有那月影松聲皆故友。

【北雙調清江引】

時有以黨錮為戲者亟毁其記併禁止傳音不忍聞

誰作官家朋黨志。邪正謬相執。磊落舊名賢。希奇新故事。忍去聽八關十六子。

士有病癱十年為私人起用者賦以相嘲

病噎盤中堆酒肉。聾遇調絲竹。瞽兒望豔花。紅顏配黄耇。笑他命兒窮休乖拗。

吊王生

是非難與天詰究。德厚偏不祐。賢哉顔氏貧。無壽又無後。倒教張蒼富貴還長久。

勸鄰婦

因緣先定鸞臺媾。驕女心不足。終日怨家貧。一世嫌夫醜。豈不羡陸家姑婦學朱蘇。

【北中呂紅繡鞋】

綠沉沉槐陰亭院。馝芬芬花氣穿簾。坐談了古聖與先賢。開坡下千弓地。啟樓頭萬里天。笑咱十六載寒灰豈復然。

【北雙調清江引】

常樂園中以六月十三日為白衣觀音會時取郎當為戲笑詠之二十二首

錦棚高對金天界。奇巧百般態。提出大郎當。弄作真傀儡。他牛王社那賽觀音會。

紛紛聲調梨園雜。子弟新腔罷。野唱鬬村歌。繡幕衝門掛。聽了些異代興亡話。

以下對賓語

源頭曲曲長流水。吟壇圍翡翠。督責舊園奴。忍把葵藿採。碧垂垂着麗軒窗外。

平臺緑泛芰荷葉。坐愛冰壺潔。輕輕對面風。皎皎當空月。好個伏裏天不見熱。
臨村迫舍相邀待。設擺笑纍纍。蓄釀噴椒蘭。未飲心先醉。覺堤前紅膩澆磊塊。〔六〕
割雞盟欲合簪佩。掃榻嫌亭窄。辛盤一味芹。放鴨釋活蟹。只教斟醅醺濃琥珀。
休道拘持不自在。好把衣冠解。欲酣便着酣。得睡且還睡。要林間志願都歡遂。
聽鳥兒聲聲格磔。來往人絡繹。齊上謝公墩。曠喜白雲適。恁村莊把七尺繫。
些小形跡莫介懷。大家歡拍拍。笑傲谿壑間。老幼忘儕輩。論不得爺爺叔伯。
拂時積悃留庭掖。百疏氣凜冽。便爲激觸煩。終被豪強格。不能勾臨軒再扣額。
名高也喜垂竹帛。天下思風采。可那懶肚腸。枉費功百倍。贏得個浣花溪上宅。
明歲輪咱酬賓客。老甕醪浮白。大餅縮長葱。魚膏煎落蘂。做個舊規兒休更改。
事怕人情不久耐。頃刻分好歹。勉開風月襟。徐償煙花債。要自家常把心頭揣。
説甚五陵和九陌。縱馬矜豪貴。歌舞擁嬌妓。望之若將浼。比得咱步步詠哦任搖排。
徘徊怎舍庭前柏。歲月憐高邁。九節杖堪隨。一幅巾還戴。留幾個詞兒作恩愛。
年年六月參禪節。肯去崇寂滅。池臺遍毓蓮。驚見曇光徹。又生生妙出白衣偈。
人間何事煩驚駭。還他墨介幘。但期山嶽明。休着乾坤壞。拚得樂嬉嬉常舒泰。

偶戲做關公立效別曹有此

一望重圍解白馬。早把奸雄謝。斬脱五關營。保出雙妃駕。恨那時滿腔熱血無從灑。
李膺何德稱模楷。天上休物色。耿耿寸衷懸。久別嚴宸側。喜的荷君恩得常負未。
直鉤虛入嚴光澤。恪守三不惑。避地滸原高。仿佛龍伯國。秘貯長生籙一册。

評士子課藝

門下人多高氣概。步元更游愷。千頃決詞源。萬流歸學海。灼灼夜光難久晦。

贈佳士

驪珠出現人争得。豐格真清灑。儼若海東青。妙於天下白。過目通經齊注解。

辭門下之來游者

説道時名羞去買。南畝停風翮。晨起課耕鋤。夕來唱小海。覺兩鬢秋俄衰改。

鄉人以二十曲限我片時笑書之

呼僮齎紙濃研墨。百韻限三刻。風騷擁筆來。奇氣横腔塞。看須臾几案流芳采。

【南商調黄鶯兒】

常樂賞蓮歸俄途逢雷雨和侄三讓四首

翻翻歌採蓮。苦炎蒸六月天。松花冰酪蒲團扇。正玉蝀接芳瀾。金鱗遶碧灣。浮瓜沉李供遊玩。喜龍蟠。一聲霹靂。忽轟出雲霄畔。

題觀音洞

苦海笑無邊。途屈曲水潺湲。慈航果否留方便。金繩休誤扳。泥牛莫浪牽。世人多少遭佛幻。望西天。傳燈付印。也切説神通見。

過村莊慰故人之貧窮者

盡日淚涓涓。少吃着多憂煎。粟粒凝肌花摭眼。悲捉襟露肩。苦得甕缺餐。遑遑迫迫真窮漢。且心寬。聖明遐矚。已不久恩流轉。

勸次貧者

衣飯等身竿。添不長減不短。絲毫升合難憑算。穀米粥煮瀸。花布襖裝綿。餘些準備災和難。好吃穿。寒温饑飽。都也是天排限。

【北雙調水仙子】

戒諸貧士妄求

讀書好企慕顔淵。蒞官儻比擬范丹。立身得仿佛原憲。想他知義命樂性天。忘饑寒也忘尤怨。陋巷自覺意安恬。罄甑那説行矯虔。弊衣都愛心平坦。

【南商調黄鶯兒】

執節肯從凡。進不招退豈援。逍遥金谷塵埃斷。結茅棲華山。整綸釣渭川。青松白石尋常伴。樂清酣。唱和有年。笑詩筒窄短。

【北雙調清江引】

閱屏間鳳

高鳥投林不擇木。誰識丹庭簇。一離燕雀群。千仞鸞飛舞。且休把六像五珍試堂廡。

【北仙吕混江龍】

夜飲劉大粲園中改鼎和兒作

聽門外樵歌漁唱。兩岫煙含十畝塘。正是花香苾苾。竹韻瑲瑲。笑舞七盤明月女。醉翻雙調紫雲孃。説甚麽海上神仙。做得過山中宰相。鶯兒燕子嗔相唤。蝶使蜂媒任自狂。

笑里士狂逞

一個個看他孟浪。青樓豔冶樂徉狂。誇得繡衣雕勒。錦席瑶觴。燈火人扶夜醉歸。管絃客擁春遊賞。卻想到嗷嗷眼下飄零子。那悔及落落日前富貴郎。且好着田農負耙耒。漫看蠶婦執籧筐。

閒　詠二首

還自臥百尺樓上。錚錚匣裏透龍光。這回籌嫌用短。楮喜留長。殿中藝笑虔三絶。天下功羞仲一匡。要本等只是傅岩千古濟川才。班超萬里封侯相。典謨訓誥追三代。禮樂文章佐四王。

虛負了平生倜儻。連編經緯貯雲莊。於時氣沖星漢。力震疆場。想撥燕然山頂石。請轉高華嶼底洋。自揣奮身勇比王鐵槹。剖心忠若安金藏。且不得龍翻巨壑。也只要鳳立崇崗。

園亭述懷

不顧咱輸誠積悃。踈散今成自在人。多是門庭懶出。木石相親。松軒竹徑園林邃。玉檻銀床井液深。便留太尉四世環。那懸季子六國印。説不得乾坤正氣。做不來社稷名臣。

【北雙調清江引】

遊清虛觀二首

呼吸丹臺通帝闕。漱齒三光液。龍輧迴絳霄。兩手浴日月。采采羊鬚珠更別。

籠葱琪樹青城埜。威鳳棲其下。叱吒落風濤。咫尺銀潢瀉。何故夕猶馳意馬。

【北雙調水仙子】

古柬繪面取踈松隔水之句里人執以索詞有是作

聽風松隔水笙簧。望雲藍暎日珪璋。倚翠崖連天屏幌。咱原不是霹靂手錦繡腸。怎能勾虎視龍驤。詹何且整漁人網。李膺直埒名賢黨。馬援不著功臣像。

【南商調黃鶯兒】

笑奔競者

名利轉勞牽。下也陵上也援。得失滿度横交戰。望貴兒脅肩。對窮人奮拳。且自矜誇且尤怨。日奔燕。月月往還。還把鐵鞋磨爛。

【南仙呂桂枝香】

為劉侍御題

跡垂東越。心懸北極。明月掌中豔吐。清霜簡上花飛。一路人驚鐵面。望行驄攬轡。好個肅然法紀。柱下繡衣。山嶽真摇動。車騎争迴避。

清明日二首

廚下留錫。階頭進火。看薄暮原啼杜宇。輕風人唱踏莎。盎盎海棠山杏。也簪他幾朵。錦繡東郭。要任去婆娑。看處處掛鞦韆。家家跳絏索。

韶華正媚。酒債若何。要攜個老兒做伴。再跨個蹇兒教馱。那楊柳堤横。不禁着童冠偕樂。醉後吟哦。也不消分你我。只得幽谷出鶯蚤。且想春街走狗多。

【南仙呂入雙調四塊金】

許我陶陶。醉裏望懷抱。誚我囂囂。塵外勤登眺。徐孺子氣本高。李太白興又豪。

任去譏嘲。憑他温飽。獨飄蕭。山鳥熱留情。時去時來伴老。三峰齊峙。容我頭顱峭。七曜紛馳。促我年華老。靖節琴律更調。少陵詩花休惱。不能轂扶主驅曹。託孤存趙。徒焦勞。回首萬重天。鏤月彈風一笑。

【南南吕懶畫眉】

時有訂交而渝盟者因和諸茂才及之五首

哈哈鶯聲覓友時。聯床虚訂百年期。瞬息人情似九疑。饒他齊向春陽蕭鼓鬧。陰崖羅雀醉酣遲。

索居誰慰苦吟時。約對金樽又辜期。多因徐邈狂招孟德疑。露花濕地春光薄。煙草迷庭客意遲。

輕風蘭砌整絃時。那得知音鍾子期。也想淡交垂白突生疑。到而今命駕長林跡杳杳。寄書孤雁信遲遲。

幾番猛省下帷時。坐誤乾坤二十期。你看那市中豈有虎堪疑。只是同襟四域相知少。高臥一庵獨起遲。

休説雲龍際盛時。此心高與古人期。咱一真悟得了無疑。知洞裏温温春意早。那知洞外冷冷日色遲。

【南越調繡停鍼】二首

攄就萬言。天啟重瞳廣搜賢。趂時三策贏先獻。候檀郎蚤據廣寒。西京照耀文星燦。康前吕後豔長安。若彀得楊鼎頭全占。豈難把商輅額重顯。立等五色雲見。

御墨鼎標。九天嬌豔勝藍橋。杏紅萬朶春偏早。想瓊林虚位英豪。第一是狀元郎特席。五百人推讓姓名高。披霞宫錦淩三島。捲雲路綵曳重宵。盻得泥金捷報。

【南仙吕桂枝香】

由他禁害。憑咱忍耐。惜孤亭鬱帶蒹葭。笑長夜愁連蟋蟀。此身肯作趨炎態。青光皓彩。忽中天轉過月色。留得玉壺。波上一絲風。好學嚴陵臥釣臺。

因客問及都城笑詠之

又説起一代中興。三朝大聖。錯落璦排煙外闕。峥嶸玉竪日間屏。忽天光閃出琉璃影。看不見祥龍威鳳。五采蒸騰。九漢縱橫。光涵象緯紫薇明。氣淩冠珮黄門迥。

【南南吕懶畫眉】

題畫中幽思二首

竟日鬱愁淚滴懷。捲簾暫過小亭臺。怎去看碧桃笑臉開。孤飛日角鴻音杳。群噪簷頭雀意猜。

悶倚幽欄刺繡遲。紫荊枝上蝶增悲。教咱忍對菱花學剃眉。臨風有客思春暮。拜月無人到夜帷。

【北雙調清江引】

殘冬會飲二首

老來看得人情破。事事休錯過。年光不再春。能得幾日樂。且高唱藍仙踏踏歌。

寬爐低座新釀酒。促襟拍着手。客訝調兒高。咱喜盤中就。盼陽春七八也到六九。

豈是老頭兒好葛藟。悔把光陰過。連床八九年。儕輩獨留我。怕日月忽忽機上梭。

【南仙吕桂枝香】

偶遇釣臺自詠

松關日耀。石崖春緲。客不知星犯北闕。釣只喜臺逼東皐。好坐臥月中煙外。愛襟懷了了。載歌載笑。免復招邀。有咱的野服羊裘煖。古渡蟠溪老。

感　懷

蕭蕭白屋。輝輝丹壑。一夕明暗爲誰。十載行違自我。醉裏乾坤日月。只隨時憂樂。居常貼妥。到處酣歌。這便是正己不求人。上達須下學。

園廬獨詠

池通幽澗。磴穿蒼壁。半簾風醉芍藥。一溝水漲芙渠。望望青山半揜。笑薄雲細雨。少個知己。偃蹇東籬。這就是(七)蝶噪林逾静。蛙鳴室更秘。

【北仙吕油葫蘆】

山亭自歎

拭鏡由他學剪白。山月孤亭留伴客。年華任作龍鍾態。笑孔光靈壽杖休催。讓馬援矍鑠鞍須待。怕只怕興隨壯減。愁因鬱倍。盈頭未雪。徑寸先滅。日臥南窗瘦於梅。

【南仙吕桂枝香】

感時事作

笑那吉凶兆。先行違計左。市棄了秦李斯。獄繫了漢蕭何。分明是見識不蚤。把機會都錯。縱橫由我。要知止知足。學個范蠡駕片舟。繼得張良從辟穀。

【南南吕大迓鼓】

離塵。造就洞庭舡。愛林垣。負笈攀轅。落落灑灑心忘倦。可禁他月下聽韋編。濟楚芸局。蒲坐神仙。

【南南吕紅衲襖】

谿壑中墾了舊山田。街坊頭葺了故疆廛。也枉叫做南州徐孺子。那成就個東瀛魯仲連。縱有李杜詩千百篇。曾比得孔孟書三兩卷。且任咱輕紗一幅巾。邀幾位不管事的老兒也。日日連床對七絃。

【南南吕大迓鼓】

執經。門謝客三千。攜孩童。徙倚山巔。一覽秋意無涯岸。黄花雨後色鮮鮮。忽爐底煙騰。茶沸酒煎。

【南南吕懶畫眉】

立冬感懷

淒淒病骨厭高秋。鎮日風吟倍鬱愁。把兩壑清暉廢釣遊。微雪朝臨習射地。殘燈暮上讀書樓。

渡河攄懷

危時擊節誓中流。披水雄磐砥柱頭。魚鳥儻舒萬里憂。風起白蘋看浪湧。震天吼地幾時休。

【南南吕紅衲襖】

以琵琶記作之元高東嘉偶閲感懷

費了你好一片荆棘心。留下你好幾首琵琶韻。豈有個子受金貂不計親。豈有個夫别糟糠又結姻。白白將中郎父母成寃鬼。暗暗把丞相女孩作寵君。這椿事欺世虧人。這場話敗俗傷倫。到而今亂做胡傳。卻不削辱他名高也。是和非千古誰申。

【南仙吕解三酲】

偶遇舊同儕夜話二首

想臺閣將人辜負。開口笑煙波釣徒。比似恁們做官於朝家奚補。到把個赤心爲國的着苟延虚度。咱也還能彀劉越石聞雞舞。休盼兩耳聾聵眼模糊。且擊壺。讓得你縱橫梟獍。跳躍豺狐。

按：末句「跳」字脱，據意補。

像他仔引類呼朋圖濟惡。怎不教幽崖遐士老蹉跎。常樂莊掛漁翁舊蓑。依泉石出入駕白騾。咱也不思身借玉堂來氣豔。那指望手持金鼎播陽和。切酣笑。笑的免西遊附劍。東去枕戈。

【南仙吕桂枝香】

義塾會飲二首

依史停車。逢人下榻。留幾根竹曳窗前。培幾株柳摇階下。即愛這樓臺如畫。皓首終狎。丹顔叵假。羞説他轟轟相位紛如市。落落賢關冗似麻。

整起新車。閣起舊榻。由來是雲鵬非伍。真個也海鷗難下。笑淩煙閣誰堪畫。把我輩猶狎。分不得真和假。且由他執簡袖還藏白簡。拜麻庭又裂黄麻。

正月歲比為諸生作

春色漸開。文光〔八〕初聚。帷幄氣沖北斗。圖書價聯東壁。汲汲潛心大業。要隱鱗藏羽。萬里雄飛。休憚燎麻炬。忽不覺匣裏出雷電。轉看筆下落雲霓。

【南仙吕入雙調四塊金】

為遼事作

蓼蓼塞外。百闔虛鳴鼓。曳曳陣前。萬隊空翻纛。莫一個握星樞。又莫個起樽俎。只見滿道饑鴟。盈庭渴虎。祈天誅。英雄緩佩刀。切看内廷先肅。

無題

披錦拖玉。那見名矯矯。持鉞秉衡。祇覺聲擾擾。纔又嗔賈生少。謀又怪顔公老。狗也續貂。木豈擇鳥。望雲霄。堂堂囁嚅流。好大冬烘頭腦。

【北雙調水仙子】

感時事作

小小兒養就鯤鵬。早早兒別得鳳龍。好好兒延過梟獍。莫大煞樂黨同。笑馬默又作驢鳴。無材要豎千尺棟。何力能挾兩石弓。好貨不直半文銅。

【北雙調清江引】

和竇氏八十一公詞四首

我也行年六十九。世事剛參透。要喜那得喜。便愁莫甚愁。閑來植半林篁一堤柳。

嗟今時事遭陽九。虛具霹靂手。處處費安排。件件難成就。爲甚把英雄還掣肘。

凡餘身外原莫有。好歹休爭鬭。食喜爛蔓菁。坐愛繁楊柳。贏得個青山繫白叟。

笑咱骨懶不争氣。嘯傲溪山裏。幾卷舊詩書。一畝新宅第。日日伴樵漁老知己。

【南仙呂傍妝臺】

和劉侍郎陷遼之詠

倚闌望。關山東北凋零。海陽赤霧迷空壘。邊塞黃雲蔽故城。劉琨乘月還登嘯。忍說開元詣蜀行。摧八陣。陷五兵。匣裏寒芒虛自鳴。

【北雙調步步嬌】

先伯子山塋祭畢登遊二首

春遊踏遍山坡路。歸笑騾饑瘦。着喂遒。行行力藉舊蒼頭。喜扳留。又幾家遠遠提盒酒。

年年拜掃迷歸路。山色塋還瘦。意不遒。東來轉喚到西頭。故人留。約吃盡村裏杏花酒。

【北雙調沽美酒】

和藍關記中調

恰好把國事亂番騰。恰好把軍功強扎挣。千秋擔兒豈易承。虛去更張。也把個正國的侃侃長孺。做了避世的蕭蕭弘景。是非還照舊朦朧。安禄山兵驕逞。史思明又起争衡。且不知乾坤何日定。

按：此曲牌疑誤題。

【南仙吕桂枝香】

為雷王二生候考

横經心醉。沖天志激。麗錦胸中吐秀。明珠頷下呈奇。便去領先鋒藝苑。一呼人披靡。英雄有幾也。再看風雲際。乘時氣餒剖龍窟。應候文章耀鳳離。

【北雙調步步嬌】

秋入碧梧葉紛落。四圍山列座。一黎渦。綠水沃沾隴畝多。任嘯歌。誰繫得明月清風我。

【南仙呂桂枝香】

王大司成讀書處

三峰蓮岳。半畝筠塘。慕司成對越春前。笑太史依瞻渭上。留一種錦繡煙花。如催吾題賞。蘭亭可仿。又轉見諸王。渾是文明地。居然道義場。

【南越調浪淘沙】

春心正濃。繡幕翠屏。低垂橫展膩芙蓉。絲絲睡起煩青眼。柳戰花情。

鶯語喚初醒。滿座風生。一筆陶韋舊著名。甕開重洗珀璃盞。酒遇詩傾。

【南仙吕桂枝香】

諭兒輩讀書

李密掛角。匡衡鑿壁。千秋業尚需承。三冬手莫停披。易簡工夫久大。須近裏着己。惓惓努力。聖賢根柢。且不説吏部文章妙。翰林風月奇。

崔道人洞中

半崖寥杳。孤雲卓絶。喜白綸巾上青天。愛緑玉杖頭明月。袖拂煙霞種桃。俄洞中霹靂。登萊望闕。要得個素券。先生攜爾戴星冠。諄諄證丹訣。

【南南吕金錢花】

自干碌碌閒忙。閒忙。數載又履秋霜。秋霜。松菊依稀色吐芳。雲蕭索。水清蒼。乘酣嘯。踞胡床。空令書積墨莊。墨莊。闕整嗟笑荒唐。荒唐。剖竹分泉意轉狂。題紅葉。賦長楊。留篇什。卻生光。

【北雙調清江引】

譃劉黨二生

笑他飲喙忒出醜。每頓設三九。湯無半點留。飯莫一餐勾。吃的教妻兒們胡去走。

【南南吕懶畫眉】

代題月下閨情二首

月與幽人故有期。蟾光低度映娥眉。默默悠悠坐玩遲。楊柳枝頭空照面。芙蓉帳下更留思。

團團寶鏡出塵函。冷透霓裳怕倚欄。又恨天上人間不兩全。露浥宮牆延桂子。風飄帷幄寂嬋娟。

【北雙調清江引】

笑里人二首

恁麽營生恁便益。爲甚多愁慮。吃穿莫闕時。哽哽苦不足。看世人那得有一百一。

咱也過了七個九。榮華盡得受。幾番上玉階。留得青雲路。教兒孫步步依星斗。

譃王生二首

一生喜説瞞天謊。虚具人模樣。自家不值錢。卻望財源長。由着去摳腮又挖顙。

只管營營去妄想。笑那糊塗賬。睁眼跳黄河。卻把岸夤緣上。看不着天羅與地網。

【北雙調沽美酒帶過太平令】

和高道人

也好把鑑湖曲門高揭。紫蓋峰頭歇。月茫茫吐玉芽。桂飄飄流金液。便鼓雲和瑟。

喜塵埃謝絶。做個無事老兒。管得人間皂白。青田。摇曳。賽〔九〕過他昆侖山下核。

山園答客

做得個自在翁身無繫。築起新窟室。一片雲透靈暉。三尺芒褫妖魅。藍光照岩碧。驪彩含淵媚。囿蓄色色非常。又是麟角鳳羽。表咱。禎異。怕只怕鋸牙鉤爪横妥尾。

按：以上二首曲牌原刻本誤作〔雁兒落〕，兹改。

【北雙調清江引】

除歲之先一夕會飲侄陽和宅

四圍團座紅爐熱。好送嘉平月。兒童跳躍歌。拍手盼年節。白皚皚門外猶飛雪。

暮春有懷次前韻

歸來數數經寒熱。又到春三月。十九粟山陽。虚度有時節。管不得人世紛如雪。

按：續集目録題作「除夕」。

【北雙調水仙子】

詠八仙老父誕辰命作

呂洞賓背定寶刀。曹國舅吹動玉簫。徐神翁擔來鐵罩。驢兒馱張果老。望李仙鐵拐難抛。藍采和江上隺逍遥。韓湘子洞裏蛇盤繞。漢鍾離雲外鸞飛躍。

【南商調黃鶯兒】

因徐郎問八仙答之

大肚漢鍾離。笑兩口純陽吕。張果老在閬苑留跡。問國舅姓曹。説神翁姓徐。藍采和攜着鐵拐李。湘子奇。韓仙妙髻。也待我會攀躋。

【北仙吕寄生草】

正月十四日迎春攜兒孫遊觀賦此

攜兒曹嬉春節。着讀書暫休歇。碧皚皚捲去門庭雪。寂朧朧轉過樓臺月。鬧攘攘準備華燈夜。得不妨我明夕偕玩賞。也争要鰲駕三山賽蓬闕。

【北雙調清江引】

文廟瑟成供祀生有善鼓者和詠之

風前誰鼓雲和瑟。疑是湘靈客。清廟古遺音。疏越煙霞外。想聖門曾點猶堪對。

為西曹門士題

天街夜夜雞鳴早。想有恩光到。風雲漸改色。雨露重頒曉。不要着法紀仍顛倒。

閱史感宋誅檀道濟而傷之二首

如何輕聽義昌謀。饒勇招嫉妬。一失大元戎。宋代偏多故。可惜把萬里長城誤。

曾誰召對進嘉謀。舉國姦生妬。明欲壞朝廷。暗着忠良故。還有個秦檜把高宗誤。

春郊漫興

傍花席地團圓座。茶爐隨飯盒。縮蔥大饅頭。白煮肉堪可。飲醴酒不許加桑落。

園中遇客留飲

一飯家常休設果。生蒜留幾顆。韭黄肉半醃。盒蟹肥尤大。喜滿甕糟酒客先酌。

偶飲蒼龍閣有索調而歌者笑書之二月三日作四首

說我老聾翁原不聾。世事難同調。巖廊墮命崖。臺閣迷魂窖。只容了姜子牙渭上作漁釣。

說我老聾翁有些聾。骨氣生來傲。跳出舊火坑。築起新月嶠。枉不了董仲舒才高邵。

說我老聾翁只得聾。隔壁常酣叫。便作鴟梟聲。豈比鸞凰嘯。任他那窮酉胡去炒。

說我老聾翁爲甚聾。贏得不煩惱。山河氣概卑。日月光華少。嫌那萬里乾坤還窄小。

【北仙吕油葫蘆】

送劉大人西歸

飛錫重詣梵王家。不二門聽演三車。洪水茫茫正需筏。囑咐我閉山房免築新臺榭。得閑時過雲林會著真風雅。也曾見天龍圍繞海鶴迎遮。袖一卷楞嚴。背一領袈裟。

整飭了塵尾蒲團和四大。

【新調山坡羊】

崇禎二年冬聞虜犯都城告急

望邊庭豖跡蛇蹤。想甸畿狼毒羊腥。好似景德初逼澶淵。契丹騷動驚恐。誰不欲保妻兒全首領。王欽若請移金陵。陳堯叟乞泊錦城。誘不得主真宗。奪不得相萊公。洪河北鼓鼙騰淩。且鼾睡卻胡兵。自此銷長鏑伏良弓。奏豐亨啟聖明。四十年奠枕皇京。奇功。水也澄山也嶸。中興。地也平天也成。便忘危閒卻英雄。爲甚把五鬼庸任。縱衡着亂朝廷。又處處起歌聲。要誅四凶專九征分邪正。恁拔去眼中釘。別白大忠。莫奈何歸幣定盟。遺多少病痛。空令人浩氣沖沖。

【南商調黄鶯兒】

庚午除夕

醉來數花甲。過今年七十八。利名再休惹動他。行裏也哈哈。座裏也哈哈。念頭喜得没牽掛。舊生涯。六經詩畫。時時着不離咱。

【北雙調清江引】

立秋遣懷

坐覺襟懷宇宙寬。秋色近茅簷。披拂清風入。徘徊皓月還。望溪山且着簾高捲。

和堯莊詞

生就貪庸習就懶。又把人逼散。上緊話不聽。做出教誰看。怪得咱長眉擅冷眼。

【北中吕紅繡鞋】

山莊倉卒遇客口占謔之

蒸的飯是苜蓿芽。過的酒是醂醾花。笑山塲再無個甚麽。肉也莫處去尋。菜也莫處去賒。可道説賊來不怕客來怕。

有質問嘉慶子暨柔木者偶謔之嘉慶子李也問與答皆草木名

質笑你生來蒲柳。纔看你長就樸樕。輕薄兒到底象葭莩。做不得嘉慶子。也比不得荔枝奴。豈柔木與霜下傑爲偶。

【北仙呂寄生草】

因洪制臺賜顧有言

豈虞這流寇劫殺。且怕那亂卒諠嘩。莫個劉越石解圍奏茄。莫個檀道濟卻敵量沙。又莫個諸葛亮做木〔一○〕牛流馬。笑樞衡投不着吳季札。脱弓旌起不來宋魏野。

【北商調梧葉兒】

臉兒厚怎識羞。眉兒促不解愁。日每家胡亂走。睁眼跳百尺崖。舉足投萬丈溝。失了個好坦途。走了些瞎歪路。急翻身早回頭。清泊園休忘舊友。

答　賓

築一室大如斗。覆一簣遠節丘。尺五天方寸土。育滿階朱[二]頂鶴。避當路白額虎。

從來是條月月秘貯。有斤錯不禁他光芒吞吐。

按：原刻本此曲下面疑缺頁。只剩以下一句：「床御酒賒一代文章也爛漫發」。

【南仙吕一封書】

感時事作

裝作玉堂人。徒誇張飾彌綸。依赫赫龍衮。有摩棱蔽紫宸。太平豈藉扶昌運。顛倒英雄誤至尊。仰大鈞。歌小旻。願出天家社稷臣。

【北雙調清江引】

為恤刑袁公題二首

簡置西曹滎司寇。正遇明刑候。聖主急無辜。全爲逆璫阻。不要怕叩闕頻執奏。

近時驛馬清南極。貫索光具皕。九原赤日開。萬里青雲起。看蕩垢滌瑕專在你。

【北仙呂混江龍】

上偶不豫魏璫乘機竊弄抗疏諸臣斃於西臺東廠者數數矣聞報之夕不覺感泣而賦此天啟六年仲冬廿日也

恥詣權紛紛降膝。一死鴻毛斷不移。肯着妖氛敝天。彝常掃地。枯榮便得幾多時。芳穢怕留億萬紀。看御前鹿馬曾誰辨。看樞前鳳鳥爲誰悲。丹筆直紓懇惻心。採石難沉忠義氣。

【南仙呂一封書】

潭潭相府門。人喧鬧客繽紜。多少進殷勤。笑孤飛不入群。子房爲漢心常奮。大廷那識別蕕薰。吐英芬。直淩雲。肯從狎褻近王倫。

【北雙調清江引】

值魏璫殺人為門士袁司務題

望爾明刑司棘路。無墮逆璫手。二三抗節公。已半登鬼録。看恢恢天網曾誰漏。

【南雙調鎖南枝】

鵲豺驅麟。犬逐羆。蝦蟆諠動臥龍池。朝見波呈夔。夕聽樹鳴鴟。虚執盟壇牛耳。奮何時接跡。鴛行鳳趾。斥城狐疾社鼠。斷長蛇擊封豕。

【北仙吕一半兒】

和賓興諸友二首

春深剪韭待嘉賓。天遥折柳贈行人。山高依石聚遺民。莫點塵。一半兒風花一半兒雲。

觀國今逢元上賓。辟世昨留域外人。臨月長扳隴底民。舊囊塵。一半兒詩詞一半兒文。

【南仙呂傍妝臺】

結茅庵。春淡杏桃蕊半涵。怪來鶯語卻叮嚀。不知咱身世隔塵凡。淩日碧松孤挺挺。翻雲綠草鬱芊芊。開扉牖。捲幕簾。生涯收拾掛漁帆。

夜聞吹簫感懷

誰去吹簫。忽穿雲滿耳寂寥。想是吴中人鼓腹。秦樓聲調景雲飄。幽潛壑聞蛟踴躍。朗吟庭見鳳遊翱。白玉管。蓄禍苗。老明皇休中祿山狡。

【南南吕紅衲襖】

清泊園觀樂

一聲聲錦瑟合雲璈。一曲曲龍笛協鳳簫。倡和了大雅三百篇。諧和了大音六十調。康衢兒也拍掌起謳謡。田舍翁也鼓腹作吟嘲。擊唾壺同來酣嘯。截短笻自去遊遨。隱括得淵明舊詞。成就我雪堂斜川。歌寄宫商。笑臥東皐。

【南仙吕傍妝臺】

次日又觀樂和客調

大夏聲高。戛玉鏗金縱革匏。洋洋竹韻絲聲合。分得靈鞉與路鞉。關雎麟趾賡周勺。白雪陽春寄楚騷。真雅頌。振雲霄。丢卻秦箏不須調。

【南商調黄鶯兒】

還想扣角歌。有着喫有着喝。靠崖居闢窨寬大。得去念彌陀。也得來抱兒哥。自在安閑少甚麽。笑呵呵。包老閻羅。他狠奈咱何。

笑那藍采和。一腳跣一腳靴。不受單寒不受餓。吃得做得多。踏踏盡日歌。蓬萊穩住舊城郭。卷白波。灑灑落落。儘着去快活。

【北仙吕鵲踏枝】

余感伯子之孝而建真人祠為愈母病也每歲仲春二日寶馬朱輪綺錦接踵遂成大觀余實不樂有此然為神已習之矣

披靄靄洞口雲。襲鬱鬱閣底塵。華轂金鞍。迢遥士女争春。紈扇映羅裙。一路芳菲綺錦。有象管能撥雲。得犀簪可避塵。密綴輕籠。彤芝翠羽皆春。可道醉紅裙。處處煙花接錦。黄羅蓋曳碧雲。白玉珂飛緑塵。大袖長纓。紛紛歌鼓同春。呼荆釵布裙。還帶珠璣着錦。

【北雙調風入松】

有　懷

紫崖深處意同幽。瑟瑟絃悲促。依稀蕙帳忽縹渺。數聲飛雁增愁。爲問當日冰人。

因緣曾説到頭。

【南雙調謁金門】

夕和劉叟風光好調也

風光好。不羨東家温飽。韶華漸逐鶯聲老。可惜佳懷抱。〔換頭〕鎮日尋芳踏翠。草緑池塘夢少。魚鳶庭外看飛躍。且莫嗔潦倒。

欽召入都

依鵷箔。今日纔離銅綬。春光千載明良遘。堪把清華授。〔換頭〕灑灑輕風兩袖。媿乏調元妙手。蒼生霓望甘霖候。憑甚續伊周。

【南商調黄鶯兒】

笑逢春夢婆。又除了煩惱魔。攜兒散誕緑楊坡。得意時放歌。知己留倡和。把横人嫉士都丢過。且由它。我不欺人。憑甚他欺我。

逐日呼漁蓑。怕文章忤俗多。大床擺設粟山阿。時事暗消磨。前行途路錯。立朝悔莫專車坐。氣磊落。兩佩藏鍔。誰道我無長物。富貴比南柯。不祈福誰招禍。人世匆匆赴燭蛾。兩袖任婆娑〔三〕。鼾驚寤寐覺。風花雪月平分破。惜擲梭。光陰幾何。須早製淩濤舸。

【北仙吕鵲踏枝】

夜遇王大僕有談

也敢去騁英豪。也敢來誇賢勞。驤首天衢。騰踏萬里蒲梢。矯矯當主上焦熬。不覺要馮陵大叫。氣凜凜塞上矛。光灼灼佩下刀。剖竹登壇。希罕玉勒金袍。霳嘯再去跨鯨鼇。欲蹴踢天山北倒。

【北雙調清江引】

和周妄人

笑你牙籤插架滿。咱五車腹留半。傾倒三江水。縱衡九崚山。爛出雲月橫霄漢。

【南雙調桃源憶故人】

春日悼内有懷二首

翻翻柳曳黄金縷。宛轉鶯黄送語。東風不解予悲。虛報春消息。誰識得琴中意緒。欹枕經春曠處。記得酣歌白苧。朝暮偕容與。

按：曲牌【桃園憶故人】南曲九宫正始作「不知宫調引子」，且曲末多七字、六字二句；南北詞簡譜入雙調引子，并云此二句實乃【换頭】之首二句矣。兹從吴譜。

【北雙調風入松】

為兒正和居喪題

悲兒臥苫枕塊日。有客臨喪次。忽焉雙鶴入重霄。始信陶侃孝誼。母子並付史館。書廢蓼莪斷機。

念正和為其母建祠有懷

哀哀血淚染麻衣。祠宇竭心力。陟岵樓頭瞻望處。栽松植柏築籬。千端萬緒縈愁。都寄泉臺夢裏。

【南雙調桃源憶故人】

秋日悼内感賦三首

計客秋八月十二日偶與恭人失諧其夕遂有不祥之夢忽悲感至今也泣述之

劬勞膝下正相依。轉盻萱堦失倚。都指望百年伉儷。恨天不憖遺。傍池小閣涼風透。裝鏡誰嗣芳躅。秋聲夜色悠悠。兀坐憐耆耇。鳳樓永短悲前定。炊臼隔年兆夢。忍來月下鼓盆。還依倚絲蘿影。

【北雙調清江引】

西莊門南第二樹槐花裏紅而外黄余虞其為木之孽

或曰楨兆焉感賦二首

常言道槐花黄時舉子忙。爲何紅掩映。及第若開先。好去還培養。怕吾兒莫有這力量。

若是天爲國降祥。隨着赤心長。徐圖像麟閣。先著名虎榜。且上應三台星兩兩。

【南仙吕鷓鴣天】

正月十七夜自遣

處處妖嬈處處香。踏歌聲調入雲鄉。興餘三日情猶繫。夢到五更意未央。〔换頭〕卻殘盤謝晚妝。甕底流霞更飽嘗。螭膏焰索千年炤。雉炬爐回萬里光。

【南大石調兩頭蠻】

答王山人

上諫坡。下諫坡。感沐君恩拔瀝多。赤心寄彤庭。白簡留青瑣。重際時和。重際時和。壯懷肯着病消磨。隆中舊主人。束帶常危坐。

按：曲牌兩頭蠻底本原作兩頭漫或兩頭慢，任中敏先生散曲概論曲牌統計中有兩頭南和兩頭蠻，入南大石調。南曲九宫正始「十三調雙調」與「不知宫調過曲」均有【兩頭蠻】，但句式與此不同。

值新婚

大登科。小登科。雲路星橋映碧羅。秦臺事又逢。漢苑聲先播。好遇姮娥。好遇姮娥。蓬萊咫尺玉鳴珂。錦繡炫長安。賓客填門賀。

和諸茂才二首

朝鳴珂。夕枕戈。虎帳鸞臺做幾何。萬兵力都降。百技膽才落。今日凱歌。明日雅歌。笑説登壇棄甲那。縱衡吉甫才。人世憑擔荷。一披蓑。一執柯。匣裏芒寒戢大阿。看花趁月來。隨鶴攜琴過。釋卻網羅。謝卻閻羅。閑對終南峰幾朵。孤影伴樓臺。且向春風坐。

閒樂感懷

武六成。韶九成。想他樂奏鳳來鳴。只從八音諧。便得千祥應。舞怕腰輕。歌怕聲濃。傾君傾國流於鄭。鏗鏗三百篇。雅頌還堪正。

和東山人韻六首

得亦愁。失亦愁。笑他虛度半生秋。一意圖安閒。百事都將就。斷了忮求。釋了怨尤。整綸磯上伴浮漚。巨壑眇雲莊。尋我真歸路。莫來由。胡亂愁。噓吸光陰春復秋。萬般做作來。八字安排就。好也無求。歹也無尤。聚散人間總一漚。本分去營生。便是平康路。吃不愁。着不愁。今秋薄收待來秋。沖天志氣銷。經國文章就。那去干求。那去效尤。看甑裏塵埃釜底漚。鴻雁荻蘆汀。冥寞皆途路。

不自由。還要愁。爲國俄添兩鬢秋。懷沙賦謾成。投檄詩欣就。才慕唐求。筴慕嚴尤。誤把身當水中漚。三尺凜寒芒。重闢官家路。披襟踞竹床。名利誰屑就。朝暮講求。征滅蚩尤。中流挺峙任萍漚。無反更無側。只祈遵王路。盛際肇風雲。豪傑紛争就。斶卻誅求。革去慢想緣由。喜卻愁。呼嵩北望祝千秋。冷落庭皋付奕秋。日療愁。不解愁。

（按：原文竪排，依行序録之如下）

不自由。還要愁。爲國俄添兩鬢秋。懷沙賦謾成。投檄詩欣就。才慕唐求。筴慕嚴
尤。誤把身當水中漚。三尺凜寒芒。重闢官家路。
日療愁。不解愁。冷落庭皋付奕秋。披襟踞竹床。名利誰屑就。朝暮講求。征滅蚩
尤。中流挺峙任萍漚。無反更無側。只祈遵王路。
想緣由。喜卻愁。呼嵩北望祝千秋。盛際肇風雲。豪傑紛争就。斶卻誅求。革去慢
尤。乾坤豈比無根漚。怕那陰邪伏。猶礙陽和路。

山臺自詠二首

竹不凡。花不凡。百尺臺高翠露巔。階下水滔滔。鎮日鶴留戀。醉學張顛。浪學阮
咸。古今隸篆翻千卷。談笑寄風雲。肯着流俗染。
興也豪。臺也高。萬碧當階供墨騷。海上賦八仙。洛中圖九老。日舒花梢。風動柳
腰。寂無閒事來膠擾。雲淨薄煙收。芳菲具小草。

集曠然臺

望田疇。攜酒甌。瘦馬行吟到處休。陌草弄微寒。峪麥浮輕緑。醉豁雙眸。醉豁雙

眸。九逸忘骸自故友。賣刀易犢耕。再作尋山曲。

招飲山樓

上玉樓。對玉甌。繞檻虹光看不遒。一路田豐茂。遍地樹清幽。也好停驧。也好盟鷗。山歌野唱和誰鬭。習習坐春風。笑着漫村吼。

無　題

干居頭。支居頭。應候蓬萊頂上遊。名姓壓秦邦。文章冠帝州。據了虎丘。占了龍湫。英雄地位安排就。天生第一流。佇待風雲遘。俗以燈節作悶人語，令解悟者奪之，曰：「打虎」。偶兒輩作「甲子魁元」四字，云「由着顛倒，一肩擔了，五行聚處，二八矯矯。」余見而和以詞，亦戲語也，併紀之。

山臺自詠

山蒼蒼。水泱泱。一榻松風坐墨莊。皓月夕供吟。白鶴春留賓。名也脱韁。利也脱韁。嗇事農工都罷講。片心對閒雲。只愛菩提長。

【玄妙歌】

入山和客

紫石峰高。隔岸誰酣叫。緑草裙腰。茅舍蓬莊嶇徑小。遍地寥寥。風月清年光漸老。得一般。穿雲度壑。任去閑登眺。逢人嘲笑。肯效他貴易交。

【朝中措】

謔彌風子口占

菊花色色讓鵝黃。甕底臥畢郎。解了金龜。罄了瓦盛。污了縑帳。

送別尹督學

春風坐喜客趨隅。開口談經濟。可道是手披萬卷。腹笥六經。神通三極。

送孫學博

雲寥水寂意茫茫。數爲君惆悵。一曲陽關。三杯儀狄。千秋絳帳。

夏日山居二首

風度竹聲來扇底。一枕黑甜餘。脱三得勝。貼六癸符。搊五珍筆。

酒酌碧筒聯象鼻。座臥深山裏。邀黄雀風。拂紫蚪髯。浸白龍皮。

按：曲牌【朝中措】未見諸曲譜收入，然「灌園記」第二十四齣有【朝中措】一隻，句式與詩餘上闋同，後三個四字句爲兩個六字句。此五曲爲單闋，故作散曲收入。

〔一〕「晴」，原作「精」。
〔二〕「寇」，原作「冠」。
〔三〕「飽」，原作「炮」。
〔四〕此句底本原作「補葺得罅漏完段段錦紋」，兹據【醉春風】格律及文意改。
〔五〕〔落梅風〕原作〔落梅花〕兹改。下同，不另注。
〔六〕「塊」，原作「隗」。

〔七〕「這」字原無，據意補。
〔八〕「光」，原作「先」，據意改。
〔九〕「賽」，原作「寨」。
〔一〇〕「木」，原作「水」。
〔一一〕「朱」，原作「未」。
〔一二〕「婆娑」，原作「婆娑」。

董其昌

董其昌，字玄宰，號思白，别號香光居士，南直隸華亭（今上海松江）人。萬曆十七年（一五八九）進士，改庶吉士，授編修，官至南京禮部尚書。精書法，集宋元諸家之長，自成一派。兼善山水畫，影響頗大。有容台集十七卷，及畫禪室隨筆、筠軒清祕録、學科考略等。嘉靖三十四年（一五五五）生，崇禎九年（一六三六）卒，年八十二。

套數

【南南吕繡帶兒】難提起。把十二個時辰付慘悽。沉沉病染相思。恨無眠殘月窻西。更難聽遥鴈嘹嚦。堆積。幾番長嘆空自悲。怕春去留不住少年顔色。

【宜春令】雲房静。竹徑斜。欲求仙恨着天台路迷。問津何處。傍青松掩着花千樹。伴殘經香渺金猊。題紅句情含緑綺。心知。天付姻緣。送來佳會。

【降黄龍】驚疑。閃得我魄散魂飛。倦體輕盈倩誰扶起。你是書生班輩。好個書生班輩。錯認仙姑比做神女。休題。文君佳趣。這其間相如料難是。你秀才們偷香竊玉。

意亂心迷。

【醉太平】非痴。青燈愁緒。聽黄昏鐘磬。夜半寒鷄。孤衾獨抱。未曾睡先愁不寐。相思。静中一念有誰知。慾火炎遍身難制。把凡心自噤。只少箇蕭郎同並。彩鳳同騎。

【浣溪沙】你臉兒涎。情兒媚。話蹺蹊心自猜疑。這場寃債訴憑誰。當初出口應難悔。一點靈犀托付伊。幾番羞解羅襦。

【滴溜子】合拜跪。此情。有誰堪比。慢追思。此德。何年報取。誰承望今宵牛女。銀河咫尺間。巧一似穿針會。兩下裡青春。濃桃艷李。

【鮑老催】輸情輸意。鴛鴦已入牢籠計。恩情怕□楊花起。一首詞。兩下緣。三生謎。相看又恐相抛棄。□□□却情容易。也不管人憔悴。

【琥珀貓兒墜】皇天在上。照証兩心知。誓海盟山永不移。從今寃債染緇衣。歡會。看雙雙一似。鳳求鸞配。

【尾聲】天長地久君須記。此日恩情不暫離。從此後情詞莫再題。（樂府先春）

複出

套數

【南仙吕入雙調步步嬌】一夜梧桐金風剪。

樂府先春無題，注董玄宰撰。吴騷集、詞林逸響、珊珊集、古今奏雅皆署王雅宜作。江東白苧、群音類選、南宫詞紀、南詞韻選、彩筆情辭、吴騷合編俱注梁少白作。兹已輯於辰魚卷中，此不重録。

闞思

闞思，一名九思，字何思，更字仲通，號虚白，浙江烏程（今吴興）人。善書工畫，與董文敏并馳畫譽。

套數

春閨[一]

【南正宫白練序】沉吟久。柰好事從來不自由。芙蓉帳未煖又還分手。别後。萬種愁。嘆曉夢高唐一旦休。添僝僽。梨花細雨。燕子空樓。

【醉太平换頭】消瘦。纖腰似柳。近日來絳裙羅帶頻收。這閑衾易冷。人在小小雲兜。堪羞。凄凄孤影伴燈篝。綺窻下倦聽銀漏。這般時候。三更酒醒。滿枕春愁。

【白練序换頭】綢繆。兩配偶。同歡共遊。在花陰下渾如閬苑瀛洲。[二]無由[三]。願再酬。恨飛絮飄香逐水流。成迤逗。釵分鳳拆。線斷銀鉤[四]。

【醉太平換頭】悠悠。〔五〕青霄路有。奈綉鞍歸晚。山盟虛繆。似分開雙璧。〔六〕不能彀兩情依舊。頻修。銀箋錦字到皇州。一字字淚痕湮透。甚時相守。金盃滿酌。豔曲低謳。

【尾聲】〔七〕思沉沉如病酒。又值落紅時候。何日春歸十二樓。（吴騷合編）

〔一〕雍熙樂府題作「春愁」，昔昔鹽題作「别離思情」，俱不注撰人。群音類選題作「閨情」，南宫詞紀題作「别情」，俱注無名氏。吴騷合編題作「春閨」，注關九思作。南曲九宫正始引白練序、擣白練、太平令三曲，注元散套。

〔二〕「綢繆」五句，類選作「綢繆。綢繆兩意投。思量故友。花陰下歡會。燕侣鶯儔」。

〔三〕「無由」，類選疊一句。

〔四〕「銀鉤」，類選作「箜篌」。

〔五〕「悠悠」，類選疊一句。

〔六〕「似分開」句，類選作「似分開美玉連環結」。

〔七〕尾聲各本皆作「情思懨懨如病酒。房櫳静悄憶鳳儔。十二珠簾懶上鉤」。

沈璜

沈璜，字子勺，號定庵，南直隸（今江蘇）吴江人。璟仲弟。好作散曲，但多託他人之名行世。曲品云：「沈僉憲清望斗山」。有静暉堂集六卷、近事叢殘二卷。嘉靖三十七年（一五五八）生，萬曆四十年（一六一二）卒，年五十五。

小令

【南商調金絡索】

詠白蓮翻北詞（二）

〔金梧桐〕荆山片玉叢。洛浦青標種。露冷璚衣。浪壓香雲重。亭亭粉面勻。〔東甌令〕暗冰融。白羽悠揚帖曉空。知他造化加私寵。〔針線箱〕煞爲風流洗薄紅。馮夷捧。〔懶畫眉〕怕輕盈不奈素波衝〔寄生子〕唯有太華高峰。太液秋風。是你的生前夢。（太霞新

奏）

【南黃鍾啄木鸝】

〔啄木兒〕休回首。愁感懷。薄劣冤家心性改。假饒是線斷風箏。落誰家也要明白。愁來更覺愁腸隘。怎擔得偌多相思債。別鳳離鸞何日諧。〔黃鶯兒〕把占卜卦錢排。〔三〕（南詞新譜）

套數

離情〔三〕

【南正宮白練序】殘月冷。漸一帶清輝下小樓。金風剪陡覺露凝雙袖。寒岫。供遠愁。見銀漢參橫雲半浮。飛清漏。隔林曉鏡。對籠纖柳。

【醉太平】僝僽。相思一點。蚤離愁幾許。撮上心頭。花殘酒剩。輕發付舊日風流。悠悠。知他何日債緣勾。且生受一場消瘦。望天還佑。發來的願兒。怎肯輕丢。

【尾聲】嘆從來多掣肘。冤家到底常聚頭。方信恩情險處久。（吴騷合編）

按：白練序首曲，起句應用四字。自窺青眼一曲盛行，作者遂爾相習，無復遵譜矣。可爲三嘆。（吴騷編者注）

咏白蓮 翻北詞〔四〕

【南商調二犯梧桐樹】瑶池出素莖。洛浦誇清影。秋水澄澄。洗得臙脂淨。○廬山絶艶争如恁。一捻龐兒百媚生。○柔香膩雪輕含粉。寂寞池塘。只有風清露冷。

【東甌令帶皂羅袍】雲褭褭。水盈盈。縹緲嫦娥下太清。水雲鄉恰稱秋娘性。與淡月相輝映。緑楊影裏畫船輕。飛棹向蓬瀛。○不羨錦營花陣。笑紅粧翠蓋。金屋銀屏。驚飈吹逗蝶兒魂。晚凉睡殺鴛鴦頸。江天雪浪。香風未醒。素波星彩。嬌姿横生。長河十里看明鏡。

【大勝樂】楊妃醉出浴華清。臉重匀衣半整。微酣淡抹偏妍靚。看仙種壓繁英。滿池玉蘂交枝瑩。一片瓊葩徹骨清。被藕絲逗引。把柔腸繫定。幽恨牽成。

【解三酲】雖則是同根共穎。受多少甘苦分情。若教折却雙雙梗。怎撇得連理初盟。休只管粧添澤國三秋景。我則怕狼籍江鄉一夜冰。還追省。愁的是清霜先下。斷送秋聲。

【尾聲】空江白露誰支領。若不是採蓮的將伊手内擎。只怕你凌波羅襪冷。（太霞新奏）

見美人晒鞋翻元人喬夢符北詞

【南南吕懶畫眉】雙鳳銜花樣兒彎。窄玉圈金三寸慳。綠窻人静翠簾閒。似趓暖鴛鴦晚。並宿池邊小畫欄。

【東甌令】多管是蒼苔濕。露華寒。煖透凌波羅襪單。聽珊珊寶釧風前絆。看玉藕舒冰腕。輕將纖指把繡幫彈。不染燕泥乾。

【浣溪沙】臉襯著。秋蓮瓣。映秋波兩葉春山。險些暈了懵騰眼。見非霧非烟簾影間。真個罕。幾時得配搭上玉連環。殢春嬌良夜更闌。

【尾聲】此及雨意收。雲情散。願向懷中揣得那底兒乾。怎敢道些兒不耐煩。（太霞新奏）

良　媾〔五〕

【南仙吕醉扶歸】效于飛鴛侶天生就。須知他福慧是雙修。看星河織女共牽牛。信三生宿帳原非謬。這些兒都是舊根由。似驂鸞仙子騎鯨友。

【皂羅袍】標格江梅清秀。更腰肢宫樣。纖媚輕柔。尊前皓齒映明眸。星前密意符深呪。迴風舞燕。盈盈畫樓。隔花鶯語。聲聲好逑。當盃暗覺春心透。
【月上海棠】恩未休。良緣不讓桃源後。關情是丁香枝上。荳蔻梢頭。笑生花夜月芙蓉。眉着暈春風楊柳。冰絃奏。怕并州孤客。緑鬢先秋。
【江兒水】莫學章臺柳。臨岐盼遠遊。等閒折入時人手。結就雙雙鴛鴦扣。歌翻楚楚琵琶袖。錦帳重裀消受。把個眼去眉來。博得個天長日久。
【僥僥令】當壚心既有。題柱志難酬。莫向風塵忙奔走。只合同碧紗窻將夙願勾。
【尾聲】休嗟當日難成就。兩下終須是匹儔。着甚多情先自愁。（昔昔鹽）

宫　詞翻北詞〔六〕

【南商調集賢賓】登樓倚檻看暮景。白漫漫天闊雲平。浸地面池臺流倒影。透西風月户雲扃。把花翅暗整。粧樓下飛螢不定。愁愈逞。空望斷碧梧金井。
【簇林鶯】〔簇御林〕驚瓊珮。吹玉鈴。隔羊車囚鳳城。菱花獨舞青鸞鏡。〔黄鶯兒〕凄涼四星。迢遥五更。碧烟虚沉水消金鼎。料今生。孤辰寡宿。不敢怨長庚。
【啄木兒】寒風緊。鴛被輕。温不過雙鈎羅襪冷。亂紛紛葉走庭除。影蕭蕭竹掃窗楹。自來羈人與悶懷難爭競。況我瘦身軀怎和愁腸挣。剛剩得擔害怕恩情骨一莖。無憑。怕只怕魂斷天涯。有夢難成。

【琥珀貓兒墜】秋蛩夜語。委實不堪聽。啼樹宮鴉不住聲。被相思業鬼攪魂靈。

【尾聲】夜闌燭滅人兒靜。疎櫺裏新月照人明。傲殺姮娥無世情。（太霞新奏）

離　情 翻北詞〔七〕

【南仙呂入雙調步步嬌】別鳳離鸞驚時變。新景添新怨。雕窗裊篆烟。青瑣虛凉。翠幄空展。却憶俏嬋娟。酬不了當時願。

【江兒水】常想西江夜。艤畫船。芳菲北苑開春姿。七換涼州歌喉囀。一聲金縷香風轉。怕對羞人鶯燕。舊恨從頭。十二闌干憑遍。

【園林好】昏慘慘愁城似天。遠迢迢長日勝年。記一笑春風嬌面。燈兒下鬢雲偏。急回首已茫然。

【五供養】別來想見。見月缺多時也有團圓。畫堂深窈窕。〔八〕歸翼枉蹁躚。怕玉鉤未捲。一天愁看誰消遣。訴一晌心間事。寫一幅斷腸篇。等一個孤雁迴旋。

【川撥棹】〔九〕雙眸倦。看這艷陽時三月天。對一杯悶酒尊前。對一杯悶酒尊前。少一個人兒在眼前。害相思張解元。盼神仙歸洞天。

【錦衣香】春衫和淚穿。猶是伊針線。玉簫深夜吹。多是君愁怨。傲殺槎頭。金盤雙薦。笑他並蒂兩紅蓮。香雲迢遞。蝶浪蜂顛。縱東風難見。怕顛倒風吹花片。不與些兒便。怎生留戀。看看瘦得。沈腰一線。

【漿水令】煞靜悄垂楊庭院。虛供養緑暗紅嫣。銀鈎屈曲指駢聯。淋漓錦袖。細草鸞箋。剛刪訂。相思傳。遲遲月上桃花扇。香羅帕。闌珊了。舊盟新願。流蘇帳。冷落了。粉露花烟。

【尾聲】愁人怎把閒情遣。一任啼春兩淚懸。誰管領春山雙翠淺。（太霞新奏）

詞家有當行本色二種，當行者組織藻繪，而不涉於詩賦；本色者常談口語，而不涉於粗俗。若子勺「別鳳離鸞」一套，可謂當行矣。香月居主人。

複出

套數

閨情

【南商調集賢賓】天涯自他爲去客。

吴騷合編、太霞新奏題作「閨情」，俱注沈子勺撰。吴歈萃雅、南音三籟俱署楊斗望著。未知孰是。茲已輯入楊氏卷中，此不重録。

〔一〕南詞韻選題同太霞新奏，皆注沈子勺著。南宫詞紀題作「白蓮」，不署作者。

〔二〕南詞新譜注：「刻南詞韻選」。

〔三〕吴騷合編、太霞新奏俱注沈子勺撰，南詞韻選不注著者，題目皆作「離情」。韻選題下多「翻北詞」三字。

〔四〕南宫詞紀、古今奏雅題作「詠白蓮」，南詞韻選題爲「白蓮」，皆不注作者。太霞新奏題同詞紀，注沈子勺撰。

〔五〕吴歈萃雅、南音三籟題作「姻緣」，注鄭虚舟作。彩筆情辭題同萃雅，吴騷合編題作「題情」，俱注沈伯英撰。太霞新奏題亦同萃雅，注沈子勺著。昔昔鹽、南宫詞紀題爲「良媾」，南詞韻選題同萃雅，皆不署作者。

〔六〕吴騷合編、太霞新奏俱注沈子勺撰。南宫詞紀、南詞韻選皆不署作者。

〔七〕昔昔鹽、南宫詞紀、南詞韻選俱不署作者。太霞新奏注沈子勺撰。吴騷合編注沈伯英著。

〔八〕以下曲文，昔昔鹽誤將高濂〔鎖南枝〕「薄情恨」套中之〔朝元歌〕等六隻竄入本套。

〔九〕〔川撥棹〕原作〔川撥帽〕。

陳繼儒

陳繼儒，字仲醇，號眉公，又號麋公，別署白石山樵，南直隸華亭（今上海松江）人。諸生。隱居小崑山，築室東佘，杜門著述。工詩善文，書法蘇米，兼能繪事，名重一時。有陳眉公集六十卷、眉公雜著四十八卷、晚香堂小品二十四卷。又輯有寶顔堂秘笈六集、樂府先春三卷。嘉靖三十七年（一五五八）生，崇禎十二年（一六三九）卒，年八十二。

小令

【南仙吕入雙調松下樂】

贈梅顛道人

黄冠白麈最清閒。家在沙清水碧間。竹籬門蕉葉參差見。槿爲墻草閣茅檐。掃蒼苔拂白石。彈一曲高山調。讀一行秋水篇。笑呵呵如醉如顛。（眉公詩鈔）

蓑衣竹籬最清閒。只在紅菱白藕間。蓼花深蘆荻蒹葭淺。舞雙橈撥破雲煙。山月下

溪樹邊。看一幅天然畫。結一生自在緣。笛聲長酒熟魚鮮。（眉公詩鈔）

和張伯雨

年來何事太清閑。跳出鈎人名利場。滿園林竹樹紛紛長。舉杯時細草斜陽。酒腸鬆詩債畢。説一餉逍遥話。供一爐清浄香。要眠時藤枕繩床。（眉公詩鈔）

套數

清明曲

【北中吕粉蝶兒】天付吾曹。浪神仙短歌長嘯。醉模糊批判花朝。任他風。任他雨。將花囉唣。這春光似酒難消。肯付與落紅時一羣啼鳥。

【醉春風】紫燕貼風飛。黄鸝試雛巧。粉牆門外賣花人。一聲聲道。縠雨新晴。禁烟乍歇。清明來到。

【滿庭芳】家家祭掃。畫船容與。白馬迢遥。提壺挈榼沿村到。難畫難描。青竹杖半挑山色。紫藤筐亂插花梢。紅衫粉面争調笑。高呼低喚。齊度小溪橋。

【普天樂】北邙山。東陵道。英雄氣盡。松柏蕭蕭。太極兒。虛圈套。一片斜陽閒花草。到如今白骨堆高。紅顏粉銷。狐狸來弔。野鳥悲號。

【折桂令】一場撦淡滿眼蕭條。舊墳兒却翻了新墳。短蒿兒却變了長蒿。老農也難曉。把三尺白泠泠的鋤來犁着。唐寢兒不分茅草。漢陵兒任意蘇樵。麥飯誰挑。椒酒誰澆。蒼兔青蠅。夜夜朝朝。

【錦上花】粉塑的骷髏。十分輕俏。泥捏的皮囊。百般喧鬧。蟻穴裡肌肉。浪薰麝腦。鴉啄上肝腸。枉弄花巧。

【幺換頭】牛羊眠一回。牧童睡一覺。兒孫們在一處兒耍笑。七尺碑向神前路。踉蹌撲倒。龜背的文章。拈不出了。

【碧玉簫】洒淚荒郊。天地總虛泡。掛劍松梢。凡聖總衰草。忒懊惱。紙錢飛鬼燐號。風雨又飄。行人又勞。杜鵑喚道歸來好。

【鴛鴦煞】彈丸世界多煩惱。轆轤心地真顛倒。名利何時了。隙中駒。夢中鹿。空中鳥。恨只恨聖賢拘繫得急。造化提戲的巧。一抔土匆匆草草。空博得滿地桃花紅。零星没人掃。（晚香堂小品）

【南商調二郎神】重門悄。怨悠悠離情多少。記邂逅山盟羞草草。無端心許。翻成翠減紅消。會合今生難自料。怕鏡裡孤鸞空老。夢魂搖。這新愁一時撮上眉稍。

【前腔換頭】飄飖。嘆椿萱早謝。孤身誰靠。又爲着情山添懊惱。風愁月恨。迢迢水闊天高。他錦帳流蘇春意好。兀自强攀芳草。淚痕交。暈紅腮丁香露泣花梢。

【囀林鶯】晴雲點點芳樹高。橫空香雪飄瀟。並幹雕闌春窈窕。度平林花顫雲翹。東風嫋嫋。送幾陣清芳繚繞。憶多嬌。武陵人去。一水遠迢遥。

【前腔】寒梅幾點同寂寥。堪憐粉悴脂憔。薄命紅顔難自保。淚雙流血染鮫綃。蘭芽蕙草。寧自向秋風枯槁。枉相邀。冰心一片。怎肯逐春宵。

【啼鶯兒】孤雲没定鶴離巢。隔瑶臺杳無青鳥。道侯門永閉春嬌。誰知末路無靠。想今朝雲窗乍逢。恍疑是夢魂來到。枉心焦。盈盈一室。如隔楚天遥。

【前腔】你天機五色裁錦袍。青驄玉貌争耀。倒教我淪落無聊。似風中柳絮飛遶。幸今日相逢故人。便九地黄壚今咲。嘆鷓鴣。一枝難借。好惜鳳凰毛。

【黄鶯兒】鎮日繫心苗。憶飛瓊下碧霄。怕愁多瘦損如花貌。侯門路遥。青閨信杳。江梅肯占春光早。莫悲號。陽臺咫尺。會合在今朝。

【前腔】你羅綺豔仙桃。他痛芳容暗裏消。爲郎竟日縈懷抱。柔枝不調。修蛾不描。空教静女隨春老。可相抛。空房寂寞。忍見鎖妖嬈。

【琥珀貓兒墜】這是姻緣孽債。惹出禍根苗。羞把珍珠伴寂寥。空遺玉珮在江皋。徒勞。使君有婦。枉到藍橋。

【尾聲】（下缺）（樂府先春）

按：第二曲【前腔换頭】原刻本曲牌作【大聖樂】，并誤接另套【皂羅袍】之後，今據律改。

【南仙吕桂枝香】龍門英彦。瀛洲妙選。不將萬卷窮搜。怎與群儒鏖戰。念懸頭刺股。念懸頭刺股。無辭勞倦。博來榮顯。效前賢。彩筆生花夢。青藜繼晷燃。

【醉扶歸】與屋梁明月渾無辯。與江頭碧水更增妍。擲果車中止芳年。寧誇傅粉何郎面。似這般鎔今鑄古費鑽研。怕甚麽姓名不上黄金殿。

【前腔】似芙蓉出水多嬌茜。似春風楊柳欲三眠。他向博山添得水沉烟。似淡雲籠却嫦娥面。料潘妃步步綻金蓮。似黄鶯嚦嚦林中囀。

【皂羅袍】見了他神昏目眩。論風流儒雅。似張緒當年。吹簫雙跨彩雲邊。孤槎直泛銀河遠。驀然相遇。似藍橋有緣。未曾相識。青鸞怎傳。只落得御溝紅葉空題怨。

【前腔】逆旅方悲淹蹇。見霞綃霧縠。一貌嫣然。美人相並立瓊軒。蘭舟咫尺天涯遠。青燈黄卷。瓊釵翠鈿。孤栖彩鳳。獨眼錦鴛。一般淒楚怎遂得雙飛願。（樂府先春）

按：本套原刻本誤竄入【南商調二郎神】套中，首曲曲牌【桂枝香】誤作【前腔】，與【醉扶歸】【皂羅袍】等五隻接首曲【二郎神】「重門悄」曲後，今據律改。

范允臨

范允臨，字長倩，號長白。先世居吴，曾祖移居華亭。及允臨貴，復居吴中。少孤貧，依其外氏徐泰時。萬曆二十三年（一五九五）進士，授南京兵部主事，歷員外郎，出爲雲南按察司僉事，提調學政。中讒口罷官。築室天平山下，夫妻極唱隨之樂。著有輸寥館集等。生於嘉靖三十七（一五五八）年，約卒於崇禎十四（一六四一）年，年八十四。

小令

【南仙吕桂枝香】

春光欲餞。溜紅成霰。寒生銀字笙慳。愁褪玉籠雙釧。想金羈未還。想金羈未還。刀頭塵罥。月痕雲串。數流年。畫破琉璃水。窺穿卵色天。（輸寥館集）

煙籠花甸。暖雲晴絢。酥融日暈紅胭。黛辨風撚金線。望交河思綿。望交河思綿。汀州無限。江頭石變。悔從前。輕把金鞭薦。翻將翠被捐。（輸寥館集）

【南商調黃鶯兒】

春事到蘼蕪。奈王孫芳草何。憑欄數盡歸鴉暮。香寒博爐。機停錦梭。空持暖玉擘鸚鵡。看春波。一池吹皺。眉黛水紋多。（輸寥館集）

【南仙吕入雙調江兒水】

媚臉芙蓉褪。修眉楊柳傾。恨無端醮出傷春病。慵妝羞問安黃正。淩波牘有芳塵凝。冷落蒼苔香徑。蕩子床空。寶瑟共寒燈相映。（輸寥館集）

夢冷流蘇帳。香銷雲母屏。怕花星偏炤孤辰命。柳絲煙鎖嬌無定。梨花罩雨珍珠迸。羞對紛飛鸞鏡。惆悵登臨。見芳草汀州緑映。（輸寥館集）

【南南吕梁州新郎】

武陵春盡。劉郎去後。翠壁丹崖非舊。桃花流水。人間總是離愁。悵望垂楊煙鎖。十二重樓。人在樓中否。爲誰如病酒。減風流。卻教我蹙破春山恨怎休。沉水篆。銷金獸。怕月明花落黃昏後。蝴蝶夢。冷莊周。（輸寥館集）

按：曲牌〔梁州新郎〕原誤爲〔梁州序〕，兹改。

【南中吕滿庭芳】

聞六一病

剩雪苔痕冷。狂雨攪愁初定。新蟬脈脈印波明。音書到也。報導故人病。春風醉我渾難醒。入夢芳魂静。芳魂静。更那堪衣半蕭瑟。一庭瘦損梅花影。（輸寥館集）

套數

【南仙吕桂枝香】邀歡翻去。驅愁偏住。爲他花嫁東風。使我芳顔無主。我閑憑小媆。閑憑小媆。戲占寒噎。亂猜幽謎。殢春暉。夢落鴛鴦水。香流燕子泥。

【不是路】芳草迷離。此路王孫昔日馳。到今日。武昌柳新栽遍。已不見。楊花撲面飛啼紅雨。那堪近日闌干裏。敲斷瓏璁碧玉枝。春歸矣。狂夫不信不思歸。請聽杜宇。請聽杜宇。

【長拍】澹蕩輕風。澹蕩輕風。簾纖暮雨。慘銀缸燈花憔悴。正是枕屏夢兒中不辨金微。乍合有分離。恨花神不做美。把人驚寱。聽徹疏鐘月正午。可憎他窗外梅花瘦影窺。生生的望斷了虛消息。又怎知朱橋第幾。何處留伊。

【短拍】畫史眉修。畫史眉修。琴心調綺。他兩人文福雙齊。偏我與鴠單棲。縱有雕梁舊壘。到如今也網縈塵翳。說甚蘇家錦巧。怕千絲亂難上殘機。

【尾聲】梨花暮重門閉。從此危樓休倚。怕生見你覓得封侯棄扊扅。（輸寥館集）

范　垣

范垣，字伯師，陜西郃陽（今合陽）人。萬曆七年（一五七九）舉人，歷官高密知縣、大理同知，遷趙王長史。嫻韻律，著有南北詞曲隨筆。

小　令

【南中吕駐雲飛】

元日大雪喜賦

紫氣絪縕。歲轉洪鈞大卯臨。黄道開昌運。玉曆頒年信。嗏。幸際太平春。風和雪潤。狗馬虚生。花甲從頭論。世沐皇家雨露新。

元　宵〔二〕

元夜春晴。燈月光摇世界紅。萬户懽聲動。九陌香風送。嗏。社火慶年豐。笙歌齊擁。金樹星毬。閃映琉璃硐。醉舞春臺樂聖明。

清　明

桃李芳華。紅緑扶春爛錦霞。花撲鞦韆架。踏困凌波襪。嗏。好雨霽平沙。歌臺舞榭。山水光連。粧點曲江畫。修禊當年逸興賒[三]。

端　午

節屆端陽。細雨黄梅日正長。虎艾簪符幌。龍艘衝波放。嗏。新釀泛蒲觴。正遇覃恩宏曠。粉署風清。對景心還壯。角黍年年吊楚江。

七　夕

銀漢澄高。風露天孫雲錦飄。瓊宇輕煙罩。纖月微光照。嗏。今夕是良宵。雙星同曜。繡閣穿針。鬭巧争喧笑。丹陛傳柑憶聖朝。

中　秋

玉露清團。碧海遥升金鏡懸。萬里風煙斷。千頃琉璃現。嗏。把酒問嬋娟。鳳樓人遠。遷客江都。撫景應長嘆。宋玉逢秋悲故園。

重　陽

九日登臨。三徑經霜落葉深。孤鴈驚寒陣。雙杵懸秋韻。嗏。籬蘂嵌黃金。庾愁潘鬢。脱帽荒臺。痛飲消閑悶。徧插茱萸少一人。

冬　至

律轉黃鍾。此日新添刺繡工。淑氣陽光動。葭琯飛灰應。嗏。天道始南行。閉關習靜。寸志遲違。戀主勞清夢。堪笑逐臣淚滿纓。

【北雙調水仙子帶折桂令】

韓妓名玉姐侍張紹濱子賦此以贈

藍田日暖曉煙深。崑岫雲開瑞氣新。荆璞光藹生質潤。問東君須自忖。休忘却比德良温。無瑕玷櫝中韞。會磨礱席上珍。只應合付與知音。只應合付與知音。雙璧團圓。一片堅真。輝散瑶臺。花明琪樹。價重南金。他本是蕋宫内簪瑜珮瑾。謫降來青樓中殢雨尤雲。不點青蠅。不惹凡塵。杜司空見慣何妨。韋蘇州特地銷魂。

【南中吕駐馬聽】

當筵賞妓賦名兼寫各情態

妓名喜容

喜見清容。偏動風流杜司空。見他眉横螺黛。臉襯朝霞。袖引香風。鶯喉原不試新聲。纖腰妙舞花枝動。意態玲瓏。意態玲瓏。從今銅雀宫裏。一雙鳴鳳。

妓名倖共

可共歡娱。一段情如掌上珠。他本温和心性。雅淡梳粧。翠繡襟裾。芳容惟與海棠輸。清標應有菡萏妬。蛾黛頻蹙。蛾黛頻蹙。只爲檀郎去也。無端愁續。

妓名小小

小小秦娃。笑指紅樓是妾家。見他香生羅袂。舞困霓裳。曲按紅牙。武郎歸去隔天涯。逢人只說相思話。雖是路柳牆花。路柳牆花。詼諧笑語。風流增價。

妓名都喜

都喜清歌。送酒當筵情意多。看他移商換羽。品竹彈絲。醉舞婆娑。新聲響徹彩雲遏。陽春白雪誰能和。堪賞金波。堪賞金波。休如落花飛絮。隨風飄播。

妓名吴趙

趙女吴姬。彩袖殷勤捧玉巵。只見輕歌妙舞。翠鬢朱唇。寶釧瑶髻。朝雲暮雨總無期。愁紅怨緑空相憶。慢自著迷。慢自著迷。做了離魂倩女。楚天難寄。

妓名王瓣

花瓣含春。紅緑攢成錦樹新。他敢是金谷異品。上苑奇葩。包藏著映日真心。風前冉冉遞清芬。雨中片片沾芳潤。何處靈根。何處靈根。原來右軍培養。纔有這出塵風韻。

妓名香果

香果堪嘗。胖體藏春舞袖長。他那裏紅巾拭淚。杏臉佯羞。纖手傳觴。桂英蘇小競新粧。王魁雙漸心雄壯。蝶惡蜂狂。蝶惡蜂狂。只因情留兩處惹起風流魔瘴。

妓名折梅

驛使折梅。遥寄江南遠客歸。正是輕香半吐。嫩蕋纔舒。春信初回。素裳偏稱小腰圍。淡粧豈須籠珠翠。雖無蝶使蜂媒。蝶使蜂媒。但要擅場歌舞。自是韶光明媚。

妓名花蓮

浄土喬蓮。洗却殘粧貼翠鈿。他心通七竅。面比西施。藕共雙鴛。並頭争似水中仙。多情牽惹絲不斷。獨守清漣。獨守清漣。無人知己。惟有茂叔青盼。

妓名轉燈

旋轉花燈。簫鼓喧闐歌太平。只見琉璃影裏。星月光前。煙火叢中。佳人遊冶舞春風。尋芳拾翠今宵勝。恍疑貝闕瑶宫。貝闕瑶宫。仙姝玉女。應有八瓏相贈。

妓名健健

嬌健清逸。丰度輕盈世所稀。他生在綺羅隊裏。朱粉叢中。柳映花迷。金屋曾貯幾多時。玉姿未許凡夫儷。掌上擎奇。掌上擎奇。須知光陰易過。莫惜逢塲作戲。

妓名連登

喜遇連登。月殿姮娥下玉京。正是香飄仙桂。春入桃花。錦奪南宫。狀元歸去醉蓬瀛。美人笑把霓裳送。倚翠偎紅。倚翠偎紅。蒹葭玉樹。做了乘鸞跨鳳。

妓名梅葉

梅葉輕盈。嫩蕋含香未吐英。孤標遜雪。清韻宜霜。素志兢冰。喬松自昔是良朋。羅浮誰與同清夢。惡紫嗔紅。惡紫嗔紅。當筵舞罷。長笛三弄。

妓名芝芝

何處仙芝。長作章臺蒲柳資。本是朱莖紫蓋。掠霧籠雲。玉蕋瓊枝。含羞初唱鷓鴣詞。許身願比鸞凰志。別是情思。別是情思。托根桃李。莫作殘花輕視。

妓名舍戎

誰似阿戎。斜插犀梳雲鬢籠。他那裏鉛粧淡淡。巧笑嫣嫣。低語喁喁。茜裙托地蕙塵輕。櫻唇試酒胭脂重。媚眼多情。媚眼多情。陽臺何處。一場殘夢。

妓名瑲瑲

環珮玎瑲。月下歸來理艷粧。見他身輕飛燕。舞擅驚鴻。歌轉鶯簧。玉肌何必要纖長。離絶呈藝花繩上。別樣風光。別樣風光。柳陰深處。只與老鶴相傍。

妓名四錠

四錠南金。翠繞珠圍惟是君。見他生色燦爛。擲地鏗鏘。賦質精純。爐錘鎔鑄見真心。斤鈞稱比隨緣分。難買知音。難買知音。武陵何處。但留方寸。

妓名鬧鬧　因懷雷行甫年兄

鬧裏偷閑。曙色紗窻未捲簾。見他雙蛾巧畫。十指輕舒。再皷冰絃。樓邊流水去不還。恩情悵望堂前燕。淚濕青衫。淚濕青衫。鸞膠誰續。曲終人怨。

妓名菊華

菊圃芳華。五柳莊前處士家。正是清團玉露。細剪金英。離畔交加。美人折取滿頭插。輕香嫩色難圖畫。秋事堪嗟。秋事堪嗟。淵明老矣。誰來酬價。

妓名清風

水閣風清。睡起一簾花影重。正是蘭湯浴體。羅襪生塵。花氣飄馨。音書不至鴈無情。傷春殢酒懨懨病。自理銀箏。自理銀箏。輕移玉柱。留與蕭郎傾聽。

妓名根根

萬卉培根。小小芳叢釀早春。已是紅嬌綠軟。蔓引株連。惹得燕語鶯群。羞容未慣雨雲心。柔條怕見殘英褪。愁對清尊。愁對清尊。若到接葉並蒂。自有東君存問。

【南南吕一江風】

歸田二首

喜歸廬。省了些閑愁懼。推了些難公務。黑程途。黄犬東門。緑野西堂。也須要回頭顧。村醪客至沽。金釵隨意呼。再休題白象簡黄金鑄。

少争圖。前定的貧和富。天賦的妍和陋。自躊躇。貫斗錢帛。充棟文章。到底也終黄土。開畦種藥蔬。畫荻教句讀。那怕他青蠅玷含沙蜮。

閨情二首

掩紗厨。忘不了才郎去。彈不盡腮邊玉。氣長吁。鐵馬風喧。夜雨蛩吟。事事把凄涼助。相思萬里途。恩情一紙書。惱雲山遮斷回來路。

倚欄杆。想起東君面。摔碎桃花扇。自埋怨[三]。命裏合孤。誰鎖雕鞍。你不應將人賺。欲待要斷情緣。展轉的心又牽。少不得把佳期盼。

【南仙吕桂枝香】

閨情二首

春風輕淡。銀河清淺。樓高花氣撲簾。月朗燈花開焰。我是緑衣少年。緑衣少年。嬌羞不慣。只因從前心願。今始近乘鸞。牽紅繡幙真奇遇。種玉藍田信有緣。巫山雲黯。天台春滿。時當緑淺紅深。人是香嬌玉軟。恰喜協鳳占。喜協鳳占。他道蒙君青盼。盟心不變。好良緣。蒹葭玉樹相依倚。侍櫛供歌到百年。

【南南吕懶畫眉】

閨情六首

人生何事最傷心。惟有别離愁悶深。東君要作遠遊人。忽報行期近。誮得我半晌無言横淚痕。

夕陽西下水湯湯。欲問歸期涕淚滂。心煩偏恠蕩舟郎。他催道落日船應放。教我牽袂臨岐空斷腸。

（下缺）

〔一〕「宵」，原作「霄」。
〔二〕「賒」，原作「賭」。
〔三〕「怨」，原作「寃」。

禄洪

禄洪，字霄賓，彝族，雲南人。世襲土官。禄洪頗具文武才，崇禎庚午（一六三〇）曾率部勤王北都，爲幕府所倚重。能詩文，兼工書畫，與董其昌、陳繼儒交善。著有北征集，散曲附。

小令

【南商調山坡羊】

春怨

九十韶光春透。萬紫千紅如綉。萋萋芳草王孫歸來時候。怕春遊。支頤自廝守。新春空值愁依舊。寂寞蕭蕭燕子樓。沉憂。羸體因誰瘦。轉憂。朱顔怕白頭。雕梁燕語閒清晝。香泥新壘共綢繆。天涯人遠幾時能邂逅。對景愁。群芳小徑幽。千金難解眉顰皺。半思半恨□□□。□□。□□□□□。□□。□□飛絮柔。

恨春歸無計留。惆悵宜男痛疾首。羅衣寬褪丁香扣。心暗愁。懶整玉搔頭。且卜龜叩瓦有意閒窮究。對妝臺人比梨花十分瘦。花愁。乍雨乍晴後。人瘦。閒悶與閒愁。兩兩黄鸝聲送。無語腸斷凝眸。撥落東風畫笛聲三弄。新悦蒙。何事久飄蓬。迢遞關河難阻相思夢。恨天涯浪迹何處覓行踪。思空。恨塞滿蒼穹。悲空。淚盡夢啼中。

套數

夏懷

【南南吕香遍滿】相思羸病。宿債擬想欠前生。林稍肥緑殘春盡。展轉獨閒行。雕欄自憑。對景倍淒清〔一〕。怕見那孤單影。

【懶畫眉】紙條風弄響窻楞。漱玉笙簧懶酌罇。石磯深處水盈盈。方牀湘簟枕。因他害得夜無時明。

【梧桐樹】他何處裏歡情。丢得人心冷。自别如今。一似三秋梗。書□□□□□□□。□□□□□□□。□□幾番難遣黄〔三〕昏。

【浣溪沙】憔悴身形。傷情對景。怨無情懊惱傷情。冤家又不憐。卧不寧。斜倚薰籠翠衾。真薄命。恨無聊。只落得搥床枕無眠。坐滅殘燈。

【劉潑帽】思省。爲他多愁詠。合歡一刻抵千金。不才爲帶楊花性。戀情人。不顧青樓紅粉。

【秋夜月】〔三〕當日同盟。今一似沉枯井。枕言香咒皆不應。控訴無門難投奔。我這裏唧咋。坐卧如何穩。

【東甌令】徘徊獨立。蛙聲柳影。不覺悄寒生。篆烟銷盡。羡燕子雙雙寢。不平偏我愁孤另。凄涼有四星。

【金蓮子】秋思增。陣陣風掃閒花徑。哀不絶悲痛怎禁。怕聽夜雨頻添蟋蟀聲。

【尾聲】□□□□□□□。□□□□□□□。□□□惟有離恨深。

秋　悲

【南南吕香遍滿】僝僝憔瘦。幾回暗自含羞。羞向人前問因由。爲他嬌且柔。如何不管人愁。何時得唱酬。這愁撮在眉尖皺。

【懶畫眉】我坐落花他水流。露水夫妻不到頭。沉沉冤恨幾時休。人比黄花瘦。恨殺無言獨倚樓。

【梧桐樹犯】〔四〕聽更漏籌。夜雨響溲溲。簷前鐵馬。風弄頻頻奏。〔鍼線箱〕香馥馥倚着黄金獸。這相思惱斷人腸。刺上心頭。〔五更轉〕螢燈數點疎欞透。手托香腮。淚珠濕透衣衫袖。

【浣溪沙】我意兒真。他忘了舊。一片恩情付了水東流。陣陣金風羅幃透。蕭蕭落葉山容瘦。可能勾。重整舊風流。冷凄凄坐燼薰籠誰共唱酬。

【劉潑帽】□□□□□□□。□□□□□□□。□樓他那裏求鸞儔〔五〕。□□□。□□□□□□。

【秋夜月】情變做讐。却忘了枕邊咒。海誓山盟成虚繆。幾回嗟嘆他知否。狠起來丢手。欲抛難開口。

【東甌令】難排遣。失去憂。十二珠簾懶上鈎。容顔清减非如舊。幾回暗點頭。不見傳書北雁秋。還想在汀洲。

【金蓮子】記留。紅葉傳情詩一首。束在身邊緊緊收。怕見那雙飛蛺蝶。對對語燕入南樓。

【尾聲】到落了他人後。他若還想舊風流。薰香鴛枕求邂逅。

冬思

【南正宫傾杯玉芙蓉】幽閣沉沉絶繁華。寶鴨拈香罷。且將那鼓動瑶琴。孤鳳求凰。方歇罷。愁緒如麻。那合歡時到值了千金價。丢下人。恨從前一念差。收了罷。鎖心猿意馬。這時節抛了人。

【玉芙蓉】〔六〕何須戀着他。别尋個俏冤家。自古相思債也無涯。山盟海誓成虚話。鴛鴦比翼在誰家。最怕是。宿鳥撲喇喇。原來是風飄紅雨過窗紗。

【普天樂】恨轉焦。難放下。曾贈他香羅帕。多因是轉贈了嬌娃。一度思量一度嗟。神思夢想。挨一刻似一夏。無眠獨倚欄杆後。愁人瘦似梅花。

【朱奴兒】每夜裏萬恨長吁。冷清清抛下人孤寡。猶怒着浪子陸賈。恨得我切齒咬牙。解愁酒兒難把。幾萬種思量。幾千遍搥床。打害得人不生不死。惱斷我愁腸心自嗟。

【尾聲】冤債兒都丢罷。一片熱腸空向他。忘情實際何必戀空花。

〔一〕「清」下原衍一「涼」字。

〔二〕「黄」，原作「昏」，兹改。

〔三〕「秋夜月」，原作「秋月圓」。

〔四〕「梧桐樹犯」，原作「梧桐樹」。

〔五〕「儔」字原奪，兹據文義補。

〔六〕「玉芙蓉」原脱，兹據律補。

袁宗道

袁宗道，字伯修，號石浦，湖廣（今湖北）公安人。與弟宏道、中道並有才名，時稱「三袁」。萬曆十四年（一五八六）進士第一，授庶吉士，進編修，官終右庶子。後七子倡導「詩必盛唐」，伯修與同館黄輝及二弟力排其説，主張學習白居易、蘇軾，崇尚本色，反對摹擬，世目爲「公安派」。有白蘇齋類稿二十四卷。嘉靖三十九年（一五六〇）生，萬曆二十八年（一六〇〇）卒，年四十一。

小令

【北南吕一枝花帶折桂令】

生朝

秋風高掛洞庭帆。夏雨深耕石浦田。春窗飽喫南平飯。笑先生(二)歸忒晚。明朝已是三三。雕蟲呵懶拈象管。野鹿呵難聯鷺班。隙駒呵且養龜年。嫩柳成園。修竹圍菴。

講甚麽道非道夢中的老聃。説恁麽空非空紙上的瞿曇。只消過了尋常甲子萬萬千千。（堅瓠首集）

按：右帶過曲句式與一枝花、折桂令不合，疑誤題。

失牌名

那畔消息。見半點兒有甚巴□。若非是千了萬了。説不盡百樣郎當。因此上雪山中忙倒了釋迦。吃麻吃米。受苦擔饑。生怕放逸魔。花費了眼前日子。（堯山堂外紀）

這邊事情。到十全處還未稱心。忽地便七旬八旬。嘆原來一場扯淡。只落得漆園裏笑殺個莊周。應馬應牛。逍遥散誕。都將逆順境。交付上頭上天公。（堯山堂外紀）

〔一〕「先生」，珂雪齋隨筆作「冬烘」。

程可中

程可中，字仲權，一作中權，南直隸（今安徽）休寧人。家貧，爲童子師。與梅季豹、何無咎、潘景升盟於長安。入蜀，遊吴，徧遊南北名山水。善詩文，有程仲權先生集。

小令

【南南吕六犯清音】〔一〕

寓思

〔梁州序〕是真和假。似癡如夢。恍惚好教難懂。相思公案。等閒一筆成供。〔桂枝香〕誓海回頭竭。盟山轉眼崩。〔排歌〕心偏結。鬢轉鬆。巫雲十二鎖愁峰。〔傍粧臺〕也只道登場花月無前輩。誰承望到手恩情是下風。〔皂羅袍〕靈犀已透。幽憤所鍾。可憐腰帶頻移孔。〔黄鶯兒〕病忡忡。從頭思忖。悔殺乍相逢。（程仲權先生集）

【南正宮玉芙蓉】

贈徐氏

端詳我共伊。細察真和僞。總難言並無一字差移。可憐難摸娘行意。畢竟生成漢子癡。糊塗謎。疑心病怎醫。這姻緣只徒眼飽肚還飢。（程仲權先生集）

雪中訪王胤嘉邸居

孤舟帶雪行。一路逢人問。向楓橋南去燈火寒村。短籬瀟灑通門逕。小酌尋常命友生。真相敬。且埋藏姓名。又誰知梁鴻雙去隱吴門。（程仲權先生集）

逼除飲王胤嘉邸舍

村醪不論巡。野菜無多品。但家常最喜一味情真。隔牆香送梅花信。入座寒銷柏葉春。村居静。看燈花近隣。對天涯明朝共慶歲華新。（程仲權先生集）

【北中呂朝天子】

調張曉曉

言差。信他[三]。弄得光乍乍。當時曾許做渾家。那一世來回話。玉帝階前。閻君門下。直符神無處查。眼花。肉麻。古董娘何時嫁。（程仲權先生集）

【北雙調折桂令】

贈田一兒

乍行來甚麽風吹。巾袖隨宜。子母相依。唇絳微開。額黄略整。鼻粉輕施。擁豐肌不十分旖旎。澹柔情到一味真實。誰是心知。不須禱天地神靈。到底是露水夫妻。（程仲權先生集）

【北雙調水仙子】

寓　嘲

陷人坑内並頭蓮。打鴨池頭交頸鴛。漫天網底雙飛燕。藕絲繩死緊纏。破銅錢眼裏團圓。石磨扇隨風轉。木頭人聽線牽。苦惱姻緣。（程仲權先生集）

【北雙調折桂令】

寓　嘲

甚來由爲這些兒。又何妨死也無辭。受用足餓眼饞眉。神頭鬼臉。冷氣虚脾。死疙疸同心結子。悶葫蘆兩處相思。再也休提。皮毛上剛討得些温存。膏肓裏早眷了箇殘疾。（程仲權先生集）

【北雙調水仙子】

村　居

雲莊春老半籬花。山徑雲深獨樹家。石橋水漲雙溪汊。小書堂茅代瓦。黄頭婦到也賢達。淡鹽烹雷後筍。活水試雨前茶。過老的生涯。（程仲權先生集）

【北正宫小梁州】

留别田小玉

攀鞍欲上更躊躕。怨殺驪駒。風風雪雪慮前途。重來處。知有此時。〔幺〕無心靈何用多分付。一場空撒手分裾。既要行。留不住。加餐雙字。賨作護身符。（程仲權先生集）

【北雙調水仙子】

調矮妓

波斯見着認尊堂。兄弟同生石敢當。鬢雲拖在臀尖上。俏身軀五㩳長。横行來掙破了襠。拿竹棒挑開帳。尋磚頭墊上牀。半截婆娘。（程仲權先生集）

遣興

寒來布草體權遮。興到茅柴酒可賒。貧時財主錢休借。向天工唱箇偌。餓清閒賜與些些。量無多千百盞。書將就兩三車。彀了你窮爺。（程仲權先生集）

【北正宫醉太平】

燕京娶一妾臨行歸其父母

總非干下體。且謾説齊眉。有些南北不相宜。莫尤人怨己。錦波任展鴛鴦翅。紅英回罥薔薇刺。碧梧别長鳳凰枝。賠箇你還是你。（程仲權先生集）

任人吹野火。肯自起風波。算來事體略差訛。轉思量不妥。片時恩愛同行坐。幾文消繳除災禍。兩家現在扯平和。落箇我還是我。（程仲權先生集）

【北雙調沉醉東風】

調病妓

頭上錦雲昏舞袖。口中含玉冷歌喉。容殘曉鏡花眉謝。春閨柳步香塵蹟。滅雙鈎。扁鵲空將妙藥投。救不起從良症候。（程仲權先生集）

【北正宮塞鴻秋】

寓嘲

餞行杯哭比亡靈飯。寄情椷緊似追魂限。恤刑官未倒相思案。赦除書不免風流犯。空將月老煩。難學司空慣。怎生般與你收場散。（程仲權先生集）

【南仙吕桂枝香】

春思

簾垂銀蒜。箏閑金雁。枕痕邊腮暈潮紅。裙褶底步生蓮瓣。這些時好難。這些時好難。髻釵雲亂。蛾鈿星散。最相關。是九十春無賴。孤單夜向闌。（南宫詞紀）

【北仙吕寄生草】

贈無如丈二闋

楸枰上雄心遣。山林中禮法疏。撫松滿耳聞絲竹。談詩四座飛珠玉。看花一笑傾醽醁。臨流共泛木蘭舟。忘懷自度陽春曲。（坐隱先生集）

笑些子蠻和觸。争什麽是與非。悟來天地皆虚寄。便謀成王霸非真際。總不如敲殘棋局閑遊戲。你名懸魏闕道堪行。樂鍾濠濮心無繫。（坐隱先生集）

套數

程德徵翠微堂

【南仙吕入雙調步步嬌】寒流石畔松門敞。恰恰依林莽。閒花繞屋芳。半霎高眠。幾回清賞。初日可東牆。青山點點簾鈎上。

【忒忒令】正楚楚煙籠小窻。又冉冉雲生委巷。朝嵐暮靄。萬態還千狀。都粧點翠微堂。都粧點翠微堂。這些時小主人到。神清氣爽。

【沉醉東風】混浮沉任天公主張。且棲遲守野人勾當。每乘興發長歌。每乘興發長歌。空山應響。對此倍添佳況。帘飄近坊。樵歸遠岡。憑君想像王維昔日故庄。

【好姐姐】逶迤。竹下松旁。一答地幽深閒曠。茅茨不剪。從教三逕荒。真高尚。黄塵隔絶三千丈。料理琴樽特故忙。

【園林好】帶林臯春濃柘桑。墾山田秋肥稻粱。洗藥池新添緑漲。占斷了白雲鄉。占斷了白雲鄉。

【江兒水】谷口朝遊慣。簷牙午夢長。千章灌木連天障。幾畦菜甲如雲長。半籬菊蘂迎霜放。造物悠悠無恙。證得閒身。不受樊籠鞅掌。

【五供養】踈爐暄朗。滄洲玄圃又在何方。清溪分燕尾。危磴折羊腸。閒模細倣。可比浣花西瀼。鄉評多毁譽。世運幾低昂。勘破浮生盡歸虛妄。

【玉交枝】行歌擊壤。杖頭懸西山夕陽。麋麖猿鶴皆吾黨。熙然帝力都忘。麥笛吹來無舊腔。檀槽壓出多新釀。引磁甌咱當自嘗。没嘉賓誰堪共賞。

【川撥棹】煙霞相映。謝芬華辭擾攘。與風塵了不相當。市朝中由他擅場。攀緣心已伏降。利名關叒密防。

【嘉慶子】身外浮雲付渺茫。眼底生涯是隱藏。總無聞那論家邦。總無聞那論家邦。婚嫁何時債少償。茹黄精壽莫量。玩琪花樂未央。

【尾聲】逢人非敢喬謙讓。真不愧乾坤俯仰。就難得是清閒這一樁。（程仲權先生集）

寓 嘲

【南仙吕醉扶歸】自你劣心腸斃死無人挣。滿望俏魂靈惑了有時醒。不向這當家手裏討分明。到去那小官面上圖僥倖。這冷窩裏冰裂了水仙瓶。他熱頭上氣罩了饅頭甑。

【步步嬌】越覺從良心難定。怕你肯他不肯。看骨在狗還争。傍醋偏酸。上梁不正。

行媒到處送年庚。良人不定更名姓。

【皂羅袍】一向酒央花倩。唧噥噥都道。錦似前程。原來肉重骨頭輕。誰知面熱心腸冷。橋西月舫。壕南水亭。黄昏暗號。低聲小名。狗兒叫唤貓兒應。

【好姐姐】哈哈。神前舊盟。只好去追風捕影。三番兩次。難道不知情。纔思省。改輕藥案回頭病。塗了香疤别處疼。

【香柳娘】問娘行一聲。問娘行一聲。三十將整。舞腰可有些兒硬。且須臾暫停。且須臾暫停。春事漸飄零。東風不相等。販茶船已行。販茶船已行。琵琶孤另。凄慘殺蘆花月暝。

【尾聲】風流相。煙花命。半老偏匀粉頸。日出方纔打二更。（程仲權先生集）

湖上贈李如期小引

如期姿首自喜，指瓜兼工，蔓委莫持，松長思託。頃者逃喧北里，吊古西泠。期陳詩以自防，誤匪媒之不固。寧依茶客，甘此輕離。忍視餅師，坐成永棄。髯郎豪俠好義，宴昵鍾情。捐佩示心，觀者嘉其有激；當壚枕股，主人諒其無他。山館星邀，湖亭露處。醉眸横睇，媚散文波。舞袖乍迴，憨生柔柳。吴山高頂，遽感言歸。楚客閒情，空勞賦夢。惟遺頽景依微，弱雲狼藉耳。爰采麗情，度新聲於左。

【南正宮刷子序犯】漂泊恨無主。追思那年。同載西湖。向苦窟愁林。摧殘花樣身軀。嗟吁。情分好新人工素。血痕在舊盟難負。斷橋前路。立躊躕西陵松柏爲誰枯。

【山漁燈犯】繞新隄攀芳樹。聒碎幽情。一片簫鼓。還羞遇南陌金夫。蘭心莫吐。這病容也甘受胭脂數。又虛過花老菖蒲。錯誤。認潘郎果車。繡屏怕度良宵夢。玉版愁題隔歲書。曾分付。這情沾了肺腑。日歸來上山尋伴採蘼蕪。

【普天樂犯】剩歡娛殘歌舞。水飄英泥沾絮。汗雨浸綃水冰紈。宮雲膩偃月犀梳。曲終屢怪周郎顧。粧罷從教秋娘妬。勘從頭一覺華胥。偏是憔悴有餘。減腰圍開箱驗取合歡襦。

【虞美人犯】竊思凡蘂宮帝妹。悔落藉茶船商婦。一宿紅亭忒風露。芙蓉幔。芙蓉幔。不堪遮護青鸞馭。趁疎星滿裾。望迢遥吴山高處接雲居。

【尾聲】絶世姿驚人句。千古湖山兩相遇。喚起狂魂賞白蘇。（程仲權先生集）

按：曲牌【山漁燈犯】原誤題【針線箱犯】。四曲犯調均末句犯【玉芙蓉】。「寄武昌張卯」套同，不另注。

寄武昌張卯

【南正宮刷子序犯】別了幾多時。滂沱淚流。揉損雙眥。這烈石剛腸。一旦攪作棼絲。追思。私語處花前燈背。芳信遠雲中天際。酒闌曾記。太憨癡悔翻殘潘污羅衣。【山漁燈犯】憶初逢雲樓底。拍動紅牙。餘韻嬌碎。匆忙許我唱卿隨。雙雙正美。野鴛鴦在花下權棲止。羞風月忽遇狂且。顛沛。罵長鬚奴這厮。你香奩冷落朝慵理。我旅夢淒涼夜獨悲。相思字。倩前襟當紙。到如今指痕殘血尚淋漓。【普天樂犯】美甘甘脣和齒。血力力心連肺。武陵桃空覓殘英。章臺柳亂折柔枝。香雲一絞千絲淚。并鐵無情在風墜。猛然間變機藏機。心事老天你知。恨秋娘掀風揭浪忒施爲。【虞美人犯】脱鬢上烏銀短笄。分足下軟羅雙履。半幅生綃出纖指。勞勞的。勞勞的。未曾輕易成牽繫。想冤家意兒。肯從他潯陽江上販茶歸。【尾聲】志誠心真實意。索把冰下人再三央及。便金榜上題名也不羨你。（程仲權先生集）

秋日西來菴寫懷

【南仙吕醉扶歸】帶長林黄葉圍秋寺。下空庭白露綴寒枝。並鴛鴦好夢乍成雙。聽蓮花清漏連催二。矮牆垣月黑跳狐狸。絶比隣風慘啼山鬼。【步步嬌】和衣起剔殘燈蘂。風獵疎櫺紙。凄凉這答兒時。夜雞遥。殘更人沸。兩下裏我和伊。料應都難妥中宵寐。【江兒水】悔闖過鶯花市。桃李蹊。恰躬逢青鳥瑶池使。便目成紅拂楊公侍。怕魂隨碧玉韓童死。記錦幄春風如醉。轉眼無多。又冷淡殺芙蓉秋水。【園林好】駕油幢香塵輾遲。趁青驄絲鞭緩隨。結同心在西陵松底。恍惚裏阻多岐。恍惚裏阻多岐。（程仲權先生集）

羅子昭移居度小曲賀之

【北商角調黄鶯兒】恭喜。恭喜。灑掃行窩。鋪排坐位。竈下茶香。門前賓至。【踏莎行】硯上祥光。毫端瑞氣。獨市單行。販字攛詩。伎倆無他。機關止此。煞強似。蒼蠅跟屁。

【蓋天旗】槭㕍禁齒。怕殺小兒譏刺。白首窮交。素心知己。易過從。難迴避。魂消了五箇拳枚。膽落了半盤棊勢。

【垂絲釣】酒槍書笥。眼見搬塲兩次。看四壁龍蛇。行草淋漓諸友題。誰似誰真。誰非誰是。

【應天長】臂膊酸。筋力弛。金穴無緣。屠門少味。筆大如椽常掉使。較支給。籌鹽米。也殊無意。

【尾】客去静雙扉。書成珍一紙。鳩鳴屋脊頭。犬護籬根底。笑此老着詩魔。讓他人害錢痞。（程仲權先生集）

寄蘇臺妻小一

【北雙調新水令】錦紅香攢定箇玉樓人。隔珠簾百分難近。他雲間初下界。我花底恰逢春。央及的殷勤。剛討箇點頭允。

【駐馬聽】月暈燈昏。斗帳籠香春睡穩。柳慵花困。畫船逐浪水嬉頻。近來費盡了苦精神。就中略得些真音信。自那日得相親。似靈符把箇風魔鎮。

【沉醉東風】錦巢窩逼來傅粉。花衚衕住得銷魂。枉躭這點投明棄暗心。未交那派歸正從良運。怨天排八字生辰。屈指芳年過二旬。不閃殺懷鬼胎那人着緊。

【水仙子】金鈿一線護眉痕。玉鳳雙飛壓鬢雲。鉛華兩頰生紅暈。綻櫻桃筋點唇。玉亭亭出落風塵。看模樣無雙。對論真誠。勾十分妬殺吳門。

【雁兒落】有分續前生繫足繩。有名註現世姻緣本。刷牙根漱㊂幾口研醋酸。貼胸脯打一會交頭盹。

【得勝令】翠盤上疊起茜紋裙。獸鼎内熄滅麝臍薰。阮肇重來日。徐娘未老身。情真。免鎮日胡廝混。清貧。治中闈細討論

【離亭宴歇指煞】不成呵怎撇今生恨。待成呵難避他人忿。請娘行試忖。那誇有錢的積幾堆腥臭銅。不識字的拽兩脚村驢馬。喬打扮的塑一塊泥金糞。愛梅花待雪開。怕柳絮隨風滚。衷情再申。我是箇滌酒器苦相如。竊異香賊韓壽。殺野猪窮元振。恩忘碧海枯。盟壞蒼天殞。再不到冰人前請印。月老處投文。只求小哥批箇準。

寄　楚

（程仲權先生集）

【北南吕一枝花】殢行雲半霎愁。立化石千年望。笑銅鞮雙拍手。比湘水九迴腸。無

數凄凉。雁影回衡嶂。楊絲怨武昌。隔江花顔色先凋。含苞笋啼痕并長。【梁州第七】記如許恩情轉眼。早知幾風月收塲。青衫有淚人無恙。書題浪子。曲妬秋娘。一腔心事。五載星霜。白玉杵尋不來。窮閃殺裴航。俏雲英等不得。惱撥了瓊漿。忘了這悶葫蘆千里外喬才。信了他碎骨董萬人中天謊。坑了我軟離披半路裏嬌娘。忒慌。太忙。嫩胸脯弄出甚糊塗帳。想舉動忖形狀。磣可可渾身着火湯。怎麽商量。

【尾聲】尾生橋險葬在這千層浪。祆神廟似多拈了那一瓣香。待撇開又兜上。展轉思仔細詳。也把王魁苦死央。争奈抓不着的心兒越加的癢。是人爲販骨董者所誑，追恨不及，故并嘲。（程仲權先生集）

寓嘲

【北南吕一枝花】大招牌蘇小卿。好主顧馮員外。百媚神催打卵。蘆席鬼告燒埋。把菓碟兒鋪開。就是紥一座香營寨。修三層錦敵臺。緊箍兒念將來。真字字頭痛檻囚車。找了去任肢肢屍解。

【梁州第七】苦戀着半面兒妖脂怪粉。願管他一家的細米乾柴。誰知脚跟未離他門側。恰早與張牙訂約。李客和諧。他本是溺盆終臭。肉口難齋。只賣弄你纏頭錦兩手高擡。不隄防他陷人坑萬丈深埋。打在他四面裏地網天羅。遇了你八字中年災月厄。奉定這五步内鬼使神差。蠢才。你聽來。他囤積下這些邪淫。專等你不本分的郎君買。你道那箇糊塗那箇乖。不怕你銅斗的家宅。

【尾聲】孔方兄洋洋去撇下箇空囊袋。柳青兒笑哈哈叫燒了這紙棺材。還是我另有防身好計策。往前街後街。叫爹爹奶奶。拜認箇東肆長做門生好光采。（程仲權先生集）

七夕飲田氏小引

甲辰歲，燕京自六月幾望，雨霪不休。崩牆壞舍，枕簟皆窨。决巷涵衢，輪轅欲笄。予與汪吴諸君，魂阻巖城，屍居蕭寺。岑寂無聊，鬱思成痗。屬七夕湍臨，雙星待駕。因假芳辰，以徵巧笑。乃相約衝泥，飲於田氏。蘭餚桂酒之雜陳，急管繁絲之湊節。雖少目成，不無意溺。聊學北音，用填南吕，庶可助當筵一噱也。

【北南吕一枝花】雲封乞巧樓。霧占穿針地。風掀烏鵲駕。水决絳河隄。匹馬衝泥。瓜果隨時備。盤餐與夜宜。那管他九門外路絶人稀。只俺這一席裏調高腔細。

【梁州第七】他掩口笑疎狂老態。我定睛看窈窕嬌姿。相逢不是求良匹。爲熬不過半牀淅瀝。孤枕淋漓。矮屏破扇。敗燭流脂。假趂着令節芳時。私訂下舊識新知。海棠嬌嬌不上醉後容顔。蘭蕙香香不過歌殘口齒。柳絲柔柔不似舞罷腰肢。百戹。不辭。空囊買笑尋常事。本是有趣孩兒。撞着知音老子。俏門庭也賴做鍾期。

【尾聲】捽不開割不斷祇該埋怨着己。翻將來覆將去畢竟想念着誰。多情喫盡多情虆。爲天上分離。惹人間憔悴。問這段没把臂的因緣怎價的起。（程仲權先生集）

吴次魯止畊堂

【北仙吕點絳唇】廿載鴻儒。半生豪舉。無憑據。回首踟躕。税駕今何許。

【混江龍】置身無術。到學不得綿蠻黄鳥止丘隅。地分莘氏野。家傍鹿門居。暖拍拍風候迎春占旱潦。緑茸茸燒痕經雨動郊墟。從今後。羞懷短刺。怕曳長裾。丢開馮鋏。罷却齊竽。人間甽畝。業穩菑畬。桔槔林表。布穀春餘。左揮桀溺。右引長沮。蒼頭餽餉。犢角懸書。私田既穫。公賦先輸。儘消磨乾坤七尺壯身軀。都打疊文章萬古空名譽。鎮日價躬承稼穡。背任犁鋤。

【油葫蘆】緑汎璜源水一渠。任荒凉隙地偏幽趣。這的是遠辭市井避閭閻。且隨時那有千年慮。但由天不放雙眉聚。誰撏出南山白石歌。浪傳來七月豳風句。則消得年稱大有人康庶。又何勞牛後産騶虞。

【天下樂】生計從來百不如。瓶無。隔宿儲。見汙邪逢秋忽滿車。恰三時農事完。暫一身筋力舒。則聽得雲碓如雷喧臼杵。

【那吒令】憑着你走將來覓予。覓不到山中的隩區。憑着你走將來訪予。訪不出林端的草廬。憑着你走將來看予。看不上田間的地主。因此上高揖謝交遊。一往無儔侶。緊追隨。另有那舊社樵漁。

【鵲踏枝】只這俺牛背上勝龍駒。草窩内勝氍毹。總不知世運污隆。那裏管子姓賢愚。快心兒把荒田價種秫。摸牀頭常恐怕酒甕空虚。

【寄生草】誰似我千無礙。百不拘。這清時多幸偏遭遇。碧山有意常留住。白雲無定閒飛去。笑家翁是蒼頭識字老農夫。對山妻是黄頭解事賢村嫗。

【幺篇】愛清話陪隣叟。喜催租謝吏胥。香粳釀罷初成酯。黄鷄割下聊爲具。寒衣燙定重裝絮。小筵開清清一味摘園葵。矮牆圍團團五畝栽桑樹。

〔四〕

【煞尾】常安排舊瓦盆。不空過佳時序。説不盡我田家縷縷。東作西成還自取。向東臯穩步徐徐。畏岐路獨行踽踽。更問那相逢荷篠人何語。道四體不劬。枉四方流寓。因此上老田間不敢變其初。（程仲權先生集）

調馬湘蘭湘蘭求止故未成

【北仙吕點絳唇】對客揮毫。當筵調笑。人都道。儒雅風騷。文墨麄諳曉。

【混江龍】當時年少。厚調脂粉助丰標。咬文嚼字。喫打禁敲。年紀三冬屈一指。生辰半載賀三遭。深掘就萬丈窨錢坑。高砌起一座燒人竈。只教他不求來獻。非是我屈打成招。（程仲權先生集）

張朔少賣藥長干市賦贈全稿盡失録朔少先生之所能記者

【北雙調新水令】三年兩度困金陵。捺不下氣昂昂一條歪性。敬的人自敬。憎者任他憎。這傒子先生。强挺着脚跟兒硬。

【駐馬聽】書劒無靈。窮鬼長隨身畔影。錢財分定。富兒虚聒耳邊聲。虚脾莫信口頭情。安心且守胎前命。也休辭多酩酊。天陰自有晴時令。（程仲權先生集）

又記其二句：「招牌粉面字填青。上寫着儒醫張姓。」

〔一〕「清音」，原作「宫詞」。

〔二〕「他」，原作「地」。
〔三〕「漱」，原作「嗽」。
〔四〕「熨」，原作「慰」。

黄戍儒

黄戍儒，字參鳳，祖儒二弟，南直隸上元（今江蘇南京）人。早逝。有兢辰齋集。

小令

【北仙吕寄生草】

嘲妓變情

想當初情何厚。到如今恩變仇。冷心兒教我難醫救。冷臉兒教我難親就。冷話兒教我難禁受。怎能點我竹林遊。那時遂你金山候。（北宫詞紀）

嘲慳吝

咬着薑嗑着醋。口裏減肚裏那。不怕死三頓兒經的餓。不愁寒隻身兒精得過。不貪妻兩口兒多一個。饒君算到九梁星。鵲巢還被鳩來坐。（北宫詞紀）

戲婢竊食

嘗不出滋和味。管甚麽精與肥。嗻喉兒嗻的難通氣。眼眶兒噎的常含淚。牙根兒怕的常逢艴。竊時不惜一分情。罵時暗忍三分愧。（北宮詞紀）

有　感二首

推着聾學着啞。粧着醉假做憨。薄酒兒飲着休辭淡。粗衣兒穿着休嫌綻。矮屋兒住着休提暗。百年瞬息總歸空。眼前榮辱何勞念。（北宮詞紀）

未來的休指望。過去的莫思量。曲兒千個千般唱。花兒千種千般放。人兒千個千般像。五更枕上計無端。天明依舊窮模樣。（北宮詞紀）

【南商調黄鶯兒】

閨　思

十夢九逢君。恨夫君薄倖人。含羞漫把佳期問。似真不真。似親不親。夢回珊枕空留恨。正黄昏。蝦鬚半捲。明月遍花茵。（南宮詞紀）

嘲蚊蟲

恨殺咬人精。嘴兒尖身子輕。生來害的是撩人病。我恰纔睡醒。他百般做聲。口兒到處胭脂贈。假山盟。血浸牙後。不管我心疼。（南宮詞紀）

恨殺咬人精。可憐伊太瘦生。枕邊怎足得窮貪興。待憑他怎憑。待撐他怎撐。逢人小嘴偏生硬。最無情。嘗俺滋味。又向別人亨。（南宮詞紀）

孫起都

孫起都，字子京，號幼如，南直隸秣陵（今江蘇南京）人。工小令。著有意在亭詩。

小令

【南商調金絡索】

代妓四首

歌塵悔暗拋。舞袖憐空笑。鸎鵡前頭。心事難相告。琴心不可聊。記微招。偷破香雲扣綠腰。同衾夢隻魂猶峭。怎作流水輕紅別澗飄。羞鸞照。畫橋明月曾是教吹簫。最難忘金雁斜挑。寶鴨微燒。駐紫馬青樓道。（南宮詞紀）

盈盈蔽月姿。落落凌雲氣。松柏西陵。暗結同心蒂。蘭閨並影移。佩遲遲。夜半無人私語時。流蘇春暖籠嬌睡。翡翠香消滑凝脂。分飛易。玉堤楊柳偏是折新枝。那時節千里相思。兩下淒其。空點點飄紅淚。（南宮詞紀）

嬌啼膩粉湮。宿酒輕紅暈。簾幙重遮。枕簟爐烟潤。纖腰顫楚裙。試檀痕。鎮日流鶯和夢聞。輕絲細吐偎蟬鬢。可料輕爲落葉分。天涯近。陌頭芳草憶王孫。縱春郊挑菜成羣。拾翠如雲。怕没個他風韻。（南宮詞紀）

冰紋只半鋪。涼夜愁虚度。沉水星前。舊約成輕負。燈前笑語孤。歲華徂。望眼争教别淚枯。無邊煩惱多情誤。何似當時不見初。須迴顧。一床絃管都做錦模糊。待宵深漏隱宮壺。月冷城烏。辨取江南路。（南宮詞紀）

按：此四曲亦見彩筆情辭，題作「代别歡北上」，署名孫子京。

孫 湛

孫湛，字子真，南直隸（今安徽）徽州人（一作新都人）。能詩，工畫、草書、篆隸。好遊俠，與陣所聞交善。

【北中呂滿庭芳】

觀無如丈手談

楸枰閑開。身攖軒冕。心脱樊籠。静中自有天機動。情識都空。伸一着似丹山飛鳳。斂一着似滄海潛龍。這摻縱。仙家妙用。知守辨雌雄。（坐隱先生集）

【南商調黄鶯兒】

高士欲謝絶一切而筆硯更復為累故爾戲贈之

雅興在林泉。掩雲扉欲守恬。無奈客求墨攜卷。將耕硯田。愁牽世緣。便長安紙貴

心何願。總不如□天年。用於無用。棋罷北窗眠。（坐隱先生集）

套數

馬姬席上即事

【北南呂一枝花】詩傳紅葉秋。酒泛黄花候。香風生綉幙。片月掛青樓。有女樓頭。艷妒芙蓉秀。嬌含荳蔻羞。等閑間引不動擲果芳心。急切裏買不開傾城笑口。

【梁州第七】俺見他對花月精神抖擻。敍寒暄語句温柔。笑擎盃故露纖纖手。且休誇春生俏臉。波轉情眸。風回舞袖。鶯囀歌喉。怎當他送私情把脚尖兒暗裏頻勾。卜佳期將色子兒背地輕投。願只願效文禽作對成雙。礙只礙列綺席三朋四友。怕只怕滴銅壺漏盡更休。待偷。怎偷。唾津兒空把温香透。夢不成緣難就。只落得顛倒神思不自由。蝶怨蜂愁。

【尾聲】你多情不似閑花柳。俺徹夜徒勞望女牛。那裏有些雲細雨難消受。這相思怎丢。奈相逢不偶。辜負了佳期在重九。（北宫詞紀）

按：此曲彩筆情辭題作「馬姬席上」。

徐　媛

徐媛，字小淑，南直隸長洲（今江蘇蘇州）人。時泰女，范允臨妻。好吟咏，與寒山陸卿子唱和，吴中士大夫望風景從，交口稱譽，流傳海内，稱吴門二大家。與夫婿築室天平山下，極唱隨之樂。著有絡緯吟十二卷（散曲俱見卷十）、倡和集等。生於嘉靖三十九年（一五六〇），卒於萬曆四十八年（一六一九），年六十。

小　令

【南越調綿搭絮】

春日書懷〔一〕

薄寒輕悄。紅雨染春條。翠襯香芸。一片煙絲軟蝶嬌。楊柳色。〔二〕子規聲小。卜歸程金鞭難拗。玉關人老。經春望斷黄麻詔。三歲瓜期折大刀。（絡緯吟）棲遲荒檄。落月户梁高。露白中庭。風細雲波竹影拋。聽銅焦。〔三〕旅雁天遥。凍蘭膏

碧熒花笑。〔四〕江南夢曉。使司馬離腸似擣。甚日脂車萬里橋。（絡緯吟）
東風一片。花落燕泥刊。水溢芳瀾。醉纈苔痕鴨緑淺。銀屏掩。小扇齊紈。五雲深抑揚絲管。桂户嬋娟。團團飛鏡玉生寒。露珠低濕滑軟雲鬟。（絡緯吟）
九枝光燦。寶輪垂照圓。冰簾漫捲。墨池紋縐緑波寒。閑亭院。松風夜闌。真堪羨嬴女乘鸞。桃花夾岸。藐姑仙朱顔若琬。幾時得尾青牛紫氣到函關。（絡緯吟）
殘霞如茜。玉斗轉闌干。徘徊凝望。碧鷄關外漲狼煙。天涯草。緑滿秦川。錦字書衡陽回雁。登樓王粲。盼殺平原舊苑。到如今花老鵲鴒原。（絡緯吟）
蘸雨香蕪。烟籠柳色疎。遠山幾點。晚雲微黛畫屏孤。關榆墮。驚飛夜烏。空亭暮青笳夜呼。鴛鴦甃路。遍春墀王孫草鋪。對芳辰結思怨征途。（絡緯吟）

春　思〔五〕

春歸院小。風薄〔六〕淡雲飄。户外山青。〔七〕繚繞吹絲送百勞。〔八〕萱花朝。嫋葉垂條。正好向曲江詩酒。玉板文韶。悄陰陰新鶯宫柳。百囀枝梢。争羨那醉清平詞調。錦宫袍供奉謫仙豪。（絡緯吟）
峭寒微扇。輕羽逗汀煙。欄檻香凝。翡翠池塘碧玉聯。最堪憐。笛引秦川。碎葉城

蠮螉塞遠。信杳魚箋。金閨夢破催虬箭。望斷王孫草色芊。（絡緯吟）

艷紅飛靄。曉色醉蒼苔。點點青山。翠𩮜晴螺拂黛排。覷春來。蝶軟蜂猜。懶雲偏日低窗鎒窄。碧茵如灑。暗香籠重樓十二。玉笙寒吹徹小梅開。（絡緯吟）

美人春倦。柳色畫樓閑。簾影疎疎。寂寞中庭冷珮環。凍瑶鈿。露點風鬟。一番雨梨花落遍。鶯老花斑。怨殺那空牀思妾。怪封侯夫壻在關山。（絡緯吟）

【南仙吕桂枝香】

寒夜書愁〔九〕

清霜點嶠。玄雲〔一〇〕天老。四野來鵞管聲繁。寒堞上漏籌頻報。聽簷鈴逗風。聽簷鈴逗風。恍一似舊日笙歌雅調。更添我迴腸縈遶。轉眼總虛飄。池館人歸後。朱門氣寂寥。（絡緯吟）

寒風料峭。黄沙捲草。瑶天凍碎墮瓊芳。九微燼博爐烟渺。正嚴威勢侵。正嚴威勢侵。眈沉疴倩誰相告。着冷暖有誰相勞。空自旅魂銷。泣盡燈前淚。家園已棘蒿。（絡緯吟）

俗情已掃。生緣未了。没來由兩字功名。縴絆我一生潦倒。看澄月印潭。看澄月印潭。恰一似重昏夜曉。何日遂皈依真誥。及早去〔二〕脱塵囂。回首青山近。仙娃拂袖招。（絡緯吟）

【南黄鍾啄木兒】

感悟遊仙

風雲態。幻世情。蒼狗白衣屢變更。識得破是我根芽。早還個本來心性。瑶琴懶把危絃整。茗華聲杳禪心静。好向貝葉翻經月下聞。（絡緯吟）

如來意。信有真。始悟慈航不誤人。一燈影懸照河沙。諸天花齊散繁英。茫茫枯井深無綆。洋洋萍蒂渾無定。何事浮生空墮沉。（絡緯吟）

花稍露。水面痕。逐浪掀風不耐禁。人世上日老了愁人。日輪中何必去追輪。一朝勢竭黄金盡。茂陵楓栢蕭踈冷。縱有轉日的威稜難挽寸陰。（絡緯吟）

空王影。法相身。寶月華鬘夙有因。滴甘露布灑醍醐。搗松根與雕飯同蒸。花生琪樹婆娑景。冰輪宛轉璇宫浄。更有那天鼓仙韶一派生。（絡緯吟）

【北仙吕寄生草】

春

嬌軟香林簇。飛絲疊翠窩。玉堦草色蜻蜓臥。銅駝紫陌春無數。揚揚曉氣重欄度。
不知生水夜來多。見銀塘迸破玻璃顆。（絡緯吟）

夏

翠剪槐陰塢。湘簟抹畫羅。鞦韆月午香鬟墮。輕紈暈濕薔薇露。流螢熚熚晶簾撲。
蘭膏繚裊綵屏圖。荷汀倚扇烘雲宿。（絡緯吟）

秋

金井桐雲護。琅玕玉粉鋪。冰輪半隱鴛鴦户。秋零亂灑梨花幕。香蘭笑吐芬幽素。
閨人凝思咏蘼蕪。悵王孫望杳章臺路。（絡緯吟）

冬

雪嶺臙脂凍。宵寒瘦玉柯。香檀浛浛柔煙鎖。奇花點點飄瓊絮。棚棚戍鼓街頭邏。
鮫綃褥穩麗人酡。氍毹月冷雕欄暮。（絡緯吟）

【南仙吕入雙調江兒水】

春

寒食厨無火。清明水濺秧。燕歸舊壘把新泥上。池塘春曉蘼蕪長。棋枰竹塢閑清賞。
院宇鞦韆輕颺。香雨絲絲。點破柳梢嬌放。（絡緯吟）

夏

五月榴花吐。園林蝶粉黄。翠盤珠露池心漾。玄鬟碧黛粧兩兩。紅牙象板低低唱。
別蒲蓮舟相盪。蘭槳齊開。攪破青萍白浪。（絡緯吟）

秋

霧捲冰天薄。晶寒水殿涼。盈盈碧影璇宮敞。清光夜永浮仙掌。秋宵玉笛瓊樓上。

明月關山嘹嚦。逸響飄揚。送入繡緯羅幌。（絡緯吟）

冬

輕絮鵝毛疊。寒驕翡翠窗。獸爐煙火氤氲恍。青霜細結明璣網。冷風淡靄穿書幌。

朔氣寒笳悲壯。邊塞荒涼。胡馬薊雲遥望。（絡緯吟）

【南越調綿搭絮】

春日閨思[二]

落英鋪繡。景色艷河橋。簾影疎疎。曉口曈曨[三]映柳梢。鏡花銷。翠黛慵描。盼殺蠐螬塞遠。離恨天遥。斷送得短嘆長吁。三度瓜期折大刀。（吴騷合編）

套數

【南商調二郎神】朱闌右。見幾點冰瑤飛逗。爐裊輕煙青縷瘦。疎檽料峭。颼颼鬢影生秋。殘燈小舘吹來玉笛聲柔。旅思羈腸躭病疚。偶省起我故國。白蘋渡口曾繫木蘭舟。凄凉舊壘。今來麋鹿亂荒丘。

【集賢賓】戍兒漏鼓寒角舉。重樓看落月汀洲。聽籬犬籠鷄別院啁。隔簾虛玉鈴兒相扣。正是離人無寐。憶往日高堂廝守。池塘鴛甃春草夢。向珊枕畔依稀細語窮愁。

【黃鶯兒】莫話昔時游。總翻成滿目愁。舞衣歌扇籠塵垢。煙封翠樓。臺空繐幬。東皇無主鶯花憖。謾追求。舊愁新恨。并結我寸眉頭。

【琥珀貓兒墜】石頭城蕭瑟。目送楚雲流。隱隱鍾陵白露收。望平江一帶水悠悠。牽愁。見幾處衰柳斜陽。天際歸舟。

【尾聲】吴宮花草還依舊。爭奈我親遠天涯淚滿眸。怎比得勒石曹娥芳書姓字留。（絡緯吟）

南北雙調合套

感懷追逝[一四]

【新水令北】一番塵話夢栩栩。空勞了半生心跡。當日個帝城春色滿[一五]。今日個故國冷烟迷。浮名似片瓦飛飛。浮名似片瓦飛飛。怎如那崇雲[一六]的伴孤松在萬山深處。

【步步嬌南】衝鋒蹈虎名韁事。七首蒼龍勢。無端貝錦詞。以馬爲麋。憑將心指。何苦去辨是和非。青蠅那顧你真和似。

【折桂令北】沉埋了一場心事已成灰。説甚的鷹揚廊廟總休提。至如今綺疎櫺寂寞。冷胭脂芙蓉帳掩。孤館人非。度流光更如涉歲歷寒暑。那辨推移。載愁端了無歸計。我呵如今好息機莫疑。怎得向叢桂山頭。相邀佳趣。

【江兒水南】休問君平技。休吟澤畔詩。大都來五行已註生前事。勤王的不把黄金鑄。負薪的何處投知己。總是一場兒戲。到不如去飲炭吞冰。跣足徉狂塵市。

【雁兒落帶得勝令北】回首事總乖離。千年調已傾欹。想當日個繡户文楣列着錦圍。青玉案張着尊罍。紫葡萄泛着瓊巵。寶雕闌栽着蘭蕙。百和香燒着獸灰。怨春輝忽隨秋去。把從前事猛追再思。枉勞[一七]我神呆意痴。呀。一重提一重心醉。

【僥僥令南】鵲印流塵暗。貂冠總汙泥。便有那層臺花塢蛙聲㗊。怎得個環珮歸來月下遲。

【收江南北】[一八]呀。我只道畫堂春晝暖樂庭幃。又誰知人去會無期。經不慣別離況味。事與心違。按歌喉送不到愁人枕際。我呵淚灑灑痛伊。淚灑灑痛伊。這的是斷腸深處嶺猿悲。

【園林好南】住幽居伴山人鬭鷄。挈五老籬邊奕棋。徑卧着乾松蓬杞。吸石髓餌玄芝。邛杖舉竹龍飛。

【沽美酒帶太平令北】看王喬鳧舄歸。看王喬鳧舄歸。仙掌上白雲棲。訪故友山陰載酒回。唤秦娥採珠拾翠。聽青童演出新詞。茶烹着武夷雀嘴。松棚上掛着軍持。矮茅簷牽着薜荔。池塘内覷着遊魚。我呵笑勞名的朝東暮西。白眼看趨蹌路岐。呀。亂黄塵再不上俺緇衣雙袂。

【尾聲南】蠅頭蝸角誠虚器。瓦枕上黄粱一覺起[一九]。從今後[二〇]門鎖蒼苔護紫泥。（絡緯吟）

〔一〕吴騷二集、名媛詩緯雅集、太霞新奏録四首，南詞新譜僅録首曲，題同絡緯吟；吴騷合編題作

「春日閨思」亦録四首，俱注范夫人撰。

〔二〕「楊柳色」六句，二集、雅集、合編、太霞、新譜作「杏花梢。啼鳩聲高。閒殺鞦韆院落。睡損鮫綃。擔害得悶對芳辰。結思空拈白玉毫」。

〔三〕「銅焦」，雅集作「桐蕉」。

〔四〕「凍蘭膏」三句，二集、雅集、合編、太霞作「愁殺金鞭難拗。竇襪煙消。折倒得望眼將穿」。

〔五〕首曲（春歸院小）即二集、雅集、太霞題爲「春日書懷」，合編題作「春日閨思」之第三首。

〔六〕「風薄」，二集、雅集、合編、太霞作「風煖」。

〔七〕「山青」，二集、雅集、合編、太霞作「青山」。

〔八〕「百勞」，二集、雅集、合編、太霞作「伯勞」。以下六句作：「總無聊。都上眉梢。想殺曲江詩酒。錦字宮袍。抛閃得粉剩脂殘。腸斷東風爲玉簫」。

〔九〕吴騷二集題作「冬思」，注范夫人撰。雅集同絡緯吟。

〔一〇〕「玄」，雅集作「元」。下同，不另注。

〔一一〕「早去」，二集、雅集作「早云」。

〔一二〕二集、雅集、太霞題作「春日書懷」之第二首。

〔一三〕「曈曨」，原作「曈朧」，兹從雅集。

〔一四〕二集、雅集題作「傷逝」。

〔一五〕「滿」，雅集作「近」。

〔一六〕「崇」，二集、雅集作「巢」。

〔一七〕「枉勞」，原作「往勞」，兹從二集、雅集。

〔一八〕「收江南」，各本俱作「望江南」。

〔一九〕「一覺起」，二集、雅集作「睡起」。

〔二〇〕二集、雅集無「從今後」三字。

范壺貞

范壺貞，字淑英，一字蓉裳，南直隸吴縣（今屬蘇州）人。晚明時人，胡畹生妻。有范蓉裳胡繩詩鈔，散曲附。

小令

【南仙吕入雙調玉抱肚】

並頭蓮紀勝

碧灣波媚。小池芳花容撲眸。攙神明做了並頭。頭並處兩心如醉。消除心苦解忘憂。面面相看也耐羞。

代並頭蓮答

良緣判定。結同心三年蚤謀。藕絲兒並繫心頭。中央水分明作證。香銷粉墜不須憂。

再世相偎聽苧謳。

【南商調黄鶯兒】

獨坐懷友　代兄

夏杪又輪秋。歎韶光幾度流。絲桐囊久誰堪奏。爐香静浮。魚書懶修。池塘花氣隨風透。睡侵眸。羲皇一枕。穩泛夢中舟。

【南南吕懶畫眉】

代兄賀友人納寵

鎮日想丰容。悶懨懨日下春。驚飛小鳥花枝動。鐘清梵宫。琴鳴遠鴻。逢人懶説相思夢。猛臨風。丹霞天末。灝氣壓崆峒。

池塘秋暮水痕收。隔浦尋芳花徑幽。玉人應上晚香樓。須知此夕何夕。只見他人月雙清共九秋。

套數

觀荷紀趣

【南南吕梁州新郎】羅衫新整。池荷争放。此地花神偏旺。清陰四繞。多情挈伴倘佯。恰是淩波仙韈。舞月霓裳。巧會難描狀。花神應笑也。覷何妨。若個風流賽六郎。〔合〕清世界。真蕭曠。任荷歌蓮曲頻頻唱。休辜負。再來賞。【前腔】碧潭雨過。蓮衣風颺。水濺荷珠如浪。花心暗動。並頭槃出新妝。更嬌姿欲語。殢態如狂。值得相親傍。無端聲勞攘。莫慌張。漫拾餘香滿袖涼。〔合〕清世界。真蕭曠。這一番行樂消魔障。須記取。酤新釀。【前腔換頭】露珠兒滴綻蓮房。月圓候堪乘蕭爽。羨天然梳掠。星眸偷向。好似輞川襟韻。金谷風光。此景佳無量。何須争伎倆。好尋芳。一曲蓮歌入醉鄉。〔合〕清世界。真蕭曠。喜今宵樂事從天貺。天做美。任人暢。【前腔】俏低聲二八女郎。殢芳情常懷悒怏。趁清宵懸鏡。荷風徐盪。怕冶遊浪子。倒白顛黄。惟有花相諒。何緣頭共並。細端詳。出水雙蓮浴水鴦。〔合〕清世界。真蕭曠。記天生百媚花模樣。停描繡。且徐想。

【節節高】年年菡萏香。水中央。嬌裝靚束争春往。波新漲。雨漸涼。冰輪晃。此時此夜君休忘。只恐清光去難留。從今學得身無恙。

【前腔】情癡共態佯。貌如猖。問花不語渾拋漾。初相訪。再上場。匀清帳。柰腳兒禁住心兒癢。只恐清光去難留。夢中花語來書幌。

【尾聲】追尋芳翠非虚獎。花滿池塘月滿廊。願取花月同人歲舉觴。

汪廷訥

汪廷訥，字去泰、昌期，改字昌朝，一字無如，號坐隱先生、全一真人，亦稱清癡叟、無無居士、先先子，南直隸（今安徽）休寧人。居南京，嘗集諸名士，宴飲于坐隱園中。捐貲由貢生官鹽課副提舉，謫寧波府同知。有環翠堂坐隱先生集，所作傳奇總稱環翠堂樂府，今存獅吼記、種玉記、彩舟記（以上三種續金陵瑣事以爲陳所聞所作）、投桃記、三祝記、義烈記、天書記七種。雜劇廣陵月重會姻緣、中山救狼、青梅佳句、捐奩嫁婢、詭男爲客、紹興府同僚認父、葉孝女報仇歸釋、薛季昌石室悟棋八種。輯有文壇列俎、人鏡陽秋。約生於隆慶三年（一五六九），卒於崇禎元年（一六二八）以後。

小令

【南中吕駐馬聽】

訪陳藎卿於孫楚酒樓有贈

南國清秋。訪友因登孫楚樓。只見層層雲樹。曲曲江城。泛泛漁舟。名湖如待酒人遊。新聲不減鈞天奏。月底淹留。醉來白石還堪漱。（南宮詞紀）

【南仙吕入雙調玉抱肚】

寄陳藎卿

藎卿卜築杏花村，顏其軒曰蘿月。題書奉懷，乃勞裁答，復爾謝之。

青溪大隱。托江魚把封題寄頻。幾時得抱春風短短瑤琴。訪幽居曲曲花村。相逢蘿

藉藉詞場。落筆天孫絢七襄。羡你貧如原憲。才類相如。興比嵇康。放懷天地托清狂。會心濠濮成真賞。何幸聯牀。交情肯把陳蕃讓。（南宮詞紀）

月照清樽。應掃陳蕃榻上塵。（南宫詞紀）

風流江左。美詞華君偏占多。只指望慰相思星聚茅堂。争奈你倦遨遊雲臥巖阿。寄來佳句細吟哦。白雪其如寡和何。（南宫詞紀）

【南南吕懶畫眉】

集詩句南曲十一首

棋　樂

平生碌碌本無奇（放翁）。只有摻心是要規（許衡）。叢叢緑鬢坐彈棋（王涯）。個中真趣吾能會（任翻）。肯向人前浪皺眉（康節）。（坐隱先生集）

游　興

看山看水自由身（放翁）。行樂人生貴及辰（劉因）。偶緣踈拙得天真（希文）。山林獨往吾何恨（放翁）。薄俗嗟嗟難重陳（李頎）。（坐隱先生集）

王建溪見過留宿二闋

踈慵閑托草堂身（見心）。舊識相逢情更親（錢起）。一壺清酒一張琴（洞賓）。是非名利何須問（徐披雲）。下榻東軒忘主賓（丁鶴年）。（坐隱先生集）

碧蘿明月照蒼苔（曹唐）。雲在青霄鶴未來（洞賓）。且隨達士共詼諧（薛漢）。開簾一寄平生快（放翁）。試看坐對寒松是我手自栽（皇甫冉）。（坐隱先生集）

秋興三闋

村醪初熟蟹螯肥（杜本伯）。竹裏衡門掩翠微（蘇廣文）。晚秋黄葉滿天飛（曹唐）。年來漸識幽居味（東坡）。獨對天風拂素徽（黄清老）。（坐隱先生集）

芙蓉花外有樓臺（王景初）。籬下蕭疏野菊開（劉滄）。吾廬雖小亦佳哉（放翁）。欲窮風月三千界（東坡）。狎鳥無機任往來（靈一）。（坐隱先生集）

金屏翠幔與秋宜（介甫）。坐上交争一局棋（康節）。我豈肯負他黄菊滿東籬（司空圖）。相從痛飲無餘事（東坡）。幾向尊前倒接籬（錢起）。（坐隱先生集）

鶴巢

等閒桃李即争紅（龜蒙）。總不如野鶴來巢階下松（放翁）。清陰長在好相容（温庭筠）。那怕他謝公城外溪鷺夢（杜牧）。也讓我睡美清秋一榻風（放翁）。（坐隱先生集）

寄懷陳藎卿

羨君談笑出風塵（盧綸）。遥想風流第一人（王維）。故園高士日相親（戴叔倫）。檐横碧障秋光近（吴融）。醉後吟哦動鬼神（洞賓）。（坐隱先生集）

花下喜逢真然子

惟君於我最相親（高適）。貰酒攜琴訪我頻（皮日休）。年來惆悵與誰論（薛逢）。花間忽見驚相問（介甫）。一睇欄杆白角巾（胡宿）。（坐隱先生集）

代柬邀茅平仲

衡門無事閉蒼苔（劉滄）。悵望春襟鬱未開（崔涇）。掃除東閣待公來（介甫）。相從杯酒

形骸外（東坡）。更費高人賦詠才（趙嘏）。（坐隱先生集）

【北雙調沉醉東風】

奕　興

厭塵海龍蛇混攘。愛菟裘山水徜徉。登甚麽虎榜名。畫甚麽雲臺像。且藏身免世雌黄。誰道商山樂趣長。爭似這橘裏乾坤最廣。（坐隱先生集）

【北商調梧葉兒】

志　感

江海量人人欠。虎狼叢處處多。平地裏起風波。棋與酒從吾好。萋和菲奈爾何。長嘯對松蘿。得清閒快活煞我。（坐隱先生集）

【北正宫醉太平】

懷　仙

覓黄冠道流。對人世丹丘。將玄玄竅妙細參求。落邯鄲夢熟。從今後檢金書替卻拿雲手。誦靈谣代卻談天口。對楸枰謝卻濟世籌。任年華去留。（坐隱先生集）

【北中吕滿庭芳】

自　適

春風倚蘭。一泓碧水。萬疊青山。林幽不讓嵇中散。門設常關。謝車馬交游性懶。對松蘿棋酒情閑。無援絆。丹經竺典。青玉案頭翻。（坐隱先生集）

【南中吕駐馬聽】

坐隱園遲胡丹丘老人

門掩蒼苔。紗帽閑眠晝不開。慚非豹隱。甘學鷦棲。幸免鷗猜。高人有約聽鶯來。

小窗無事攤棋待。脱略形骸。笑談局裏看成敗。（坐隱先生集）

自　述

樂聖銜杯。座裏青山醉欲頽。謝絶了橘槔機械。識破了傀儡壇場。剖開了人我藩籬。釣魚東海忘卻是和非。耕雲北隴闕甚興和廢。兔走烏飛。弄人造物隨兒戲。（坐隱先生集）

【南仙吕傍妝臺】

漫　興

對松蘿。青山排闥白雲多。正詩成當落日。喜簾卷近秋河。林間掃石安棋局。碧樹如煙覆晚波。縱有黄金印。白玉珂。争似五湖煙水一漁蓑。（坐隱先生集）

【南仙吕桂枝香】

詠　聲

蟲聲涼夜。鶴聲明月。弄琴聲雅稱山泉。煮茶聲偏宜岩雪。澗松聲奏簧。澗松聲奏

簧。棋聲清越。雨聲淒切。笛聲揭。咿呀聲逐漁舲過。嘹嚦聲隨雁字斜。（坐隱先生集）

春日程巨源過小園即事

林遷黄鳥。階翻翠葆。媚東風花簇長堤。添夜雨波縈三島。信天開畫圖。信天開畫圖。客來幽討。一枰閑較。興偏豪。才乘明月青翰舫。又弄丹臺白玉簫。（坐隱先生集）

消夏

簾開虚牖。人閑清晝。絲絲梅雨初晴。拂拂荷風輕透。愛山泉暗流。愛山泉暗流。泠然玉漱。正與棋聲廝湊。景偏幽。竹蔭全忘暑。松濤直似秋。（坐隱先生集）

套數

環翠堂結社

【北越調鬬鵪鶉】（二）金谷詞筵。蘭亭詩客。飛蓋西園。開尊北海。他每都圖史流芳。山川借色。俺既無招隱才。怎敢將桂社開。只爲禁不得俗世樊籠。改不了煙霞性格。

【紫花兒序】難久住是蜉蝣歲月。無憑據是蕉鹿功名。不真實是土木形骸。没來由爲蠅頭蝸角。枉耽擱春去秋來。哀哉。不覺青霜點鬢白。猛可的丢開了機心機械。結幾個林壑交游。急將這棋酒安排。

【金蕉葉】遠城市山園小宅。避車馬湖邊釣臺。風過處□花散彩。雨晴時松蘿弄色。

【小桃紅】萬竿修竹掩茅齋。鳥囀青林外。石徑硶砑不嫌窄。將蘭蕙栽。漁潭花嶼真仙界。草堂覆槐。鵝池浮墨。偏稱深奇來。

【禿廝兒】雖無那王摩詰輞川勝概。盡有這蔣元卿三徑朋儕。他每都七賢風雅依然在。能嘯詠善詼諧。那裡有半點兒疑猜。

【聖藥王】俺與他藉草萊。各吐懷。漁樵話裏幾興衰。循水涯。上露臺。瑶琴鼓罷局重開。白黑費裁劃。

【東原樂】休道俺交難合。性寡偕。子你這歲寒三友偏能耐。因此上泛鷗波憩鹿柴。卧柳陰聽松籟。兀的不勝似那五陵豪邁。

【絡絲娘】分不清混茫茫乾坤皂白。記不真亂紛紛曹劉成敗。又不會惡狠狠孫吴計策。便偷閒有何妨礙。

【綿搭絮】俺怕的是門題鳳字。喜的是屐破蒼苔。愛的是茅堂星聚。愁的是短榻塵埋。更憐他鶴背霞衣下九垓。玉洞桃花春正開。也有那飛錫高僧。遥從西竺來。

【拙魯速】俺和他們談會玄。參會禪。尊可傾。賦可裁。竹杖芒鞋。□嶺蓬萊。倡和元白。笑傲彭澤。一個個風流瀟灑。袖拂塵埃。胸卷江淮。把富貴都看做太空雲去來。

【煞尾】不拘禮法存真率。一任他坐上狂歌岸幘。石室樂堪尋。玄亭嘲漫解。（坐隱先生集）

柬了悟禪師

【北南吕一枝花】三生悟舊緣。半偈留殘諦。俺將這曇花階下種。貝葉案頭披。白髮皈依。猛省今朝是。翻嫌昨日非。若不是仗慈航超覺岸接引先登。險些兒被業風吹苦海直沉到底。

【梁州第七】想着俺急煎煎難除意識。亂紛紛用盡心機。每日家被塵勞未得肩兒息。都則爲名場利圃。甘將這本性全迷。又子怕鐘鳴漏盡。那時節追悔應遲。似盲人待抉金鎞。似頑鐵待下鉗錘。俺恰才小茅庵結後山中。猛可的老頭陀從空飛錫。恰便似大醫□來自天西。你教俺修持。面壁。怕蛾□蟯戀人間世。因此上重宣□知參變。

道參透真空萬念灰。立證菩提。

【罵玉郎】□因此堅求忍辱菠蘿蜜。雖不曾披緇素剃鬚眉。常□將香爐經卷與瞿曇對。眼看的是黄花色。耳聽的是翠竹聲。鼻聞的是青蓮氣。

【感皇恩】打滅貪癡。剖破藩離。兀自要忘死生。齊得喪。又怎肯去辨妍媸。蒲團坐臥。藜杖行持。消受些趙州茶。白社酒。道林棋。

【采茶歌】從衣底覓摩尼。兑身後墮泥犁。將山廬直看做是鹿園棲。若不是法雨慈雲親受記。俺子怕金沙玉界杳難歸。

【煞尾】俺將這假合四大看如贅。俺將這秘密三□嗜若□。九級浮圖豈昇易。子望你公案頻題。棒喝休馳。直引俺上靈山那時方才放了你。（坐隱先生集）

按：此套亦見葉華太平清調迦陵音，題作「參禪」，首句作「千秋枉夢愁」。套中頗多異文。今雙收於汪、葉兩家卷中。

昌湖秋泛

【南大石調念奴嬌序】湖天過雨。愛波平似掌。參差島嶼周回。一葉扁舟。摇盪處樓臺倒浸漣漪。游戲。濠濮閒情。滄州故友。蓬窗笑傲一枰棋。〔合〕拚盡把。塵纓洗淨。鷗鳥忘機。

【前腔換頭】沙際。萍風乍起。見芙蓉映帶蒹葭。誰道是秋色淒其。斷岸虹梁。宛轉處遥接湖心亭子。臨水。白石撐雲。丹楓燦錦。洞門蘿薜護東西。〔合前〕

【前腔換頭】遥指。莊似王維。池同習鬱。花深不讓若耶溪。才撥棹兩兩鴛鴦鷺飛。蘭沚。取酒停橈。看山卷幔。烹鮮還傍釣魚磯。〔合前〕

【前腔】斜日。影落澄潭。似金蛇萬道。壁翻返照暮禽歸。洲渚上但聽得啾啾争棲。嵐氣。人在蒼煙。棹穿寒玉。青霞千縷掛長堤。〔合前〕

【古輪臺】望才迷。東林月出漾清暈。泠泠露滴闌杆濕。星河相對。似博望槎回。夾岸香生叢桂。别浦漁歌。瑶天鶴唳。中流來去任風吹。枕流漱石。這高情我輩堪追。新裁白苧。乍停紈扇。閑揮麈尾。秋興彩毫題。冰壺裏。秋光一夜涼如水。

【前腔換頭】耽奇。滿舫書畫親攜。況林薄外有欸欸秋聲。暗傳歌吹。撫景沿洄。身似扁舟不繫。休猜做泛梗生涯。飄蓬蹤跡。只爲苦海茫茫怕沉溺。因此上逍遥自適。羨冥鴻羅網難羈。置身丘壑。會心林水。放形天地。棋酒共襟期。名和利。幻如漚泡不堪題。

【餘文】波紋淨。蟾影移。償不了歡情樂意。醉詠滄浪踏月歸。（坐隱先生集）

〔一〕「鬪鵪鶉」，原作「鬭鶴鶉」。

複　出

小　令

【北中呂朝天子】

述　隱

玄莊草堂。

命奚童款扉。

望青山擁螺。

此三曲亦見葉華太平清調迦陵音一卷，題同，已輯入葉華卷，此不重録。

【北雙調折桂令】

閒情

嘆紛紛蟻戰南柯。

臥煙蘿懶去逢迎。

此二曲迦陵音題作「智詞」，已輯入葉華卷，不重出。

【北仙吕寄生草】

省悟

厭的是紅塵世。

也不願千鍾粟。

此二曲迦陵音題同，已輯入葉華卷，此不重出。

【南仙吕傍粧臺】

漫　興

掩衡茅。

暢幽懷。

此二曲迦陵音題同，首曲首句作「隱衡茅」。已收入葉華卷，不重出。

【南商調黃鶯兒】

志　樂

山下結茅堂。

身外莫生愁。

此二曲迦陵音題同，已輯入葉華卷，不重出。

複出

套數

春日同諸社友小集坐隱園即事

【南仙呂入雙調步步嬌】三尺楸枰花前展。

迦陵音題作「尋芳」，首句作「三尺青虹花前展」，已輯入葉華卷，不重出。

述隱呈屠緯真先生

【北雙調新水令】世情無日不風波。

迦陵音題作「自嘆」，已輯入葉華卷，不重出。

長林避暑

【南南呂梁州序】岩扉雲掩。

迦陵音題作「避暑」，已輯入葉華卷，不重出。

志感

【北仙呂點絳唇】身世皆虛。

迦陵音題同，已輯入葉華卷，不重出。

小園與客對奕

【南商調二郎神】娱清晝。

迦陵音題作「對奕」，已輯入葉華卷，不重出。

【南北中呂合套】

憑蘿眺雪

【粉蝶兒北】雪滿梁園。

迦陵音題作「眺雪」，已輯入葉華卷，不重出。

三島棲真裁謝余煉師還真

【北仙吕點絳脣】龕内跏趺。

迦陵音題作「悟真」，已輯入葉華卷，不重出。

試劍

【南中吕石榴花】千秋神物。

迦陵音題同，已輯入葉華卷，不重出。

龍膺

龍膺，字君善，改字君御，號朱陵，别署灉公、綸叟，合稱綸灉先生，又號太虚里人、偃骨無學人、灉人、醒翁、埸庵、洞口漁郎，晚稱漁仙長，湖廣武陵（今湖南常德）人。萬曆八年（一五八〇）進士，除徽州府推官，終南太常寺卿。在徽州時與汪道崑交游頗密，入汪氏所主徴中詩社；又與汪氏及屠隆、吕玉繩、沈明臣等結白榆社。著有：綸灉文集、綸灉詩集、九芝集及藍橋記、金門記傳奇等。生於嘉靖三十九年（一五六〇），卒於萬曆四十六年（一六一八）以後。

小令

【南商調黄鶯兒】

松濤閣雨眺十首

秋雨灑林臯。聽松風萬壑濤。溪烟山靄迷昏曉。挂青簑小舠。策青藜小橋。漁歌牧唱湖天杳。任逍遥。炎蒸如洗。恰好泛香醪。

亭午尚敲蒸。到青溪暮靄澄。商飈動地秋威勁。是風聲水聲。是松聲雨聲。晚春寒杵紛相應。夢魂清。竹牀藤枕。萬籟耳邊鳴。

净土自清涼。學齋心禮法王。袈裟坐捧蓮花藏。散風林寶光。墜天花雨香。心神抖擻消魂障。自徜徉。輞川雲水。或可敵吾莊。

八月正清秋。撇妻兒物外遊。斜風細雨涼生驟。也無人護篝。也無人抱裯。蒲團布衲爲吾友。是良謀。耳邊寂静。松韻晚颼颼。

小築闢雲山。傍青溪水一灣。溪山朝暮風烟幻。啓松扃不關。盪蘭橈自還。無榮無辱無災患。弄潺湲。黑甜輭飽。贏得此身閒。

市遠不聞譁。遶溪村四五家。湖山烟雨元人畫。看洲前蓼花。看籬邊槿花。蒼松青桂枝相亞。泛流霞。幕天席地。爛醉是生涯。

爍石苦熬煎。賴金風動九天。元雲白雨蛟龍戰。瀑茅簷似泉。漏滄洲若烟。烏棲不定蟬聲斷。景悠然。丹青一幅。好放米家船。

斗大一茅齋。遶花籬護錦苔。缸魚盆草南窗外。覩圖書眼開。癖溪山興歪。一生未了烟霞債。謝塵埃。棄瓢洗耳。箕穎是吾儕。

秋冷薜蘿衣。擁青氈日掩扉。園蔬作供炊齏糲。南山岑采葵。北山岑采薇。班荆餉客無兼味。莫相違。灌畦抱甕。吾已久忘機。濠上樂觀魚。放生溪網罟除。輕波瀺灂悠然去。戲文鴛緑蒲。立汀鷗碧蘆。漣漪四望涵烟雨。意軒于。波澄漚息。此際悟真如。

南　歸二十首　有序　癸巳春附

夫情以物感，聲以情宣。故託黄鳥於異邦，詠白駒於空谷。羈人遷客，尤易興懷。越國秦川，竝牽歸夢。青陽易節，白日馳暉。征馬長嘶，增欷歔於遠道；流鶯百轉，恍晛睆於故林。有觸則鳴，隨唱輒和。雖謝希聲於刻羽，聊抒小伎於雕蟲。共倚金衣，各書玉楮。偶一爲耳，焉用文之發端。竊取夫唐音，究義總歸乎里語。高君得若干首，君御得若干首，而爲之序。高君姓羅名廩，浙之寧波人。爲家大夫渠陽公門生也。

萬里一歸人。聽黄鸝傍逐臣。夕陽回首長安近。嘆江湖涸鱗。戀雲霄紫宸。補天浴日非吾分。淚紛紛。不才多病。十載負君親。

萬里一歸人。幸全生天地仁。東方初罷金門隱。問桃花舊津。泛烟波釣緡。白雲清夢滄江穩。合沉淪。桑麻雞犬。賸有武陵春。

萬里一歸人。到庭闈獻壽頻。如山如阜如松菌。似龐公鹿門。似羣龍八荀。椿萱棠棣花如錦。樂天倫。銜恩送喜。雙舞綵衣春。

萬里一歸人。喜歸來樂事新。八公叢桂堪招隱。漉陶潛葛巾。啖季鷹美蓴。山中習靜觀朝槿。足冥淪。紫芝白石。那復厭清貧。

萬里一歸人。歷山川往跡陳。秦宮漢闕成灰燼。過蕭蕭舊村。看纍纍古墳。牛羊耕牧無人問。斷碑存。模糊數字。傳是信陵君。

萬里一歸人。赴南溟作逐臣。吴山越水曾相認。舊青氈尚存。溼青衫淚痕。江州司馬琵琶恨。不堪論。從來遷客。一半誤能文。

歸思欲霑巾。憶當年批逆鱗。漢庭痛哭攄孤憤。是三閭近鄰。是長沙後身。誰憐折檻披忠悃。意逡巡。憂時去國。楚澤怨青蘋。

歸思欲霑巾。念邊陲殺氣屯。漁陽鼙鼓連天振。那龍庭不賓。更鯨波震鄰。妖氛極目何時汛。恨無因。請纓投筆。蕩掃玉關塵。

直道不容身。笑人情局局新。妍媸好惡全無準。虛圈套當真。怪模樣效顰。鬢眉只少塗脂粉。更紛綸。連横合縱。鼓舌盡儀秦。

直道不容身。笑時流亦苦辛。逢人厚貌粧恭謹。靠金錢有神。認權門是親。雌黄隨口成機穽。更勞魂。談兵説劍。都要畫麒麟。
褊性合幽棲。覷乾坤往事悽。漢庭年小空流涕。那絶交者嵇。那恃才者禰。由來傲
骨難容世。謾須題。生涯歸計。烟水武陵谿。
褊性合幽棲。況吾家楚水西。春風澧浦滋蘭蕙。怨王孫草萋。怕劉郎路迷。扁舟已
作終焉計。賦歸兮。垂楊夾道。終日子規啼。
高枕笑浮生。奮鸞龍策漢庭。蹉跎十載塵蘭省。比太常更清。比步兵較醒。倦遊復
抱文園病。百無成。雕蟲小伎。空博少年名。
高枕笑浮生。逐春風出帝京。長天明月憐孤影。望銀河玉繩。憶芳蘭杜蘅。三湘七
澤濃歸興。熟幽情。行藏自定。不必問君平。
回首憶朝班。逐鵷行識聖顔。攜來雙袖香烟滿。奏明光握蘭。拄手板看山。好文漢
主誰爲薦。去閒閒。家鄉迢遞。明月照刀環。
回首憶朝班。望金莖霄漢間。柳邊鳴珮花邊散。戴君恩似山。嘆人情似瀾。却教去
國哀王粲。淚潸潸。菱花照眼。恨殺巧催顔。
身世五湖南。卻頻抽白玉簪。塵囂車馬令人厭。泛蒼波碧潭。眺青山翠嵐。高歌時
倚芙蓉劍。酒杯酣。臨流邀月。人與影成三。

身世五湖南。笑年來吏隱兼。浮生六十今過半。遇名山便探。遇名花便簪。一肩風月烟霞擔。謾虛談。時乎不再。短鬢漸藍鬖。吾道付滄洲。論行藏謾倚樓。浮名任落時流後。夢蝶耶夢周。竊國耶竊鉤。乾坤萬物皆芻狗。意悠悠。濁醪誰造。一醉散千憂。吾道付滄洲。且江湖作宦遊。風流恰繼蘇公後。壁與賦竝留。姓與堤竝久。寥寥千載誰能又。愧名流。蒼天何意。復使謫杭州。時自祠部謫赴武林

【南仙吕入雙調步步嬌】

倚樓林薄秋風起。散帙披長几。閒情聽竹枝。倦來且枕殘書睡。好鳥隔窗啼。此身恍在華胥世。畫橋促膝花前坐。嬾向�牀卧。秋蟬響碧蘿。洞簫如訴低聲和。更聽小童歌。玉人脉脉情無那。草樓蠹簡消長夏。入夜書初罷。頻呼陸羽茶。科頭箕踞蒼松下。林水遶村家。分明一幅王維畫。向平何必牽婚嫁。世事丟開罷。黄金只土苴。山中清福原無價。風範學龐家。閒來

且說無生話。

【南雙調鎖南枝】(二)

千松繞。一水環。步虛玉樓縹緲閒。我生計老青山。浮名笑如幻。倘有徵召起。鬢已斑。這清閒。誰能換。

憑孤案。手一編。今來古往如奔電。我快意費丹鉛。寧將俗緣斷。此是千秋事。自勉旃。只要續龍門。始如願。

薰風裊。皎月圓。疎星幾點如珠貫。隱几傍秋蘭。香塵撲紈扇。聽那清謳發。笑語闐。我這酌流霞。小童勸。

千年樂。九品蓮。雪山法王忍辱仙。我方外結良緣。津梁發宏願。更有長生訣。快活禪。那用訪蓬壺。涉河漢。

【南商調黃鶯兒】

九日晚登樓。眺溪山萬木幽。松陰覆地珠輪秀。酌清尊淺浮。聽佳兒細謳。桂叢一陣香風透。興悠悠。參禪湖上。何異在杭州。

我輩自風流。謝浮名物外遊。蘇公白傅真吾友。坐東坡竹樓。醉香山酒甌。此生已作烟霞叟。興悠悠。擁書萬卷。吾意老滄洲。

【北雙調對玉環帶清江引】

勝水佳山。誓與他偕老。竹月松濤。愛與他傾倒。混跡伴漁樵。快意閒花鳥。忙殺紅塵。誰似俺逍遥好。痛殺黄壚。誰似我長生好。如今抛卻烏紗帽。往事都丢了。做個飲中仙。唱箇漁家傲。醉醺醺一覺鼾眠只到曉。

白酒黄虀。不羨瓊漿味。石閣巖扉。不羨瑶臺麗。一釣子陵磯。九老香山會。禪衲來隨。喝棒參三昧。詞客來嬉。詩酒同遊戲。禽聲竹韻清人耳。事事都如意。醉著小童扶。倦枕殘書睡。感天公賜我這漁仙真福地。

【南商調黄鶯兒】

一棹泛滄浪。鼓雄風徹夜涼。此身恍在銀河上。聽吴歌細腔。雜湖歌别航。流霞泝月波光蕩。任徜徉。恰憐今夕。牛女正成雙。

山月半輪高。望雙星渡鵲橋。玉樓人乞天孫巧。坐漁郎小舠。問村家濁醪。醉鄉汗漫移蓬島。興何豪。松風謖謖。天際奏瓊簫。搔首問青天。領烟霞作浪仙。嘲風弄月渾忘倦。笑詩禪酒禪。是茶顛字顛。一生解脱從吾願。享長年。諸君物外。同結海山緣。散髮狎汀鷗。錫谿山拜灊侯。蔣家竹徑陶家柳。繞青松畫樓。採芳蘅畫舟。山中清福堪消受。更何求。漁仙深處。丹訣授浮邱。

【北中呂朝天子】

春日倚樓遲周君和不至時君和將别

風顛。雨顛。狼藉桃花片。芳洲何處繫歸船。獨倚小樓倦。渚叫孤鴻。梁飛雙燕。歎浮踪各一天。松烟。柳烟。總織離人怨。

【北中呂紅繡鞋】

歎世事幾場蟻鬬。判生涯一領羊裘。快意烟波木蘭舟。醉眠鄰婦酒。笑狎海翁鷗。逍遥綸野叟。

套數

榮邸祝壽詞應教

【北仙呂點絳唇】三月春陽。八方和暢。瞻仙仗。介壽無疆。列綺席瑤池上。

【混江龍】東風駘蕩。嬌紅嫩紫鬬芬芳。蕊宫桂殿。椒閣蘭房。翠巍巍花枝圍錦繡。綠森森竹韻戛笙簧。晴虹摇晃。瑞霧生香。端的是翠幙排銀牓。舞扇底縈塵緝羽。行廚内炮鳳烹凰。

【油葫蘆】十二樓臺碧玉粧。賽崑邱如蓬閬。正值著豔陽天。春浩蕩景悠颺。祇見那瀛壺笙鶴紛來往。錦城絲管聲嘹喨。歌謳著金縷詞。尊瀉著玉露漿。笑開懷長鯨一吸滄溟量。齊祝獻千秋歲萬年觴。

【天下樂】喜的是萬國咸寧帝祚昌。天潢。一派長。調玉燭太平真有象。尚友的古哲王。下交的多直諒。恰從來嗜遊思翰墨場。

【那吒令】羨東平樂善呵。行端履方。羨梁園好客呵。詩豪酒狂。羨陳思作賦呵。含英咀芳。幾般兒相較來。齊驅駕何須讓。真箇是睿哲明王。

【鵲踏枝】另提封不老鄉。會撿擇養生方。那須用火棗交梨。絳雪元霜。衹杯中千齡九轉。我則學竊蟠桃傲世東方。

【寄生草】霞幄移羣玉。雲和度八琅。屏開南洞鮫綃帳。燈燃太乙青藜杖。盤分金母連珠醬。龍樓鳳閣帝王家。珠庭日角天人相。

【後庭花】錦模糊花滿廊。碧玲瓏月滿牕。馥馥荼蘼架。陰陰薜荔墻。散天香。集羣真驂鸞駕象。拂飛烟七寶牀。滴流霞九醖觴。爇金猊裊緑洋。喜孜孜興趣狂。醉醄醄神越王。

【青歌兒】呀。我則待酒中酒中酣放。恍疑身世身世羲唐。齊祝南山獻壽觴。蓬萊客聚會一堂。桃花洞生長一鄉。恰願的歸老滄浪長。衹待自在安康。但有分朝朝染翰。侍君王同懽嘭。

【柳葉兒】羞道是文章官樣。倒詞源陸海潘江。把九如天保賡三唱。酌春釀。覆金缸。聽紅兒子夜新腔。

【賺尾】春色遍沅湘。瑞靄來天上。絳閣内風和日朗。争道是彩雲縹緲鄉。響玎瑺環珮鏗鏘。洞庭樂叶宫商。祝吾王地久天長。福壽兼隆七曜光。願年年追陪睿賞。詠諧[三]謔浪。花前重疊奏霓裳。

榮邸雅娱閣春詞

【南雙調錦堂月】清晝如年。韶華似海。新開藝圃文苑。露掌霞標。髣髴蕊宫蓬苑。碧玉岑鳳啄琅玕。青珉砌花迎珠輦。開春宴。祇見火樹星橋。貫虹流電。

【前腔換頭】歆羨。畫閣雕闌。芝楣藻井。參差甲帳雲連。帝典王謨。四壁貝函藤繭。錦榻畔舞袖鴻驚。綺牕外歌喉鶯囀。開春宴。祇見銀牓金鋪。蝌文丹篆。

【前腔】恩眷。下士尊賢。登樓密坐。親揮緑綺珠絃。詞鋒酒政。愛納馬枚嵇阮。風雅邁鄴下河閒。月旦重南金東箭。開春宴。祇見丹液瓊漿。兕觥頻勸。

【前腔】懽忭。嘉樂無邊。長生不老。分明陸地神仙。玉女霓裳。恍入廣寒宫殿。明月影翡翠珠屏。瑞靄噴狻猊香篆。開春宴。祇見駕鶴驂鸞。瀛壺清淺。

【醉公子換頭】惟願。悟真訣丹砂九轉。與金母追歡。赤松遊讌。引滿。且醉獻南山。效祝莊椿壽八千。當此日。對勝景齊賡。淇竹賓筵。

【前腔】更願。夢天錫蘭蓀九畹。看麟趾振繩。螽斯繁衍。引滿。且醉獻瑶池。載祝宜男佩玉蟬。當此日。對勝景齊賡。淇竹賓筵。

【僥僥令】小山招桂樹。古洞領桃源。自是名在石室丹臺上。樂更比東平億萬年。
【前腔】休誇鴻寶苑。真賽大羅天。何幸身忝桂觀蘭臺客。賦怎比相如氣欲仙。
【餘文】歌迴蓮漏沉銀箭。楚國雄風萬載喧。漫道是郢里陽春一曲傳。

榮藩册封稱賀里詞

【南中吕泣顔回】〔三〕皇眷剪桐圭。玉牒光昭磐石。熙朝藩翰。黄圖萬年昌熾。太平天子。正垂衣雍睦敦宗懿。屏周家江漢諸姬。盟漢代河山苗裔。
【前腔換頭】重熙。芝檢紫雲題。五鳳傳宣丹陛。璽書飛下。天潢鬱葱佳氣。雙星六傳。出黄扉警蹕開朱邸。引皇華翠葆龍旂。趍赤社貂纓鶬珮。
【千秋歲】捧金泥。宸翰摇奎壁。喜孜孜帝釐天錫。日角珠庭。日角珠庭。生就是聖子神孫宗系。敦詩禮。由仁義。迓洪福蟬連千紀。勝伯禽拜魯。尚父興齊。
【前腔】泛金罍。瑶圃紛蘭蕙。喜盈盈賢豪雲萃。綺閣璇臺。綺閣璇臺。彷彿是閬苑蓬壺仙異。丹砂井。蟠桃實。介眉壽蓂開千歷。勝八公賦桂。太乙燃藜。
【越恁好】雕檻丹梯。玉亭亭擁翠微。傍瓊樓絳霄。花遶砌香風起。月團團玳幃。月團團玳幃。見碧沉沉綺窗兒縹囊緑綈。珠爍爍錦屏。焰騰騰紫烟兒裊著寶猊。瓊漿

涉。枉躭誤好癡呆音爺。縱有那架海擎天手易折。逐電追風脚音皎。易瘤。我則待辭鳴佩罷
隨牒。肩一擔風花雪月。我則待紅塵外做豪傑。

【排歌南】滿眼迂儒。千枝萬葉。蝸角上蠻觸堪嗟。撇開兩字利名竭。準備掛漁簑駕
釣車。羨那霸於越。載若邪。五湖一棹水雲賒。我把烏紗卸。宮錦撲。脚尖摔卻皂
朝靴。

【那吒令北】悟迷人謎橛。避彌天網罝。溪村占得勝絕。賽香山白社。園亭構得更
別。比藍田緑野。近著青草湖。傍著桃花舍。好快活不羨驕奢。

【排歌南】我則愛這薜蘿衣掛沙棠檝。散誕爲密訣。嬾朝參拜金闕。甘隱遁山林巖
穴。愁的是先生執事拖躬板喏。且卷藏駡賊呆卿舌。保全詐死范雎脇。自在清閒受
用些。湖光蕩。斗柄斜。千山排撻翠層疊。新詩就。濁酒賒。淋漓醉墨幻龍蛇。

【鵲踏枝北】拭丹鼎麝蘭爇。奏瓊簫羽商協。我則見月掛溪灣。烟掃山凸。聽欸乃波
閒唱徹。恰羨他是個飽烟月的物外仙俠。

【桂枝香南】千松凛節。遶茅菴竹榭。皈依米汁如來。參透了飲中般若。堆半榻道
書。閒時漁獵。倦來睡也。夢莊蝶。悦到瑤池上。蟠桃宴正設。

【寄生草北】彈一曲巫峽鳴泉瀉。對幾局東山夕照斜。采毫管縱横越女烏絲摺。待臨摹道士籠鵞帖。單條畫輞川烟雨瀟湘雪。一幅上碧沉沉蒼翠滴芙蓉。爭如儂家住在溪山這。

【樂安神南】[四]歸來寧貼。銷磨壯志袖青蛇。瑶臺密密綺霞遮。錦屏簇簇晴嵐迭。百年唯瞬息。萬化等生滅。漫虚度好時節。

【六幺序北】盈尊酒是劈愁斧。合腔曲是挖悶鐝。更有那極樂邦妙法三車。每日家相伴個蘭奢。講問摩竭。我將這貪嗔和這迷癡都便割捨。悟來時魚鳥皆禪悦。更羡甚那三公九列。任春風來去花開謝。争道是神仙瀟灑。較著咱有甚優劣。

【尾聲南】箇中趣和誰説。怕有那般襬襶子尋者。道我今朝酒醉也。

〔一〕「鎖南枝」，原作「瑣南枝」。
〔二〕「詠諧」，原作「恢諧」。
〔三〕「泣顔回」，原作「好事近」。
〔四〕「樂安神」，原作「安樂神」。

杜大成

杜大成，字允修，號山狂，别署山狂生，南直隸上元（今江蘇南京）人。嗜聲詩，工音律，善畫禽蟲花木。有晞真集、納涼偶筆等。卒於萬曆四十七年（一六一九）以後。

套數

九日同陳藎卿南郊眺遠

【北南呂一枝花】雲光滿帝畿。雁陣橫霜塞。疎桐飄錦砌。古桂噴丹崖。清景奇哉。極目乾坤大。長歌烟霧開。青林與翠巘争輝。遠水共長天一色。

【梁州第七】撫勝概行行如畫。誦閑居脈脈憐才。清砧寥廓蛩吟外。花香烟裊。竹影風篩。江喧鶴唳。樹響猿哀。縱疎慵潦倒形骸。儘逍遥落魄襟懷。一個個墨華馨筆洒清秋。一個個酒量寬杯吞巨海。一個個詩思豪腹隱長淮。一任那風來。帽側。況逢着衣冠文物超前代。恣風流添豪邁。都向這緑野平原大放懷。笑熄浮埃。

【駡玉郎】生涯未了看山債。攀石磴踐莓苔。清狂不是悲秋客。頻將這緑蟻沽。笑從着紅葉舞。滿把那黄花戴。
【感皇恩】情景相諧。人意歡咍。策孤笻。乘月色。更登臺。休嗟今古。莫論興衰。嘆物色老桑榆。想人生甘土苴。笑世事等蒿萊。
【採茶歌】頻回首問朋儕。約明日好重來。俺則見前邨歸路晚烟埋。江練淨懸霜月小。蘆花寒映渚鷗白。
【尾聲】我本是山林杜甫多狂態。你自合湖海元龍抱壯懷。今日個相看一笑風塵外。喜則喜金城夜開。怕則怕玉山醉側。猶兀自白苧高歌齊按拍。（北宮詞紀）

桃柳争春[二]

【北雙調新水令】瑣牕春靜曉鶯啼。報西園柳柔桃媚。柳長長嚲地。桃短短臨溪。似這般桃柳新奇。攛斷起多少浪評意。
【駐馬聽】柳緑桃緋。桃笑東風自解頤。桃紅柳碧。柳含宿雨漸舒眉。桃呵杜鵑聲裏減芳菲。柳呵亂鴉宿處逞纖膩。桃呵露滋蔀蕾肥。柳呵烟芽初綻黄金穟。
【雁兒落】柳呵絲絲萬縷垂。桃呵簇簇千枝綴。桃呵夭夭映日新。柳呵拂拂搓風細。
【得勝令】桃呵灼灼曉霞披。柳呵裊裊晚烟迷。桃妒柳無顔色。柳憎桃少整齊。桃呵更奪盡花魁。柳須頻迴避。柳呵强占了春威。桃須謹護持。

【川撥棹】柳呵儘着你占隋堤。桃呵你在天台地肯讓誰。你柳依稀。桃自離披。休浪說高低。桃呵花落時空流逝水。柳呵你常則是絮顛狂作雪飛。

【七弟兄】桃呵露培。雨催。錦成堆。數枝常倚春風醉。萬朶爭迎曉日偎。一林怕向溪流碎。

【梅花酒】柳呵到清明嫩葉齊。寒懼風吹。暑怕炎逼。冷怯霜欺。秋來時零落也。春至呵恰相宜。你也曾短長亭贈别離。芳草路掛斜暉。薔薇院鎖春歸。籠兔魄護雲霓。護雲霓宿鳧鷖。宿鳧鷖蘸漣漪。蘸漣漪滿江湄。滿江湄翠依依。

【收江南】呀。則這桃花輕薄衆皆知。柳絲柔脆未爲奇。只管桃憎柳妒怨他誰。柳呵原來個聳章臺是你。桃呵你也曾把漁人迷没五陵溪。

【離亭宴帶歇指煞】一個向陶潛門首添丰致。一個在潘安縣裏誇榮貴。你兩個何須併比。我與你判斷了是非頭。剖決了高低價。改抹了粗豪勢。柳愁傍暮寒。桃喜臨春霽。大都來一體。柳惹得燕鶯忙。桃引得蜂蝶戲。都仗着春風力。桃曾將幽會成。柳慣把柔情繫。空教我花間歎息。想桃柳各爭妍。與炎涼世情比。（北宫詞紀）

〔一〕詞林白雪無題，注杜山狂撰。

徐維敬

徐維敬，字惺予，一字惺宇，南直隸濠州（今安徽鳳陽）人。中山王後裔。客座贅語謂其「工小令」。

套數

秋懷[一]

【南商調二郎神】秋雲浄。正落葉蕭蕭氣更清。又早見黄花開滿徑。峭寒輕透。朝來玉露泠泠。憶别多情成咽哽。空捱着重門人静。强支撑。怕獨上危樓淚眼盈盈。

【集賢賓】凭闌無語心自省。果然是玉貌娉婷。典雅風流畫不成。想當初同坐同行[二]。恩情倍增。恨阻隔巫山雲影。芙蓉帳冷。天涯遠有書誰倩。

【黄鶯兒】癡醉好難醒。又黄昏對短檠。頻勞清夢人孤另。聽過樓雁聲。怕敲窗雨聲。俏冤家何事忘盟訂。謾閒評。裴航有約。不知何日裏會雲英。

【琥珀貓兒墜】斜依鴛枕[三]。反側數殘更。宋玉愁多病不勝。當年犀佩恐難憑[四]。卿卿。休辜負月下花前。耳畔叮嚀〔五〕。

【尾聲】終須有日重歡慶。笑並香肩訴别情。和他地久天長遂此生。（南宫詞紀）

〔一〕昔昔鹽題作「愁懷」，不注撰人。
〔二〕「同坐」，昔昔鹽作「同生」。
〔三〕昔昔鹽脱「斜依」二字。
〔四〕昔昔鹽脱「犀佩」二字。
〔五〕「叮嚀」，昔昔鹽作「叮叮」。

景翩翩

景翩翩，字三昧，江西建昌（今南城）人。名妓。博學能文，謳歌繞梁。工詩，著有散花吟。約萬曆中前後在世。

小令

【北雙調二犯江兒水】

贈友[一]

心旌相向。想當日心旌相向。情調初蕩漾。把空花落相。青鳥迴翔。寄春心明月上。粉蝶爲伊忙。游蜂還自嚷。恩愛昭陽。魂夢高唐[二]。恰便是含驪珠千頃浪[三]。蕭寺行藏。說甚麽蕭寺行藏。臨邛情況。可正是臨邛情況。向天台遇阮郎。（名媛詩緯雅集）

【南南吕七犯玲瓏】

詠繡鞋贈別

〔香羅帶〕誰將軟玉纏。半遮湘綺邊。香塵幾度嬌還顫。〔梧葉兒〕端的可人憐。何事雲同剪。偏誇月上弦。〔水紅花〕記從前。脚跟無線。把文綦利屣。穩趁別離船。〔皂羅袍〕學王喬飛舄傍君旋。做昭陽弱羽隨風轉。踏歌垂手。當年繡筵。行雲駐足。何時錦氈。〔黄鶯兒〕〔桂枝香〕夜色寒羅襪。春心托杜鵑。〔排歌〕情踪遠。色界懸。空教緑漾與紅傳。不若步中蓮。（青樓韻語）

複出

小令

【南商調金絡索】

銀臺絳蠟籠。

吴騷二集題作「冬閨」，名媛詩緯雅集題作「冬思」，俱注景翩翩作。案此曲見陳鐸可雪齋稿，疑二集及雅集誤注撰人，不重出。

〔一〕此曲青樓韻語亦録。

〔二〕「高唐」，原作「高堂」，兹從青樓韻語。

〔三〕「頃」字原缺，兹據青樓韻語補。

茅 溱

茅溱，字平仲，一字平甫，南直隸（今江蘇）鎮江人。著有韻譜本義八卷，編有四友齋集十卷。

小 令

【北仙吕寄生草】

過坐隱園贈無無居士

置丘壑身常逸。展楸枰興更豪。溪深好下嚴陵釣。林深任發蘇門嘯。花深勝采天台藥。千秋大業只在這讀書床。長生捷徑不離了燒丹竈。（坐隱先生集）

套　數

金臺懷古

【北中呂粉蝶兒】對酒悲歌。調空高有誰能和。嘆英雄轉眼銷磨。好一似浪中漚。雲裏電。隙駒馳過。不由人涕淚滂沱。謾揮毫賦成哀些。

【醉春風】想當時周季苦陵夷。燕昭當坎坷。報齊無計奈愁何。待覓個妥。妥。因此上擁篲而行。傍車而立。厝薪而臥。

【紅綉鞋】只見那郭隗臺黄金疊垛。碣石宮白璧嵯峨。招引得談天幻世俊英多。總無謀堪展土。空有口自懸河。羨樂毅雄才能獻可。

【普天樂】五國結同盟。百計加齊禍。猛可的星馳白羽。霎時間電舉丹河。耳聽閔王逃。眼見臨淄破。宗廟深宫成灰火。把珍寶都盡數收羅。真個是廟謨成那由神鬼。天意助那憑强弱。民心順那在干戈。

【石榴花】徇齊五載養天和。仁義暗漸摩。一心要興王立霸展山河。誰道信讒的少主。陡起風波。宗臣遂棄爲逋播。任田單儘力搓挪。可憐勳業成灾禍。恨皇天不佑待如何。

【鬭鵪鶉】又有個俠義荆軻。端的是才情磥砢。猛然裏浪跡燕都。每常間沉酣道左。睥睨乾坤只醉歌。酒人們偏氣合。那屠狗的誼略形骸。那擊筑的情忘爾我。

【上小樓】因此上田光死諾。燕丹忿弱。只見他每日殷勤。下氣趨承。着意摩娑。待要把秦王呵。隻手拖。等閒摧挫。他心兒方纔寧妥。

【幺篇】誰想到那秦王福分高。這舞陽神氣懦。壯士空來。匕首空投。易水空歌。正是個撲燈蛾。不量度。把燕城先墮。只落得美名兒古今傳播。

【滿庭芳】到後來五湖僭割。中原沸鼎。四海翻波。燕山從此腥羶涴。千載蹉跎。豪傑氣都成尾瑣。召南篇盡化胡歌。愁無那。湔除混濁。誰爲挽天河。

【耍孩兒】蒼穹深厭强胡禍。喜聖主龍興江左。只見那氈裘驅淨起沉疴。錦綉樣一統山河。除兇雪恥千秋遠。定鼎占祥萬載多。百寮濟濟皆王佐。雖然是天生形勝。也須賴德溥民和。

【一煞】俺只見爲卿相駟馬車。做公侯白玉珂。端的爲才高福輳前緣大。堂堂俊乂居梁棟。落落寒酸混薜蘿。那裏有龍巾來試山人唾。難道是一心未死。早已見兩鬢先皤。

【尾聲】賢愚分不同。窮達命自合。須索要江湖廊廟隨時過。也省得禍到頭來無處躲。（北宮詞紀）

遼左思歸

【北中呂粉蝶兒】海角天涯。嘆飄淪霎過春夏。眼看看秋滿蒹葭。禁不得夜迢迢。風瑟瑟。蛩吟窗下。倦遊人展轉思家。最傷懷酒闌茶罷。

【醉春風】苦雨暗鄉山。寒雲侵旅榻。不由人心緒亂如麻。暢好是傻。傻。只落得面似靴皮。身如傀儡。都做了一場閑話。

【迎仙客】淹歲月。負烟霞。且收起高標大雅。浪中萍。風外瓦。空自嗟呀。再休論文章價。

【普天樂】縱顏曾。和班馬。未徑遇折。怎得撑達。何時瀉故里樽。甚日返窮途駕。一任旁人嘲笑咱。論豪俠羞殺豪俠。且做個推聾粧啞。又學個韜真弄假。悔當初一着争差。

【十二月】嘆絶塞珍羞最寡。比中原風俗真差。火熱炕冬冬夏夏。冰涼水户户家家。苦蕒菜全憑豆醬。糙蔔米儘伴泥沙。

【堯民歌】呀。没皮猪總是他熬煮共煎炠。酸漿酒那見他甘美與香滑。摻殺人水陸燦交加。嚇殺人羅綺鬭繁華。堪誇。堪誇。琴與戍笳。好殺了心兒怕。

【浄瓶兒煞】怎謝塵中鞅。還尋江上槎。受用些風流文雅。披襟散髮。任着我筆牀茶竈自瀟洒。（北宫詞紀）

春日讌顧參軍園亭用馬東籬韻

【北雙調夜行船】酒酹虚亭酬浪蝶。臨韶景不用咨嗟。那管金張。休論王謝。又説甚漢唐興滅。

【喬木查】便龍樓鳳闕。怎抵得壙埌蒙莊野。紫綬黄金俱謾説。任逍遥千里。遊三尺青蛇。

【慶宣和】參透榮枯枕上穴。纔是英傑。馬首街前磬腰折。醒耶。夢耶。

【落梅風】方居困。敢效奢。又何能乞哀昏夜。利名心年來凉似鐵。難抛棄好花明月。

【風入松】流觴激水繞庭斜。不用酌騰車。海棠飄盡胭脂雪。艷陽天看又成別。吾道從來用拙。任傍儘笑癡呆。

【撥不斷】歌聲歇。飛塵絶。狂蜂蕩漾遊絲惹。官柳參差曲徑遮。野花零落疎籬缺。恍疑郵舍。

【離亭宴帶歇指煞】斜陽欲墜丹霞貼。空林初霽蒼烟歇。耽佳勝神融意徹。那裏有比干心。怎能如騶衍口。没來由萇弘血。雲山舊結盟。湖海新開社。趁今朝這些。着意惜殘英。沈酣眠嫩草。半醒看嬌葉。難逢契合交。易失芳菲節。説與恁先生聽者。待皓首莽龍鍾。悔青春辜負也。（北宫詞紀）

讌蘇鎮宛在亭四景

【南仙吕入雙調夜行船序】邊境無虞。喜青陽布暖。斗指東隅。湖亭上日麗風柔成趣。模糊。紅紫萬般。恍疑人在。綺羅深處。欲暮。又聽得那黄鸝一聲聲爲留春住。

【黑蟒序】扶疎。緑遍郊原。看波平故岸。蟬吟高樹。那芙蕖斜倚。渾似向人嬌語。來去。菱歌驚宿鷺。蘭槳競飛鳧。謾躊躕。好一似蓬萊三島。搴霞結霧。

【錦衣香】殘暑消。新爽度。白雁來。黄花吐。霜滿蒹葭。露零芳杜。風前楊柳半蕭疎。天空月朗。萬籟笙竽。論良辰美景。到秋來偏多佳趣。任涉水登山也。揮毫成賦。翩翩意興。憑陵千古。

【漿水令】風漸寒同雲密佈。雪亂舞滿地瓊琚。梅花孤影弄清癯。三日呈祥。萬姓歡娛。沽村釀。酬佳句。太平風景真難遇。明皇寵。明皇寵。蒼生有主。榆關外。榆關外。盡掃穹廬。

【十二時】論漁陽真樂土。四季繁華恁布。堪付良工作畫圖。（南宮詞紀）

按：曲牌黑蠊序原誤作鬭寶蟾，兹正。

私情恨離（二）

【南南吕石竹花】從他別後海角天涯。終朝懸望眼巴巴。悶倚在圍屏下。月兒又斜。這早晚不見歸家。爲伊行相思病轉加。粉牆兒上暗把金釵畫。可惜了月貌花容。顛倒做敗柳殘花。

【前腔】早知道無心戀咱。想當初不如與他干休罷。是奴差。常言道愛他反着他。怎學得文君司馬。俏冤家。奴爲你擔驚受怕。怎下得拋閃奴家。夜深月上荼蘼架。恨轉加。我這裡淒涼。他那裡笑耍。空設下海誓山盟都是假。教奴牽掛。

【漁家傲】莫不是水漲藍橋下。莫不是烟鎖巫峽。莫不是打碎鴛鴦瓦。莫不是十里紅樓戀着他。奴爲你影隻形單鸞孤鳳寡。奴爲你瘦似麻稭腰肢一捻。奴爲你卜盡龜兒卦。奴爲你暗數歸鴉。

【前腔】頓忘了青鸞同跨。頓忘了初相交剪下頭髮。頓忘了色膽天來大。頓忘了紅馥馥灸下香疤。這離情怎麽。那時節怪不得爹娘駡。濃霜偏打無根草。險些兒命掩黃沙。呀。這相思害得人眼花。針和綫懶拿。脂和粉懶搽。姐妹行中無心去耍。

【尾聲】謾把愁腸訴與他。恨不得指定名兒駡。及至相逢都是假。（群音類選）

贈汪無如社丈

【北正宮端正好】劍射斗牛寒。筆卷風濤壯。少年時志氣昂藏。看的那乾坤事業如翻掌。怎肯寄傲東山上。

【滾繡毬】到如今將真如默默參。把機鋒漸漸藏。也不須問滄桑誰消誰長。也不須問彭殤誰短誰長。則索向茂林中養性靈。滄州邊做故鄉。策孤藤坐臨丹嶂。濯清泉歌徹滄浪。軟紅步春屧千里。空翠擔詩錦一囊。笑語琅琅。

【倘秀才】情落落襟懷大敞。意蕭蕭形骸放浪。拓地開園構草堂。雲團嘉樹色。風度萬花香。西山氣爽。

【呆骨朵】正松蘿一帶如屏障。況碧潾潾十里湖光。怕的是車馬相尋。愛的是漁樵過訪。僻門巷遠塵氛。賢地主稱高尚。琴尊花下期。煙霞世外賞。

【叨叨令】春來時緑楊影裏新鶯唱。夏來時翠蓮香裏輕鷗蕩。秋來時西風聲裏丹楓颺。冬來時老梅叢裏冰花降。兀的不愛殺人也麽哥。兀的不愛殺人也麽哥。落得個黑甜鄉裏吟魂暢。

【脱布衫】玄津橋岩壑争光。玉林墟草樹生香。空華巷性天洞朗。洗心池塵襟滌蕩。

【小梁州】半偈心持萬慮忘。手栽成紫竹琳琅。欲將白法扣支郎。蒲團上。丙夜話偏長。

【幺篇換頭】有時上九仙五老峰頭望。見翩翩鶴駕翱翔。白雲扉。真人降。洞簫嘹亮。正水月照長廊。

【白鶴子】因此上樓頭傳秘密。龕裏發靈光。萬有總無無。身世從天放。

【醉太平】能齊得喪。善識行藏。等閒寵辱俱忘。占楸枰勝場。荷亭一局波紋蕩。蘭臺一局蟾光漾。柳堤一局午陰涼。息塵勞在隱囊。

【煞】觀空人我原無相。對弈雄心豈未降。戲弄些掌上天機。消磨了橘中歲月。受用些明窗净几。丢開了利鎖名繮。一會家聚如星拱月。一會家截似劍毛吹。一會家連若雁成行。攻圍多變化。白黑幻文章。

【煞尾】洪崖一任閑來往。石室還將訂譜藏。休道是么么伎倆。則這枰内鋪張。世外徜徉。爛盡樵柯只半晌。（坐隱先生集）

複出

套數

【南南吕六犯清音】瑣窗人静。

詞林白雪無題，署茅平仲作。樂府先春、吴騷集、珊珊集俱注文衡山撰。群音類選、新編南九宫詞、南宫詞紀、吴騷合編皆注李日華。未知孰是，兹姑輯於李氏卷中，此不重出。

〔一〕此曲群音類選題作「相思」，昔昔鹽題作「私情恨離」，俱不注撰人。詞林白雪無題，署張鳳翼。樂府先春無題，注茅平仲作，兹據以輯之。題從昔昔鹽。

葉　華

葉華，字茂原，號金粟頭陀、妙九如居士，山東曲阜人。萬曆癸丑（一六一三）秋與冰雪道人釋如德訂交，刻迦陵音；有莆友陳拱璧序。著有迦陵音一卷，編有青蓮露六牋六卷，另有心經石點頭一卷。

小　令

【北仙吕寄生草】

省　悟

厭的是紅塵世。甜的是紫竹林。交情冷煖何堪問。世途坑塹何勞奔。人言毁謽何堪問。黑甜鄉裏得安閒。緑尊酣處忘愁悶。

也不願千鍾粟。也不想萬里侯。只要忙中抽得身軀溜。閒中參得機關透。静中養得丹元就。離居人境便是散神仙。現前山水多少真靈鷲。

【北中吕朝天子】

述隱

玄莊。草堂。翠岫羅屏障。此中遯跡傲羲皇。[二]無拘束多閒曠。鶴下蒼松。鷗依畫舫。喜山川留勝賞。和陶詩幾章。寫蘭亭幾行。躲離了人海波千丈。

【北雙調折桂令】

命奚奴欵扉。待高人問奇。瀟散長林内。脱巾露頂一枰碁。就裏多興廢。水面雲生。樓頭日墜。酒滿卮竹掛依。[三]一任投林的鳥歸。穿林的月窺。滿座飛嵐翠。望青山擁螺。寫黄庭换鵝。消遣年光過。閒情都付考槃歌。幽意憑誰和。羅網難投。風波急躲。占便宜安樂窩。抛樵人斧柯。脱漁人笠簑。日對清齋坐。[三]

智詞

歎紛紛蟻戰南柯。俺向忙裏抽頭。冷眼偷睃。世事如碁。人情似紙。歲序如梭。用和舍行藏在我。是和非成敗由他。生也如何。死也如何。[四]勘破機關。莫漫蹉跎。

卧煙蘿懶去逢迎。拭眼觀魚。洗耳聽鶯。漉酒揮巾。看山拄杖。畫紙爲枰。逞豪吟何分醉醒。縱旁觀不管輸贏。心既無營。夢亦無驚。雖無那謝傅高才。落得這陶令閒情。

【南商調黄鶯兒】

志樂

山下結茅堂。欲神遊淡寂鄉。逍遥須學莊生放。菜根味長。瓦盆興狂。新聲度向花間唱。漫思量。長安似奕。白眼看人忙。

身外莫生愁。愁來時易白頭。風燈石火都參透。拙如野鳩。閒如海鷗。耕雲釣月詩聯就。愛清幽。吾家真樂。須向箇中求。

【南仙吕傍粧臺】

漫興

隱衡茅。荷衣松食儘逍遥。竹床頭書萬卷。花嶼下酒千瓢。蒼苔屐齒何妨印。石室柴扉不厭敲。頻涉趣。樂陶陶。〔五〕翻雲覆雨任兒曹。暢幽懷。滿園嵐色望中開。〔六〕且將碁消白晝。權隨意坐清齋。物情頗與閒相稱。卻引東山舊客來。忘人我。〔七〕釋疑猜。憑欄一眺謫仙才。

【西方樂】

短　歌

金粟兒種將來鬱鬱蒼蒼。渡迷津開覺路超彼岸呵罵了空王。倦來時丟了經跏趺在繩牀。悟來時拈着花笑煞那當行。生也不用忙。死也不用忙。每日裏招明月舞清風有什麼思量。

【金扭絲】

躲離了蜂衙快活也些。呼童汲水去烹茶。醉煙霞。世間蠅蜎亂如麻。聰明莫用誇。貪嗔卻是差。五千言悟後皆虛話。休將痒處隔靴爬。只恐怕無常迅速也。呀。我的軀那借假修修借假。

套數

志感

【北仙呂點絳唇】身世皆虛。千年空慮。無憑據。總不如偃息茅廬。領略溪山趣。

【混江龍】想着俺天生愚魯。無裨實用似不才樗。但一味兒懶散。那裏會半步兒奔趨。卻怪這變幻人情似平地浪。澆漓世態似下坡車。一個個手兒中翻雲覆雨。口兒裏作祖成佛。有勢呵塤篪同調。無錢呵冰炭殊塗。愛綈袍顧不得范叔凍死。吝壺漿一任那靈徹飢呼。分荆樹忍將那田真變産。匿黄金甘將這管鮑交疎。功名巧翻笑雷陳迂闊。是非滕卻譏他莊惠模糊。喪廉耻擠排殺原憲。忌財名需索盡陶朱。爾便是孔仲尼空走遍東西南北。爾便是孟子輿枉費些者也之乎。我想這乾坤七尺眇身軀。怎煞的塵寰萬種愁心緒。須尋灑落。莫漫躊躇。

【油葫蘆】因此上愛向松陰賦卜居。做一個溪山主。遠辭市井避闤闠。地偏饒有煙霞駐。心閒樂與漁樵聚。園攢萬種花。亭列千章樹。〔八〕堂連翠黛堪容與。更朝來西爽落庭除。

【天下樂】突兀峰巒接太虛。如披。五嶽圖。琳琅萬竿竹徑紆。人從了把臂遊。禽緣着載酒呼。試問晉風流曾似否。

【那吒令】避秦人是予。種桃花幾區。結廬人是予。栽垂楊五株。探玄人是予。〔九〕酣黄粱一枕。寤上真瓊蕊房。持半偈青蓮窟。勝千人短刺長裾。

【鵲踏枝】子俺這書架上惜居諸。碁枰裏較輸贏。興到時酒對高陽。醉了也夢入華胥。欠伸來匡床睡足。則聽的山泉聲沸茶爐。

【寄生草】誰是俺千無礙。百不拘。玄鶴隨在閒爲侶。碧山有意常留住。白雲無定時來去。眺蟾臺明皎皎一輪好逐廣寒遊。隱鱗潭活潑潑千頭雅稱濠梁趣。

【幺篇】寄清興時臨帖。從高譚但據梧。逃名誦徹閒居賦。賞心撰就陽春句。放懷睹遍東山墅。年華付與白鷗盟。衰顔休向紅塵逐。〔一〇〕

【煞尾】這一答兒是無榮辱安樂窩。兀的不勝似有坑塹崎嶇路。别没甚神仙洞府。一日清閒真是福。笑時人擾擾迷途。逞機謀空老頭顱。何似俺一龕燈火結跏趺。身棲在巖谷。神遊在千古。山河大地只看做一漚浮。

悟　真

【北仙吕點絳唇】龕内跏趺。跳丸烏兔。隨來去。案上陰符。消盡閒中趣。

【混江龍】想當年真詮難悟。都只爲宿生五漏未消除。怎能勾雲霄意適。龍虎情伏。俺欲待花滿三春尋藥物。那裏也月明午夜産玄珠。幸得遇黄冠道侶。白髮霞裾。〔二〕因此上耳聆仙訣身脱泥途。山林卜結緑蘿居。夢魂懶入紅塵路。打疊起名韁利鎖。安排下藥竈丹爐。

【油葫蘆】俺這裏鳳舞鸞飛出絳都。會元神靈氣吐。希夷彷彿見真吾。流光肯被塵勞誤。還丹便覺仙家富。躡罡風步大羅。引蜺旌遊紫府。姓名編入長生籙。輕身兒來往任雙鳧。

【天下樂】等閒閒拍拍春風酒一壺。卻笑那凡俗。何太愚。把百年幻形似蠅臭逐。閙轟轟傀儡塲。急煎煎蜂蠆毒。全不知究輸贏碁一局。

【那吒令】愛山園草廬。爇名香檢書。愛舟横碧湖。挾綸竿釣魚。愛風迴竹墟。鼓瑶琹度曲。白雲扉晝不闢。渠霞藏春常駐。達生臺身世華胥。

【鵲踏枝】子俺這意恬愉。偏宜在境清虚。更憐那嘉樹婆娑。丹壑迴紆。長嘯處風生玉麈。高歌時月上蒼梧。

【寄生草】養白雲非爲妄。隱金門不是迂。俺只怕黄泉一入無人顧。全憑着〔三〕黄庭一卷將身度。因此上黄粱一枕從今悟。華池滚滚聖真潮。河車矻矻元精注。

【幺篇】俺子索[一三]學究先天旨。神遊太極初。挹輕裾遠接浮丘馭。聽流泉暗識琹高趣。展楸枰期與洪崖遇。緱山頂上弄瑶笙。麻姑壇下傾醽醁。

【賺煞尾】因此後葆冲和忘憂慮。有明月清風伴侶。萬里遥天鶴一羽。傲人間駟馬安車。更何須緑字丹書。心印傳來意自如。聽笛聲清楚。似純陽風度。俺這裏夢已熟。[一四]試問汝醒醒無。

自歎

【北雙調新水令】世情無日不風波。利名關從今參破。青山邀短杖。緑水戀新歌。門掩松蘿。迴避了馬足車輪過。

【駐馬聽】百歲無多。終日營營爲甚麽。雙眉休鎖。書空咄咄竟如何。眼見的鬢邊華髮漸婆娑。怎將這胸中真趣輕擔閣。急忙把塵市躲。任着那太虚幾點浮雲過。

【沈醉東風】頭裏的山中竹籜。身披的是沼面新荷。情閒日月長。心放乾坤大。況清平世界堪歌。[一五]對流水高山笑詠多。早醒悟莫漫蹉跎。[一六]

【雁兒落】緑茵般草滿坡。錦障似花侵座。貪敲石室碁。不減商山樂。

【得勝令】須不是平地起干戈。卻喜這布子燦星河。一局堪消日。旁觀欲爛柯。巖阿。皛皛雲光墮。簾箔。盈盈竹色過。

【甜水令】俺早謝了機事機心。不驕不忌。常則是無拘無縛。興廢總由他。博得個島上栖真。園中遯世。〔一七〕清風滿座。儘逍遥調養天和。

【水仙子】湖頭煙雨伴漁簑。野外清風和牧歌。花前醉舞青衫破。任時人嗤笑我。身外事怕待量度。説甚麼倚劍凌珠斗。又何須横琹藉淺莎。權將這彝鼎摩挲。

【折桂令】合著眼辨甚清濁。若不知機。恐被張羅。因此上甘心與鹿豕同羣。抱一味煙霞舊癖。醫不了山水沉疴。青史上何曾着我。緑尊前莫漫談他。一任俺松底調鶴。池上觀鵝。更愛這雲護玄龕。月照吟窩。

【鴛鴦煞】粧聾做啞非庸儒。草衣木食非疎惰。暮暮朝朝。落落魄魄。唱道是丘壑閒情。琹碁清課。既不將歲月蹉跎。又落得煩惱無些箇。此意云何。一任着世人無可無不可。〔一八〕

參　禪

【北南吕一枝花】千秋枉夢愁。半偈留殘諦。俺將這曇花堦下種。貝葉案頭披。白髮皈依。猛省今朝是。翻嫌昨日非。但只願獲慈航超覺岸般若先登。免得被業風吹苦海直沈到底。

【梁州第七】歎世人急煎煎難除意識。亂紛紛用盡心機。每日家被塵勞未得肩兒息。都則爲名場利圃。甘將這本性全迷。又只怕鐘鳴漏盡。那時節追悔應遲。似盲人待抉金鎞。似頑鐵待下鉗錘。俺恰纔小茅庵結向山中。猛可的白毫光從空飛示。明晃晃金粟種來自天西。因此上修持。面壁。怕蛾投蜣戀人間世。着意把塵囂解。蝶夢回還須向無生暫息機。萬念如灰。

【罵玉郎】俺直待堅求忍辱波羅蜜。雖不曾披鍿素剃鬚眉。常子將香爐經卷與瞿曇對。眼看的是黄花色。耳聽的是翠竹聲。鼻聞的是青蓮氣。

【感皇恩】打滅貪癡。剖破藩籬。兀自要忘生死。齊得喪。又怎肯去辨妍媸。蒲團坐卧。藜杖行持。消受些趙州茶。白社酒。道林碁。

【採茶歌】從衣底覔摩尼。免身後墮泥犂。將山廬直看做鹿園棲。俺這裏法雨慈雲親受記。何怕那金沙玉界杳難歸。

【煞尾】俺將這假合四大看如贅。俺將這秘密三界嗜若餂。九級浮圖豈升易。還須要參透玄機。悟徹菩提。直將俺敝帚焚。那時方遂冲天志。

按：此套亦見汪廷訥坐隱先生集，題作「東了悟禪師」，首句作「三生悟舊緣」。套中多有異文，今雙收之。

南北中呂合套

眺雪

【粉蝶兒北】雪滿梁園。望羅浮碎飄瓊片。嗅梅枝暗吐香妍。也不須羨豪華。悲代謝。試看這茅簷凝箭。凍筆題箋。報長安禁妃添線。〔一九〕

【泣顏回南】滕六正司權。大地彤雲晝掩。朔風吹雪。向長林欲下還旋。氈簾半捲。望峰巒頃刻銀粧遍。密匝匝蝶翅搏空。白茫茫柳絮漫天。

【石榴花北】只索把貂裘坐擁火爐邊。翠鼎爇龍涎。對瑤臺珠樹開芳宴。將梅花笑撚。竹葉頻傳。曲房頓覺寒威淺。也何須急管繁絃。趁着這大千世界須臾變。急呼童掃些兒煮寒泉。

【泣顏回換頭南】堪憐。洞壑斷蒼煙。山疑玉壘高懸。凭欄遠眺。似光芒萬頃瓊田。鶴飛讓鮮。聽空中清唳形難辨。如意座隱約白毫。〔二〇〕洗心池迷卻青蓮。

【鬭鵪鶉北】似這般凍合冰壺。粉填閬苑。又何勞剡水乘舟。灞橋策蹇。俯仰乾坤興灑然。細抽毫將秘思研。尚未及授簡詩成。先拚把鯨吞量展。

【撲燈蛾南】〔二一〕雪兒鋪樓臺近遠。架兒堆〔二二〕圖書繁衍。也不須錦帳姬。也不須羊羔酒。争似俺滿壺中〔二三〕陽春才健。一字字〔二四〕詞林妙選。沾三白慶賞豐年。祛寒氣飛觥走斝。旋煨榾柮漫留連。〔二五〕

【尾北】王侯腐草黄金賤。至樂無如一醉眠。況瑞雪繽紛賸雨錢。〔二六〕

試劍

【南中吕石榴花】千秋神物龍劍合雌雄。經歐冶幾陶鎔。寒芒直向斗牛冲。怎消沈紫鍔芙蓉。除氛禦兇。我解千金購得床頭共。冷凄凄積雪凝霜。光閃閃掣電迴風。

【前腔】壯心一片何必漫書空。開玉匣攬青鋒。想五丁〔二七〕採鐵鑄良工。飾明珠百寶崢嶸。飛揚掌中。厮琅琅海岳俱摇動。入深山陸斷玄犀。涉長江水截輕鴻。

【泣顔回】雖未倚崆峒。且周防身畔相從。斷金切玉。任遨遊俠氣縱横。誰懷不平。我似袁公操術能奇中。媿嘲風詠月毛錐。勝高山流水絲桐。

【前腔换頭】英雄。説劍吐長虹。愛干將手自磨礱。休道是萬人辟易。便千妖百怪潛踪。星文點胸。這純鈎藏待酧恩用。笑羈棲彈鋏朱門。悵高情掛劍青松。

【尾聲】九功七德堪珍重。顧我年來見性空。一任塵埃匣上封。

對　奕

【南商調二郎神】娛清晝。至樂須向橘裏求。石室當年逢敵手。蠅營狗苟。争如此際優游。只恐機關參不透。參得透樵柯易朽。結菟裘。紹王郎逸興千秋。

【集賢賓】楚猿秦鹿今在否。東山尚想風流。我肯學無端蠻觸鬭。把閒情都付滄洲。松蘿疊秀。因選勝茅堂新構。做一個煙霞叟。自甘心洞壑夷猶。

【前腔】門前手種陶潛柳。玉林宛轉清幽。雲護雙扉花錯繡。映峰巒羅列齊頭。我將泠泠石漱。淘洗盡胸中塵垢。結幾個忘年友。自甘心魚鳥沉浮。

【鶯啼序】周天度數碁子。侔試枰展文楸。看疆埸如砥寬平。須問誰割據鴻溝。我恰纔安營定壘。他那裡張甄挑鬭。難罷手。兩下東馳西驟。

【金甌線解酲】攻邊正可憂。擊腹須當救。黑白縱横。暗地藏機彀。隄防一着差。滿盤休。帷幄從容佐運籌。一會家屈如尺蠖聊雌伏。一會家奮如龍蛇勢不留。將重圍透。貪兵必敗。知足功收。〔二八〕

【攤破簇御林】疎似星將曉。斜如雁掠秋。有時節烏合雲屯連四陬。論白登大戰雖危。更陳倉暗度堪憂。相持牢把疆圍守。行時怕斷三軍後。定邊郵。長驅席捲。譚笑覓封侯。

【黄鶯兒】對局客淹留。兩忘機淡寞遊。碁聲直似天球奏。花飛案頭。月升樹頭。七擒罄盡尊中酒。醉鄉侯。浮名勘破。此外復何求。

【琥珀貓兒墜】着前了悟。寧讓舊時秋。恡底僊家得勝籌。這碁呵只合與青萍緑綺伴遨遊。清修。適意攻圍。人世丹丘。

【前腔】〔二九〕衝關奪角。漫道魏吴劉。誰肯忘機罷戰謀。吾今且學水中鷗。潛修。飛眠淺渚。飲啄中流。

【尾聲】升沉得喪原虚謬。利入驅人萬火牛。何勝坐隱清談得自由。

尋芳

【南仙吕入雙調步步嬌】三尺青虹〔三〇〕花前展。國手誰知擅。只爲幽棲避俗喧。小結山廬。會心非遠。春色正暄妍。招來鹿豕〔三一〕隨遊衍。

【醉扶歸】緑沉沉雲擁雙扉掩。翠巍巍堂外一山懸。暖融融花徑雪初消。香馥馥蘭砌風輕扇。亂糾糾松老薜蘿垂。細芊芊芳草如茵軟。

【園林好】結丹霞桃開洞前。舒白玉梅橫水邊。海棠似臙脂烘染。映幾簇緑楊煙。映幾簇緑楊煙。

【江兒水】紅杏牆頭出。清泉石竇穿。藥欄蝴蝶紛紛戀。柳畔黄鸝頻頻囀。綺屏紫燕雙雙串。嘉樹陰籠庭院。萬錦鋪園。宛似天孫機絢。

【五供養】池塘清淺。一雨初收新漲涓涓。鴨浮波面淥。鷺點鏡中天。瞿曇靜偃。〔二〕望三峰陰嵐如嵌。花落蒼苔。細數堪憐。算來名利不如閒。〔三〕

【玉交枝】鶴巢松遍。境清虛堪邀上仙。嵓頭一笑風塵遠。問真人羽化何年。心隨天放求一全。手披鴻寶將關掩。纔解嘲亭中草玄。又觀空菴中坐禪。

【玉抱肚】香爐經卷。半偈持心空萬緣。徘徊在煙道雲區。朗悟些紫竹青蓮。誰云靈鷲出人寰。眼見空花亂雨壇。

【三學士】東壁圖書閒自檢。縱横錦軸牙籤。憑來石几瑩于玉。樹向長林碧凝軒。欲寫蘭亭時洗硯。臨斜谷弄流泉。

【解三醒】釣鰲臺絲綸未捲。正滄洲興趣翛然。也不須飄飄一葉向銀河泛。且漱玉聽潺湲。不覺得飛虹嶺上夕陽晚。只見水月廊空一鑑懸。蟾堪翫。趁曲霞飛盡。爽氣西連。

【尾聲】〔三四〕達生身外無餘羨。行樂須當稱少年。〔三五〕莫待林薄春歸喚杜鵑。

避暑

【南南呂梁州新郎】巖扉雲掩。山廬塵浄。夏木千章陰映。清泉白石。坐來一片涼生。但見穿簾新燕。出谷嬌鶯。雅興閒心稱。静聞林薄外。弄瑶笙。是風度長松謖謖聲。〔合〕敲碎玉。消清興。脱巾赤酒酣賢聖。勝季長。坐如甑。〔三六〕

【前腔】緑蘿千疊。翠篁千頃。路轉蘭臺香凝。行天赤日。無由得瞰前楹。更有風軒水榭。雪竇雲窩。彷彿清虚境。好尋蓬島客。問長生。樓外蹁躚白鶴聲。〔合前〕

【前腔換頭】挹南薫小憇幽亭。延西爽還攀峻嶺。任科頭箕踞。瀟散忘形。雖未離人境。喜隔煩喧。儘可陶孤性。僧來同結夏。證無生。紫竹林傳玉磬聲。〔合前〕

【前腔】樹陰濃斷續蟬鳴。池蕩漾參差藻影。望萬峰含翠。千嶂流青。〔三七〕更這擎天蓮葉。映日荷花。宛似瀟湘景。風浴偕童冠。樂餘生。醉咏滄浪濯水聲。〔三八〕〔合前〕

【節節高】黄梅雨乍晴。曲欄凭。芭蕉緑襯葵榴靛。爐烹茗。盤荐冰。香焚鼎。浮瓜沈李供高詠。東山風雅資談柄。〔合〕笑他軟紅塵裏苦奔波。争似黑甜一枕眠初醒。

【前腔】茅堂敞畫屏。輟楸枰。藤床竹簟湘紋瑩。斜陽暝。初月生。殘霞映。螢光點

點流花徑。拚將醽醁尊中罄。〔合前〕

【尾聲】露涼更覺蒼苔静。不信人間有鬱蒸。最喜是坦腹南軒淑氣清。〔三九〕

翫月

【南南吕梁州新郎】緑窗虚寂。南薰薦爽。把酒憑欄眺望。兔精蟾魄。偏宜助我疎狂。只見清凝丹鏡。影徹冰壺。冷透鮫綃帳。乘風來去也。撫流光。擊碎珊瑚逸興長。〔合〕銀海眩。碧波漾。看瓊樓玉宇高千丈。須縱飲。莫虚放。

【前腔】停杯相問。騎鯨欲往。脱落形骸豪宕。恩袍宫錦。胸依尺五清光。只見河山如舊。湖海漂零。風景添凄慘。廣寒何處是。舞霓裳。遥隔天河一水長。〔合前〕

【前腔換頭】嘆世情反掌無常。問誰人稱帝稱王。縱繁華今日。豈無興喪。只見吴宫花草。晉代衣冠。俯仰皆榛莽。清時難屢得。且徜徉。莫待愁添白髪長。〔合前〕

【前腔】看長空白露瀼瀼。忽風來涼生仙掌。聽高樓何處。笛聲嘹喨。只見芙蓉照水。芭蕉弄影。極目多情況。呼童頻洗爵。澆枯腸。醉舞蹁躚鶴唳長。〔合前〕

【節節高】深林翻玉幢。愜心賞。苦吟高唾風雲壯。豪雄放。斗牛旁。星河上。九天零露真蕭爽。紫雲生樹何足尚。百歲人生幾何時。不必世途空勞攘。

【前腔】高歌窈窕章。倚新腔。光摇琥珀翻紅浪。開清釀。飛羽觴。休推讓。猛拚一飲千鍾量。醉摇環珮傳清響。凡事區區豈由人。富貴倘來從天降。

【尾聲】乾坤萬里空凝望。且開懷一醉何妨。斗轉星移夜未央。

按：本卷小令【寄生草】省悟二首、【朝天子】述隱三首、【折桂令】智詞二首、【南仙吕傍妝臺】漫興二首、【南商調黄鶯兒】志樂二首，以及套數【點絳唇】「志感」、「悟真」；【步步嬌】「尋芳」、【新水令】「自歎」、【梁州新郎】「避暑」、【二郎神】「對奕」、【粉蝶兒】「眺雪」、【石榴花】「試劍」亦見於汪廷訥坐隱先生集，題目有異：「智詞」汪作「閑情」；「悟真」汪作「三島棲真裁謝余煉師還真」；「自歎」汪作「述隱」；「眺雪」汪作「憑蘿眺雪」；「對奕」汪作「小園與客對奕」；「尋芳」汪作「春日同諸社友小集坐隱園即事」；「避暑」汪作「長林避暑」，餘皆同。曲文多有差異，明顯處本書以注釋注明。明清曲家考將以上曲作均歸於汪廷訥名下，本書據太平清調迦陵音一卷仍歸葉華卷，汪廷訥卷則作複出處理。

迦陵音序一

予讀法華經普門品，而後知菩薩悲願之廣也。迺至現種種形善應諸國，設種種法開示悟人，總之令衆生就路以還家耳。癸丑秋，偶晤金粟頭陀於澹然齋之陰。談金嗽玉，逸雅逼人。于案頭得清調一帙讀之，言言藥石，字字琳琅，且謂予曰：此方真教體清響在音。問余欲以音聲爲佛事可乎？予合十曰：迷當詢道，飢欲得食，世道至今，澆漓極矣。是帙也，得非照昏衢之慧燈，濟荒年之粒粟乎！真所謂現居士身設爲開示，令人就熟路駕輕車，還家覓見主人，不啻菩薩悲願之廣也。當名之曰「迦陵音」，亟梓傳世。異日覺破幾多迷信，唤醒幾多昏夢，予將洗耳而聽之。冰雪道人釋如德。

迦陵音序二

天地蘧廬，人生蕉鹿。窮年奔走利名場，何異慕花膻之蜂蟻，盡日争譚。人我相大同，赴燈燄之蠶蛾，只知進度爲高，豈解回頭是岸。獨妙九如居士，不俗不僧，亦玄亦史，和光混衆，玉精盤上駕冰山；作賦吟詩，金璧叢中簪翡翠。如好堅之木，方露土而迥出羣標；若迦陵之音，未離㲉而聲魁衆鳥。正所謂聞者心開，睹者眼醒。三百篇相爲伯仲，十九首不讓後先。余欣拜乎叙於篇端。莆友弟陳拱璧章。

太平清調迦陵音

自三百篇之變而爲律，爲絶，爲歌，爲行，爲詞曲；詞曲之於金元，尤稱長技，大抵其立意要在聽者不倦，歌者忘疲。園居之暇，少製新詞，故知爲靡曼，雄其滑稽，雖去古益遠，要亦一時之清興，或携琴掛竹枝和弄，或呼童滌瓔杯輕揉。檀板聲空天地，急嚼三大白以噍之，若使里耳一聆，頓洗十年塵胸，寧云伽陵音哉。園隱主人。

〔一〕「此中遯跡傲羲皇」，汪廷訥坐隱先生集（簡稱汪本）作「此中坐隱稱王郎」。

〔二〕「酒滿卮竹掛依」，汪本作「兩相持未解□□」。

〔三〕「日對清齋坐」，汪本作「暫對我楸枰坐」。

〔四〕「生也如何。死也如何」，汪本作「勝也如何。負也如何」。

〔五〕「頻涉趣。樂陶陶」，汪本作「園頻涉。趣似陶」。

〔六〕「滿園嵐色望中開」以下三句，汪本作「一川晴色鏡中開。且將棋度日。隨意坐莓苔」。

〔七〕「忘人我」以下三句，汪本作「分強弱。釋忌猜。爛柯一局見仙才」。

〔八〕「園攢萬種花」兩句汪本作「攢果種花。屏列千章樹」。

〔九〕「探玄人是予」兩句汪本作「枕流人是予。鑿澄湖百畝」。

〔一〇〕「衰顏」句汪本作「交遊盡入金蘭簿」。

〔一一〕「幸得遇黃冠道侶」二句汪本無，多出曲文：「朝朝念想。暮暮躊躇。慮沉苦海。怎覓蓬壺。幸得你逍遥化宇。邂逅雲區。黃冠磊落。白髮蕭疏。翩翩玉貌。楚楚霞裾。深探秘檢。獨運玄樞。」

〔一二〕「全憑着」汪本作「多感你」。

〔一三〕「俺子索」汪本作「你着我」。

〔一四〕「俺這裡」二句汪本作「俺把這昌公湖直看做洞庭湖」。

〔一五〕此句汪本作「況金蘭義氣相合」。

〔一六〕此句汪本作「但聚首形骸盡脱」。

〔一七〕此句汪本作「橘中忘世」。

〔一八〕此句汪本作「説與你知己的先生求印可」。

〔一九〕此曲第二句起汪本作「聚群英勝開詞讌。想風流照映當年。也不須羨豪華。悲代謝。俺自有松蘿亭院。雅社才聯。報長空霎時飛霰」。

〔二〇〕此句汪本作「回瀾磯隱約滄州」。

〔二一〕此曲前汪本多出二隻：【撲燈蛾南】況棋逢着石室仙。地隔着市纏喧。呵凍手慢將枯子弄。喜的是點楸枰梨花千片。傲塵世雌雄一局。爛樵柯歲月推遷。若不是包藏着屠龍伎倆。怎戰的敗殘鱗甲墮江天。【上小樓北】繞橘裏閑敲罷。又湖頭放釣舡。恰便似槎泛銀河珠射鮫。宫殿倚寒蟾。模糊了竹徑琅玕。柳岸迂回。藥欄菁倩。但只見白皚皚石梁宛轉。

〔二二〕「架兒堆」汪本作「船兒載」。

〔二三〕「滿壺中」汪本作「滿座上」。

〔二四〕「一字字」汪本作「一個個」。

〔二五〕「祛寒氣」二句汪本作「拚入夜飛觥走斝。陳蕃下榻任留連」。

〔二六〕「賸雨錢」汪本作「照綺筵」。

〔二七〕「五丁」汪本作「五山」。

〔二八〕「知足功收」汪本作「多算功收」。

〔二九〕此曲汪本作「輝煌奕旨。彩筆孟堅留。誰復重將秘思抽。若今學步愧非儔。藏修。一譜新裁。五嶽攜遊」。

〔三〇〕「青虹」汪本作「楸枰」。

〔三一〕「鹿豕」汪本作「野客」。

〔三二〕「瞿曇靜偃」汪本作「六橋虹偃」。

〔三三〕末四句汪本作「望三島周回如嵌。亭占湖心。勝艤樓船。文魚争躍浪花圓」。

〔三四〕【尾聲】前汪本多出三曲：【川撥棹】情無倦。對高陽意氣偏。將棋盤石上重攤。將棋盤石上重攤。托千秋支公手談。落燈花子任喧。爛樵柯夜未闌。【前腔】黑白分。行斷復連。擊刺攻圍信手拈。這閒情雅似東山。這閒情雅似東山。劉項輸贏一局間。笑長安名利牽。讓逍遥橘裏仙。【僥僥令】這棋呵鼎彝堪並列。金石共相宣。也無勞面壁多年方才悟。只索占場兒一着先。

〔三五〕此句汪本作「棋酒淹留下榻懸」。

〔三六〕此曲〔合〕以下五句汪本作「招二仲。開三徑。敲殘棋局消清興。勝河朔。會重訂」。

〔三七〕「望萬峰」二句汪本作「望畫橋横跨。蘭槳雙停」。

〔三八〕「風浴偕童冠」三句汪本作「滄浪間泛泛。滌塵纓。擊楫歌翻水調聲」。

〔三九〕此句汪本作「何必待叢桂秋風始結盟」。

劉汝佳

劉汝佳，字無美，號紫芝，南直隸無爲州（今安徽無爲縣）人。萬曆三十五年（一六〇七）進士，授工部主事，歷都水司郎中，官至金華知府。上言兵事，因忤權貴，被罢黜，不逾半年而卒。有劉婺州文集，生於嘉靖四十三年（一五六四），卒於萬曆四十三年（一六一五），年五十二。

小令

【南商調黄鶯兒】

春閨長憶

新恨鎖眉尖。病懨懨弱息難。春光九十愁過半。鱗鴻杳然。相思苦纏。蒼苔每日空凝遍。淚漣漣。天涯遊子。相見是何年。

花影上紗窗。鬢鬅鬆懶下床。珠簾乳燕雙雙往。魂兒渺茫。淚兒兩行。被窩中清冷心兒癢。意徬徨。相逢何日。虛度好春光。

病瘦不勝衣。滿懷愁説向誰。思量無計留春住。鶯兒亂啼。花兒亂飛。令人舉目心將碎。薄情的。今經許久。因甚信音稀。

心事亂如麻。是當初一念差。向神前卜盡龜兒卦。口兒裏恨他。心兒裏想他。逢人定指名兒罵。在誰家。盟山誓海。難道没波查。

【南黄鍾畫眉序】

留　別

簷外雨初歇。把酒悲歌嘆輕別。笑人生容易。等閒抛撇。翠眉攢幾種離愁。香袖染數行青血。〔合〕支頤無限傷情事。都付送春啼鴂。

欲語又悲咽。仿佛留連費周折。況分袪正值。暮春時節。柳絲垂不管閒愁。花亂落助人凄切。〔合〕支頤無限傷情事。都付送春啼鴂。

燈影映桃頰。一半含啼半悄説。酒微醒無奈。寸腸酸裂。今宵受枕淚千行。明日掛飛蓬一葉。〔合〕支頤無限傷情事。都付送春啼鴂。

花影動新月。寶鴨微香已先爇。對三星重把。誓盟悄説。願今生白首如新。念昔日芳心徒熱。〔合〕支頤無限傷情事。都付送春啼鴂。

套數

秋思

【南南吕梁州新郎】清秋風景。黄花時序。墜葉蕭蕭鋪砌。空庭寂寞。愁看塞雁南飛。見一派菰蒲野水。敗柳殘荷。衰草無邊際。倚樓頻竚望。暮雲迷。又見數點昏鴉度水西。〔合〕湘簟冷。爐煙細。寒衣幾處催刀尺。愁趺坐。悶支頤。

【前腔】黄昏悄静。微寒滋味。一點孤燈相對。朱顔褪粉。誰憐鎮日淒其。悔教從軍蕩子。流落天涯。浪撲刀頭利。甚年何日裏。棄繻回。不請長纓誓不歸。〔合〕他圖畫像。題青史。把盟山誓海都忘記。被名利縛。旅情羈。

【前腔換頭】雨聲兒不住在窗西。淚珠兒不離着衣袂。一從他别後再無消息。枉自把烏箋盡寫。曲裾初成。欲寄誰傳遞。聽樓頭更漸起。夜烏啼。又上新愁鎖翠眉。〔合〕秋夜雨。相思淚。燈前窗外聲同滴。邊塞路。總迢遞。

【前腔】病懨懨一撚腰肢。夢魂兒不知在何處。瘦伶仃多只是爲他憔悴。幾時得姻緣廝守。枕簟光輝。寶鴨薰蘭蕙。雙雙攜素手。並肩移。願歲歲年年比翼棲。〔合〕焚寶鼎。祈天地。秦樓早效吹簫侶。魚共水。海天齊。

【節節高】燈花空自垂。意癡迷。猛然窗外如人語。推窗拭。細雨吹。西風急。慌忙便把窗兒閉。窮愁一寸心將碎。〔合〕只恐歸來鬢欲霜。可憐虛度芳年紀。

【前腔】秋霜冷翠幃。淚雙垂。將身伏枕和衣睡。追前事。減玉肌。心如醉。耳邊言語成虛費。從今不信神前誓。〔合〕只恐歸來鬢欲霜。可憐虛度芳年紀。

【尾聲】瀟瀟夜雨在芭蕉滴。這樣離愁訴阿誰。難道你苦戀天涯不肯歸。

章臺漫興

【南正宮普天樂】[二]翠蛾顰秋波盼。剛別後情縈絆。只爲那玉軟香嬌。翻惹得鶯慵燕懶。風波驟起。忽地把牙檣泛。夜雨梨花空蕭散。悶懨懨倦倚雕欄。急煎煎怕封素簡。氣轟轟擊碎連環。

【雁過聲】更殘。露濕徑晚。猛聽得他芳心兒自煩。似機絲織女來銀漢。解愁顔。霎時間便眷懷滿眼。兀自難餐。同心人帶綰。夭桃滴露紅新綻。敢則是一刻千金也不道罕。

【傾杯序】相看。口噴檀。搵未乾。蜜溜溜的香無限。道這段風流。這般嬌怯。這會沉酣。有誰曾慣。把心兒記取。寶釵亂壓。緑雲斜綰。可容伊拋閃得我玉枕自生寒。

【玉芙蓉】三星夜未闌。月下盟香瓣。怕男兒薄倖。易使人單。殷勤欲問前程美。靦腆還疑重會難。這温香性。端的是賈女班。縱心猿意馬怎牢拴。

【小桃紅】我準備着交歡盞。你舉定了齊眉案。任桃花逝水流紅瓣。春心肯逐遊絲返。尤雲殢雨情千萬。肯教伊淚珠兒羅袂偷彈。

【尾聲】多情會莫厭煩。説甚麽淩波襪剗。好向花陰與你整翠鬟。

廬江朱叔子侍兒典琴雅通文史兼善弈書行酒燈下余見而奇之戲贈

【南仙吕桂枝香】桃花人面。今宵重見。任多少翠翠紅紅。更不數鶯鶯燕燕。這風流少年。這風流少年。堪稱婉孌。追隨瓊宴。可人憐。敢莫是天皇吏。思凡謫香案前。

【前腔】天然良遘。如何消受。當初菱角雞頭。樂天二僮名，善歌舞者端不讓蠻腰素口。把真情探求。把真情探求。香名是否。琴兒典守。妙相投。正是流水高山。弄纖纖指下柔。

【前腔】風姿標緻。神情流利。玲瓏比珠走雕盤。活潑似魚游春水。羡能通秘書。羡能通秘書。敲詩聯對。臨池三昧。更彈棋。妙契金鵬變。機藏玉局奇。

【前腔】香焚蘭麝。杯擎玉斝。且休題豔質彌瑕。真個比宋朝無亞。試殷勤謝他。試殷勤謝他。這般情話。休耽驚怕。等摶沙。直作逢場戲。閑看鏡裏花。

【意不盡】仙仙玉蕊天邊桂。直恁清香攪客思。分付東君好護持。

按：此套數曲用韻均不同，似於小令後添尾而成。

南北雙調合套

【新水令北】一聲長嘯海天秋。會百六數逢陽九。歎英雄多袖手。戀魏闕祇凝眸。心事悠悠。心事悠悠。謾自撚梅花嗅。

【折桂令北】枉提了三尺鋒向四海遨遊。醉舞青萍。寶氣連牛。只道是豐水含光。雙龍合溝。電掣星流。不覺的沉埋已久。那討個風雨津頭。著甚來由。直恁淹留。幾能彀紅塵中渴睡還醒。則怕這青鏡裏短鬢先秋。

【江兒水南】客枕纔驚夢。鄰雞忽報籌。寒風野店穿懷袖。看蕭蕭匹馬經荒堠。寥寥孤雁歸春候。無限淒涼消受。疏木殘星。更目斷蒼煙迷岫。

【雁兒落帶過得勝令北】空對着淡昏昏斜月柳梢鉤。愁聽着響潺潺曲水溪邊溜。耐多少撲遫遫如銀馬上霜。銷多少暗沉沉似箭風前漏。本待學赤松遊。扶漢鼎志未酬。本待做滑稽流。望青鸞何處有。休休。也不索閑窮究。甚的來因也麽由。不是姻緣和你不就頭。

【僥僥令南】一鞭殘照野雲收。猛可地上心頭。任取兒童齊拍手。笑生事已浮漚。

【收江南北】呀。早知道這般樣虛度呵枉敝了黑貂裘。可是那田無二頃恁漂流。博換得印金如斗。細思量轉憂。細思量轉憂。怕只怕少年去了難留。

【園林好南】聘滑的瞿瞿耋叟。棄繻的英英妙儔。這都是青雲華胄。肯落落此生休。肯落落此生休。

【沽美酒帶過太平令北】見紅香見紅香逐水流。卻又早緑陰稠。怎都付芳草萋萋滿徑愁。攜素手問同仇。偷冷眼覷吴鉤。恁般樣英雄肯落他人後。幾時得功名成就。須有日功名成就。我呵與你每如龍。似虯。霖雨帝王州。呀。到如今只落得横開笑口。

【清江引南】多才自古多僝僽。就裏難參透。桃杏景無多。松柏青長久。眼前名身外事都付無何有。

按：【折桂令】曲牌原誤作【步步嬌】；第四曲曲牌原僅書【雁兒落】，第八曲曲牌原僅書【沽美酒】，據譜正。

〔一〕曲牌原書作【四塊玉】。【四塊玉】一名【普天樂】，屬南曲正宮。

沈珂

沈珂，字祥止，號巢逸，南直隸（今江蘇）吴江人。璟從弟。生於嘉靖四十四年（一五六五），卒於崇禎三年（一六三〇），年六十六。

小令

【南南吕太師接學士】

〔太師引〕禪窟中藏其用。可知他内典恁通。早撐達古今青史。却同塵得柳下和風。〔三學士〕喜是烟縈胸谷昏安枕。月映心城度曉鐘。錫飛敢應支道種。等閒話身世空。

（南詞新譜）

顧起元

顧起元，字太初，又字璘初，别署武陵仙史、遯園居士，南直隸江寧（今江蘇南京）人。萬曆二十六年（一五九八）進士，官至吏部左侍郎兼翰林院侍讀學士。有寒松舘游覽詩、蟄庵日録四卷、客座贅語十卷、歸鴻舘雜著八種二十五卷，編説略六十卷，另輯有金陵古金石考目等。嘉靖四十四年（一五六五）生，崇禎元年（一六二八）卒，年六十四。

套數

贈文娟美人〔一〕

【南中吕榴花泣】瑶天夜晃雀語啅花房。焚寶鴨照金羊。紅羅斗帳玉分張。自羞看麝帶珠囊。銅蚪未央。刺蒲桃串露紅絲漾。按新聲雁泣冰弦。繫幽心燕宿瑶筐。

【前腔】瓌姿難狀寶月出琱梁。裁星的拭霞光。芙蓉解語玉生香。畫雙蛾曲曲春楊。

檀心半粧。轉闌干流盼秋波蕩。擁花鈿鬢拂玄蟬。點珠翹額上鴉黄。

【泣顔回】皓指玉摻長。逞纖腰初試羅裳。裁紅點翠。不禁愁微步虚廊。鵲橋凝望。奈銀河萬里波如掌。落花風飄盡蒲東。瑣楊烟罩滿高唐。

【前腔】梧影遇銀床。乍迴眸驚見檀郎。山盟海誓。笑相迎共解鳴璫。春心摇颺。擲龍梭簷角雙星上。揾香腮並蔕桃花。啓絳唇半吐丁香。

【急板令】試闚臣宋玉左牆。乍逢人崔徽右廂。幽情怎忘。拚取比翼瑶池。比目銀塘。弄雨推雲。翦玉裁香。從今後帶綰鴛鴦。調寶瑟。乞瓊漿。

【前腔】揚素翹花飛上陽。拂青蘋塵凝建章。密語難詳。空教蘭被生寒。蕙帶流霜。刻燭淒迷。援枕徬徨。從今後夢繞鸞凰。空僝僽。效迷藏。

【尾聲】西陵油壁期同往。看松柏青驄相向。休教舊恨新愁惱寸腸。（南宫詞紀）

春　思〔三〕

【南南吕香遍滿】人歸春仲。凋殘玉顔微惹紅。祇爲愁長憎晝永。陽臺何處通。雲山幾萬重。都來愁悶中。暗裏把韶華送。

【懶畫眉】隔牆梨雪玉玲瓏。紅豆輕拈纖手慵。淚痕千點濕輕褣。望入桃花洞。錦字于今尚未逢。

【二犯梧桐樹】山花媚曉風。海燕栖高棟。翡翠簾閑。銀蒜雙鈎控。憶前春有個人兒共。到如今花自飄零柳自濃。無端黄鳥枝頭弄。不管愁人。驚破相思幽夢。

【浣溪沙】竹影摇。花陰動。竹和花低護簾櫳。笙吹銀字啼孤鳳。瑟壓冰弦泣斷鴻。離思冗。更那堪隔牕兒明月。欲窺人直上梧桐。

【劉潑帽】沖沖。春病沉沉重。倚牙床嬾爇薰籠。翠衾珊枕成何用。睡思濃。賓襪輕輕縱。

【秋夜月】幃半空。看腮雪鬟雲凍。寂寞誰憐春宵永。相思一種愁千種。似愁波亂湧。似愁山亂聳。

【東甌令】知他向烟花隊。粉香叢。團扇章臺跨玉驄。珊瑚鞭引黄金鞚。笑指着瑠璃甕。笠篌低按月溶溶。人面倚芙蓉。

【金蓮子】空教我雲鬟蓬。眉兒顰蹙心兒痛。悄没處將鱗鴻信通。恨殺那别離時。把紅冰彈却唾紅茸。

【尾聲】織迴文燈前誦。梨花門掩月朦朧。霧鎖巫山十二重。（南宫詞紀）

春思〔三〕

【南商調二郎神】人歸後。正風動花房宿鳥愁。奈挑盡寒燈孤影瘦。圍屏斜倚。聽徹戍樓更漏。爲走月行雲兩意投。翻惹下暗中拖逗。〔合〕長廝守。忍輕分鸞鳳釵頭。

【前腔換頭】風流。多情怎比。陌頭楊柳。記背立花陰攜素手。碧雲天外。三星月掛瓊鈎。雲雨休教成夢遊。探寶鏡問郎知否。〔合前〕

【囀林鶯】相思萬縷如織愁。待休怎則能休。纔勉强舒開眉上皺。怎禁他又上心頭。熒熒衫袖。漬淚點暗拋紅荳。〔合〕幾多愁。一江春水日夜向東流。

【前腔】游絲飛絮牽翠樓。王孫芳草悠悠。怕人向鶯啼花落候。送春歸杜宇難留。梨雲冷透。看昨夜雨踈風驟。〔合前〕

【啄木鸝】重門閉。小院幽。明月空床難獨守。不争他一捻柔情。惹千愁萬恨難收。酒醒無話三更後。香銷燈燼蟲聲鬬。〔合〕怎銷憂。潘郎春鬢。蕭索半驚秋。

【前腔】心兒媾。話兒兜。邂逅姻緣成白首。大都來半晌幽歡。引千回百轉閒愁。金鋪綉户憑誰扣。楚天過雨雲迷岫。〔合前〕

【尾聲】休枉了添僝僽。明日還尋拾翠遊。莫教紅葉含情出御溝。（南宫詞紀）

〔一〕彩筆情辭、吴騷合編題作「喜諧文娟」，俱注顧太初撰。南宫詞紀署名武陵仙史作，兹據以輯之。首牌原作石榴花，今從合編。

〔二〕南宫詞紀注武陵仙史撰，昔昔鹽不署作者，題目同詞紀。

〔三〕南宫詞紀、彩筆情辭俱署武陵仙史著，昔昔鹽題同，惟不注作者。

沈演

沈演，字叔敷，號何山，浙江烏程（今湖州）人。萬曆二十年（一五九二）進士，授南京工部主事，遷禮部員外郎，陞本部郎中。出爲福建布政司參議，遷江西按察副使。歷陝西左布政使、順天府尹、刑部侍郎。天啓中削籍。崇禎初起工部侍郎，官至南京刑部尚書。有河山集、止止齋集，散曲附。生於嘉靖四十五年（一五六六），卒於崇禎十一年（一六三八），年七十三。

小令

【北雙調清江引】

五湖煙景誰爭管。一曲漁歌散。朗吟彭澤詞。勝喫惠州飯。晚渡歸來興未懶。

常勝軍中挐定管。肯使楸枰散[二]。巧排白占棋。半熟黃粱飯。君自津津吾自懶。

非是是非吾不管。過眼浮雲散。頻婆上苑珍。禾黍田家飯。得味濃時誰較懶。

春蕚春禽春信管。春思郊原散。春芹碧澗羹。春色雕胡飯。春物春游春意懶。

夏雲夏日火龍管。夏雨田疇散。夏月水晶簾。夏粒滹沱飯。清晝日長人意懶。

一歲風雲秋月管。子夜吴歌散。蒹葭苜蓿灘。白黍黄雞飯。看盡落花秋夢懶。

大地陽回一寸管。似絮因風散。燔炙五侯鯖。脱粟千家飯。偷看玉獅添線懶。

〔一〕「楸枰」，原作「鍬秤」，兹改。

佘　翘

佘翘，字聿雲，號燕南，别署銅雀山人，南直隸池州（今安徽銅陵）人。萬曆十九年（一五九一）舉人。三試失利，與湯顯祖、梅鼎祚、焦竑交善。有偶記及量江記傳奇存世。生於隆慶元年丁卯（一五六七），卒於萬曆四十年壬子（一六一二），年四十六。

小　令

【北越調小桃紅】

與無如對奕

静籠棋局最多情。暗竹侵山徑。盡日攻圍寄幽興。不心争。地偏更與閑相稱。松蘿千頃。碧檐掩映。啼鳥兩三聲。（坐隱先生集）

【南中呂駐馬聽】

贈坐隱先生

蘿徑周回。題鳳無人到竹扉。你只將詩篇傲世。石屋逃名。棋局忘機。桓伊横笛月中吹。嵇康縱酒花間醉。貴在□希。一丘一壑心無累。（坐隱先生集）

宋楙澄

宋楙澄，字幼清。南直隸松江華亭（今上海）人。萬曆四十年（一六一二）舉於鄉。有九籥集。生於隆慶三年己巳（一五六九），卒於萬曆四十八年庚申（一六二〇），年五十二。

小令

【北中呂鮑老兒】

嘲沈楚雲嫣

你那裏想着月明來的故人。只恨着臨行時錯擺了迷魂陣。到如今只指望雪入明壚變了花。銀人如玉。博得個柳色黃金嫩。你開着口。好一似螋娘鷩蟄。行一步似蝎婆擔孕。斜着眼似鬼母初醺。（九籥集）

【北中吕堯民歌】

代楚雲嘲

你一似喬楊花沾淤泥到處兒生根。化浮萍在波浪兒裏存身。變靈蟲到衣服兒上招魂。那裡也白雪紛紛。只合着趁東風着地兒滾。（九籥集）

【北中吕十二月】

嘲楚雲

我和你恩情最親。畫得餅饑和飽共吞。填得海乾和濕同趁。撈得月有與無并分。鬼打鈸没字錢用了幾文。平勃達忽地生嗔。（九籥集）

鄭心材

鄭心材，字敬仲，號思泉，浙江海鹽人。屢試不第。萬曆間以廕生歷都督府都事，官至應天府治中。有鄭京兆文集，散曲附。

小令

【南商調黄鶯兒】

戊子下第有感

齒豁趣還生。願心苗便潤津。須知老也君休遜。波光動人。春尖惹人。幾番偷訴魂難禁。覷丰神。依然情事。眉宇自嬌嗔。

眉宇自嬌嗔。細端詳心事真。嗔回喜溢堪歡慶。情如酒醇。形同意親。當年不遇時和運。歎沉淪。隋珠卞玉。剖也更憐人。

剖也更憐人。但相知舊可新。非干善價隨時定。將親最親。殘春勝春。當筵聲咳堪投分。好温存。居然半老。歷盡箇中真。
歷盡箇中真。但降來勝後生。丰姿展轉魂難定。星星可人。端端著人。天教俊格歡
偏逞。細逡巡。其間就裏。知味在年尊。

景時珍

景時珍，生平不詳。

套數

登高有感金陵景

【北仙吕點絳唇】風急天高。碧梧零落。秋光老。滿目蕭條。倦客傷懷抱。

【混江龍】良朋相約。青蚨常向杖頭挑。黄雞紫蟹。新酒佳餚。重驛樓前堪放懷。雨花臺上好登高。東望着青龍隱隱。西觀着白露迢迢。北觀着鍾山佳麗。南覷着天印清□。山拱固。水相朝。城輻輳。路迢遥。隱龍蟠藏虎踞帝王宅。駕香車乘寶馬長安道。人在洞天福地。身居蓬島雲霄。

【油葫蘆】道院禪宫接近着街聚寶。浮圖舍利出青霄。琉璃殿宇金光耀。堆藍聳翠祥光罩。啟朱扉見碧峰。撫雕欄臨畫橋。烏衣巷黎庶朝歡樂。鳳凰臺仙子吹夜簫。

【天下樂】萬户千門朝。宴樂歌謡。惟善寶。願皇圖萬年齊壽考。有仁義有道德。無誅伐無戰討。以此上無危民自朴。

【那吒令】拔山力楚霸王。恥江東父老。認賢良孫仲謀。倚江東自保。羨嬌奢陳後主。把江東喪了。想齊梁晉宋陳。有朱李石劉郭。不多時天數輪着。

【鵲踏枝】争如我大明朝。邁唐堯。一班兒宰輔匡扶。盡都是武略文韜。演武的勝孫楊衛霍。修文的賽伊尹臯陶。

【寄生草】百姓每農桑罷。官司每稅斂少。旋燒紅葉炊香稻。亂舖桑葉蒸新棗。闌栅竹葉徧籬落。雞栖豚栅掩柴扉。鴉驚犬吠無人到。

【六幺序】詩句拙思陶令。醉鄉如孟老□。我將這一年的好景勾銷。你看那菊綻金苞。楓染紅梢。露華濃粧點林梢。渚蓮愁一夜紅衣落。漲沙汀霜壓寒潮。遶秦淮粉褪芙蓉蕚。映斜陽白蘋紅蓼。趁西風斷梗殘蒿。

【幺篇換頭】雨霽虹銷。笑傲東臯。酒放英豪。曲唱風騷。更有那新糯糍糕。我將這綠橘黃橙自剖。慢斟着軟玉瓢。俺本是個山野□樵。又無甚官法差徭。儘開懷樂樂淘淘。任西風吹落烏紗帽。酒淹濕衣敞蔴袍。功名富貴都休道。看了他有興有廢。争如俺無諂無驕。

【尾聲】你看那投遠樹暮鴉棲。寫長空賓鴻叫。乘輿何辭路遥。只聽得城上人催頻擊柝。慢騰騰行過溪橋。眼酕醄稚子扶着。斜倚衡門帶月敲。今朝醉了。明朝期約。咱兩個重扶殘醉緊相邀。（北曲拾遺）

嘲鹽商[二]

【北仙吕點絳唇】聖人道良賈深藏。儼然人望。都是些虚謙讓。全不學尊重安詳。出來的豪氣有三千丈。

【混江龍】一個個做模打樣。豈不聞有麝自然香。矜驕傲慢。聲勢虚張。通中不到一千三百引。嚮翻了二十九鹽場。父親是尚書舅舅。母親是少保姨娘。動不動結交官長。來不來送酒牽羊。去不去鳴鑼擊鼓。行不行號帶旗鎗。南門李運司張謁舅劉探新王。尋幾箇歪皂隸立在店門前。覓幾箇假軍牢擺在船頭上。聽不得撇虚擣抗。覷不得詭詐輕狂。

【油葫蘆】借了支頭不下場。每日家没事忙。花錢酒債少下尋常。狂朋怪友頻來望。風姨月姊閑飄蕩。今日殺個猪。明日宰個羊。到晚偎紅倚翠在銷金帳。抵多少窮漢半年糧。

【天下樂】擺列着金釵十二行。怕不待風光。滿畫堂。飛觥走斝開宴賞。怎不教人心下思。腹内想。最難傲壺中日月長。

【那吒令】黑漆匣退光。紗羅衣滿箱。白綾被噴香。玉磚培錦粧。茜紅氊苫床。美人圖滿房。到晚來着處偎。白日裡沿門串。毋拘束放蕩行藏。

【鵲踏枝】這壁厢飲瓊漿。那壁廂列壺觴。李四家者也之乎。張三家説短論長。帶兩個虚措脚幫閑的伴當。穿兩件不著體怪色衣裳。

【寄生草】綦盤領三寸闊。弓袋袖四尺長。戴一頂窄簷高頂京時樣。披一件揪頭刺褶新時樣。穿一雙捲尖疊腦興齋樣。麄絲縧勒在胯骨邊。細包巾裹在額顱上。

【幺篇】柳條掙的門牙亮。阿膠掠的水鬢光。他道是一人自有一生相。那裏有年頭支過年梢帳。却原來羊毛出在羊身上。虚飄飄使幾貫鄧通錢。實丕丕捱幾頓伯俞杖。

【尾聲】路引在李家收。鹽引在蕭家放。倉鈔在陳家當。着處里撇白調謊。酒友詩朋劈面搶。到人前手脚慌張。檢空囊賣盡了衣裳。怎得閑錢雇小郎。虚飄飄鎖兩個籠箱。絮叨叨寫幾行支賬。只弄得嘹叮孟撒不還鄉。（雍熙樂府）

〔一〕雍熙樂府、詞珍雅調題作「嘲鹽商」，俱不注撰人。北曲拾遺無題，注景時珍作。兹據雍熙輯之。

王　徵

王徵，字良甫，號葵心，別號一道人，陝西涇陽人。天啓二年（一六二二）進士。初授廣平推官，薦陞登萊監軍僉事，尋告歸。李自成陷西安，脅使效力，引佩刀自矢，不肯赴。聞京師失守，七日不食死。著有兩理略、奇器圖說、百子解、天問辭、兵約、元真人傳、歷代發蒙辨道說、山居詠等。隆慶五年（一五七一）生，崇禎十七年（一六四四）卒，年七十四。

套　數

山居自詠依美陂先生春遊韻

【北正宮端正好】四面遶山青。一派緣溪綠。紅霞翠錦平鋪。其中有個藏身塢。二舍遠城南路。

【滚繡毬】濬原泉作洞渠。傍原崖作土居。仿佛那商周間風物。正待要訪林泉小築庭除。喜東隣待價沽。喜西隣特地呼。恰便是眼前天目。更有那幾般兒景緻非俗。疎林月篩千竿竹。曲沼平穿五色魚。堪游賞堪備行廚。

【叨叨令】這壁厢小丘巒小蹊逕小橋度。那壁厢幽院深幽窗浄幽人住。看的是洞中泉簷端溜瀑邊樹。聽的是樹頭鶯花間鳥池傍鷺。兀的不愛殺人也麽哥。兀的不愛殺人也麽哥。又何須貔貅擁珠翠圍鐘鐻鑄。

【脱布衫】繞青糯亂滾瓊珠。種紅秈細剪氍毹。泉裏音淙淙似語。花外車行行且住。

【小梁州】半畝方塘數畝壚。不費躊躇。蝸涎篆壁竟成枯。從頭數。那個會癡愚。

【幺】從今勘破從前誤。且軒渠拭眼掀鬚。經了些虎豹叢。干戈聚。千磨百煉。夢裏尚迷糊。

【上小樓】想着那公庭懼府。名途畏路。打破愁城。掙離苦海。受盡鞭驅。命矣夫。如斯夫。鹿駭狼顧。就裏個賺人坑回頭始悟。

【幺】歎當日勢同騎虎。喜今朝身隨汀鷺。見在的七尺無恙。八口無饑。百事無虞。青山瘦。明月孤。閑來閑去。好一似信天緣流雲野鹿。

【滿庭芳】再不問誰甘誰苦。只這個成熟福地。賽過蓬壺。升沈變態同煙霧。那能够事事歡娱。任從你食牛飯羖。任從你大纛高閭。這些事憑君做。我只有同心道侶。日日伴吾廬。

【快活三】光陰呵去忒速。逍遥的似隙駒據梧。忘我況其餘爲甚的苦。縈心閑裝慮。

【朝天子】近離了錦屋。遠結下草屋。身似貧心則富。還思百歲等朝晡。喜得藏修處。買鼎安鑪。傍門外户。那個識天真主。飯青精幾斛。插秧田幾畝。儘兒輩聊看顧。

【四邊静】指盈時桑麻禾黍。西接秦宫北連漢都。衰草寒煙。都是繁華處。因此山翁。反做學徒。另立個工程簿。

【耍孩兒】我再見滈河如帶西流去。寂寞殺王維杜甫。風流千載竟何如。樊川境僅可追呼。且休吟山川紀勝詩千首。直傾瀉兩曲連糟酒百壺。青白眼何煩顧。醉眠芳草。懶賦生芻。

【五煞】詩酒場興頗豪。性命關心肯粗。奇人幸得多奇遇。資人耳目元音譜。啟我靈函聖蹟圖。但開口皆奇趣。情知道天花香豔。那怕他世路荒蕪。

【四煞】糊塗帳何須算。神明鏡樂有餘。分明認得來時路。半生潦倒從人笑。百樣顛危賴主扶。自在鄉由人住。灑聖水消除了白業。歎南柯勞攘殺玄駒。

【三煞】守枯禪單尋智果。戀凡情雙扯仙裾。三仇五濁誰人去。防淫緊似防奔馬。策怠還如策蹇驢。蚤脱那凌雲渡。甘從隱遯。唤醒冥愚。

【二煞】棲長林一枝烏。數斜陽幾陣烏。山中工課忘朝暮。天心見處梅開早。慧性圓時月上初。到此肯空回去。剖開真境。跳出迷途。

【一煞】好風光隨意賞。平安路信步趨。傍人空作遊人覷。止知丘壑堪藏拙。誰道名山好著書。銷繳了千年慮。三竿高卧。一枕華胥。

【尾聲】淳風陋漢唐。清光侵肺腑。這塔兒才是桃源路。說甚麽鷄犬人間俗上古。

山居再詠仍依前韻

【北正宫端正好】南北垞輞川清。柴桑里垂楊緑。王孫草軟翠輕鋪。其間别有桃花塢。深隔着紅塵路。

【滚繡毬】愛殺咱繞籬邊水一渠。篩花陰月滿居。這便是山家長物。喜今朝結茅庵小可庭除。醉溪聲懶去沽。譜鶯簧作意呼。拭一拭看山雙目。況且有許多的友契超俗。開籠閑放梅間鶴。泊岸輕穿柳外魚。偕訪那好酒兵廚。

【叨叨令】一會家聽許由瓢瀝瀝臨風度。一會家吟洞仙歌踢踢留雲住。一會家攜雙柑尋黄鳥深深樹。一會家看方塘浴清沼閑閑鷺。兀的不趣殺人也麽哥。兀的不趣殺人也麽哥。說甚麽綵毫揮寶劍磨銅山鑄。

【脱布衫】唾天風口裏璣珠。舞鸞腰鐙下氍毹。鬭豪華閧堂笑語。這光陰幾人留住。

【小梁州】自昨提兵向海隅〔二〕。禍亂躊躇。英雄失路鮒魚枯。人無數。誰不笑癡愚。

【幺】自憐枉把經綸誤。鬬猙獰磨齒捋鬚。只落得兩鬢蒼。雙眉聚。憂愁風雨。前路眼迷糊。

【上小樓】因此上志冲紫府。夢遊仙路。縲絏餘身。煙霞活計。山水馳驅。上大夫。下大夫。前瞻後顧。争似我叩三生石邊頓悟。

【幺】再休提張拳鬬虎。隨斑振鷺。擁篲題橋。拜相封侯。伐虢圖虞。興未輸。願不孤。終南隱去。覓他們角與綺甡甡友鹿。

【滿庭芳】尋甘贖苦。山通地肺。境賽蓬壺。嵐光翠洗煙和霧。八節常娱。還思量礱身五叚。再吁嗟問卜三閭。他做的誰能做。任從是伊周共侶。諸葛出茅廬。

【快活三】纔掛着差排速。誰縶維空谷駒。曉星般黜落的幾曾除。單丢下没頭子把人慮。

【朝天子】世界如傾屋。仕路如矮屋。止爲着榮和富。寒鴉流水日西晡。尚不尋棲處。幸有山莊。翠屏當户。爲三川聊作主。貯秠穲幾斛。種區田數畝。名與利誰還顧。

【四邊静】但甕中釀醅有黍。爛醉谿山幽尋故都。韋杜繁華。草長鶯啼處。逐境擕樽。酒友狂徒。指點偏興亡簿。

【耍孩兒】喜的是芙蓉翠靄青難去。招尋些山翁田甫。杖頭錢使盡何如。管甚麽牛馬稱呼。謾誇他檀糟瓊液欺醽醁。且把這瓦鉢磁甌勝玉壺。青眼兒頻頻顧。許我醉悠悠化國。任人賦皎皎生芻。

【五煞】春稻米重思細。削松枝筆管粗。洞天況得今生遇。雲封洞口桃花渡。泉瀉林間瀑布圖。入眼椿椿趣最好。是紅歸桃杏。緑滿蘼蕪。

【四煞】想當年經百戰。苦工夫積三餘。杏林遊處香生路。官間鐵甕潮頭冷。醉後梅花嶺上扶。佳麗境能常住。監遼海承乞秉憲。整軍容我馬維駒。

【三煞】正蜃樓氣結妖氛。誓揮戈血染征裾。丹心航海歸朝去。五刑曲宥恩同旻。一技難工笨似驢。放還也如蟻。渡穩安素。拙甘守朱愚。

【二煞】愛雲山窮鳥鼠。送年華任兔烏。山容如畫更朝暮。林花嬌綻飛紅亂。畦稻秧齊翠染初。恰好約登臨去。青排四面。錦鋪前途。

【一煞】鳥間關林外鳴。鷗從容水際趨。人間富貴浮雲覷。山林經濟閑中課。花鳥文章静裏書。罷一切閑思慮。但效取争席桑楚。不復學救楚包胥。

【尾聲】山青閣兩眉。川晴濯六腑。便從今永斷長安路。耐他些麟閣凌煙千萬古。

同春園即事依表弟張儀昭來韻

【北雙調新水令】想林泉清夢繞天涯。猛回頭堯門山下。紅桃圍野塢。緑樹隱人家。錦繡雲霞。潑染就天然畫。

【駐馬聽】恁樣韶華。策杖從容勝駟馬。何須長駕。田家蹤跡遠宫衙。披襟日與友朋狎。掛冠不惹公卿駡。這優悠誰像咱。同春園自在閑遊耍。

【沈醉東風】有時節濯夙垢清峪水涯。有時節拜奇石巀嶫山峽。戴一頂漉酒巾。脱一緉連泥襪。任逍遥眼底春華。醉訪清溪處士家。把一行乍見的人兒愛殺。

【折桂令】愛只愛本分生涯。較雨量晴。插柳栽花。牧羖山童。灌園野叟。浣衣村娃。密樹底投壺打馬。小園中竹笋茶芽。偏野桑麻。盈沼魚蝦。平安樂有餘。冷淡趣無涯。

【雁兒落】看甚麽邗關梅嶺花。説甚麽蜃海仙樓話。只爲那宦情海樣深。勾惹出禍患天來大。

【得勝令】到如今醉夢怯烏紗。敢思量恩赦降黄麻。喜的是曲水泛流斝。怕的是長安馳駿馬。聽幾曲琵琶。把多少熱情腸都丢罷。看幾縷煙霞。將這些好風光打當咱。

【沽美酒】我則見割蜂脾鬧曉衙。唼魚藻閒春葩。滿眼鶯花乾趣殺。莫推聾做啞。烏不作魚不怕。

【太平令】休笑我池頭鼓幾部鳴蛙。孤村影幾陣啼鵶。疏籬外薔薇亂叉。曲檻邊葡萄滿架。呀。坐田疇剖瓜。就清泉煮茶。受用煞清涼無價。

【離亭宴帶歇指煞】玩不足層臺小築黄茅瓦。偏橋飛渡紅衫馬。逢人兒便誇。原來是杏花村。不亞似水竹居。卻是幅雲林畫。先隴近草廬。薄産足耕稼。悶了時引孫兒戲耍。也不羡平山堂。也不訪桃源路。也不賣成都卦。深林鸝語圓。淺水虹梁跨。儘教咱老頭兒住。咱只這個六合亭一派趣兒清。還想甚兩間園幾番兒話假。

嚮余有兩間園志，緑輿作基，碧天爲宇，張布四維，承以八柱，海環垣周，中羅萬有。憑萬象之所敷衍，在在時時，靈奇珍怪，靡不充郁我兩間園内。數十年來尚不能窺吾園之一隅，即一隅尚不能窺十之二三，而余老矣。兹幸歸老故山之陽，爰就清溪之濱天然三層臺上，小築六合亭一座。不鑿不修，喜岩巒具在；無垣無户，任童冠往來。三五里隴頭，紅杏夭桃媚我花徑；百千年溪畔，高槐弱柳助我隄封。因字之曰：同春園。境小趣真，會心政不在遠舉。嚮來寥翔之念，悉歸目前平淡中矣。故曲終及之，蓋亦猶然狂奴之故態云。

簡而文自記

余友師種芳，經世人也，雅有出世風韵，每爲余言：城南讀書處，頗饒清景，邀余同遊。離城一舍，鴻固北倚，神禾南對，兩原相望，甫五七里，而東西寬平空闊，則數十里而遥。潏水東來，縈洄若帶，通濟渠亦相傍流。岸多柳樹，老者嫩者，側倚而半枯者，數百千株。桃杏柿林，相錯如繡。東爲杜曲鎮，西韋曲，南樊川，相傳爲唐宋韋杜諸名家棲止處。再南，終南諸山環拱，神禾原外，二十里許，原平似几案，山似几案上翠屏。鴻固原下，居民千百家，背原南向，中乃種芳讀書處矣。景果清甚，余戀戀不能舍，因止宿焉。高臺對月，暢飲極歡，意興翩翩，令人一往。塵容俗狀，不覺滌除頓盡。詰朝散步，始見東隣有一水洞，高出人家屋上數層。洞前隙地長七八丈，寬三五丈。洞水平溢，潺湲有聲，從樹杪落下，天然灌溉，可稱一奇。且多鳥語花香，茂林修竹，人淳地古，水繞山環，隱然輞川圖一幅。余益戀戀久之，會地主求售，易以善價。洞臺下趾有不足者，種芳特爲余足。總之高田、下田、水田、旱田，僅僅畂計有五，而鶯啼花梢，鱗游河畔，高齋秋霽，遠岫雪晴，洵可坐挹一方之勝，戲字之曰「簡而文」，蓋以費不侈，而景頗饒樂。地雖小，眼界則甚寬也。況乎柳岸迎風，翠錦摇曳，十里林桃笑日，紅霞掩映三川，猶有無窮春富貴在耶！最可愛者，原須活水，高高下下層層地湧池塘；覿面奇峰，暮暮朝朝日日天開圖畫，人咸羡爲真福地，余亦自況。小洞天遠離市廛，漸掃□仇濁累，潛伏洞壑，永遵十誡清修，此余素懷，而今計可幸愜耳！暫爾行遊暫寄，余心之樂終焉。安止終成自在之鄉，爰述數言用券異日。

簡而文小引

城南勝概，際遇於漢唐之世。江水山容，高甍畫棟，名刹浮圖，照耀西京。當時高人韻士，晨泛宵行，豈羨山陰道上。今去之數百年，惟餘荆榛瓦礫而已。壯每入青門，攜竹葉一尊，出郊坰眺望，見晴嵐古岫，澗谿草樹，有荒寒古澹之趣。雖園林臺榭無復舊時，而天巧具在，不勞外飾而後奇也。壯久染泉石膏肓，憾不削髮爲頭陀，遠則長興草堂，近則慈恩薦福。佛香唄梵而後，看山氣日夕佳，於志畢矣。一日，王良甫先生出一帙曰：此不佞之簡而文也。壯攜之斗室中，静讀數十日，乃知先生攬巨勝於韋杜，搆數椽於藪澤，真所謂丘壑夔龍，衣冠巢許者也。且與至戚張儀昭丈讀書琴奕，暇日撰樂府詞曲數闋，以寄寓情志。兩公深諳律吕，頡頏今古，更唱迭和，並驅中原。我關中百年前，德涵、敬夫特妙聲調，與西蜀用脩賡響振籟，後來久輟。兩公足繼芳躅，昔馮惟一太常好飲酒，每賓客聚宴，雖不召亦自至。酒酣彈琵琶，彈罷賦詩，詩成起舞，人愛其俊逸，稱爲「三絶」。良甫先生析天人之奥，抱文武之略，然而真率坦易，飲酒歌曲無一毫冠冕習套，頗類坡公頹焉自放。當吾世而躬逢其人，幸甚。壯語先生倘往南墅時，令小子獲執御之役，從遊於樊川杜陵之間，遂閑放之致，發要渺之思，以醫我痼疾，先生許我否。乙亥之秋七月既望里後學梁爾壯簒。

卜世臣

卜世臣，字大匡，一字大荒，又字長公、孝裔，號藍水，又號蘭史，別署大荒逋客，浙江秀水（今嘉興）人。博學多聞，善作曲，師法沈寧菴，有傳奇乞麾記、冬青記、四劫記、雙串記；又著有樂府戹言、樂府指南、玉樹清商、山水合志、多識編、拄頰言等。生於明隆慶六年（一五七二），卒於清順治二年（一六四五），年七十三。

小令

【南仙吕二犯傍粧臺】

詠人影

〔傍粧臺頭〕緊隨行。没言没語緘口過平生。每燈下同危坐。慣月底共閒憑。〔八聲甘州〕昨朝去家當暮景。今日歸來雨又晴。〔皂羅袍〕最堪欽奬。喜嗔不形。〔傍粧臺尾〕出身須要等時明。（太霞新奏）

【南仙呂桂枝香】

咏　鶴

玉毫分頸。丹砂籠頂。三山苦霧高騫。萬里悲風遥應。儘冰絲怨别。冰絲怨别。滄江生性。青雲流影。伴緱笙。侈禄曾居衛。前身本姓丁。（太霞新奏）

【南羽調排歌】

翻顧文昱咏白鶴

萬里西風。高吹羽儀。獨傳霜翰南飛。荻花弄影月中迷。鏡水涵秋點素輝。調冰柱。瑟響凄。玉關曉度雪沾衣。離羣久。昆仲稀。江湖皓首未能歸。（太霞新奏）

【南仙呂解三醒】

村莊偶睹

乍相逢臉潮羞暈。悄聲兒萬福消魂。纖穠儘意風流襯。怎支吾眼色撩人。便做你雕

牆獨傍窺湘客。只怕我綵筆虛拈寫洛神。空成恨。算少甚江州晚泊。一樣埋塵。（太霞新奏）

【南仙吕醉花雲】

翻元凱咏白燕

〔醉扶歸〕偶逢故苑飄零隊。絮談王謝址全非。雪滿梁園逗歸期。影拖月暈埋湘水。梨花小院冷侵衣。池塘夢醒香綿墜。〔四時花〕須知。〔渡江雲〕姊妹争春亦見擠。莫向昭陽殿裡飛。（太霞新奏）

【南仙吕月照山】

宿永康聞角

〔月兒高〕一枕寒燈傍。譙樓送悽響。喚起山城月。却映梅花帳。對景傷懷。啼烏解人想。〔山坡羊〕分明萬里邊關樣。拔取龍泉偷瞧半晌。剛腸。笑依然擊筑狂。流光。活

埋殺執戟郎。（太霞新奏）

【南南吕懶畫眉】

翻戴九靈咏插秧婦

青袱蒙頭點村粧。手學蜻蜓掠水忙。細分春雨緑成行。山歌新樣腔難倣。羞殺揚鞭陌上郎。（太霞新奏）

【南南吕大勝樂】

翻沈彦博咏纖手

愛尖如筍露參差。楝花簪兜戒指。修眉淡掃臨粧次。輕約鬟整釵兒。賭鬮半掩羅衫處。扶索高颺畫板時。香腮悶倚。聽門前馬嘯。揭開簾子。（太霞新奏）

【南南吕六犯清音】

七夕

〔梁州序〕波澄新碧。霞攢零綺。做出雙星佳會。人間此夜。誰家更上殘機。〔桂枝香〕果綴珠絲曲。橋成鵲羽稀。〔排歌〕織雲障。隙月窺。玉繩擁幄渡河西。〔八聲甘州〕等不到瑶池子熟青鸞集。學不得緱嶺笙寒白鶴飛。〔皂羅袍〕笑看穿縷。閒收曝衣。儘聽泣露蛩聲碎。〔黄鶯兒〕最堪悲。長生殿角。私祝兩心知。（太霞新奏）

套數

中秋夜集虎丘四望閣

【南仙吕上馬踢】金天霽爽開。虚谷馳清籟。林端晚照微。碧空霞散彩。路入三泉。額外添瀟洒。試上古臺。縱目雄奇。蟾魄憑闌待。

【月兒高】碎影初篩。霎侵斗牛界。萬里長烟净。鴻悲蘋瀨。宋玉愁深。秋光却難買。把一塊生公石。做了風流寨。

【蠻江令】足擁行多礙。聲喧語不解。狡童和艷女。浪謔饒情態。兩兩携手。拂塵坐青苔。耳畔紅牙伎。對壘通宵賽。

【涼草蟲】舉巵纔暢懷。露涼蟲韻改。東方白曉星在。且收拾琴樽返棹哉。黑甜聊快。等月印山塘還呼酒伴重來。（太霞新奏）

閨　情翻新水令北詞

【南正宮刷子序犯】一線枕鴛痕。嬌香稚蕊。紅膩常湮。自感病年來。幾度夢裡經春。離人。撥篆鼎閒支頰暈。排爻卦微呈甲筍。繡窻淺印。〔玉芙蓉〕剖芳懷。唾絲零吐積絨痕。

【山漁燈犯】舊啼斑。前番恨。蝶慘蜂愁。今次逾狠。心疼起只辨雙顰。憑誰軟詢。覷陌上所在桃飛隕。垂楊絮半惹車塵。筈紋。與東皇砌茵。腰摺乍減瀟湘水。厭彈那雀釵壓楚雲。長日悶。就屏山試盹。〔玉芙蓉〕惱黃鶯。樹頭作意囀加頻。

【普天樂犯】耳輪熱。全無準。蘭閣悄懨懨困。釧鬆金肌削羅衫。孤燈炙静鎖重門。

風浪阻藍橋信。曉霧濃蒸天台隱。料潘郎烏髮霜勻。識破消渴寡恩。〔玉芙蓉〕體原羸。帶圍應已似休文。

【朱奴兒犯】怯暮雨含聲斷魂。捱晚照淡烟疎粉。玉鏡臺空鳳簫窘。想薄倖彼厢標韻。花月陣。被青樓攬渾。〔玉芙蓉〕指銀瓶。放歌沉醉擁猩裙。

【尾聲】歸時節假不聞。把害過相思正本。罰他久跪床邊慢處分。（太霞新奏）

憶　舊〔二〕

【南中呂瓦盆兒】瞥間。又早落紅滿地晚春天。〔三〕愁黯黯恨綿綿。惱一番蜂鬚蝶翅攢韶年。最無奈倚林亭。淒斷了啼鵑。只辦取悶支頤。撥殘獸鼎烟。詫香塵糝盈琴面。幾時得訴離悰。却枕匾綮金釧。嗟病體日旰止貪眠。

【榴花泣】閒將往事細推原。何心去整花鈿。鳳釵敲損雀鬟偏。殘粧儘膩瘦臉淚常懸。出聲害憒。這人兒漸已生㐅變。濕胭脂淺暈桃腮。裙摺縐石榴羅軟。

【喜漁燈】怎堪。静鎖深庭院。没處遣。鴛鴦拆翡翠巢顛。兩葉眉可憐。可憐怕覩雙飛燕。還羞種偶蒂嬌蓮。燈前。合歡帶剪。覓黄耳音書倩傳。

【尾聲】風流子在那邊。欲待尋他夢裡言。復恐陽臺驛路遠。（太霞新奏）

離恨翻北詞

【南仙吕入雙調步步嬌】露點幽花良宵靜。天湛銀河耿。金蟾遞小亭。雨過涼侵。敗葉敲井。對景漫傷情。鸞釵彈鬢慵梳整。

【江兒水】籟寂房櫳悄。披衣出户行。那禁自遣越孤另。惹下新愁如牽綆。到來舊語空廝訂。慘淡偏歸機警。倚遍雕闌。徹曉銅壺難聽。

【園林好】十分債渾償九停。一夜永纔交二更。屈指歸期不定。頻感嘆可千聲。怎巴得唾窗明。

【五供養犯】哀鴻度嶺。月掛烟消兔彩斜横。縞輝鋪萬里。半縷白雲凝。剛遮斗柄。似懶見鴛闈人冷。鳳侶分飛乍。日漸凛於冰。〔月上海棠〕卒歲含顰。逐朝癡等。

【川撥棹】從親並。没些兒爽志誠。把喬才氣命看承。把喬才氣命看承。當珍珠百忙手擎。直將人草芥輕。您須防暗有靈。

【錦衣香】賭呪先。終着應。起念虧。神潛鏡。幾番攬斷柔腸。淚沿粉頸。叫名狠罵轉心疼。鐵肝頓撇。海誓山盟。做臨州邑令。俺却非盧水蘇卿。誰喚王魁醒。悶殺桂英。虛脾太劣。俏龐猶省。

【漿水令】這楚況何曾慣領。往常間所事依憑。到今失信悔難勝。冤家短壽。浪想前程。姻緣簿。成畫餅。蓮鈎久謝紅芳徑。香銷盡。香銷盡。繡幃篆鼎。塵包裹。塵包裹。錦瑟瑶箏。

【尾聲】西風也效郎薄倖。透隙吹殘背枕燈。倒少了箇陪怨女支床憔瘦影。（太霞新奏）

私　期翻元詞

【南中呂泣顏回】雲雨會巫峽。悄赴良宵幽耍。玉樓蟾砑。庭柯冷噪棲鴉。多嬌忌媽。料殘粧卸嵩收奩罷。步苔墀轉過蘭窻。止不住膽驚心怕。

【前腔換頭】音遐。擬喚㈢小名咱。又恐別人猜訝。荼蘼一架。潛踪久候難□。侵衫露洒。這佳期約準將儂掛。豈貪眠頓爾相忘。伏塚在尾生橋下。

【太平令】懊恨無涯。恰對星光暗詛他。忽聞咿軋門開鑄。忙着眼覷如花。

【前腔】臉襯紅霞。怯嫩腰肢素縞丫。嫦娥試與權聲價。還覺道您撐達。

【風入松】懷兜抱緊俏纖娃。揾桃腮細語輕撾。兩情狠處懽勾搭。地作氈月為銀蠟。比昨夜綢繆愈加。終是個女孩家。

【前腔】好風吹綻牡丹芽。儘狂蜂逗損裙紗。香茶遮吻甜津化。螺髻散金蓮頻靸。未造到靈犀點葩。輒半晌遍身麻。

【尾聲】臨回再囑些兒話。勿明晚來遲惹罵。俺專聽芭蕉葉上打。（太霞新奏）

春　恨

【南南吕懶畫眉】落瓣輕黏暖絲香。軟蝶翻翎過短牆。玉罏霏篆縷初長。管領經春放。倦把蛾眉掃病妝。

【五更轉】蹇被却。東君枉。無言暗裡傷。從前絮語通虛誑。冶面低回。踏殘烟莽。憑裘馬。殢酒爐。垂條傍。雲朝雨暮縈懷想。弔影重幃。幾般幽況。

【浣溪沙】慾海狂。恩山壯。罄捫來咫寸包藏。出垣樹擬偷香掾。臨鏡花猜傅粉郎。没事謊。恠喜鵲簷頭又饒舌。俺今番不信伊行。

【東甌令】心纔遣。意偏慌。惡詫聲兒已受當。風流伎倆搜尋廣。驀地忖都勾帳。順情霜管解商量。和淚寫衷腸。

【節節高】浮埃砌瑣㈣窻。冷牙床。容華不似先時樣。慵嬉賞。紫燕雙。黄鶯兩。繡屏錦幕權收掌。陽臺路遠空悽愴。穩盼佳期會鸞凰。箇中一任閒人講。

【尾聲】挑燈織字徒勞攘。跳愁籓且支暈釘。潛等待推窗月下響。（太霞新奏）

送　歡

【南南吕針線箱】進別觴遠山將暮。紅淚染征衫似雨。忍瞧伊瘦臉天涯赴。雪景漸迷村塢。多才身去心休去。薄命形孤夢肯孤。挑燈炷。捱單衾獨枕。短嘆長吁。

【前腔】十里亭款君不住。且聽俺臨岐囑取。早晨間要把風寒禦。湯茗趁時調護。日偕謹厚良朋處。晚覓温存熟店居。他鄉路。戒飲餐生冷。脱换巾襦。

【解三酲】陡卸了汴梁中土。却轉到本貫桑廬。那一川浪倦江淮渡。宜緊避莫輕趨。野花陌草從今拒。濫酒閒茶免再沽。相思簿。有青鸞討信。赤鯉傳書。

【前腔】凍磧彩鴛難久聚。煖水平分比目魚。恨連綿砌滿柔腸肚。空掩帕枉牽裾。雁歸紫塞人淹楚。郎戍蕭關妾在吴。招嫉妬。閃香魂撘斷。媚眼流枯。

【尾聲】待説些傷情句。横身倒向您身哭。則被這狠性哥哥捽上途。（太霞新奏）

春　景翻北詞

【南黄鍾畫眉序】花信曉風微。燕子營巢雨初霽。領韶光藻爛。淑景舒遲。鎖烟隰翠蘚凝韲。盛露井碧桃拖淚。暖曦。釀取行春意。争出四郊探莚。

【前腔】紅蠟海棠垂。芍藥鉛華粉腮膩。更胎含荳蔻。頰展荼蘼。蔭虛塢石竹摇玕。攢矮架玫瑰錯綺。競奇。錦片週遭砌。車馬約横十里。

【前腔】遊覽趂晴陂。野寺村帘雅粧〔五〕綴。過三叉小徑。九曲長堤。紛撲扇柳絮團輕。軟襯罣莎裀疊細。恍疑。所在非人世。除却閬瀛難擬。

【前腔】樓閣敞繁菲。並捲珠簾集釵履。儘遺鈿遶陌。鬭草臨溪。蝶鼓翅蘭蕙畦邊。蜂鬧響薔薇屏裡。瘦鸝。囀罷穠陰際。鴛偶靜眠葭葦。

【神仗兒】鸚哥巧慧。鸚哥巧慧。雕籠試嘴。把嬌癡欸𡀔。記賞元宵幽致。流連忽屆。禁烟節矣。憑恣耍暢忘歸。

【前腔】皀舟穩繫。皀舟穩繫。迴塘別邸。簇雲鬟幾隊。看了鞦韆狎戲。笙簫迭奏。玳筵排比。拚秉燭夜深回。

【滴溜子】霓裳按。霓裳按。舞衫趁體。歌塵惹。歌塵惹。腔凑板齊。士女成群喧沸。瑶臺羯鼓催。陳觴薦篚。艷朶簪頭。螺髻壓低。

【前腔】沉酣後。沉酣後。冶情備侈。睃妖臉。睃妖臉。着處眼迷。笑語吴娃佳麗。雪膚映紫衣。柔香暗委。黛點雙蛾。腰玉半圍。

【雙聲子】丹唇啟。丹唇啟。齒白秋波媚。蓮步移。蓮步移。帶裊湘裙翳。綵袖欹。綵袖欹。素手携。素手携。向阿房瑣闥。繡枕羅幃。

【前腔】琴諧美。琴諧美。好副鸞凰配。一刻嬉。一刻嬉。慣捨千金費。日漸西。日漸西。客早稀。客早稀。忍聽他泣血。樹杪啼規。

【尾聲】芳魂每仗鶯呼起。直迤逗更闌甫睡。正是惜卉晨興臥月遲。（太霞新奏）

山居清況

【南仙吕入雙調步步嬌】萬點飄零堆榛莽。乳燕巢新刱。春歸直恁忙。綠掩關河。陌絮黏網。搔首惜流光。從前悔落紅塵障。

【醉扶歸】喜垂綸恰有溪橋傍。數椽兒小築面平岡。列幾樹緋桃遶山莊。愛枝頭啾唧禽諧響。安頓着蒲團竹几。靠西窗。更壁間展幅楞伽像。

【皂羅袍】啜茗輕烟摇颺。覰殘編古軸。疊滿藤床。静中却想少年塲。驀然冷笑都成謊。踏青拾翠。牽黄引蒼。苦耽徵逐。那禁細嘗。總輸一枕梅花帳。

【好姐姐】人間。夏日轉長。午夢醒臨書技癢。俄驚剥啄。恐尋識字揚。支鳩杖。暫啟棘扉探幽賞。隨意琴棋儘不妨。

【香柳娘】恠鶴雛未還。恠鶴雛未還。倚門凝望。隔坡牧笛迎風亮。問生涯太侈。問生涯太侈。五柳百枝桑。池蛙侑村釀。懶懸金肘後。懶懸金肘後。揮膏似漿。鬢毛雪上。

【尾聲】客星稔得羊裘况。聖主空憐幽谷芳。只怕雲深没處訪。（太霞新奏）

贈曾姬

【南南吕巫山十二峰】〔三仙橋〕墜葉霜飈緊後。感騷魂墨痕瘦。虚關晝掩。細敲疑送酒。〔白練序〕窺竇。是子猷。猛捉臂同登湖上舟。烟□溜。城南古曲。畫欄朱牖。〔醉太平〕奇遘。桃源洞口。仗青鸞引入。恰撫筊篌。真珠半捲。歡迎處滿座凝眸。嬌羞。〔普天樂〕嫣然玉映深閨秀。一點多情終堪剖。暈韶腮醮雨新榴。裊纖軀欹風嫩柳。疊華裀欵飛蝶綴枝頭。〔征胡兵〕鷛鷟慢囀籠香袖。翠娥喜緺。自憐價湧章臺。近庚方十九。〔香遍滿〕占梁塵扇月。五陵識面周。誰知您係謫流。可甚日良緣凑。〔瑣窗寒〕悄人叢媚眼頻丢。裙帶輕挼悃暗投。露春尖拂盞。注茗親兜。〔劉潑帽〕怕鮿生福少難消受。乏佩留。半幅兒烏絲有。〔三換頭〕忙中着閒。偶逢如舊。沙家别種。却成群漫謅。攬亂求凰琴瑟。這其間怎就把。病文園與伊厮摟。〔賀新郎〕恨無端横解鴛鴦扣。歸徑折。野英繡。〔節節高〕棲鴉暮靄收。冷秦樓。行雲日斷高唐岫。靈犀走。緑蟻篘。青驄騾。天台再許劉郎逗。〔東甌令〕低低按拍淺斟甌。才貌各殊尤。

【尾聲】背蘭缸偷花手。温柔香裡寄浮漚。肯效叱馭羊腸侈壯遊。（太霞新奏）

青樓貽恨 翻北詞〔六〕

【南正宫玉芙蓉】紅舒臉上桃。翠展眉間柳。覷肌溶粉膩。鬢彈雲稠。纖長帶綰金雙釦。窄小鞋弓玉半鈎。腰圍瘦。約珍珠臂韝。據丰標止應蘭館貯嬌羞。

【刷子序】歌臺賺留。經年殢取。酒觶茶甌。昨夜新歡。今朝又阻行舟。温柔。這裏紅裙翠袖。那壁廂蜂迷蝶瘦。緊摩弄火熱心腸。業障兒無了無休。

【雁來紅】〔雁過沙〕機關勸你收。捨身崖莫更投。迷魂洞作急丢開手。陷人坑趂蚤忙回首。色褪三春不耐秋。〔紅娘子〕宜速搆。雲深小樓。是葉落歸根候。

【朱奴兒】愛潭女詞憐少遊。癡通叔硬趕蘇舟。兩箇奇緣意表兜。没添貨偶然厮就。纔消受。鸞衾鳳裯。再肯向嗚珂走。〔七〕（吴騷合編）

擬元帝餞明妃〔八〕

【南中呂好事近】〔泣顔回〕貂錦换宫粧。轉勝圖中描樣。新愁夙枉。生拆寶殿鴛鴦。〔刷子序〕拴裝。兩下相看悒怏。秦城外倦柳凄涼。〔普天樂〕斜日映灞川渡廣。怪琵琶寫恨。舉目沾裳。

【錦纏道】韻堪傷。一闋兒陽關緒長。滿酌捧霞觴。殢樽前堪憐淚眼雙雙。欵呼韓情調半晌。心先赴李陵臺傍。直恁趲程忙。朝陽雨露。初心肯頓忘。舞謝纏頭錦。恐驚飈吹散舊餘香。

【普天樂】夢魂遊。青苔巷。缺鏡杳風流況。揣今朝出塞昭君。甚年似蘇武還鄉。邊材浪養。做了别姬楚項。送女吴邦。

【古輪臺】累娘行。辭家背井赴龍荒。怎堪臨去回頭望。角聲悲壯。更旆影悠揚。白草平鋪沙壤。車輓餱糧。馬馱氈帳。欲追携手話河梁。蜂攢迅往。怕鑾輿返到咸陽。繞階鏄墜。掖庭漏永。寒蛩泣露。冷暈惹紗窗。不思想。除非鐵冶鍛剛腸。

【尾聲】美人軸掛屏山上。權作挑燈照粉龐。忍聽南來孤雁響。（吳騷合編）

按：蔣氏舊譜，載東野翠煙消一曲，題口好事近，實則泣顏回也。詞隱新譜亦云，詳查舊板戲曲，皆以泣顏回為好事近。固知好事近，特後人惡泣顏回之名而更之者耳。風月兩無功一體，原犯普天樂、刷子序者，而時本單刻泣顏回，不註二犯調，亦猶新篁池閣之混刻為梁州序，而不知犯賀新郎，糠和米之混刻為孝順歌，而不知犯江兒水也。今墨憨齋定名顏子樂，頗稱允協，但未敢於譜外別增名目，故凡泣顏回本調，向來誤刻者，悉還原名，而人去莫登樓諸曲，則照譜明注，而仍以好事近名之。蓋好事近原無別體，吾安知此體之非確然為好事近也。嶺樵識。

〔一〕此套亦見吳騷合編。

〔二〕首句吳騷合編作「落紅滿地驀忽又早晚春天」。

〔三〕「喚」，原作「換」。

〔四〕「瑣」，原作「鎖」。

〔五〕「粧」，原作「妝」。

〔六〕太霞新奏題作「勸妓從良」，注云：「翻一枝花北詞。」

〔七〕原注：「尾聲無」。

〔八〕此曲亦見太霞新奏，曲牌作〔顔子樂〕。

王化隆

王化隆，號真如子，四川廣漢人。由貢生官主簿。著有諺謨一卷、曲典一卷及真如子醒言等。

小令

忠孝節義門

【南雙調錦堂月】

孝中郎

簾幙風柔。庭幃晝永。朝來峭寒輕透。親在高堂。一喜又還一憂。惟願取百歲椿萱。常似他三春花柳。〔合〕酌春酒。看花下高歌。共祝眉壽。

【南南吕宜春令】

孝中郎

雖然讀萬卷書。論功名非吾素期。只愁親老。夢魂不到春闈裡。便做到九棘三槐。怎撇得萱花椿樹。我這衷腸。一點孝心對誰語。

【南仙吕甘州歌】(二)

孝中郎

衷腸悶損。嘆路途千里。日日思親。青梅如豆。難寄隴頭音信。高堂已添雙鬢雪。俺旅次空瞻一片雲。〔合〕途中味。客裡身。争如流水繞柴門。休回首。欲斷魂。數聲啼鳥不堪聞。

【南商調金索掛梧桐】

孝中郎

孩兒雖暫離。須有日回家裡。奴有些釵梳。且解當充糧米。教傍人道媳婦。每有甚差池。致使公婆争鬭起。他心中愛子。指望他功名就。他眼下無兒。怎不埋怨你。難逃避。兀的不是從天降下這災危。空争着閒是閒非。争甚麼閒是閒非。只落得雙淚垂。

【南南吕三仙橋】

孝中郎

一從他每死後。要相逢不能彀。除非夢兒裡。暫時略聚首。若要描描不就。暗想像教我未描先淚流。描不出他苦心頭。描不出他飢症候。描不出他望孩兒的睁睁兩眸。只畫得他髮颼颼。和那衣衫敝垢。休休。若畫做好容顏。須不是趙五娘的姑舅。

【南南吕懶畫眉】

孝中郎

春秋祭掃禮非愆。事死如生孝乃全。先朝崇祀感幽潛。須知臣庶猶追遠。安得帝寢皇陵獨悄然。

【南正宫普天樂】

孝中郎

兒夫一向留都下。只有年老爹和媽。弟和兄都無一箇。奴身獨自看他。歷盡苦誰憐我。怎説得那不出閨門的清平話。若無糧我也不敢還家。怎忍見公婆受餒。嘆奴家命薄。直恁折挫。

【南南吕梁州新郎】

孝中郎

薔薇簾箔。荷花池舘。一點風來香滿。湘簾晝掩。爐銷寶篆沉烟。謾有枕欹寒玉。扇動齊紈。怎遂得黄香願。猛然心地熱透香汗。我欲向南窻一醉眠。金鏤唱。碧筒勸。向冰山雪巘排佳宴。清世界。幾人見。

【南仙吕入雙調江頭金桂】

孝中郎

非是我聲吞氣飲。只爲你爹行勢逼臨。他知我要歸去。將咱厮禁。因此上欲言聲又噤。我待解朝簪。再圖鄉任。他不隄防着我。須遣我到家林。我和你雙雙兩人歸晝錦。我雙親暮景。雙親暮景。存亡未審。只怕鴈杳魚沉。又不是烽火連三月。真箇家書抵萬金。

【南仙吕解三酲】

孝中郎

嘆雙親把兒指望。教我讀古聖文章。似我會讀書的倒把親撇漾。少甚麽不識字的到得終奉養。我只爲書中自有黄金屋。教我撇却椿庭萱草堂。還思想。畢竟是文章誤我。我誤爹娘。

【南商調黄鶯兒】

孝荆釵

父喪母勞形。念深恩最感情。奈何人事不相稱。非學未精。非才未成。爲五行不順男兒命。細論評。黄金滿籯(三)。不如教子一經。

【南南吕三學士】

孝香囊

只得含情從母命。早辦行李登程。事親未得榮三釜。教子空勞授一經。但願錦衣歸定省。忠和孝兩盡情。

【南仙吕入雙調江頭金桂】

忠香囊

爲學本希賢希聖。幸遭逢起一經。誰想權臣當道。操弄國柄。把忠良牢陷穽。因此疏奏承明。要除邪佞。却被奸謀謫貶。遠塞監兵。飄飄這身一羽輕。謾尤人怨己。榮枯有命。論人生。須信是弱草棲塵也。留取丹心照汗青。你自負胸中耿耿。况龍頭屬老成。自古道爲人臣子。須盡忠鯁。怎辭得烹五鼎。你既身在朝廷。敢圖家慶。只得向黄雲白草。萬里邊城。把諸番虜塵都掃淨。看呼韓稽顙。單于繫頸。樹勳名。也知蘇武空持節。須信終軍枉請纓。

【南仙吕甘州歌】

忠香囊

殘星破冥。想夜寒關隘。未有雞聲。歸心如箭。怎憚路途馳騁。丹衷尚存容鬢改。持節還鄉悲子卿。瞻親舍。脱虜庭。遥隨星斗向南征。趨王命。還帝京。腰横長劍氣峥嶸。

【南越調祝英臺】

節中郎

把幾分春三月景。分付與東流。啼老杜鵑。飛盡紅英。端不爲春閒愁。休休。婦人不出閨門。怎去尋花穿柳。我花貌。誰肯因春消瘦。

【前腔換頭】

節中郎

知否。我爲何不捲珠簾。獨坐愛清幽。縱有千斛悶懷。百種閑愁。也難上我的眉頭。休憂。任他春色年年。我的芳心依舊。我這文君。可不擔閣了他相如琴奏。

【南中吕馬蹄花】

節玉玦

雲擾山東。劉項持兵鹿窮。念我家如墜甑。命比游魚。跡類飄風。不辭血染會稽鋒。肯將名污高唐夢。且休猜逐水浮花。也須知傲雪貞松。

毒霧漫空。故國荆扉一夢中。念我身當衣緑。手習流黄。心愧啼紅。就刑融女可全忠。突圍荀灌非無勇。願俱亡不負傾葵。肯偷生去學飛蓬。

【南大石調念奴嬌序】

義中郎

孤影。南枝乍冷。見烏鵲縹緲。驚飛棲止不定。萬點蒼山。何處是修竹吾廬三徑。追省。丹桂曾攀。嫦娥相愛。故人千里謾同情。惟願取。年年此夜。人月雙清。

愁聽。吹笛關山。敲砧門巷。月中都是斷腸聲。人去遠幾見皓魄虧盈。惟應。邊塞征人。深閨思婦。怪他偏向別離明。惟願取。年年此夜。人月雙清。

【南中吕馬蹄花】

義中郎

爲國求賢。文運攸關豈小緣。須是權衡不昧。水鑑無私。日月高懸。休教季子汗歸顏。當令社宰榮新薦。醒雙眸暫息黄流。耀孤明慎擇青錢。

禹拜昌言。至教親承忽灑然。念此珍如珠玉。益似參苓。妙比韋弘。蕩除疑礙性天寬。頓開昏塞情山偃。佩良謨肌骨常銘。締深盟膠漆同堅。

【南商調高陽臺】義中郎

宦海沉身。京塵迷目。名韁利鎖難脱。望斷家山。空勞魂夢飛越。閑聒。閑藤野蔓休纏也。俺自有正菟絲親瓜葛。是誰人。無端調引。謾勞饒舌。

【前腔換頭】義中郎

非別。千里關山。一家骨肉。教我怎生拋撇。妻室青春。那更親鬢垂雪。差別。寒微敢自稱君子。誤淑女謾勞提接。滿皇都。名家無數。豈必卑末。

【南仙呂桂枝香】義中郎

危絃已斷。新絃不慣。舊絃再上不能。待撇了新絃難捹。待更調再鼓。更調再鼓。

又被宮商錯亂。非干心變。這般好凉天。正是此曲纔堪聽。又被風吹別調間。

【南南吕紅衲襖】

義中郎

我有箇人兒在天涯。只落得臉銷紅眉鎖黛。我本是傷秋宋玉無聊賴。有甚心情去戀着閑楚臺。三分話兒只恁猜。一片心兒只恁解。若還提起那籌兒也。撲簌簌珠淚滿腮。

【南商調二郎神】

義中郎

容瀟洒。照孤鸞嘆菱花剖破。記翠鈿羅襦當日嫁。誰知他去後。釵荆裙布無些。他金雀釵頭雙鳳彈。可不羞殺人形孤影寡。説甚麽簪花捻牡丹。教人怨着嫦娥。

【前腔換頭】

義中郎

嗟呀。他心憂貌苦。真情怎假。只爲着公婆珠淚墮。我公婆自有。不能彀承奉杯茶。你比我没個公婆承奉呵。不枉了教人做話靶。你公婆。爲甚的雙雙命掩黄沙。

【南商調黄鶯兒】

義中郎

一樣做渾家。我安然伊受禍。你名爲孝婦我被傍人駡。公死爲我。婆死爲我。我情願把孝衣穿着。濃粧事多磨。冤家到此。逃不得這波查。

感慨悲歌門

【南南吕懶畫眉】

强對南薰奏虞絃。覺指下餘音不似前。那些個流水共高山。只見滿眼風波惡。似離

別當年懷水仙。中郎

頓覺餘音轉愁煩。似寡鵠孤鴻和斷猿。又如雙鳳乍離鸞。猛地裡殺聲在絃中現。敢

只是螳螂來捕蟬。中郎

日暖藍田玉生烟。似望帝春心托杜鵑。好姻緣翻作惡姻緣。只怕眼底知音少。争得

鸞膠續斷絃。中郎

【南大石調念奴嬌序】

長空萬里。見嬋娟可愛。全無一點纖凝。十二欄杆。光滿處涼浸珠箔銀屏。偏稱。

身在瑶臺。笑斟玉斝。人生幾見此佳景。惟願取。年年此夜。人月雙清。中郎

【南南吕紅衲襖】

我穿的是紫羅襴到拘束得俺不自在。我穿的是皂朝靴怎敢胡去踹。喫幾口荒張張要

辦事的忙茶飯。手擎着戰兢兢怕犯法的愁酒杯。到不如嚴子陵登釣臺。怎做得揚子

雲閣上災。只管待漏隨朝。也碌碌的頭早白。中郎

【南仙吕入雙調步步嬌】

只見黄葉飄飄把墳頭覆。廝趕的皆狐兔。爲甚松楸漸漸疎。却原來苔把磚封。笋迸泥路。道是難保百年墳。教誰添上三尺土。中郎

【南仙吕桂枝香】

經由遠道。力疲筋弱。可憐在逆旅之間。况值此天光冥了。盼前村又遠。前村又遠。尋宿不到。重門擊柝。起更樵。若不是黄昏也。這朱門怎敢敲。班超

聽他言道。令人傷悼。絮叨叨無限悽惶。訴不盡離愁多少。向紗窗隙處。紗窗隙處。窺他容貌。敢是女娘分曉。留他過今宵。他也是愁無奈。因此把蓬門帶月敲。班超

【南商調集賢賓】

黄昏古驛人静悄。坐來寒氣瀟瀟。破壁殘燈和雨照。惟瘦影孤形相吊。容顔漸槁。何日裡得寬懷抱。心似搗。爲子婦離愁多少。香囊

初更畫角聲梟梟。聽敲窗敗葉風飄。月暗江天孤鴈叫。嘆絶塞音書難到。西堂夢杳。

吟不就池塘春草。心似搗。爲手足離愁多少。香囊

【南中吕泣顔回】

山水鬱蒼蒼。覩風景忽憶周郎。曹瞞昔日。曾於此挫折鋒鋩。嘆英雄已亡。這清風明月常無恙。且休誇横槊吟詩。也空勞釃酒臨江。四景

【南南吕紅衲襖】

你本是搊管的紫薇堂國士儔。運斤的丹鳳樓天匠手。只爲艷笙歌糊塗了金石奏。濫杯觴沉溺了鐘鼎謀。管甚麽王仲宣難上樓。曾子輿不蔽肘。你不到烏江不肯休。玉玦

他那紫金釵是殺人的兩刃矛。翠雲翹是陷陣的三尖胄。羅網般迷魂衾與裯。酖毒的奪志觴和豆。鐃你鄧通錢無剩留。便做顔子才遭讒詬。不是冤家不聚頭。玉玦

警悟解脱門

【南商調集賢賓】

光陰百歲如夢蝶。回首往事堪嗟。昨日春來花又謝。急發盞夜闌燈滅。秦宫漢闕。

但衰草牛羊平野。無話説。儘費了漁樵周折。玉玦

【南商調鶯啼序】

人生迅速坡走車。上牀與鞋履相别。喜紅塵不到門前。青山正補牆闕。又屋角偏遮緑陰。雅稱我竹籬茆舍。鳩〔三〕計拙。胡蘆提且教粧呆。玉玦

【北雙調新水令】

萬松林下結黄茅。碧山圍白雲籠罩。跨清溪獨木橋。水禽飛野猿哀叫。奏一曲雲璈。唱一曲雲璈。頃刻間衆仙來到。雙忠

【南仙吕入雙調步步嬌】

滿地香風松花老。石徑穿瑶草。長生藥一瓢。虎守柴關。鶴窺丹竈。日月杖頭挑。自覺乾坤小。雙忠

【北雙調折桂令】

駕輕車出入皇朝。食有珍饈。衣有金貂。未免得終日勞勞。浮生擾擾。夜夜朝朝。

心坎上煩煩惱惱。耳邊廂絮絮叨叨。只怕你有福難消。有家難奔。有命難逃。雙忠

【北雙調鴈兒落帶得勝令】

穿一領破襤褸粗布袍。也强似你團花襖。戴〔四〕一方烏角巾。勝過你簪花帽。你道是眼明猶識陣雲高。終日間袛金革挽弓刀。總不如蘇門嘯。又不及五湖逃。分毫。比不得松菊陶潛傲。逍遥。把一個利名關打破了。雙忠

按：曲牌原僅書〔雁兒落〕，兹補。

【北仙吕點絳唇】

翠竹山房

四壁啾啾。揚翎震喊。如逢冦。此聲依舊。何處平章鬬。

倚角鴻溝。名利成誰有。須回首。幾番霜後。問道君安否。

【北雙調清江引】

翠竹山房

娑婆衆苦誰能曉。輪轉何時了。煎熬釜内魚。繫縛籠中鳥。勸世人早回心歸去好。

西方極樂誰能曉。永斷諸煩惱。高超非想天。况復蓬萊島。勸世人早回心歸去好。

【北仙吕後庭花】

只愛着錦堂春風景好。那裡管月華沉天色曉。假饒千載常如是也。便儘風流擔子挑。正逍遥。猛可裡做水痕兒微泡。戲棚兒收拾早。弄虚脾猢猻圈套。有幾個夜與朝。報閻王柬帖兒招。形骸槁。鬢髮焦。一場兒没下稍。曇花

套　數

孝中郎

【南正宫鴈漁錦】思量。那日離故鄉。記臨期送别多惆悵。携手和那人不厮放。教他

好看承我爹娘。料他每應不會遺忘。聞知饑與荒。只怕捱不過歲月難終養。若望不見我信音。却把誰倚仗。

【二犯漁家傲】思量。幼讀文章。論事親爲子也須要成模樣。真情未講。怎知道喫盡多魔障。被親强來赴選場。被君强官爲議郎。被婚强傚鸞凰。三被强。我衷腸事説與誰行。埋怨。難禁這兩廂。這壁廂道咱是不撑達害羞的喬相識。那壁廂道咱是不覩親負心的薄倖郎。

【二犯漁家燈】悲傷。鷺序鵷行。怎如那慈烏返哺能終養。謾把金章。綰着紫綬。試問斑衣今在何方。斑衣罷想。縱然歸去。又恐怕帶麻執仗。只爲他雲梯月殿多勞攘。只落得淚雨如珠兩鬢霜。

【喜漁燈犯】幾迴夢裡。忽聞鷄唱。忙驚覺。錯呼舊婦同問寢堂上。待朦朧覺來。依然新人鸞幃鳳衾和象牀。惟是怨香愁玉無心緒。更思想。被他攔擋。教我怎不悲傷。俺這裡歡娱夜宿芙蓉帳。他那裡寂寞偏嫌更漏長。

【錦纏道】謾悒怏。把歡娱翻成悶腸。菽水既清凉。我何心貪着美酒肥羊。閃殺人花燭洞房。愁殺人掛名金榜。魆地裡自思量。正是歸家不敢高聲哭。猶恐猿聞也斷腸。

王化隆

諺謨曲典序

世諦之言，符於實相。芻蕘之言，擇於聖人。是故禹拜昌言，而舜察邇言。拜昌言易，察邇言爲尤難。人忽之，舜察之，此其所以稱大知也。謀臣以牛後悟主，衲僧以飯袋得心，則不必聖經賢傳，錦字瑶編，取其足以利人而已。至於排場戲曲，古詩古樂府之餘音也。盛行於元，流通於今日，慧業文人與庸夫孺子，所共傳唱，而媮情者也。奈何淫蕩猥媟之語，雜於其間，人衹以侑壺觴供笑謔而不知，反而後和被圍而援琴。是日哭而不歌，歌，固宣尼平日所不廢矣。乃摘其有裨風化者約爲三科：一曰忠孝節義。二曰感慨悲歌。三曰警悟解脱。庶幾旁敲暗擊，亦娑婆世界以音聲爲佛事，先以欲鈎牽後令入佛智之一端也。噫，抱七年之沉疴者，俟黄於牛喉，割膽於蚺腹，採雲母於廣連之陰谷，鑿空青於越峻之銅崗，不勝其得之之難而療病者。顧昭昭乎目前，古所謂善爲醫者，徧地皆良藥也。寶訓日陳於闤市，金諾時播於梨園。孰爲諺乎？孰爲曲乎？吾於是謨之，典之。翠竹山房真如子識

〔一〕「甘州歌」，原作「八聲甘州」。下同，不另注。
〔二〕「籯」，原作「羸」。
〔三〕「鳩」，原作「鴇」。
〔四〕「戴」，原作「帶」。

丁惟恕

丁惟恕，字心田，山東琅邪（今諸城）人。丁綵四子。所著續小令集，自刻於崇禎十三年（一六四〇），有崇禎十年鍾羽正序，云其「投老歸田，娱情述作」。生卒年不詳。

小令

【北雙調水仙子】

山居

有花有酒且消愁。有山有水且藏頭。虛名虛利乾生受。守本分莫强求。坦胸襟樂以忘憂。培植我門前五柳。修理的三徑清幽。是非話一筆全勾。

【北雙調仙子步蟾宫】

山光水色列幃屏。竹影松陰映早庭。春花秋月催詩興。占白雲對翠峰。伴幽人野叟山翁。安樂處乾坤静。笑談間眼界空。且任我自在從容。且任我自在從容。酒共知音。詩會良朋。案積圖書。室藏丹藥。爐煑黄精。種一畦陶潛菊清香簇擁。懸一軸王維畫秀色朦朧。壁掛絲桐。門遠塵纓。蓬島襟懷。雲水心情。

葛巾釃酒醉顔酡。草履登山逸興多。荷衣度歲塵俗破。拖青藜撥翠蘿。覓漁樵笑語呵呵。蝶板花間舞。鳥聲林外歌。隱岩穴快活多多。隱岩穴快活多多。不費經營。不事奔波。居有松篁。遊有鹿豕。隨有琴鶴。飲一盅清淡淡茶烹白雪。釣一會活潑潑魚躍清波。老懶蹉跎。歲月消磨。信步逍遥。對景吟哦。

山田薄地負輕犁。淡飯粗茶着短衣。漁磯繡水隨心意。甘淡薄還自喜。知人生命運難齊。空費了千謀百計。都做了畫餅充飢。胡將就到是便宜。胡將就到是便宜。不羨奢華。不務精奇。俺只愛鶴舞松陰。雲埋古洞。鹿守荆籬。洩閑情屈指緑綺。遣悶懷緩步清溪。有子斑衣。弄孫含飴。樂事喁喁。笑語嘻嘻。

【南仙吕入雙調朝元歌】

花兮柳兮。柳底花香細。松籬竹籬。竹影松陰密。北海芳尊。東山美妓。這的是洞天福地。酒醉花迷。更喜林端山鳥啼。柳絮點春衣。飛花度野席。融融春日。又何須虛名薄利。

山居水居。良田數十畝。茅蘆草蘆。短牆三四堵。種竹臨溪。栽桑近路。護柴門幾行緑樹。學圃學農。不羡當年駟馬車。遣悶也觀魚。陶情也看書。漁樵牧豎。權當做鴛班鷺序。

【南商調集賢賓】

月落烏啼天欲曉。畫屏前殘燭猶燒。攲枕無言心上惱。冷清清檀麝烟消。那堪起早。人不來誰主容嬌。閑沐膏。怯梳頭亂挽雲翹。

秋　思

殘蟬泣露驚秋早。一天愁撮上眉梢。人在天涯音信杳。對西風無語魂消。腰肢瘦小。倚欄杆珠淚頻拋。人知否。我相思水遠山遥。

【南仙吕桂枝香】

從前恩愛。翻成〔二〕孽債。忘不了誓海山盟。掃不開愁攢眉黛。漸憔瘦形骸。漸憔瘦形骸。寬鬆羅帶。黄昏人静。珠淚盈腮。剛纔合眼三更後。天際薄情夢裡來。

中秋有懷

淒涼情况。暗傷秋望。淅瀝瀝竹底風來。冷清清松梢月上。這愁懷怎當。這愁懷怎當。眉頭不放。欄杆獨倚。淚汪汪。懷思迢遞人千里。愁聽翱翔雁幾行。

遠　望

輕風寒俏。自傷懷抱。扶病體强自支持。遣悶懷閑行登眺。望雲霓天高。望雲霓天高。青鸞不到。一懷苦緒。付青霄。難將心事逢人說。强陟高岡望路遥。

【南正宫玉芙蓉】

春

春風芳草香。麗日桃花放。載芳尊遊延晴光。花前題咏詩懷壯。柳下擎杯酒興狂。風光暢。鶯忙燕忙。韻悠悠引人入醉鄉。

夏

枝頭梅子黄。池内荷錢放。松篁裡雨過微凉。葵花絢色闌干上。榴火芳菲甬道旁。雲垂帳。山光水光。這其間詩酒興偏長。

秋

霜降水痕收。露冷黄花瘦。蓼花灘鷗鷺優遊。山山紅葉山山秀。處處白雲處處幽。邀朋舊。詩酒綢繆。景悠悠只見人在畫中遊。

冬

雲際落冰花。堆積袁安厦。看漁翁罷釣歸家。秀色可當王維畫。瑩潔堪烹黨姬茶。柴門下。詩家酒家。樂豐年半醉看梅花。

【南南吕懶畫眉】

丁惟恕

登樓愁見草萋萋。柳底黄鶯向妾啼。春光那用妾先知。關山阻隔人千里。妾心時在楚江西。

朝來早起怯梳頭。粧閣無情對鏡羞。懨懨弱體强登樓。憑欄無語雙眉皺〔三〕。野草閑花滿地愁。

春〔三〕郊楊柳亂飛綿。桃花歷亂李花殘。那人何處繫征鞍。落紅堆積愁無限。燕子啣來入畫簾。

連朝何事不聽鷄。應是悲秋懶待啼。兩行衰柳帶慘凄。風吹落葉飄香砌。堆愁堆悶菊花籬。

春來無計躱相思。又值紅英零落時。羅衣寬褪〔四〕減腰肢。眼底無限關心事。别館誰歌離恨詞。

【南商調集賢賓】

月落霜寒天未曉。是何人樓上吹簫。驚醒陽臺人去早。只落了一枕鮫綃〔五〕。餘香繚繞。薄倖人道路迢遞。弓鞋小。怎當得來往劬勞。

夢逢天際薄情種。驚覺人譙鼓三更。半幅羅衾獨自擁。恨只恨月色無情。穿窻弄影。照孤眠形影伶仃。户半扃。伏鮫綃兩淚吞聲。

【北雙調水仙子】

曉行有感

曉星殘月影清流。薄霧輕雲障緑疇。草烟花露侵衫袖。馬蹄輕芳草柔。杜鵑聲喚起離愁。青黛染山光瘦。遠樹連天際頭。料那人夢醒朱樓。

夏　景

嬌滴滴葵花出粉牆。嫩灼灼榴英映錦堂。香馥馥菡萏隨波漾。微雨過晚風涼。雲影開柳外斜陽。山水拱瀟湘樣。兒童歌信口腔。共知音酒獻霞觴。

【北雙調折桂令】

送　行

送行人西出陽關。行色匆匆。去路綿綿。一曲離歌。兩聲長嘆。幾陣心酸。淚兒多滴碎了芳心一點。話兒多訴不盡離恨千般。愁着他旅邸孤單。跋涉艱難。霧茫茫雲樹淒迷。遠迢迢山水瀰漫。

【北中呂紅繡鞋】

薄倖人飄蓬何處。自別來[六]不寄音書。迢迢去路淚模糊。碧梧霜葉老。黄菊影蕭疏。一樁樁都是我心上苦。

【南商調集賢賓】

寄柯荆石二曲

借問人生能有幾。可堪此長遠别離。阻隔雲山煙樹裡。幾年來不見丰儀。年將老矣。恨不能飛向雲霓。談心促膝。話一會契闊情誼。

故人别去天涯迥。不覺的幾换霜星。遥望雲山煙樹冷。空只見天外雲鴻。憂心耿耿。料故人千里同情。愁悶擁。怎禁當離恨重重。

見柯荆石卜餘稿

天風吹下卜餘稿。説不盡柏調清高。婉轉悠揚韻致巧。有唐元詞藻風騷。文章更好。

付山童好好收着。詞林寶。休當做俚語輕拋。

【南仙吕入雙調玉抱肚】

咏山莊

青山堪畫。繞村居幾樹桃花。近溪邊楊柳森陰。傍簷前松竹交加。烟霞深處更繁華。半是詩家半酒家。

青山雅秀。小茆棚儘可藏頭。坐槐陰坦腹南薰。浴石泉濯足東流。水聲琹韻兩悠悠。閑向溪邊執釣鉤。

山青水緑。蓋幾間矮矮茅廬。遶周遭翠竹青松。近藩籬黄菊蒼梧。醉翁衰鬢插茱萸。滿目秋光入畫圖。

千山擁護。趁青流錦繡規模。寒崖下梅蕋含香。荒郊外玉屑平舖。機心不動名利無。愛向山林結草廬。

【北雙調仙桂引】

曉窗開曙色映茅簷。曉雲收旭日照晴嵐。曉風輕緑柳垂金線。且藏頭雲水間。植松竹吐霧生烟。曲欄外奇花爛熳。小橋頭流水潺湲。行坐處地闊天寬。行坐處地闊天寬。迴避風波。遠離權奸。樂樂陶陶。悠悠蕩蕩。自自然然。也不管有勢的争長競短。也不管有力的撼海推山。俺閉口無言。袖手旁觀。日日白雲。處處青山。

一個家添足畫成蛇。一個家無風波浪疊。一個家節外生枝葉。俺須是迴避些。休認他巧語花舌。尋一塔青山緑野。蓋幾間茅簷草舍。修一處深谷岩穴。修一處深谷岩穴。也省得萬緒千頭。七嘴八舌。平白的地覆天翻。没來由大驚小怪。因甚的東擋西遮。門兒外閑是非咱不沾惹。心兒裡小乾坤常費周折。粧些痴呆。用些打疊。做學老衲閑居。消除了山鬼妖邪。

【南商調集賢賓】

老　況

白髮飄蕭年紀老。偏思想平素相交。誰料年來漸漸少。有幾人遠近相邀。重尋舊好。合伴兒到處逍遥。還當小。過今朝又約明朝。

【北雙調水仙子】

早抽身離了荆棘坡。早退步跳出蛇蝎窩。早回頭躲過豺狼禍。名利場是非多。急逃名不惹風波。茆屋上籠烟月。石牆頭掛薜蘿。也學個清浄哥哥。

【北中吕朝天子】

閑　況

熱烘烘炕頭。煖溶溶酒甌。邀幾個親合舊。山歌野調且消愁。往事閑窮究。虎戰龍争。烏飛兔走。有幾個能長久。名利心請收。是非心請休。也省的眉兒皺。

小院内風清。大樹下烟籠。不弱似神仙洞。東郊西市亂閧閧。好殺也不乾浄。獨坐長吟。陽臺午夢。竪修竹照日影。飲松茶一盅。歌新詩幾聲。遣悶懷陶逸興。

【北中吕滿庭芳】

嬌花亂飛。方纔冬暮。又早春歸。鶯簧蝶板蜂兒對。飛去飛回。霎時間時移景美。轉眼時霜染頭白。休辭醉。光陰過客。趁此飲千杯。

【南仙吕入雙調朝元歌】

花堤柳堤。媚色呈春氣。鶯兒燕兒。嬌語啼春日。我欲留春。春難留住。玉兔金烏轉遞。來往東西。催促流光似箭疾。人生七十稀。啣盃莫要遲。來年今日。知與誰同遊此地。

花飛柳飛。嬌染春光媚。鶯飛燕飛。歌聲縈醉客。一水環青。四山拱翠。好風光共成佳會。換斝傳杯。不飲酩酊不肯歸。烏兔走如飛。春光有幾回。功名富貴。躭閣了花香酒味。

朝求暮求。富貴頻迤逗。明愁夜愁。名利常牽誘。空費奔波。徒[七]勞機彀。枉爲閑愁消瘦[八]。惟酒忘憂。莫爲浮名效楚囚。日日聽歌喉。時時凝醉眸。金章紫綬。丢搭在耳傍腦後。

天空海空。海色天光映。山青水青。水洩山光影。詩寫閑情。酒添逸興。獨坐閑庭清淨。每有良朋。簷前翠竹共蒼松。也得大夫稱。也得君子名。優游樂境。且遂我疏狂情性。

【北雙調仙桂引】

高談闊論不投機。磬脊躬身反見疑。藏舌閉口生譏議。人情險世路岐。深閉門倒是便宜。養成了詩魔酒癖。逢人說鬼魅精魑。是非話箝口休提。是非話箝口休提。粧啞推聾。似醉如痴。不是使奸。不是弄乖。不是藏機。走不慣滿前荊棘。看不上當道狐狸。菊圃松畦。竹户柴籬。身得安逸。心不驚疑。

利合名原是是非胎。權合勢原是捨身台。富合貴原是冤孽債。這光景不必猜。急回頭早早丢開。尋一個三家疃無拘無礙。居一處五柳莊花落花開。釣一會七里灘雲去雲來。七裏灘雲去雲來。小小茆棚。矮矮亭臺。且自優游。且自隨分。且自開懷。栽幾株大夫松門前搖擺。種幾枝君子竹簷下徘徊。花點蒼苔〔九〕。樵唱山崖。分明是窮谷深山。權當做閬苑蓬萊。

【北雙調折桂令】

生來的性懶心慵。不會走西。不會投東。也不談天。也不說地。也不經營。指顧間新田舊隴。徘徊處翠竹蒼松。山妻老農〔一〇〕。稚子山童。俺只是隨分隨緣。怎肯去勞力勞形。

【北雙調清江引】

人生待足何時足。知足無窮趣。水雲安樂鄉。烟壑清幽處。閑話漁樵便是福。

【南中吕駐雲飛】

四壁青山。一水環流屋數椽。草色凌霄漢。花片飛石澗。嗏。獨自坐幽岩。塵俗隔斷。居在人間。漸覺人情淡。世事浮雲白眼看。

【南仙吕桂枝香】

山容堪羨。水色可玩。結茆菴水遶山圍。植松竹山岩水岸。伴漁樵共談。伴漁樵共談。清貧休厭。眼前美景。樂餘年。閑臨緑水心機静。緩步高峰眼界寬。

雨後霞天

雲影一帶。雨聲一派。雨過時草木青新。雲深處山生華蓋。望翠色雲埋。望翠色雲埋。泉聲雲外。雨中烟樹。影樓臺。涼颸霧散珠簾捲。晚照霞昇錦帳開。

【北中吕紅繡鞋】

日遲遲風輕雲淡。暖融融柳暗花殘。玉人何處繫征鞍。去日中秋節。春盡不知還。空叫人望天涯凝淚眼。

【北雙調折桂令】

見社燕有感

嘆成巢百樣焦勞。一喙艱難。兩唇〔二〕單薄。冒雨衝風。怕着羅網。躲着鴟梟。荒郊外啣幾〔三〕根青青細草。茆〔三〕簷下成一個小小窩巢。冷氣蕭蕭。落葉飄飄。指望着南國融和。迴避了北塞風高。

【南商調黄鶯兒】

疏柳掛斜暉。送行人酒一盃。眼前景色心如醉。鴻鴈聲泣誰。寒蛩鳴怨誰。秋□□□□□□。不□□。陽關西出。人似斷蓬飛。

薄倖促行裝。送陽關酒一觴。傷心無計常親傍。願化作霞裳。願化作粉粧。化一個紐扣兒心窩上。又思量。不如化輪明鏡。早晚照容光。

折柳贈行人。腸欲斷淚滿襟。離歌休奏淒涼韻。淚染楓林。魂逐飛雲。天涯有盡愁無盡。暗消魂。重重雲樹。點點繫人心。

送別俏知音。傍沙堤近柳陰。捱肩携手低聲問。神前呪記真。枕邊言在心。休得一去無音信。告知音。重門休鎖。魂夢得相親。

【南仙呂桂枝香】

閑況

茅簷僻静。山光掩映。半些兒車馬無踪。小可的紅塵不動。坐溪橋悶凝。坐溪橋悶凝。瑶琴三弄。高歌一曲。洩閑情。老懶依青柳。愁懷付翠峰。

秋夜

中秋時際。清凉天氣。畫堂中寂寞琴書。香階下蕭條玉砌。滿羅襟淚漬。滿羅襟淚漬。薄情牽繫。迢迢遞遞。信音稀。骨瘦嫌衣重。愁多恨漏遲。

清虛宮殿。冰輪推轉。香階下花影扶疏。銀河邊星光燦爛。聽誰家聲喧。聽〔一四〕誰家聲喧。笙歌別院。增人離恨。掛珠簾。孤單羞見團圓象。不放清光照瘦顔。

【南商調集賢賓】

懶惰疏狂人笑我。我笑他勞碌奔波。迷戀名韁共利鎖。忙到老何曾停妥。忙他怎麽。忙不來忙也如何。該知覺。到頭來用不多多。

【北雙調清江引】

門外光陰過隙駒。誰能留的住。纔見柳絮飛。又早黄花地。嘆白頭去少年能有幾。嘆白頭去少年能有幾。過一日耍一日。還了酒家錢。休攬旁觀氣。眼看着是非場偷眼喜。

村居日日柴門掩。共話同心伴。新釀甕頭清。旋煑家常飯。如不嫌將就着吃一碗。

牆堵欹斜重拆補。整理藏修處。仍守舊家風。莫换新規矩。燕子來時尋舊主。

茅茨不剪休嫌醜。世業家風舊。竹户可讀書。蓬蓽談耕耨。惟願兒孫能保守。

【北雙調折桂令】

減芳容不逞春嬌。體怯春寒。心怯春朝。眉黛摧殘。粉容清瘦。媚色全消。金釧溜玉腕細小。帶圍寬暗褪纖腰。行也寂寥。坐也寂寥。朝也心焦。暮也心焦。

【南南吕懶畫眉】

成行士女簡春忙。紅杏枝頭燕子雙。蛺蝶對對戲花房。傷春無語添惆悵。惹我相思淚滿眶。

槐陰獨坐淚盈盈。體倦魂消夢未成。幾回合眼幾囬驚。斷腸何處相思令。柳外新蟬樓外鶯。

南樓雁過亂蛩鳴。皓月穿窻照畫屏。羅衾獨擁不勝情。瑶堦梧葉經霜冷。淚染楓林滿樹紅。

彤雲密布臈梅開。柳絮梨花碎剪裁。擁爐獨自意徘徊。西風滚滚輕狂態。滿地瓊瑶合悶堆。

【南商調集賢賓】

平蕪盡處青山小。望天涯道路迢遥。一去經年音信杳。倚危樓目斷雲霄。連天芳草。我相思暮暮朝朝。擔煩惱。淚珠兒滴瘦纖腰。流鶯林外啼聲巧。倚瓊窻綉線慵挑。惱亂柔腸春去早。點窻欞弱絮飄飄。落花多少。薄倖人辜負春朝。迷芳草。助人愁柳畔花梢。

【南商調山坡羊】

昨日個風狂雨驟。今日覺緑肥紅瘦。鶯兒燕子貫把人迤逗。淚難收。懶待上粧樓。腰肢瘦損體態全非舊。望斷關山也濃烟總是愁。還愁。轉眼又經秋。還愁。沈疴在後頭。因甚的龐兒憔瘦。因甚的眉兒頻皺。秋聲聒耳疑是拘魂呪。猛凝眸。景色助人愁。歸期暗數過了來時候。人在天涯也兩地共中秋。情由。淚汪汪不斷流。情由。恨悠悠無計休。

【南商調集賢賓】

一從別後腸千結。隔天涯雲樹重遮。幾處殘紅飄淚血。聽不上燕語鶯舌。頻頻細說。他勸我鬧挣些些。情真切。薄倖人別戀豪奢。

奸滑機巧應無比。低低頭無數心機。俺似有如没全不理。他精細任他精細。千知百識。俺只是粧憨撒痴。推不識。憨頭郎哄了精細。

【南仙吕入雙調朝元歌】

新愁舊愁。剥落的眉兒皺。口頭念頭。攪亂的腰肢瘦。鶯奏笙簧。蝶穿錦綉。添多少吱喇症候。何處忘憂。纔離眉尖心上有。花也似含羞。柳也似帶愁。無情春晝。兩淚眼似樵樓更漏。

【南仙吕桂枝香】

欄杆倚遍。天涯望斷。關山路霧鎖雲迷。數歸期時移物换。聽嚦嚦雲間。聽嚦嚦雲間。離群孤雁。我無侣伴。你身單。雲鴻若肯憐同病。寄我音書到日邊。

【南南吕懶畫眉】

子規啼徹月三更。隔舍琴聲夾怨聲。離衾孤枕那堪聽。翻翻覆覆難成夢。棄枕披衣看月明。

【南商調黄鶯兒】

可喜故人來。辱高軒過小齋。焚香掃舍權相待。春風滿懷。月色滿街。交情欵敍三更外。意徘徊。鄰鷄休唱。玉漏莫頻催。

【北雙調折桂令】

倦怯怯懶整雲翹。釵鳳欹斜。粉褪香消。都只爲一片恩情。抛撇下萬種相思。勾引成百樣心焦。驚人目連天衰草。斷人腸寒砧頻敲。愁損容嬌。瘦損纖腰。埋怨他義寡恩疎。辜負我月夕花朝。

【南仙吕入雙調步步嬌】

春光如繡綺茵展。淑氣乾坤遍。濛濛吐翠烟。紅紫芬芳。香拂行人面。深院戲鞦韆。

隔牆飛過桃花片。

一天秋色人家遠。曉日霞光照。人在楚天遥。一去經年。魚雁無書到。極目望雲霄。此情此恨憑誰告。

【南正宫玉芙蓉】

憂旱

田間禾黍乾。井底泉源斷。分明是懶龍王一向偷閑。雨伯不救衆生難。風姨仍將五谷殘。民愁嘆。告天望天。討賜些雨星星答救我黎元。

【北雙調仙桂引】

魍魎魑魅逞英雄。豺狼虎豹使威鋒。城狐社鼠行暴横。害人方百計通。衆耆英叩問神靈。也没見循環報應。也没見監察分明。莫不是天也容情。過往神曉喻衆生。俺也精精。俺也靈靈。天也高高。天也赫赫。天也明明。説監察循形願影。論報應毫髮難容。口説無憑。眼見分明。細數數遠近豪俠。有幾個福壽康寧。

【北中吕朝天子】

談天口誰知。經世謀休題。都做了乾淘氣。藏舌閉口是便宜。世事堪迴避。東海荒村。南山僻地。把經綸收拾起。調一張好犁。種幾個菜畦。養天年遂心意。蓋幾間矮房。修幾堵短牆。避寒暑遮塵障。紙屏石枕竹方牀。消却平生望。泉韻清幽。鳥聲嘹喨。坐一會心自賞。聽樵歌野腔。買村醪麯香。任耍樂誰攔當。

【南仙吕入雙調朝元歌】

山光水光。儘教人舒暢。花香酒香。儘任人豪放。詩酒襟懷。烟霞色相。看世態總成孽障。着甚乾忙。竹杖斜挑風月囊。不惹利名韁。不入是非場。人間風浪。不放在眉尖心上。

山幽水幽。藏却拏雲手。知休便休。閉却談天口。深谷逃名。山田易耨。静裡機關參透。分外休求。少不遂心便是愁。酴醿汎霞甌。金鱗釣碧流。儘可消受。儂得過權且將就。

【南中吕駐雲飛】

漏盡更殘。月色松陰上畫簾。詩客爲同伴。酒友相酬勸。嗏。歡笑不成眠。閑評故典。是是非非。世態千千變。明日陰晴另一番。

促織應答四曲

遶砌蛩鳴。唧唧啾啾斷續聲。如訴人薄倖。如泣人孤另。嗏。何事苦關情。棲移不定。徹夜無休。叫出相思令。腸斷西風不愛聽。

百拜賢東。聽我從頭訴本情。昨夜西風動。冷氣難閙挣。嗏。潛到畫堂中。藏頭縮頸。借庇君家。可免寒威重。海量寬容莫責成。

汝避嚴霜。潛跡藏踪到草堂。近我羅幃帳。戒汝休狂妄。嗏。何事敢聲揚。這等豪放。大胆粗心。教我難容諒。惹我相思萬里長。

聒噪君家。莫怨從前聲韻差。十月遊床下。經典無虛話。嗏。你人在楚天涯。時時牽掛。徹夜忘眠。鬼病難擎架。埋怨寒蛩做甚麽。

【南商調黄鶯兒】

永日一盤棋。似争鋒如對敵。各人暗裡生奸計。隱伏着殺機。包藏着勝機。先尋下一着長生勢。使見識。勞心費力。静坐是便宜。

【北中吕滿庭芳】

題　杖

九節山籐。堪扶醉叟。可伴衰翁。尋芳度柳穿苔徑。隨止隨行。過橋畔鳩頭弄影。靠花叢鶴膝偏紅。長相共。朝朝摸弄。怕入水化蛟龍。

【南仙吕傍粧臺】

傍粧臺。縈縈心事淚盈腮。羞照青銅影。懶簪碧玉釵。玉人薄繫天涯外。金鯉不傳尺素來。愁思千縷。離恨滿懷。那有心情畫翠眉。

【南中吕駐雲飛】

秋夜聞雨

細雨濛濛。滴碎殘荷珠淚傾。霧鎖白雲洞。露濕黄花徑。嗏。何處是關情。雲山掩映。一寸柔腸。萬斛相思病。愁聽芭蕉葉上聲。

【南雙調鎖南枝半插羅江怨】

君夢妾。妾夢君。尋思着陽臺夢不真。巫山夢原是鶻突混。待説是夢魂兒不得相逢。可怎麽我合煞眼就夢見郎君。這不是夢兒裡容易相親近。假若夢魂兒真正相逢。可怎麽君夢妾就留不住妾身。這不是夢裏光景又難憑信。可只是你夢我一番。添你一番相思。我夢你一番。減我一番精神。想是夢魂兒都在迷魂陣。

【南仙吕入雙調步步嬌】

西望郵亭人去遠。淚染桃花片。獨自倚闌干。暗數歸期。默默腸千斷。何日見歸航。此情此際愁無限。

【北中呂朝天子】

乾榨酒新篘。白芋頭開溝。莊家漢的好時候。一丘一壑也風流。辛苦乾生受。切菜爲肴。剥葱當肉。瓦甌子斟上酒。不醉了不休。不飽了不收。孩子們吃個勾。

利害事早知。是非話不提。坐小窗讀周易。一般風味少人知。世事全無意。種竹依欄。栽花傍室。賞花時心自適。做詩也不奇。讀書也不宜。捱長夏消永日。

五十年風光。多半百行藏。都在我心坎上。擷度世事數炎涼。有本清潔帳。眼見世情。心驚風浪。避塵囂逃世網。隨處是强梁。到處是虎狼。躲着些省魔障。

五十年眼睛。多半百心情。看世態如懸鏡。細數白髮與黄童。往事如春夢。誰弱誰强。誰衰誰盛。轉眼時成幻景。積粟也千鍾。車馬也千乘。到頭來成何用。

矮舖搭草庵。灰蘆禿布衫。嘗世味甘箔淡。藏頭埋跡樂天年。簞瓢粗茶飯。富貴不臨。權豪不見。貧而樂心上寬。有時的眼尖。有勢的心奸。睃不上貧窮漢。

【北雙調折桂令】

眼看看六十生辰。琴也宜人。棊也宜人。囬想想五十光陰。詩也曾親。酒也曾親。

静觀他荆籬外風塵亂滚。一任他市朝中人海浮沉。匿跡山林。深閉柴門。隔斷紅塵。占住白雲。

【南仙吕入雙調朝元歌】

花邊柳邊。蝶翅翩翩展。松間竹間。鳥韻嚶嚶囀。妙舞艷歌。如酬似勸。好風光將人留戀。芳草生烟。堪與遊人一醉眠。老懶得偷閑。多愁强自寬。光陰如電。休負了時雍人健。

鐘聲漏聲。隔斷相思夢。蛩聲雁聲。惹起傷心病。恨我無緣。怪他薄命。一對兒黄蘗情性。憔悴伶仃。寂寞誰知枕上情。孤影對殘灯。空庭映月明。床頭鸞鏡。凄凄楚楚。照人孤另。

【北中吕朝天子】

茆廬。草廬。舊家風小門户。匵藏兩本舊論語。便是傳家物。日月難留。光陰休負。做懸梁學刺股。勤讀。好讀。論不的貧合富。

【南仙吕二犯傍粧臺】

玉漏報初更。白雲片片散長空。長天連碎玉。明月帶疏星。憑欄惆悵他鄉客。寂寞難爲此夜情。憂心耿耿。血淚零零。羅衣不耐露華濃。

【北中吕朝天子】

借傀儡寓意

遊過了戲場。看過了浮梁。知人事多升降。貧窮富貴有低昂。後浪催前浪。鑼鼓喧騰。人争觀望。霎時間成虚晃。眼看着登堂。守等着散場。寂寞了傀儡帳。閉着眼懶開。低着頭懶抬。看不上炎涼態。人心不古世情歪。個個心腸壞。笑裡藏刀。爲非作歹。早不覺天意矮。黑漫漫禍來。密匝匝危災。纔報他冤孽債。

【南商調黄鶯兒】

匿跡在山莊。杏桃花栽幾行。做莊家何必求名望。山遮了土牆。雲掩了草堂。閑人自有閑情況。樂山莊。行安步穩。到處任徜徉。

【南商調山坡羊】

對月明千羞萬恨。剔殘燈多愁多悶。淚珠頻滴淚盡愁無盡。夜深沉。夢見故人身。鄰鷄驚覺夢也無憑信。睡眼朦朧也把新人當舊人。知音。唤不回俏知音。傷心。再夢也没處尋。

【南商調集賢賓】

那個對你去撒謊。哄的你變了心腸。安排就話兒合你講。及相逢有口難張。心疼半晌。怎割捨合你參商。擔寃枉。只落的兩眼悽惶。

【南越調浪淘沙】

緑水樹爲衣。楊柳依依。千條萬縷抱村溪。甘雨和風年年好。烟霧凄迷。
翠竹遶藩籬。秀氣清奇。隔林桃杏鬬芳菲。蜀錦吴綾千萬疋。披拂長堤。
隔隴酒旗飄。似把人招。沽酒無錢學解貂。自飲自斟傾百斗。先生醉了。
酒興不能消。醉話叨叨。前村誰家酒兒高。牧子遥招紅杏底。青幔飄飄。

接岸傍長溪。芳草香堤。幾家門外颺青旗。撲面香風人盡醉。歸去來兮。烟霧鎖沙堤。萬木雲齊。綠楊影裏子規啼。深院誰家鞦韆戲。笑語嘻嘻。烟村四五家。詩酒豪華。漁樵耕牧作生涯。西舍東鄰混相似。流水桃花。人物盡熙洽。樂事無涯。藏頭埋跡隱烟霞。年年約賽牛王社。和睦鄰家。八九十枝花。玉色交加。朱朱粉粉鬬蘭芽。幾陣香風穿竹户。引惹詩家。詩酒興無涯。不負韶華。携尊載酒賞嬌花。騷人閣筆評章罷。香惹衣紗。

【南仙吕桂枝香】

松蘿高掛。葡萄低架。庭前竹翠葆參差。堤上柳輕烟高下。望雲山翠霞。望雲山翠霞。堪描堪畫。一溪流水遶桃花。拖條竹杖尋幽徑。上個藍輿覓酒家。和風將盡。薰風漸近。海棠飄紅雨無聲。荼蘼落白雪成陣。猛想起那人。猛想起那人。千羞萬恨。無言無語掩柴門。愁懷怕見三更月。相思空勞萬里心。

【南商調集賢賓】

曉窗無語聽黄鳥。動人情睍睆聲嬌。聲聲報到春歸早。春去也人在雲霄。音稀信杳。

篐羅衫寬褪纖腰。應瘦小。這相思那人知否。

柳緑桃紅鶯織錦。真果是美景良辰。偏我懨懨如病沈。一日家睡思昏昏。斜欹鳳枕。我無緣辜負芳春。生哭損。恨鶯花惹我傷心。

【南商調黄鶯兒】

明月掛松梢。對孤燈魂暗消。忽聽環佩玎璫鬧。把朱門開了。拭淚眼偷瞧。香堦寂寂無人到。羞又焦。西風一陣。翠竹幾聲敲。

【北雙調折桂令】

笑人家勞力勞心。東索西求。北走南奔。日月如梭。世情春夢。富貴浮雲。也曾見韓元帥封侯衣錦。也曾見石衛尉積玉堆金。功業[一五]驚人。家業驚人。拜將台形跡荒蕪。金谷園名目空存。

【南仙吕二犯月兒高】[一六]

簷鐵金風鬬。簾幕淡烟浮。玉漏催銀箭。銀河阻女牛。纔入新秋。早被愁迤逗。腰肢漸覺些兒瘦。有個畫影圖形。菱花鏡照我愁。愁。萬恨壓眉頭。一似雲鎖春山。昏慘慘不自由。

【北雙調折桂令】

過甲子幾度春秋。名也知休。利也知休。清幽幽茅屋藏頭。松也長修。竹也長修。烟霞洞詩朋酒友。杏花村瓦鉢磁甌。遁跡林丘。泮渙優游。舉步逍遥。信口歌謳。

【北中吕朝天子】

嘲星相二曲

這一個子平。那一個飛星。八個字閑搏弄。他那裡深將命數窮。休昝擷度定。他道喈從前未遇。大運没通。到來年纔轉動。九十歲遐齡。五十年興隆。越老了越受用。

指點着臉片。手扯着指尖。瞪着眼從頭看。那年不濟虧那年。部位搜尋遍。骨格清奇。形容蒼健。論壽命無其算。子息宫周全。財帛宫長綿。陰隲紋没缺陷。

【南仙吕入雙調步步嬌】

遊　春

簇簇車馬尋春色。士女盈阡陌。風逐落花飛。香霧籠葱。引惹蜂兒隊。薄暮促人歸。明朝載酒花前醉。

【南仙吕桂枝香】

青青村畔。森森溪岸。舞東風楚女纖腰。報春光隋堤金線。綠依依翠蓮。綠依依翠蓮。柔條繚亂。和風遲日亂飛綿。金縷垂烟鎖。濃陰引醉眠。

【南商調黃鶯兒】

目送雁南征。肯相傳書一封。叮嚀寄與人薄倖。休說我病容。休說我淚零。說時添他憂心病。再叮嚀。見他苦勸。早早定歸程。

深谷有人家。養天年樂歲華。無榮無辱無牽罣。擔土來培瓜。放水去澆麻。老妻閑課家常話。論莊家。石田得雨。早早種綿花。

【南仙呂入雙調玉抱肚】

梨花庭院。恨春歸悶倚闌干。燕啣來片片飛花。風吹落處處榆錢。春來春去促流年。可惜朱顏鏡裡殘。

【南南呂懶畫眉】

西城楊柳弄輕柔。滿目春光總是愁。盈盈秋水淚難收。門掩黃昏後。一盞殘燈上畫樓。

【南正宮玉芙蓉】

明月透紗窗。銀燭摇書晃。倚圍屏暗自悲傷。静中打算相思帳。更漏那如珠淚長。鮫綃上。千行萬行。血糢糊斑點是衷腸。

【北雙調折桂令】

困騰騰夢醒三更。又恨鐘聲。又恨鷄聲。一盞殘燈。半輪明月。幾點疏星。顫巍巍花梢弄影。亂紛紛梧葉飄零。枕畔寒蛩。樓外孤鴻。幾般兒攪亂心曲。怎生不作念薄情。

【北雙調蟾宫】

閨　怨

怕春歸又早春歸。東一片花飛。西一片花飛。掩朱門獨守春閨。朝也是傷悲。暮也是傷悲。人不來更漏永。燈也照孤幃。月也照孤幃。鬢雲鬅金釵墜。畫一點蛾眉。促一點蛾眉。望天涯疏柳斜暉。盼一紙書回。没一紙書回。

【南仙吕桂枝香】

菱花獨對。形容憔悴。惜朱顔顧影成羞。恨薄情把青銅摔碎。我伶仃爲誰。我伶仃爲誰。精神減退。柔腸寸斷蹙[七]雙眉。行看淚眼皆成血。應是芳心化作灰。

閑庭立遍。情思無限。自别來雁杳魚沉。這些時魂勞夢斷。恨形單影單。恨形單影單。自思自嘆。孤幃寂寞淚欄干。縱有宜男草。難忘心上酸。

一番留戀。一番悲怨。馬蹄前一派愁城。囬首處淒涼無限。兩淚眼不乾。兩淚眼不乾。征衫滴遍。别離情緒苦難言。今朝腸斷陽關曲。明日陽關是故山。

【北雙調水仙子】

赫赫勳猷朝槿花。冉冉光陰過隙車。紛紛世事如嚼蠟。争似俺處士家。甘淡薄不戀繁華。荒山連翠島。石洞映殘霞。樂耕耘悠久生涯。

【南商調山坡羊】

雪　景

冷蕭蕭彤雲暗淡。亂紛紛楊花飛散。銀沙滚滚誰剪瓊瑶片。捲珠簾。群峰是玉山。堆鹽圖粉霎際乾坤變。冰結雕簷也倒掛玉欄干。簷前。地擁水晶盤。冰團。羅幃透骨寒。

【南越調浪淘沙】

長亭柳

陌上柳條青。陰拂郵亭。此中聚散苦匆匆。空有長條千萬縷。不繫薄情。

【南中吕駐雲飛】

秋日登山

寂寂幽居。山色參差如畫圖。出入隨鶴鹿。行坐同樵牧。嗏。携酒看茱萸。深山深處。醉後狂遊。迷却歸來路。囬首白雲蔽草廬。

【南仙吕入雙調朝元歌】

山居自適

山歌野歌。常共漁樵樂。貧魔病魔。閑向花陰坐。賦性疏狂。移情懶惰。清閑味有誰識破。門對松蘿。山水結成安樂窩。身外莫攧度。眼前暫騰那。隨緣且過。權當做東山高卧。

【南仙吕入雙調玉抱肚】

艷陽天道。賞芳辰士女盈郊。杏花天人醉春風。緑楊枝鳥韻笙簫。青山翠島儘逍遥。掐却功名遠市朝。

【南商調集賢賓】

秋日聞蟬

幾處殘蟬聲亂聒。似傷秋咽哽悲歌。暗把凄涼送給我。强登樓望斷關河。雲封霧鎖。薄倖人何處磨脱。將人拋却。眼中淚點點如梭。

【南仙吕二犯月兒高】

寄書人回復

暗藏相思字。密收離恨詞。潛到窻兒下。看他獨宿時。我見他睡思昏昏。胸前衣褶袵。病兒一樣人相似。我將門扇輕敲。遞與他書一紙。紙。他仔細費尋思。他見淚點斑斑。險些兒疼個死。

【南商調山坡羊】

怕的是黄昏時候。怕的是燈明影瘦。更長漏永怕那月色穿窻透。控金勾。湘簾不禁愁。難合淚眼坐到三更後。欲不思量也頓不斷掛心勾。淚流。滴不盡苦心頭。離愁。相思病不自由。

【南商調集賢賓】

一夜西風白露冷。看疏林樹樹秋容。惹我凄凉如病醒。鎮日的不展眉峰。心頭悶擁。都只爲薄倖無情。天涯路迥。悲秋病枉自伶仃。

楊花落盡鶯聲老。草芊綿緑遍芳郊。天涯一望青山小。夢魂兒不憚途遥。夜夜飛遶。夢一遭憔悴一遭。憑信否。見放着淚點鮫綃。

漏滴初更人静悄〔一八〕。剔銀燈默默魂消。獨理寒衾影瘦小。憶當初送别河橋。歸期密約。到如今地遠人遥。音信杳。誰憐我寂寞今宵。

【南南吕懶畫眉】

閨　思

停歇針線下簾幃。遥見踈林映落暉。兩行征雁貼雲飛。雙眉悶鎖渾如醉。暗把柔腸折幾囬。

【北雙調水仙子】

不欠沽酒買花錢。修成藏真知足軒。遂了我釣月耕雲願。青山下緑水前。約相知到處盤桓。命安排一生散誕。天分付兩字平安。打熬的雪鬢霜髯。

山居久與世情違。野店常親濁酒盃。鄉鄰共約逍遥會。樂田園無是非。青藜杖步步相隨。愛竹疏泉灌。惜花帶雨培。雲掩柴扉。

【北雙調蟾宫】〔一九〕

怕黄昏又是黄昏。蛩也愁聞。雁也愁聞。剔殘燈無語銷魂。坐也傷神。立也傷神。
静悄悄半幅寒衾。翻也無人。覆也無人。强合眼夢見知音。夢也非真。見也非真。
伏鮫綃雨淚紛紛。淚漬羅巾。恨漬羅巾。

【南越調浪淘沙】

陋巷少人過。門揾松蘿。時聽啼鳥若絃歌。陶情半醉憑欄看。滿目煙波。

【南仙吕桂枝香】

寄　書

形容非舊。眉尖雙皺。曾約下燕子來時。又過了小春時候。在何處淹留。被誰拖逗。
朝朝盼望使人愁。腰肢弱怯難形狀。止覺湘裙過裲頭。

【南中吕駐雲飛】

堪嘆皮囊。舊日英雄何處藏。好似殭蠶樣。弄着全不脹。嗏。當日忒風狂。何等昂邦。今日裡縮頸垂頭。不敢把門來上。死狗誰能扶上牆。

朽物堪憐。伏祈抬頭聽我言。略粧些虚體面。休使人輕賤。嗏。枉自口垂涎。委曲難前。二指窮觔。變了根皮條線。一滴何曾到九泉。

無 牌 名

嘲李二妻妾大脚

四隻金蓮兩對鎊。一半磨眼一半皴。摸去丁丁似蟹眼。揭來片片若魚鱗。搓灰擦癢天然澁。壓擔磨肩分外沉。此脚正應李二有。他人那得幾回聞。

按：此曲原接右【駐雲飛】牌調下，但句式完全不合，兹歸入無牌名。

【河南韻】

傀　儡二曲一寓意一醒也

傀儡傀儡粧甚麽人物。擎拳拱手小人的態度。學人家擠眉露眼。做一步走一步。也學着穿衣服。也學着使械數。一動一静由人張主。我不提掇你行不將去。一般有耳目口鼻也。可怎麽聲色臭味心裡全無。糊塗。指教你粧人誤了我的工夫。糊塗。做不的親朋交不的心腹。

五藴皆空願把衆生暗度。七情俱備聞得生有誰醒悟。有出有入是用舍行藏的道理。有動有静是有生有滅的規矩。世情人情做盡了腔軀。千態萬狀要點破他那迷途。大夢一場誰能先覺。争名奪利有何情趣。纔登場又早散場。可見百歳光陰是過隙駒。糊塗。看看我這線索。就知道暗裡主持。休枉費了機謀。糊塗。識破了機關。早早回頭便是正果的工夫。

捻　轉二曲一寓意一醒也

雜貨舖裡見了個捻轉。幾個旮旯調得的我眼花撩亂。手掌上擎擎滴溜溜天花亂滚。

走平川的輪頭是也好看。看外邊圓又圓。看中心尖又尖。左就左右就右隨手就轉。疾就疾遲就遲從人方便。赴卓席疾似飛風。但有點磕絆橫担子欹着。合頻着人的一般。聽言。倒大頭鬼的光棍不要來戲俺。聽言。你撣的那彎彎都是哄孩子的手段。甘心做戲頭着人撥弄。隨方就圓我自有個主正。平坦路我纔愛走。不行險不走崎嶇徑。用我時我便疾似飛風。倒横直竪任我的心情。左轉右轉是我有權有變的道理。有疾有遲是我可行可止的妙用。恨没人參透機關也。我便是人情。我便是世情。君聽。你看我那動處。該知道一事均平百事均平。君聽。你看我那静處。該知道顛險事休做顛險路休行。

老樹

橋頭老樹是誰栽植。人都嫌你材幹拙不堪濟世。我看着你老幹挺生。不怕風欺雪壓。枝葉茂密還有參天時際。誰修理誰護持。愛惜的希剪伐的也希。眼看着美材早年摧折。争似這不濟用的還能成立。有你也替人家避暑乘涼。有你也見俺是世業根基。品題。古老堪誇喬木稱奇。堪奇。誰知道這没用的東西也得了這没用的便宜。

寄書人言情狀

恭喜恭喜這不是一封書至。這是你那有情人叫我傳示。你看書兒上堆積的那些淚點。那便是相思的供招別離的情緒。那人的形容不似舊時。這些時減了一半腰肢。自離了你我没見他開開笑口。他就强笑一聲也還長吁幾次。我來時節他眼淚汪汪也。囑付我見了你休説他的相思。相思。我看見你也瘦的磣了一樣如此。相思。他若還知道你瘦了可疼壞了那人。還不知待哭的甚麽樣子。

盼不來心上人惹起我許多愁緒。望不見山外山但只見碧雲深處。我的人遠遠迢迢正在雲山那壁。我的魂蕩蕩悠悠隨着碧雲飛去。人哎人哎不寄音書。愁呵愁呵無計消除。巫山夢還是我一點遊魂冥冥渺渺。藍橋水都是兩行血淚汪汪流注。望一望去跡。看一看行踪。但只見雲樹茫茫。罵一聲薄情種。叫一聲負心人。還該留戀我些須。冤屈。這些時有人没人千聲萬聲不住的長吁。長吁。這不是衫兒袖兒堆堆積積都是揾濕的淚珠。

春　鶯

鶯兒鶯兒飛去飛來把緑陰穿破。鶯兒鶯兒跳上跳下把錦叢零落。你受了誰的囑托。

高聲低聲只在我耳邊訴說。是怕我冷淡了相思。一番兩番在我眼前裡提掇。百忙裡我愁多恨多。你偏來絮聒吱聒。肯向天涯勸勸那薄情孽種。你叫上幾番他也知道春光將過。絮叨叨啼遍春林也。不管俺這望雲山的血淚成河。愁多。花也殘鶯也老惟有我的相思沒處騰那。愁多。惜春心傷春病是我孽身軀該受折磨。

感　燕

頡頏燕把粧樓遶遍。呢喃語在雕梁呼喚。燕兒燕兒飛千山飛萬山曾到雲山萬里。見我的人來是爲花迷是爲酒迷爲那般留戀。燕兒燕兒不帶個音信囬還。愁呵愁呵憑甚麼消遣。你倒是同去同來同飛同止。我倒是孤眠孤起獨行獨站。你秋去春來倒有一定歸期也。人呵人呵爲甚麼一去了隔歲經年。熬煎。放下珠簾休叫雙燕歸還。熬煎。我不是嫉妬燕子成雙。我只羞我的影兒孤單。

嘲妓別衆

即相交一個一個都着我牽腸掛意。十個指頭那一個不扯着我心繫。各人的情腸各人的光景各人有各人的話說。原來是一般疼一般恨一般長吁氣。你說您那一個不見我親的蹺蹊。留戀殺我了我那一個捨的。一寸柔腸往七八下裡牽扯。摘膽剜心我怎麼處置。這一個訴衷腸。那一個問歸期。那個不是刀刺我心窩。可叫我眼看着這個口應着那個疼煞煞無計支持。聽知。這不是團頭聚面的。那個不是我親的。那個不是我愛的。聽知。難殺我了。好合誰偏使個眼色。好合誰說一句梯己。

情　思

我想你我疼你說不盡我心裡的景象。你想我你疼我不知甚麼模樣。我想你行怕你不是這等想我。我疼你又怕你也是這等情況。我那想全想的是你疼我的心腸。我那疼全疼的是你想我的行藏。疼起你那想來剜心摘膽。想起你怕我疼來神魂飄蕩。我疼你指望你休想休疼也。只怕你知道我疼你由不的不思量。思量。一個相思兩下裡悲傷。悲傷。兩下裡淚點滴成一樣恓惶。

嘲懼内走章臺借膝蓋訴冤

眼作的禍怎麼拿着我來陪罪。心生的事怎麼拿着我來逼累。口温存手温存花攢錦簇。没收没管風了的一般嬌滴滴一對。你身上那一件没巧作媒。我做膝蓋的可擋着誰。

那壁廂謝親時比我累我。這壁廂陪不是又拿着我來罰跪。我幾時學了個竊玉偷香也。你着我胡行亂走我不成倒退。胡推。我跪前跪後只聞了些土性氣的滋味。傷悲。你橫豎折掇的是俺。誰受的這等背惑。

懼責巧辯

眼摯着淚把娘行哀告。娘呵娘呵我不敢弄巧嘴來你跟前支調。使心的人勾引了我去胡行亂走。没主張的心腸落了人的圈套。不是我大膽敢來告饒。你看着孩子們將就我這遭。我着你攬氣是我不知好歹。我這般不成人的貨可惜了娘的指教。你歇歇罷把氣兒消消。我值甚麽你只管心焦。聽着。我若是氣着你可不罪過兒又大了。聽着。你不過是教道我成人。我改了就是了。

責　夫

不成人的貨不要來我跟前支調。羞着些兒不强似弄這些圈套。我慣的你好了你胡行亂走。你從幾時敢這等我不知道。不識羞的臉拿着我那孩子們來告饒。我千說萬道你聽了我那遭。你伴人家無拘無束。不知着人家怎麽笑來敢說道我没個家教。真大膽假小心故意來怕我。離了我跟前舊病兒又犯了。聽着。大膽賊只許你這遭。犯了。我着蠻姑們的鞋底打你没耳性的臉。看你濞也不濞。

秋思

一聲促織驚散了一天暑氣。一聲促織呼喚起一天秋意。一聲促織催動了千門刀尺。一聲促織報到上林狼籍。聽一聲促織添一遍慘悽。聽一聲促織減一遍香肌。啾啾唧唧叫碎了芳心一點。迢迢遠遠喚不回行人歸驥。徹夜的不休隔斷了陽臺。好夢難成淚點兒偷滴。慘悽。千里關山一般秋景。他那裡不成没個促織。慘悽。還是楚館秦樓阻住了香車定不的歸期。

四壁寒蛩驚散了我相思魂夢。萬户砧聲敲斷了陽臺路徑。推紗窗銀河耿耿。玉露凉金風動。捱遇了三更五更。聽盡了鐘聲漏聲。没事人禁不的三秋磨折。休説我一肚子相思懨懨鬼病。瘦的我鬼不似鬼人不似人也。只怕他來時不認的我形容。傷情。有枕上淚點千層萬層。傷情。看看我這模樣。再看看我這淚痕。

情思

一場相交做了一場笑話。兩字恩情半空懸掛。是我無緣怎麽得合我冤家相識。是我有緣因甚麼不上不下。心窩裡不住的鋪塔。眼皮兒不住的跳打。相愛的光景一日一日深了難割難捨。離別的日子一日一日近了由不的我不怕。這不是我還守着你哩又早愁着別後的相思。別後的相思我可待往那裡安插。冤家。你還說道守一時親一時想不想過後由他。冤家。你可不知道一番親是我百樣愁。不是想殺就是恨殺。

夢裏相思

這些時我着我的夢兒尋思成病。睁開眼就參詳參詳不定。往常時我也做夢來。好夢兒歹夢兒那般没有。可怎麼這些時合煞眼把冤家守定。又不是糊糊突突不分明的光景。明明白白是往日的真情。一遭家夢着他使性子我啜了又啜。一遭家夢着他訴離情夢兒裡說夢。是我的夢魂兒去來。我怎麼就没覺跋涉艱難。是他的夢魂兒來來。可怎麼過雲山幾萬重。思省。多則是他怕他想我哄的我來了留下我的魂靈。思省。多則是他怕我想他在我心坎上安揷上他的形容。

怨悔

相交了一場說不盡冤家携帶。受了你的携帶折了我的福了。堆積下無邊的愁債。我守着冤家百般的親我。我還使性子毆你。這不是冤家去了誰是我的親人。敢在誰手裡撒怪。慣成了我性了你猛可的丢開。你敢説不着我遭着見不出你的好來。這不是你閃了我了我可纔自羞自悔。悔我這没正經的心腸指望你擔帶。我如今埋怨不的冤家也。明是我毆的你怕了淡了你的心了你纔影也不來。傷懷。折磨的我勾了。是我自作自受命裡合該。傷懷。我可再不敢了。你來看看我罷麽。解解我的愁懷。

春日有感

春日好花飛上苑。凝眸處錦叢熳爛。鶯合燕穿花織柳。賞春人争欣羨。好飲的移花在尊前。逞才的題詩在花間。誰保的經年家俱是春色。那裡有三百日不卸的花片。怕只怕錯過了陽春也。錦片蕭條冷淡難看。聽言。從來事勝一番敗一番。聽言。到那時誰再遊賞誰再希罕。

找　人

披星戴月這一來好没滋味。没投奔殺我了哭天抹淚。往常時説你在山外山雲山那壁。這不是找過雲山又在巫山外。遠路風霜我爲的是誰。你踪跡無憑我怎麽不傷悲。來時節恨不能〔一〇〕插翅飛來訴訴我從前愁苦。這一囬去也脚步兒懶擡又添上相思十倍。一片熱心變做了萬恨千愁。落了個孤影孤身匹馬空囬。空囬。這不是我渾身上沉困淚眼愁眉。傷悲。舊恨新愁減盡了腰圍。

旋　風

非烟非霧黑漫漫通天徹地。是神是鬼忽刺刺驚人聲勢。播弄的紅塵亂滾。攪亂了晴明天氣。一囬東一囬西。一陣緊一陣遲。摇動了蒼松翠柏。望着你誰不迴避。逞怒氣簸〔一一〕土揚沙也。不走正路不管高低。蹺蹊。柔條弱草那些兒當的。驚疑。虧了刮不多時消滅的容易。

遥見别離人

我見了兩個人在陽關大路。那一個手扯手把那一個送去。那一個送人的閣皺着眉尖滿臉上没點血色。那一個去了的悶懨懨十歇九住。衫兒上堆堆積積是眼兒裡的淚珠。口兒裡嗚嗚喃喃訴的是心上冤屈。一個看的影也没了大舖子坐着還哭。一個明知道離的遠了走一步囬頭一顧。一個轉囬頭震地悲聲。一個望天涯淚灑長途。長途。我纔知道陽關陽關可是斷人腸的去處。冤屈。引的那走路的也哭。看不上別離人那苦處。別離情那難處。

又不是入天台怎麼得合冤家相會。又不是夢巫山可怎麼有異常的風味。俺好似跨銀河的牛郎織女。通宵[三二]愛比千金貴。是鴛鴦該常在一處飛。是夫妻該舉案齊眉。我也曾經着相思來不似這番最陡。一夜情比百夜情更强十倍。我纔知道相思病不在恩多愛多。一點着人横揷在心窩難躲難推。從歸。這些時一會[三三]家思想一會家心疼一會家傷悲。傷悲。由不的不減了精神。蹙了眉頭。瘦了腰圍。

代□□□□□[三四]

邪了心了嬌模樣俏聲音眼前裡活現。巴破眼了好信兒歹信兒全然没見。你哄了我了臨別的話兒心不應口。你哄[三五]了我了我認我的命將誰埋怨。定指望是修就的姻緣。我誰知道是我墮下的孽冤。害鬼病的身軀漸漸瘦損。不識囬頭的心腸全没個倒斷。我也没想頭了還指望着夢赴陽臺也。又則怕病懨懨的魂靈到不的你身邊。可憐。血淚成河流不到你眼前。皇天。是誰築起愁山隔斷了巫山。

雪

也不是零珠碎玉。也不是梨花柳絮。也不是蘆花亂舞。多則是天上憂素。滿乾坤霎際銀鋪。遍江山盡是粉塗。眼看看亭前松竹。都變作瓊枝玉樹。則待見風景寒涼也。掩柴門且擁爐。擁爐。擁爐。掃的門前半點無。擁爐。笑傲乾坤酒一壺。

七夕

今夕何夕人説是牛女的吉日。是吉日可怎麽雨兒雨兒點點不住。人説道不是雨點是織女的淚點。是淚點怎麽没些花粉香胭脂氣。相見時爲甚麽不歡喜。那些兒傷心這等慘悽。經年家不見哭的是離多會少明朝又去。哭的是來的難去的容易。俺没事人還費了一番躊躇也。普天下離人見這等光景不知添多少慘悽。慘悽。仙女還怕别離。休説道俺草木人兒。慘悽。從來説淚哭痛腸。可見這離别是難的。

手撚着彩線在乞巧樓上。停針無語憑欄眺望。那銀河邊鵲橋下怕不有離多會少的牛女。我猜他那裡手扯着手眼擎着淚説的是經年家相思帳。好一個苦命的織女薄倖的牛郎。却被那没要緊的銀河抵死相防。我惱恨靈鵲不常把銀橋修整。你修一座好橋着他一年家多走幾趟[三六]。看一會星娥又往自家身上尋思尋思。犯起我的病來我好不惱惶。惱惶。我只恨我的才郎又看甚麽牛郎。才郎。你又没有天河隔着。這些時羈絆在何方。流落在何方。

情　思

九曲柔腸當不的許多愁悶。兩行淚珠滴不盡千羞萬恨。巴不見夢不見你恰似萍踪浪跡。人不來信不來我可將誰投奔。要着我眉上愁減的一分。除非是心上人依舊温存。我守着你親的愛的疼的是我。這不是我爲你愁爲你病你怎麽問也不問。我當初吊膽提心還只怕淘换不出寔意真情。誰知我淘换的來了都做了愁深恨深。親親[三七]。悔殺我了爲甚麽着你那等是親。親親。是那□□些兒親。我怎麽得這等傷心。

嘲禿頭

是一個西瓜可怎麽□着不□。是一個葫蘆可怎麽推着不動。是一個膝蓋可怎麽從脖筋上長出。是一個戲毬可怎麽不中踢弄。不用剪比腚垂還乾浄。不用剃毛乍也不生。是一個僧人又不會談經説法。又不是夜明珠懸陽鏡。細端詳又不是吹脹的尿胞。又不是碗子錫琉璃瓶。性橫。是一個甚麼東西招這些蒼蠅。性橫。説是腹裡的帶破怪不的猩猩。

狂風寓意

遭着你百般狼籍。經過處有損無益。捲土揚塵誰敢睁眼。翻江攪海人難存濟。草含愁花也受欺。樹不寧鳥也驚疑。見了這個陣張着人心寒骨冷。誰當的這般聲勢。現而今地暗天愁也。你只管凌虐人待怎的。聽知。就是金剛也寒參半日。聽知。天道晴明你還有住了的日期。

代丁對川寫意

時不來由人輕賤。時不來没處存站。時不來論地談天人嫌我寡嘴。時不來趨小俯低人又道我諂面。天有循環循不到我跟前。人有轉環我不見轉環。人爲我無時變了些冷臉。我爲我無時受了些嗑讚。時不來埋没了多少英雄。時不來説不的才智通天。皇天。俺怎麽生不在人後長不在人前。皇天。到幾時時來俺也舒坦舒坦。

霧中送別

分手時因甚麽天昏地暗。莫不是幾種别離情幾聲寃屈氣結聚着層層不散。看不見我的人了。只聽的哭聲高哭聲低都在那烟裏霧裏。好教我望長亭望短亭由不的心疼腸斷。叫一聲人哭一聲天。挽不囬征車掃不開雲烟。往常時恨疏林把長亭遮隔。這不是霧茫茫連疏林也不見。他那裡埋怨着霧鎖秦樓。我這裏惱恨着雲隔陽關。情牽。這不是迷昏陣端的是離恨天。情牽。只怕楚岫雲迷教我夢不見巫山。

雨中相思

昏慘慘添上我凄涼百倍。雨瀟瀟盡是離愁滋味。煙霧滿山恰是眉尖愁鎖。霧濕花梢疑似胭脂含淚。是花含着淚珠他是爲甚麽傷悲。是山帶着愁容可是惱誰恨誰。雨一點淚珠一點。雨點多不過相思淚。離恨天想是雲雨的源頭。雨點兒像淚點。雲飛處像魂飛。傷悲。還是我眼擎着淚纔看着雨似淚垂。淚垂。還是我心上愁纔看着雲似愁堆。

别離

不送罷送的遠了誰陪你囬去。不哭罷哭的痛了誰與你調治。親愛的心腸送幾里恨不的再送幾里。淚哭到傷心越哭越痛實難止住。可只是長亭短亭脱不了别離。高聲低聲都是心上慘悽。看不上你爲我愁撾天抓地的愁我。你爲我疼你你那摘膽挖心的情緒。我纔知别離情有萬緒千頭。河水洋洋俱是離人的淚珠。淚珠。眼面前的光景千椿萬椿都着人短嘆長吁。長吁。透骨髓的相思横插在我心裹。我可帶怎樣兒消除。

按：右【河南韻】三十五首即【南商調山坡羊】；【南山坡羊】正格句式爲六六七、三五、七七、二五、二五；是明代最爲廣泛傳唱的牌調之一，多襯字及增句使其句法和句數變幻多樣，但句尾二五、二五的標誌性句格一般不會變。這種現象在蘭陵笑笑生、朱載堉、丁綵作品中均有體現。

無牌名

七十古來稀。這話我不依。活到八十。活到九十。活到一百還不住。一百一。長生不老。福壽與天齊。

不怕五閻羅。又怕你歇子也脱不過。着我活我就活。着我不活我就不活。有酒終日醉。鼓掌咲呵呵。天是天大哥。我就是天二哥。

序

夫楚音隕涕於江東，胡笳起思於漠北，各爲習移，而不能混其聲。要必澄審五方之節奏，則人心之元韻，始可摹其初耳。故詩變而爲騷，騷變而爲謡，謡變而爲雜興。世運升降，人情抑揚，殆有得於遊戲翰墨之故。特涉新譜，而露具微。琅邪心田丁君，投老歸〔二八〕田，娱情述作。嘗有志於躬耕，特嗤嗤以耕爲事，而苦於耕也。乃蹈夫耕之跡，而恬適於耕之内者也。襲夫耕之名，而逍遥於耕之外者也。不耕而耕，耕而不耕。蓋得歷山之遺意，孤沉而深往；莘野之同情，奔放而飄飛。盤桓原隰，括地囊天；徙倚隴頭，吞雲嘯月。殆寄傲於未耕之前，而饒情於已耕之後也與。是故觸於境，境不能掩；達於情，情不能禁。故以情境之調弄，而洩夫南北之吟咏。南辭約有百餘，以縹緲合窾。北辭約六十餘，以沉雄中節。短調長歌，不一其致。疎狂可破冗俗，放達可破拘攣，博綜可破孤陋，高曠可破頹靡，鎮静可破躁妄，恬淡可破濃艷，慷慨激烈可破沉滯卑瑣。居然大雅，討論精深。其屬耳入心之玅，如雷霆時，蟄者皆動；如日出時，眠者皆作，尚可以力耕之農夫同類而共唤耶？間按歌而追慕先達，山堂詞稿則有馮君，金山雅調則有薛君。遺響迭興，昭昭在宇宙間。不磨不滅，而繼美無窮。其辟怪靈奇，一見於曹玄子；其柔和雅静，再見於柯荆石。而丁君昂然於四君之紹述，莫非元韻流行，豈啻江東隕涕，漠北興思也哉。吾知與歷山、莘野争烈矣。嗟乎！丁公之先人曾有小令諧里耳，以爲當時則傳没則已焉。孰知美善節奏，天心不厭，縱變雜興，而可挽其謡；縱變謡，而可挽其騷；縱變騷，而可挽其詩律。丁公之象賢，又豈升降抑揚之所毁滅也哉！余雖未覩其面，而探會於逸興之歌，意真味婉，氣正聲平。一種清風，千秋可想。姑將以俚言而稍布其概，或者以丁公盡於此，或者以丁公不盡於此。時崇禎十年正月穀旦賜進士榮禄大夫太子太保工部尚書前都察院在僉都御史吏科都給事中經筵郡人鍾羽正撰。邑晚學丘石常拜手題。

跋

山 樓

東坡所謂近却作得小詞，令東州壯士抵掌頓足以爲節者，其大江東去乎？後人好吹，以爲失辭之體。然柳七郎風味，固不可聰明迫脅得也。屠赤水宜於南，不宜於北；湯若士宜於北，不宜於南。南北之不可兼，亦猶秦越人之不必相語耳。要之唐伯虎乞食蕭寺，發響遏雲，倘但制科七牘共寂寞桃花菴矣。琅邪都會齊區，名滿天下，料必有奇響異韻與大海相激搏，八十頂大頭巾，恐竹箭不足盡東南也。前溪公鐘沉德水，心田公響出雲霄。先祖、先六祖以諸父〔二九〕事前溪公，故心田公與先祖、先六祖友于兄弟。心田公每過寒舍，先父事之惟謹，如先祖、先〔三〇〕六祖之事前溪公。余小子何足辱堂構，然頗得心田公之仲子含莊而事之，油油契合如酥與乳。後世子孫，永以爲好，傳之無窮，今而後喜可知也。余竊擬之，前溪公得乎英分之多，憂人憂，樂人樂，似司馬子長列傳中人。心田公知白守黑，知雄守雌，落落與世無侮，循循如不能言者，蓋得□老氏□也。然璞發靈□的，湧爲小詞，□心石腸能作梅花賦。余小子，又何□以知之。

〔一〕「翻」，原作「番」，兹改。下同，不另注。
〔二〕「皺」，原作「縐」，兹改。下同，不另注。
〔三〕「春」，原作「青」，兹改。
〔四〕「褪」，原作「腿」，兹改。
〔五〕「鮫」，原作「絞」兹改。下同，不另注。
〔六〕此處漫漶不清，疑爲「自別來」三字，兹補。
〔七〕「徒」，原作「從」，兹改。
〔八〕「消」，原作「悄」，兹改。
〔九〕「苔」，原作「台」，兹改。
〔一〇〕「農」，原作「儂」，兹改。

〔一一〕此字漫漶不清，疑爲「唇」，兹補。
〔一二〕此字漫漶不清，疑爲「幾」，兹補。
〔一三〕原漫漶不清，疑爲「茆」字，兹補。
〔一四〕「聽」，原作「聲」，兹改。
〔一五〕「業」，原作「葉」，兹改。下同，不另注。
〔一六〕此調原作「月兒高」，兹改。下同，不另注。
〔一七〕「蹙」，原作「促」，兹改。
〔一八〕「悄」，原作「俏」，兹改。
〔一九〕原漫漶不清，僅剩「蟾」字，兹補。以下題目兩字僅剩左半邊「卩辶」。
〔二〇〕「能」，原作「罷」，兹改。
〔二一〕「簾」，原作「簌」，兹改。
〔二二〕「宵」，原作「霄」，兹改。
〔二三〕「會」，原作「回」，兹改。
〔二四〕「代」下五字漫漶不清。
〔二五〕「哄」字漫漶不清，兹據上文補。
〔二六〕「趟」，原作「撻」，兹改。
〔二七〕「親親」二字原奪，兹補。

〔二八〕「歸」，原作「婦」。
〔二九〕「父」，原作「公」。
〔三〇〕「先」字原奪。

孫峽峰

孫峽峰，山東安丘人。爲人謹厚，有「洞陽恭士」之譽。一生不求仕達，以布衣終老。歿於崇禎壬午（一六四二）之難，年七十左右。有峽峰先生小令。

小令

【南商調黄鶯兒】

不必分外圖。樂田園便是福。教子耕讀正經路。薄田地勤鋤。官錢糧早敷。村莊家無榮也無辱。休糊突。命該五斗。道處裡有一斛。

躲是非度流年。不干己莫向前。從來公道惹人怨。不如俺把柴門緊關。順水推船。任您撼的天關轉[二]。俺不管。村醲篘了[三]。邀相知謾盤桓。

世態忒炎凉。不中看惱人腸。噙唇在嘴粧模樣。有麝自香。何待風揚。還是本等纔爲上。自忖量。安丘縣裡。只你是富家郎。

爲人該存心。若存心是好人。狼心狗肺中做甚。我從來傻心。任你們笑人。老天自有公評論。勸世人。精細過了。子孫們不如人。

【南仙吕桂枝香】

八字注定。分外休争[三]。守着俺百畝薄田。教子孫時耕時種。糊突他一生。一生榮枯由命。村釀篘了。哈他幾鍾。有酒且圖今日樂。明日陰晴未可憑[四]。

【南中吕駐雲飛】

人情秋雲。肩膀不齊休説親。昔當閑口論。而今纔方信。嗏。那管清與混。不論人品。手内有錢。到處裡人親近。慨嘆今人不古人。

可笑時年。三錢便把兩錢嫌。只因俗薄人心變。提起真堪嘆。嗏。誰敢誇奇男。囊中欠扁。親也不親。他就冷眼看。始信鮑叔是大賢。

【南商調黄鶯兒】

乙卯冬缺酒

今冬裡好艱難。酒盃兒不曾端。咂唇淡口門前跕。見市上酒帘。饞的俺流涎。無人處甘把唾沫嚥。意懸懸。欲待酒沽。又怕他要現錢。

荆人勸和

勸您爺你休憨。過今冬有明年。爲甚去把唾沫嚥。到下年多種些粘田。踏幾塊羅圈。釀的酒兒黄花現。樂殘年。淺斟唱飲。那時節還是咱。

【南中吕駐雲飛】

可愛春天。嫩柳含金景色鮮。桃李争芳妍。浪煖魚龍變。嗏。農事最爲先。願君黽勉。國課衣食。咸賴莊家辦。人若勤苦免飢寒。

夏日炎天。鋤田播隴莫辭艱。勤苦人人羡。懶惰人人厭。嗏。嘗記古聖言。服膺拳拳。不違農時。衣食無缺欠。人若勤苦免飢寒。

秋來豐登。家家舉手謝蒼空。一來是天命。二來由人争。嗏。地若不鋤耕。耑等天命。田禾荒了。誤却殘生命。人若勤苦天必從。

得了莊家。薄酒渾酬[五]受用他。酸澁也不怕。鹹菜當魚鮓。嗏。淡薄勝清茶。微醺即罷。粘粥豆腐。吃的肚子乍。尋個相知拉淡話。

【南中吕駐馬聽】

碎剪鵞毛。六出奇花似絮飄。一霎時樓台玉砌。乾坤粉粧。萬[六]瓊瑶。行人暫把金尊倒。煖閣紅爐佳人笑。此景堪描[七]。萬民賀喜。來年豐兆。

人世幾何。那堪日月似奔梭。從今後閑事不管。有酒須飲。得歌且歌。兒孫貧富誰能挪。展放眉頭隨時過。打打呵呵。糊突一生。由恁笑我。

世事好難。善又人欺惡又嫌。俺見他無酒推醉。東羅西織。故撒風顛。坑人陷人稱奇男。恂恂鄉黨爲蠢漢[八]。天鑒難瞞[九]。還是該一把兩稖。子孫無患。

【南仙吕桂枝香】

時勢不好。人情變了。但見人就粧模様。但見人就弄圈套。我蠢到老。到老是非不較。[一〇]任人欺我。念佛心改不了。我順理行將去。隨天公怎麼着。

人生如寄。休學無益。教子孫或耕或讀。守清貧無榮無辱。休咲我糊突。糊突分外不做。順理而行。從天分付。但願兒孫尚禮義。不羡季倫與陶朱。

人生如寄。休争閑氣。讓人些不算憨蠢。退一步不爲不濟。請君仔細思。細思争强何益。守我無能。看他施爲。從來舌軟牙先敗。多行不義天必誅。人家不大。快休粧架。還是該和氣謙恭。捏模樣誰不爲。看大方咲話。笑話粧他甚麼。有麝自香。何用風刮。你若拿腔調。不怕人咂撒〔二〕。

【南商調黄鶯兒】

你笑我張狂。我張狂鬢已霜。安貧樂志心不忘。薄薄的粥湯。淡淡的酒漿。又喜一家身無恙。謝上蒼。兒孫象我。視富貴草上霜。

你笑我蠢頭。我蠢的鬢已秋。一生正直心無垢。喜的是小小酒甌。愛的是嫩嫩葱韭。小可的難消受。細躕躊。光陰有限。爲甚麼不哈甌。

可笑趨時人。不是親强去親。肩膀不齊他不認。枉費你慇懃。使碎你癡心。惹的背後人談論。好憨人。窮通有命。何若去餂腚門。

可笑時年人。有了錢就變心。背眼大肚人難近〔三〕。説的話欺心。行動問粧人。毒日你没見一陣。休碜人。財帛不大。你比比孫養心。

教學委實難。許多般不周全。横竪難趁東家願。當家的要嚴。婆客們要寬。極的個學博推磨轉。告神天。可依那個。這件事到也難。

教學原爲貧。衆東家大不仁。該錢不給只棍混。一日掙了一文。費多少心勤。舌頭磨去勾一寸。好羞人。我若不討。你丢在九霄雲。

勸早完錢糧躲是非〔三〕

錢糧該早完。完了錢糧不怕官。安居樂業把莊家辦。争鬧處休管。賭博場當遠。無是無非村俗漢。樂田園。托天收了。傲笑那公侯男。

勸兒要安生理

短工三十錢。勸我兒用心參。不要撒懶閑遊玩。誰不愛自然。誰不愛清閑。飢寒二字無人贍。憶昔賢。高宗世子。要他知稼穡難。短工又長錢。勸我兒休嗜懶。見把見捎誰不羡。日食他三餐。單打他黄邊。不消幾日穿成串。憶昔賢。周公大聖。他留下無逸篇。

【南中吕駐雲飛】

托賴龍天。四季康寧人口安。適口的家常飯。遮體的粗綿片。嗏。隨時度殘年。望天憐鑒。有子有孫。償了我平生願。又望兒孫個個賢。

【南商調黄鶯兒】

有酒哈幾盅。看日月西復東。青春俱被他斷送。恰纔是小童。倏爾間老翁。可嘆人生如一夢。好動情。稀年將到。難憶料還幾齡。

閉目度時光。未來時難忖量。大開胸襟往前闖。榮也在上蒼。枯也在上蒼。自古聖賢莫能抗。細思詳。隨時度日。不管他世炎涼。

又是一年新。物光輝景色鮮。萬紫千紅真可玩。榆吐青錢。紫燕呢喃。花底遊蜂時時戀。聽杜鵑〔四〕。海棠枝上。報今歲萬民安。

【南商調集賢賓】

但得兒孫個個賢。足了我一生心願。世事炎涼咱不管。貧合富由命由天。快休卑諂。廉恥字重如邱山。休壞一點。貧而樂萬古稱賢。

【南商調黄鶯兒】

爲人有了年。閑花草莫去貪。損德虧行人所厭。比不的往年。子女們滿前。這樣光景也會見。勸英賢。前轍勿蹈。誰不説是奇男。爲人有了年。閑花草莫去貪。有損無益往後看。結髮的又賢。露水頭當遠。三拳兩脚精細漢。只管纏。終老有變。早早信好人言。不信好人言。恓惶事在眼前。望人勸你人不勸。論説話刁鑽。論爲人不憨。這件事兒若迷戀。鎖心猿。荆布雖陋。不要嗒大黄邊。不要嗒大黄邊。省的來治家緣。轟轟烈烈誰不羨。夫唱婦相援。子孝父心寬。一家和樂禎祥見。説[一五]錢。身外之物。算來總由天。

胤渠叔有酒每日要約未有定期偶成數詞以探

【南中吕駐雲飛】

堪堪過了夏。那陳酒該早哈。萬一過了壞中做嗄。乾波波蛤牙。吃了塊查喇。放着涼天嚥不下。休笑話。望叔慈悲。快救救俺的喝。

前　題[一六]

昨有鄙言。不賜回言甚赧然。我非貪饕漢。怕你酒味轉。嗏。予奪是當然。我輩敢怨。你若慈悲。天神自有鑒。望你收俺口内涎。

昨日厚擾。天雨未謝令人焦。傷酒無方療。不知何藥効。嗏。人説酒投好。不敢再告。倘念族情。不吝重來召。方見老叔情誼高。

醉死人命。這件事兒也不輕。雖然不償命。使錢又費工。嗏。早早順人情。不要執性。三壺薄酒。救了人性命。休説省錢有陰功。

我要扎根。你就能言不動心。我酒今已盡。惡客難親近。嗏。吃了還賴人。良心掃盡。不看族情。當面説一頓。再來纏擾是甚人。

話是這説。不是無恥那樣客。只因相親熱。恃愛敢喋喋。嗏。你就扎根些。該優劣。〔一七〕誰是涇水。誰是渭穴。涇渭分出是豪傑。

【南商調黄鶯兒】

貧富難打量。勸時人莫誇張。興衰自古無定向。因甚麽拿唐。因甚麽喬粧。無事牌掛在誰門上。細思詳。放些和氣。省的人話短長。

還是穿布衫。小作了人咲咱。不然誰知咱方便。論根基敢扳。論德行欠端。一白九醜都遮遍。〔一八〕人情世態。你見誰敬窮漢。

【南中吕駐雲飛】

奉勸族賢。凡事一忍最爲先。曲直何能辨。自有傍人見。嗏。他心自赧然。負荆肉祖。廉頗相如。可以爲龜鑑。勸你虚心效前賢。

日月如梭。可嘆人生能幾何。知足隨時過。莫把眉頭鎖。嗏。有酒須要哈。天理休錯。富貴貧窮。由命豈由我。飄瓦虚舟常記着。

【南商調黄鶯兒】

時雨徧天涯。農夫們笑哈哈。今年豐收別無話。麥垜着休打。四遍谷休拉。先把豆子耩了吧。喜殺咱。鼓腹野幸。是田禾長一折。

老天降甘霖。農夫們笑欣欣。萬物滋長田園潤。四遍谷中耘。種豆子稱心。密蟲淋去芝蔴俊。好喜人。秋成有望。這年成有十分。

年紀上了身。心不慟淚紛紛。尋思一會心頭悶。不知是好音。不知是歹音。但當順受心〔一九〕休問。再詳論。壽算前定。那在乎淚紛紛。

年紀上了身。諸般的不如人。腰曲頭低腿酸困。兩眼眵䁖人。絮聒話影人。没牙答口誰親近。好恨人。急忙要走。兩雙脚死爛沉。年紀上了身。百般疾來侵人。運氣好好發一陣。兩耳朵重聽。滿口裡牙疼。冷淚時時擦不浄。好傷情。急忙裡看看。兩個眼花稜層。拜上少年哥。勸你們休笑我。誰不打這年紀過。看日月如梭。嘆光陰幾何。花開到底顏色落。細忖度。得要就要。休等的照依我。良夜自躕躊。惹的我心上憂。不覺又早六十六。去七十幾秋。更白髮蒙頭。有錢難買我壯時候。不怨尤。尋個妙法。哈幾鍾是良謀。哈幾鍾是良謀。勸吾人你知否。料想咱無彭祖壽。臨去時空手。拿不的升斗。萬兩黃金乾生受。早回頭。隨時遣興。得笑處開笑口。有酒須早哈。看日月似奔梭。有限光陰休虛過。把閑愁丢却。把世態忘却。有子有孫真可樂。細忖度。不要不笑。那話來怎麼着。兩眼眵抹花。兩雙脚擦喇喇。兩行冷淚時時下。白毛答撒。紅眼鋪塔〔二〇〕。這様人兒要他咱。休笑話。各人受算。八十翁生一芽。

〔一〕「轉」，原作「撰」。下同。

〔二〕「篘」，原作「蒭」。
〔三〕「争」，原作「挣」。下第七隻同。
〔四〕「晴」，原作「情」。
〔五〕「酬」，原作「酙」。
〔六〕此句「萬」下疑脱一「千」字。
〔七〕「堪描」，原作「看描」。
〔八〕「蠢」，原作「慫」，下同。
〔九〕「天鑒難瞞」原疊一句，疑衍。
〔一〇〕「到老」上原有「我蠢」二字，疑衍。
〔一一〕「撒」，原作「嘣」。
〔一二〕「眥眼」，原作「雌眼」。
〔一三〕「早完」，原作「早晚」。曲文首句同。
〔一四〕「鵑」，原作「鵲」。
〔一五〕此句「説」下疑脱一「金」字。
〔一六〕原無「前題」二字。
〔一七〕此句「該」下疑脱一「分」字。
〔一八〕此處疑脱三字一句。

〔一九〕「心」字下原衍一「疑」字。

〔二〇〕「塔」，原作「墖」。

張炳濬

張炳濬，字儀昭，號糺庵，陝西涇陽人。善屬文，長於詞賦。崇禎間以貢士授滿城知縣。甫匝歲而撫綏有方，邑稱大治。清介不合於時，遂罷歸杜門著書。晚年尤工樂府。李自成陷西安，勒仕不從。矢別妻子，詩以明志。有山居詠和一卷。

套數

表兄王良甫先生買山樊川之濱費省而地勝字曰簡而文依碧山樂府春遊韻美之予亦爲之心賞願與卜鄰因效顰焉

【北正宫端正好】雲擁出數峰青。水洗浄雙眉緑。輞川圖一幅重鋪。天然地胇南山塢。穿窅窱樊川路。

【滚繡毬】想着那曲江外塚滿渠。午橋莊草滿居。件件是傷心景物。撥不就算盤子加減乘除。杖頭錢到處沽。樹頭鶯鎮日呼。休錯認買山題目。笑世上幾多人掙脱塵俗。

不愁蠶織千重繭。單想雷騰大壑魚。眼睁睁曳尾臨厨。

【叨叨令】争似咱受清貧安素業隨緣度。争似咱傍深山尋活水隨緣住。争似咱隱茅菴層層綠千章樹。争似咱玩清溪處處浴千行鷺。兀的不閑殺人也麽哥。兀的不閑殺人也麽哥。也只爲日難拴天難問身難鑄。

【脱布衫】你縱然唾花飛早探驪珠。綵毫揮晚醉氍毹。蕉鹿夢依然囈語。莨蕩針幾曾拾住。

【小梁州】司馬提壺女當壚。偃蹇躊躕。題橋轉眼變榮枯。前生數。不管智和愚。

【幺】勸君莫把韶光誤。鬧攘攘蝶翅蜂鬚。那裏有雹常明。漚常聚。陰晴風雨。天意本含糊。

【上小樓】誰不想位登五府。身居要路。唤雨呼風。迴天轉日。鬼使神驅。大丈夫。小丈夫。雙眸一顧。八個字巧安排。誰人透悟。

【幺】我也要青山射虎。彤庭振鷺。衮補山龍。柱砥崑崙。職效工虞。千秋事。半世孤。壯心消去。百忙裏掉回頭。盟鷗友鹿。

【滿庭芳】詩書債苦。西藏充棟。丙夜傳壺。從前悔墮漫天霧。虀粥聊娱。事業垺當筵童羖。箕裘冷羅雀門閭。丢去也從頭做。約幾個歸山伴侣。抱膝向茅廬。

【快活三】歎滄桑變忒速。留不住過隙駒。含元殿秋草雨生餘。總不如打疊起閑思慮。

【朝天子】連雲的架屋。及烏的愛屋。認不定長貧富。曦光亭午又將晡。要覓安身處。瀑布懸簾。垂陽罨户。喜先生先作主。貯釀泉幾斛。種重思數畝。朝與暮交相顧。

【四邊静】甕頭春多麼㈡少黍。不用行沽前村故都。攜榼招朋。信步盤桓處。莫笑貪杯。真個飲徒。已註上神仙簿。

【耍孩兒】猛聽得枝頭鳥喚春歸去。管甚麼高岑白甫。詩狂酒興一般如。利和名免盡追呼。再休提朝參日享千鍾粟。但學取坐卧常攜酒一壺。冷眼把紅塵顧。蝸涎蠻觸。豕豢羊芻。

【五煞】慣馳驅電影飛。報冤仇虹氣粗。英雄多少難遭遇。鳴鷄賺出函關月。擊筑歌殘督亢圖。一失脚無生趣。再看那長陽五柞。都做了露草煙蕪。

【四煞】我如今聊止足。比他們到有餘。深山卻是平安路。桃源鷄犬仙家樂。笻杖煙雲足底扶。是處兒都堪住。聽山歌半雜着黄鳥。遇遊人穩繫着白駒。

【三煞】愛山容翠閣眉稜。導水田翠染襟裾。洞門片片雲歸去。迴船隔槿王猷竹。垂柳遍〔三〕橋魏野驢。遠遠的來前渡。相逢共話。酒聖溪愚。

【二煞】睡蘆花落浦紅。唤黄粱鬧曉烏。山家别有朝和暮。穿畦水緑迎春漲。夾岸桃紅過雨初。還遣個奚奴去。緣溪問酒。爛醉前途。

【一煞】鐵連錢逐隊忙。錦宫袍捧玉趨。等閑都作浮雲覷。泉聲到枕添宫漏。柿葉堆窗學草書。不復掛杞人慮。善攻守但憑輸墨。鬬興亡一任員胥。

【尾聲】松濤聒耳門。杞泉瀹臟腑。論修真原不出谿山路。卜芳鄰太乙終南青萬古。

村居即事依渼陂先生歸興韻

予嘗爲表兄王良甫先生和南山下莊簡而文「正宫端正好」一齣矣。因念余家堯門之下，清水繞前，翠峨屏後，溪草林花四時都媚，乍到者豔之者爲天然福地。遠慕終南，而近不表村居之勝，亦缺事也。遂再效顰如左。良甫家與余同里社，距此不半里耳，朝夕杖屨與共，不識肯濡毫還一和否。

【北雙調新水令】蔭長林宛轉繞清涯。小莊兒嵯峨山下。水田通地肺。茅舍賽仙家。緑錦紅霞。幀出幅雲林畫。

【駐馬聽】鬢點霜華。得失年來如塞馬。鞭飛曦駕。鬧攘幾陣似蜂衙。忘機纔與海鷗狎。調琴惹得鸚哥罵。這清閑有分。咱向村郊慣看兒童耍。

【沉醉東風】說甚麽一丈石醉叩天涯。說甚麽八斗才詞倒三峽。酒淹了金縷衣。露漬透淩波襪。大都來夢裏繁華。兀的朱門那幾家。把一個小膽的人兒唬殺。

【折桂令】因此尋冷淡生涯。就水栽荷。帶雨移花。鶯語調簧。莎茵展布。蓮粉堆娃。柳樹下停車繫馬。菜園中韭子芹芽。香稻胡麻。紫蠏紅蝦。珍品味嫌濃。薄酒興無涯。

【雁兒落】眼慵看石崇錦帳花。耳慵聽韓信烏江話。可憐煞平泉淚點多。可惜煞麟閣勳名大。

【得勝令】且隨緣白帢耐烏紗。又何須宮錦下黄麻。瓦鉢子滋味比金斝。蹇衛兒平安遇駿馬。江上語琵琶。不如把玉簫聲閑吹罷。紙上染雲霞。不如把輞川圖閑玩咱。

【沽美酒】想着那鼓鼕鼕放曉衙。筆豔豔吐春葩。奪利争名撩亂殺。笑癡聾喑啞。無人敬無人怕。

【太平令】争似咱轉花籌閣閣池蛙。送斜陽點點寒鴉。溪橋外紅梅倒叉。竹院裏黄薔倒架。呀。割蜂糖濺瓜。貯梅霖鬬茶。這受用何曾費價。

【離亭宴帶歇指煞】[三]再休提金鋪珠網鴛鴦瓦。連錢錦障驊騮馬。張着口大誇。看不上五柳莊。玩不盡山陰道。粧[四]不就蘭亭畫。桃源避世人。莘野區田稼。這塔兒要先生會耍。也不和早朝詩。也不作臨江賦。也不講先天掛。紅桃曲塢開。緑水遍橋跨。興來時酌春風醉咱。只這個匝谿山閬苑境兒。直[五]抵多少買花石金谷園兒假。

耳遊簡而文小詠有引

簡而文乃表兄王良甫先生南山下卜隱處也。買地不過十桑，覈之成穴，濬之成泉，青山屋上，流水屋下，已自奇絶。而層巒潺湲，濺珠樹杪，擁翠洞趾，忽復流水又在屋上，青山又在屋下矣。此境紫閣渼陂而外，當不多得。外則神禾鴻圖，兩原相望，中土芊緜如掌，宜稻宜禾。旁連韋杜二曲，南接樊川潏河，東來通濟引澮。每當春夏時桃杏錦開，重思敷碧，黄鸝作語，白鷺翔飛，洵人間一人鳥洞天也。良甫先生每一言及，便欲終焉其中。予亦履齒躍躍，但若俗冗勞牽，尚未目覩其勝。古人有卧遊者，有夢遊者，其遊不一。予所嚮往，乃從良甫稱説中來，故予之遊，今直謂之耳遊可耳。夫以雙荷葉貯此清境，卻借小詩率爾寫照，然寫照正不期對初耳代目，既手代耳，轉轉失真，敢謂摩詰詩中有畫，山靈定嗔予之傳疑。譬猶增頰上三毛，不更使終南太乙精神頓王邪。形索肖，予即刻畫未工，

〔一〕「糜」，原作「縻」。

〔二〕「遍」，原作「偏」。下同，不另注。

〔三〕「指」，原作「拍」。

〔四〕「粧」，原作「妝」。

〔五〕「直」，原作「真」。